Lutz Rometsch

Internationale Konversion in spieltheoretischer und politökonomischer Sicht

Lutz Rometsch

INTERNATIONALE KONVERSION IN SPIELTHEORETISCHER UND POLITÖKONOMISCHER SICHT

ibidem-Verlag
Stuttgart

Die Deutsche Bibliothek - CIP-Einheitsaufnahme:

Ein Titeldatensatz für diese Publikation ist bei
Der Deutschen Bibliothek erhältlich

∞

Gedruckt auf alterungsbeständigem, säurefreien Papier
Printed on acid-free paper

ISBN: 3-89821-178-9

Printed in Germany

Inhaltsverzeichnis

Abkürzungsverzeichnis

BICC	Bonn International Conversion Center
bspw.	beispielsweise
bzw.	beziehungsweise
c. p.	ceteris paribus
d. h.	das heißt
EG	Europäische Gemeinschaft
EU	Europäische Union
f.	folgende
FAZ	Frankfurter Allgemeine Zeitung
ff.	fortfolgende
FuE	Forschung und Entwicklung
GATT	General Agreement on Tariffs and Trade
GE	Geldeinheiten
i. d. R.	in der Regel
i. e.	id est
i. S.	im Sinne
IAEA	International Atomic Energy Agency
INF	Intermediate-range Nuclear Forces
Jg.	Jahrgang
KSZE	Konferenz für Sicherheit und Zusammenarbeit in Europa
m. E.	meines Erachtens
MIK	Militärisch-Industrieller-Komplex
Mio.	Millionen
Mrd.	Milliarden
N. Y.	New York
NAFTA	North Atlantic Free Trade Association
NATO	North Atlantic Treaty Organization
NMD	National Missile Defence
NPÖ	Neue Politische Ökonomie
NVA	Nationale Volksarmee
o. S.	ohne Seitenangabe
OECD	Organization for Economic Co-operation and Development
OSZE	Organisation für Sicherheit und Zusammenarbeit in Europa
PD	Prisoners'-Dilemma
S.	Seite
SALT	Strategic Arms Limitation Treaty
SIPRI	Stockholm International Peace Research Institute
START	Strategic Arms Reduction Treaty

UNO .... United Nations Organization
URL .... Uniform Resource Location
vgl. .... vergleiche
VN .... Vereinte Nationen
VSKE .... Vertrag über Konventionelle Streitkräfte in Europa
WE .... Waffeneinheiten
z. B. .... zum Beispiel
z. T. .... zum Teil
ZfP .... Zeitschrift für Politik

Symbolverzeichnis

a_n .... Auszahlung im Jahr n
B_0 .... Barwert
b_n .... Einzahlung im Jahr n
c .... Auszahlungsvektor im Konfliktpunkt
C_A .... Counterforce-Wirksamkeit des Landes A
D_A .... Abschreckungskennlinie des Landes A
H(P) .... Nutzengrenze des Auszahlungsraumes
i .... Diskontsatz
K .... Koalition
K^C .... Komplementär
l_i .... Seitenzahlung
m_i .... Mitteilung über die Nettozahlungsbereitschaft
N .... Anzahl der Spieler
n_i .... Nettozahlungsbereitschaft für ein öffentliches Gut
P .... Auszahlungsraum
p_i .... Kosten des öffentlichen Gutes
Q .... Minimalabschreckungskombination
r_A .... Aufrüstung des Landes A
S_A .... Abschreckungsschwelle des Landes A
u_i .... Auszahlungsvektoren aus P
v(K) .... Wert einer Koalition bei transferierbarem Nutzen
V(K) .... Wert einer Koalition bei nicht-transferierbarem Nutzen
x und y .... Verhandlungsvorschläge
x' und y' .... Konzessionen
Z_A .... Waffenpotential des Landes A
$Z_A - S_B$ .... Counterforce-Reserve des Landes A
z_i .... Zahlungsbereitschaft für ein öffentliches Gut

Abbildungsverzeichnis

Tabellenverzeichnis

1. Einleitung

Die politischen und gesellschaftlichen Diskussionen um internationale Vereinbarungen in den Bereichen der Rüstung bzw. der Abrüstung und der Konversion haben eine langjährige Tradition. Auf dem Höhepunkt befand sich die Konversionsdiskussion mit der Beendigung des Ost-West-Konfliktes und dem Zusammenbruch der ehemaligen Sowjetunion. Jedoch mußten die teilweise euphorischen Konversionserwartungen deutlich zurückgefahren werden, da sich der Zerfall der ehemaligen Sowjetunion aus sicherheitspolitischer Sicht als äußerst problematisch erwiesen hat. Das Sichtbarwerden der neuen Bedrohungen, Instabilitäten und Unwägbarkeiten sowie die Zunahme der Anzahl der gewaltsam geführten Auseinandersetzungen hat mittlerweile zu einer Verdrängung des Konversionsdiskussion aus dem sicherheitspolitischen Alltag geführt.

Mit den Terroranschlägen, die am 11. September 2001 nicht nur die USA, sondern die gesamte Welt erschütterten, hat ein weiterer Vormarsch militärisch geprägter Denkweisen eingesetzt. Die damit einhergehenden sicherheitspolitischen Entwicklungen finden weitgehend den Rückhalt der in starkem Maße emotionalisierten Öffentlichkeit. Die Medien berichten mit bisweilen akribischer Sorgfalt über jede nur denkbare Facette der menschlichen Tragödien infolge des Anschlags. Um so beachtlicher ist der Umstand, daß die Medienaufmerksamkeit von Politikern auch genutzt wurde, um zivilorientierte Botschaften zu verkünden. So forderte der US-Außenminister Powell in den Tagen nach den Terrorattacken, daß die Welt zivilisiert werden müsse. Der deutsche Außenminister Fischer proklamiert für die Zukunft ein Szenario der Motivation an Stelle von Repression. Die Einsicht des deutschen Bundeskanzlers Schröder, daß Sicherheit nicht teilbar ist, wird ergänzt durch den Hinweis des grünen Politikers Schlauch, daß eine offene Gesellschaft stets angreifbar ist.

Diese Äußerungen sind als eine Proklamation für den Frieden zu interpretieren, genauer gesagt, für einen Frieden ohne Gewalt. Von Konversion jedoch ist seitens der Politiker keine Rede, obwohl in der internationalen Konversion genau die sicherheitspolitischen Strategie zu sehen ist, mit der die obigen Forderungen umgesetzt werden können.

Insgesamt verdeutlichen die aktuellen sicherheitspolitischen Entwicklungen auf makabere Weise, daß ein militärischer Schutz stets unvollkommen ist. Die Herstellung der äußeren Sicherheit durch die Unterdrückung von Gewalt mittels der Androhung von Gegengewalt setzt lediglich an den Symptomen an. Wenn aber die Herstellung internationaler Sicherheit einer Ausrichtung an den Konfliktursachen bedarf, dann ist gerade die internationale Konversion als sicherheitspolitisches Programm umzusetzen. Vor diesem Hintergrund stellt sich die Frage, wie ein wirksames System zur Einhaltung internationaler Konversionsvereinbarungen unter Beachtung nationaler und internationaler Anreizstrukturen aussehen kann.

Das Untersuchungsziel der vorliegenden Arbeit besteht darin, die Verhandlungsparameter zu modellieren und zu systematisieren, die für einen wirksamen Vollzug eines internationalen Konversionsvertrages erforderlich sind. Ferner sind politökonomische Bezüge zu Konversionsprozessen herzustellen, indem die für Akteure auf nationaler Ebene vorzufindende Anreizsituation und ihre Wirkung auf das Zustandekommen eines internationalen Konversionsvertrages untersucht werden. Schlußendlich bedarf es zur Beurteilung des Zustandekommens eines internationalen Konversionsvertrages der Zusammenführung von Argumentationsmustern aus dem Bereich der Spieltheorie sowie der Neuen Politischen Ökonomie.

Die Arbeit ist in sechs Kapitel unterteilt. Im Anschluß an die Einleitung werden im zweiten Kapitel ("Internationale Sicherheit und Konversion") die Grundlagen zur Analyse der internationalen Konversion gelegt, indem nationale Sicherheit durch Abschreckung und internationale Sicherheit durch Konversion als alternative Handlungsprogramme analysiert werden.

Den Ausgangspunkt der Betrachtung bildet die sicherheitspolitische Zielsetzung der Herstellung äußerer Sicherheit. Vor dem Hintergrund, daß äußere Sicherheit eine einzelstaatliche Aufgabe darstellt, erfolgt zunächst eine Aufarbeitung der nationalen Handlungsparameter zur Herstellung äußerer Sicherheit, wobei auf die sicherheitspolitischen Elemente der Verteidigungs- und Rüstungspolitik Bezug genommen wird. Darauf aufbauend werden Abschreckung und Verteidigung als die militärischen Grundpfeiler einer national orientierten Sicherheitspolitik dargestellt und erläutert.

In einem weiteren Schritt wird der Fokus auf die internationale Sicherheit erweitert. Anhand eines Zwei-Länder-Modells werden die Interdependenzen herausgearbeitet, die zwischen den Ländern bei der Verfolgung äußeren Sicherheit mittels militärischer Strategien auftretenden. Diesbezüglich wird insbesondere auf die Zusammenhänge zwischen Abschreckung, sicherheitspolitischer Stabilität und militärischem Gleichgewicht Bezug genommen. Da ferner die internationale Sicherheitslandschaft durch Sicherheitsbündnisse geprägt ist, werden sowohl die theoretischen Aspekte der Bündnisbildung durchleuchtet, als auch die real vorfindbaren Bündnisstrukturen untersucht. Selbiges gilt für die Abkommen zur Rüstungsbegrenzung, welche zunächst dargestellt und gewürdigt werden, um anschließend die Auswirkungen auf die internationale Allokation von Abschreckungspotentialen im Rahmen des verwendeten Zwei-Länder-Modells zu analysieren. Vor dem Hintergrund der skizzierten einzelstaatlichen Militärstrategie zur Herstellung der äußeren Sicherheit, der internationalen Bündnisbildung und den Bestrebungen, die Welt durch Rüstungsabkommen zu stabilisieren, erfolgt die Darstellung des internationalen Konfliktpanoramas, um Anhaltspunkte über die Effizienz und Effektivität der nationalen Sicherheitsstrategie der Abschreckung zu erhalten.

Im weiteren wird Konversion als eine alternative Vorgehensweise zur Herstellung internationaler Sicherheit vorgestellt. Im Anschluß an eine begriffliche Interpretation werden die Zielsetzung, die Hauptbestandteile sowie die sozioökonomischen Implikationen internationaler Konversionsprozesse dargestellt. Sodann erfolgt die Analyse der konstituierenden Elemente einer Konversionsstrategie: Zunächst werden unter Bezugnahme auf das Zwei-Länder-Modell die grundlegenden Optionen der Abrüstung erläutert. Anschließend werden die Bereiche der zivilorientierten Umwidmung von Ressourcen (i.e. Transformation) skizziert sowie die im Zuge der Transformation auftretenden Probleme und Steuerungsbedarfe erläutert. Die Frage der Legitimation einer politischen Steuerung von Transformationsprozessen wird unter Beachtung der Aspekte der Sicherheit, der Effizienz und der sozialen Belastbarkeit der betroffenen Personen behandelt.

Der Querschnittscharakter des Aufgabenspektrums der internationalen Konversion findet in den vielfältigen Konversionsimplikationen Niederschlag: Auf der einen Seite entsteht eine Friedensdividende, auf der anderen Seite sind Konversionskosten aufzuwenden. Das Augenmerk bei der Darstellung der Implikationen liegt auf der Erfassung und Systematisierung der positiven und negativen Effekte sowie auf der Darstellung der zeitlichen und regionalen Verteilung der konversionsbedingten Zahlungsströme.

Insofern als internationale Konversion nicht das Ende zwischenstaatlicher Konflikte bedeutet, zugleich aber militärische Optionen zur Konfliktlösung nicht zum Einsatz kommen sollen, bedarf es eines alternativen sicherheitspolitischen Konzeptes, das an zivilen Maßnahmen der Konfliktlösung orientiert ist. In den Grundzügen werden die wesentlichen Handlungsfelder einer derartigen Konzeption unter dem Label einer zivilorientierten Sicherheitspolitik dargestellt.

Das zweite Kapitel schließt mit der Untersuchung der Frage, ob im Anschluß an die Beendigung des Ost-West-Konfliktes bereits internationale Konversionsprozesse sichtbar wurden, oder ob lediglich eine Phase des gedämpften Wettrüstens durchschritten wurde. Als Indikatoren zur Beurteilung der Entwicklungen in der vergangenen Dekade werden die weltweiten Militärausgaben, die politische

Steuerung des Transformationsprozesses sowie die Entwicklung einer zivilorientierten Sicherheitspolitik herangezogen. Vor dem Hintergrund der Ergebnisse dieser Analyse werden zwei unterschiedliche Problembereiche thematisiert, die sich als Konversionshindernisse erweisen können. Auf der einen Seite sind technische Barrieren anzuführen, die sich aus der Komplexität und der Interdependenz der Entscheidungssituation ergeben, auf der anderen Seite ist auf interessengeleitete Widerstände hinzuweisen. Erstere begründen einen spieltheoretischen, letztere einen politökonomischen Forschungsbedarf.

Im dritten Kapitel erfolgt eine Skizzierung spieltheoretischer Ansätze, die das theoretische Gerüst für die weitere Untersuchung internationaler Konversionsprozesse darstellen. Im Mittelpunkt dieses Kapitels steht die Frage, unter welchen Voraussetzungen individuell rational handelnde Akteure die isolierte Nutzenmaximierungsstrategie zugunsten einer kooperativen Strategie aufgeben. Zu diesem Zweck werden grundlegende Spielvarianten vorgestellt. Anschließend werden Verhandlungsspiele erörtert, wobei vor dem Hintergrund einer spieltheoretischen Aufbereitung von Verhandlungsproblemen unterschiedliche Lösungsansätze durchleuchtet werden.

Kooperative Spielergebnisse lassen sich durch die Implementierung eines Bündels von Spielregeln (Mechanismus) hervorbringen. Im Rahmen des Mechanismusdesign ist zu untersuchen, wie ein Mechanismus zu modellieren ist, um eine bestimmte Kooperationslösung hervorzubringen. Anschließend werden Spiele hinsichtlich der zeitlichen Abfolge von Spielergebnissen untersucht. Unter Bezugnahme auf die evolutorische Spieltheorie ist zu hinterfragen, unter welchen Bedingungen kooperative Strategien sich langfristig gegenüber nicht-kooperativen Strategien behaupten können, d. h. fit sind. Im letzten Abschnitt des dritten Kapitels wird die Entstehung von Kooperation aus einem weiteren Blickwinkel betrachtet, indem ein Bezug zur Gruppengröße und zu dem zugrundeliegenden Koordinationsproblem hergestellt wird, um daraus Rückschlüsse hinsichtlich der Kooperationsvoraussetzungen ziehen zu können.

Zu spieltheoretischen Untersuchung der Konversionsproblematik ist im vierten Kapitel zunächst die Herstellung der äußeren Sicherheit als ein Verhandlungsspiel auf der Grundlage einer Gefangenendilemma-Situation darzustellen. Darauf aufbauend sind Gestaltungsüberlegungen über die Bestandteile eines internationalen Konversionsvertrages vor dem Hintergrund der Freiwilligkeit und der Konsensorientierung der Verhandlungen anzustellen. Ferner ist die Relevanz und die Auswirkung der zu erwartenden Anreize zum Beitritt und die Vertragsstabilität als Kriterien für die Gestaltung der Vertragsbestandteile zu untersuchen. Als Vertragsbestandteile eines internationalen Konversionsvertrages werden die Abrüstungsverpflichtungen, die Transformationsvereinbarungen, internationale Transfers sowie Paketlösungen behandelt. Im weiteren Verlauf stehen die Vollzugsbedingungen für einen internationalen Konversionsvertrag im Mittelpunkt: Es wird untersucht, inwiefern durch die Elemente der Überwachung und der Sanktionierung Vertragsverbindlichkeit hergestellt werden kann.

Darüber hinaus werden flankierende Maßnahmen vorgestellt, die insofern eine konversionsfördernde Komponente aufweisen, als die Rahmenbedingungen sowohl speziell für internationale Konversion, als auch allgemein zugunsten internationaler Kooperation positiv beeinflußt werden. Die Maßnahmen, die diesbezüglich vorgestellt und analysiert werden, umfassen einzelstaatliches Vorreiterverhalten, Maßnahme zum Abbau politischer Risiken sowie Reputation, Solidarität, Altruismus, öffentlicher Druck und die Förderung internationaler Verflechtungen.

Das Zustandekommen eines internationalen Konversionsvertrages setzt voraus, daß nationale Politiker eine entsprechende Bindung eingehen. Dieses ist jedoch nur dann möglich, wenn zugleich auch auf der nationalen Ebene die Bereitschaft und ein Konsens über die erforderliche sicherheitspolitische Umorientierung vorhanden ist. Insofern wird deutlich, daß die spieltheoretische Analyse der internationalen Koordination sicherheitspolitischer Strategien durch die auf nationaler Ebene stattfindende Auseinandersetzung mit dieser Thematik zu ergänzen ist. Vor diesem Hintergrund erfolgt im fünften Kapitel eine politökonomische Untersuchung der nationalen Anreizsituation zur Konversion der sicherheitspolitischen Ausrichtung unter Verwendung der Neuen Politischen Ökonomie (NPÖ).

Im ersten Abschnitt des fünften Kapitels werden die theoretischen Grundlagen der NPÖ vorgestellt, wobei insbesondere die Akteure sowie die Tauschbeziehungen zwischen den Akteuren zu betrachten sind. Der Zusammenhang zur Konversion wird im zweiten Abschnitts hergestellt, indem zunächst eine Skizzierung der konversionsrelevanten Akteure erfolgt. Darauf aufbauend werden wesentliche Möglichkeiten der Einflußnahme untersucht und die konversionsrelevanten Auswirkungen dargestellt. Als die zentralen konversionshemmenden Faktoren werden insbesondere der Rüstungslobbyismus und das Politikversagen erörtert und Ansatzpunkte zur Modifikation der nationalen Anreizstruktur aufgezeigt, die für das Zustandekommen eines internationalen Konversionsvertrages aus politökonomischer Sicht bedeutsam sind.

Im sechsten Kapitel erfolgt eine abschließende Zusammenfassung und Bewertung der Untersuchungsergebnisse.

2. Internationale Sicherheit und Konversion

2.1. Militärische Sicherheit

2.1.1. Nationale äußere Sicherheit

Sicherheit ist ein individuelles Bedürfnis und ein gesellschaftliches Ziel mit hoher Priorität. Dieses gilt insbesondere für den Bereich der äußeren Sicherheit, mit dem das Spektrum von Bedrohungen und Existenzgefährdungen angesprochen ist, deren Ursprung außerhalb der jeweiligen Landesgrenzen entspringt. Die sich stellende Aufgabe in bezug auf die Gewährleistung äußerer Sicherheit besteht im Kern in einem Bestandsschutz hinsichtlich des Lebens, der Gesundheit und des Vermögens der Bürger eines Staates[1] sowie der dort herrschenden gesellschaftlichen Wertvorstellungen vor militärischen Übergriffen des Auslands.[2] Aufgrund der im weiteren Verlauf noch näher zu bezeichnenden Kollektivguteigenschaften der äußeren Sicherheit stellt sich die damit verbundene Schutzaufgabe an den Staat.[3]

Aus begrifflicher Perspektive sind verschiedene Varianten des Begriffs der äußeren Sicherheit zu unterscheiden.[4] Die einzelstaatliche Betrachtung der nationalen Sicherheit stellt auf die Fähigkeit eines Staates ab, sich vor einem militärischen Angriff zu schützen bzw. sich im Falle eines militärischen Angriffs erfolgreich zur Wehr zu setzen. Zu diesem Zweck können sich Staaten in Verteidigungsbündnissen zusammenschließen.

Der Begriff der internationalen Sicherheit stellt auf die zwischenstaatliche Sicherheitsstruktur ab, wobei durch die nationalen Abschreckungspotentiale ein Gefüge wechselseitiger Bedrohungen erzeugt wird. Sofern mehrere Staaten zum Aufbau einer gemeinsamen Abschreckungs- und Verteidigungslinie Zusammenschlüsse bilden, sind die damit verbundenen Auswirkungen auf das zwischenstaatliche Abschreckungspanorama auch für das System der internationalen Sicherheit von Bedeutung. Mithin liegt internationale Sicherheit vor, wenn das in Erscheinung tretende Arrangement von Abschreckungen in dem Sinne stabil ist, daß militärische Übergriffe verhindert werden können.

---

1 Der Schutz des Staates umfaßt das Staatsvolk, das Staatsgebiet und die Staatsgewalt im Sinne des staatlichen Rechtssystems. Vgl. Wellershoff [1999], S. 40 f.

2 Vgl. Dettke [1998], S. 271 ff.

3 Bereits Adam Smith bezeichnete den Schutz nach außen als wichtigste der klassischen Staatsaufgaben. Vgl. Maneval [1990 a], S. 243.

4 Für die nachfolgenden Ausführungen siehe Dettke [1998], S. 273 f.

Ausgehend von einem allgemeinen und grundsätzlichen Gewaltverbot zwischen den Staaten basiert die kollektive Sicherheit auf der bindenden Verpflichtung aller Staaten zur Teilnahme an der gemeinsamen Sanktionierung eines beliebigen Aggressors. Im Gegensatz zur internationalen Sicherheit besteht das Prinzip der kollektiven Sicherheit darin, Kriegsverhütung als gemeinsame Aufgabe aller Staaten aufzufassen und nicht als Machtgleichgewicht in einem antagonistischen Staaten- bzw. Bündnissystem.[5]

Als ein gemeinsames Element dieser unterschiedlichen Erscheinungsformen der äußeren Sicherheit läßt sich jeweils die Zielsetzung der Verminderung solcher Unsicherheiten und Existenzrisiken anführen, die auf gewalttätige Übergriffe zurückzuführen sind. Da der Abbau militärischer Risikotatbestände mit einem Einsatz von Ressourcen[6] verbunden ist, welche für alternative Zwecke nicht mehr zur Verfügung stehen, ist die Allokation von Ressourcen im militärischen Bereich unter Berücksichtigung von Opportunitätskosten[7] vorzunehmen. Insgesamt ist festzustellen, daß Sicherheitsrisiken nicht vollständig beseitigt werden können, d. h. einen Zustand absoluter äußerer Sicherheit kann es nicht geben.[8]

Wenn somit die Herstellung der äußeren Sicherheit als ein Satisfizierungsziel einzustufen ist, so ist ein sicherheitspolitischer Handlungsbedarf dann festzustellen, wenn die Bewertung eines internationalen Bedrohungsgefüges zu dem Befund nicht hinnehmbarer Sicherheitsrisiken führt. Sofern also die aktuell ergriffenen Maßnahmen und Instrumente zur Herstellung nationaler Sicherheit nicht mit einer sich ändernden Bedrohungslage korrespondieren, werden Anpassungen zur Wiederherstellung des gewünschten Niveaus äußerer Sicherheit erforderlich.

Ein derartiges Vorgehen ist mit dem grundsätzlichen Problem verbunden, daß sowohl die Bewertung der Sicherheitslage als auch die Ableitung des sicher-

---

5 Zur Entstehungsgeschichte und den Merkmalen des Konzeptes kollektiver Sicherheit siehe Bartke [1990], S. 116 ff.

6 Vgl. Judin [1990], S. 73.

7 Plakativ verweist Palme auf die Opportunitätskosten von Militärausgaben: Der Preis eines einzigen modernen Kampfflugzeuges würde ausreichen, um drei Millionen Kinder gegen die wesentlichen Kinderkrankheiten zu impfen. Vgl. Palme [1982], S. 5. Allgemein läßt sich feststellen, daß infolge der militärischen Verwendung von Ressourcen die Verfolgung anderer Ziele innerhalb der Gesellschaft beeinträchtigt wird. Vgl. Cusack [1983], S. 81.

8 Diesbezüglich ist festzustellen, daß die Gewährleistung absoluter Sicherheit im Sinne von Unverwundbarkeit aufgrund der vielfältigen und unüberschaubaren Gefährdungstatbestände eine Illusion ist. Vgl. Dettke [1998], S. 271.

heitspolitischen Handlungsbedarfs vor dem Hintergrund normativer Einschätzungen vorzunehmen ist.

Über die im einzelnen zu ergreifenden Maßnahmen zur Herstellung der äußeren Sicherheit entscheiden die Politiker im Rahmen der nationalen Sicherheits-, Verteidigungs- und Rüstungspolitik.

Die Sicherheitspolitik, die die Gestaltung sämtlicher Einrichtungen und Maßnahmen umfaßt, die auf die Abwehr von existenzbedrohenden Gefahren gerichtet sind,[9] stellt einen Kernbereich der staatlichen Aufgaben dar.[10] Als sicherheitspolitische Aktionsparameter sind neben dem Aufbau, der Ausrüstung und der Unterhaltung der Streitkräfte auch alle weitere Maßnahmen zu nennen, die dem Abbau oder der Abwehr von Bedrohungen durch internationale Akteure dienen. Diesbezüglich ist insbesondere auf den Einsatz diplomatischer Mittel hinzuweisen.[11]

Hinsichtlich der grundsätzlichen Stoßrichtung der Sicherheitspolitik kann festgestellt werden, daß zumindest in Demokratien der westlichen Prägung ein Konsens dahingehend besteht, die Austragung militärischer Konflikte zu vermeiden.[12] Die Priorität der Sicherheitspolitik liegt im Bereich der politischen und diplomatischen Mittel und ist auf Konfliktvermeidung und friedliche Konfliktbeilegung ausgerichtet. Derartige präventiv ausgerichtete Maßnahmen können allerdings versagen, so daß als ultima ratio der Einsatz militärischer Instrumente zur Existenzsicherung im Rahmen der Sicherheitspolitik erfolgt.[13]

Sofern die Verfolgung der sicherheitspolitischen Anstrengungen zur Gewährleistung äußerer Sicherheit mit militärischen Mitteln erfolgt, ist der Bereich der

---

9 Vgl. Lemke [1996], S. 77.

10 Vgl. Sommermann [1993], S. 439.

11 Sicherheitspolitik zielt im Gegensatz zum Katastrophenschutz auf die Überwindung einer gezielten Bedrohung durch andere Akteure. Vgl. Kammler [1983], S. 349.

12 Konflikte können jederzeit und allerorts auftreten. Sie entstehen im Zuge verdichteter sozialer Interaktionen. Der Einsatz von Gewalt bzw. militärischer Mittel als äußerstes Mittel zur Konfliktlösung läßt sich dann begründen, wenn friedliche Mittel ausgeschöpft sind. Jedoch resultiert daraus nicht zwangsläufig der Einsatz militärischer Mittel. Demgegenüber kann durch fehlerhafte Kommunikation oder Willen zur Gewalt ein Krieg trotz unausgeschöpfter friedlicher Konfliktlösungsmittel entstehen. Vgl. Hondrich [1997], S. 305 und Kammler [1983], S. 350.

13 Vgl. Schilling [1997 b], S.12 und Lemke [1996], S. 77

Verteidigungspolitik[14] angesprochen.[15] Der Beitrag der nationalen Verteidigungspolitik zur Bewältigung militärischer Bedrohungen bzw. zur Herstellung eines bestimmten Niveaus äußerer Sicherheit basiert im Kern auf dem Prinzip der Sicherheit durch Abschreckung und Verteidigung.[16]

Militärische Abschreckung basiert auf der Vorstellung, einen Krieg[17] zu vermeiden, indem dem Aggressor militärische Vergeltungsmaßnahmen angedroht werden. Die Fähigkeit und die Absicht, einen Gegner zu verletzen oder zu töten, muß für diesen klar erkennbar sein.[18] Erst dann kann ein Aggressor in Abhängigkeit von der Stärke der Waffen und der Glaubwürdigkeit ihres Einsatzes einen Schaden kalkulieren, der höher als der im Fall eines Angriffs zu erwartende Gewinn ausfällt. Das Konzept der militärischen Abschreckung geht auf, wenn der Aggressor infolge der Vergeltungsandrohung von seiner Absicht, einen Angriff auszuführen, abgebracht werden kann.[19] Sofern sich potentielle Aggressoren durch die Androhung militärischer Vergeltung zu friedlichem Verhalten dis-

---

14 Die Verteidigungspolitik stellt einen Kernbereich der Sicherheitspolitik dar. Vgl. Lemke [1996], S. 77. Die Begriffe Verteidigungspolitik und Militärpolitik werden im Rahmen dieser Arbeit synonym verwendet. Vgl. Dettke [1998], S. 274.

15 Während die Verteidigungspolitik auf die Abwehr militärischer Bedrohungen gerichtet ist, zählt die Überwindung von Gefahren infolge wachsender außenwirtschaftlicher Verflechtungen zur Sicherheitspolitik. Beide Politikbereiche zielen auf die Vermeidung militärisch ausgetragener Konflikte ab, jedoch sind die Begriffe Sicherheitspolitik und Verteidigungspolitik nicht synomym zu verwenden, vielmehr ist Sicherheitspolitik umfassender als Verteidigungspolitik. Vgl. Kammler [1983], S. 349 f.

16 Barkte bezeichnet beispielsweise die Abschreckungsdoktrin als Grundlage der westlichen Sicherheitspolitik. Vgl. Bartke [1990], S. 115. Wellershoff stellt auch für die Zeit nach der Beendigung der Blockkonfrontation fest, daß in der Abschreckung von Aggression nach wie vor die traditionelle Aufgabe der Streitkräfte zu sehen ist. Vgl. Wellershoff [1999], S. 234 f.

17 Krieg ist im traditionellen Begriffsverständnis als eine bewaffnete Auseinandersetzung zwischen Staaten zu verstehen, d. h. die internationalen Gewaltanwendung ist für die Feststellung eines Kriegszustandes maßgeblich. Vgl. Epping [1992], S. 43 ff. Aus heutiger Sicht ist diese Definition als zu eng anzusehen, da ein gewaltsamer Übergriff nicht notwendigerweise durch ein Land erfolgen muß. Vielmehr sind unterdessen auch Personengruppen in der Lage, die äußere Sicherheit eines Landes empfindlich zu stören.

18 Wichtiger als die tatsächlich erzielbare Fähigkeit, auf den Gegner einzuwirken, ist der psychologische Abschreckungseffekt, d. h. die seitens des Gegners erwartete Einwirkung. Vgl. Legault [1973], S. 93.

19 Vgl. Wellershoff [1999], S. 59 und S. 125.

ziplinieren lassen, kann durch Abschreckung eine Erhöhung der nationalen Sicherheit bewirkt werden.

Für den Fall, daß die Politik der Prävention durch Abschreckung versagt und ein gewaltsamer Angriff erfolgt, kommen zur Schadensbegrenzung militärische Mittel zur Verteidigung des Landes zum Einsatz.[20]

Zusammenfassend ist in der Abschreckung die Fähigkeit zur Androhung und Durchsetzung einer Bestrafung zu sehen, und die Verteidigung ist durch die Fähigkeit bestimmt, sich bei einem Angriff dem Gegner zur Wehr zu setzen. Insofern läßt sich feststellen, daß der Bereich der Abschreckung offensiv ausgelegt ist, während der Verteidigungsbereich eher defensiv aufzufassen ist. Indes kann eine eindeutige Zuordnung der jeweils zum Einsatz kommenden militärischen Systeme in Verteidigungs- und Abschreckungskategorien nicht immer vorgenommen werden, da die Grenzen zwischen offensiv ausgelegten Abschreckungswaffen und defensiv ausgelegten Verteidigungswaffen unscharf verlaufen.[21]

Für den Vollzug von verteidigungspolitischen Aufgaben ist das Militär verantwortlich. Das Militär verfügt über die Streitkräfte, die – ausgestattet mit militärischem Gerät (Rüstungsgüter) – die Abschreckungs- und Verteidigungsleistungen zu erbringen haben.[22] Als Verteidigungspolitik läßt sich derjenige Teil der Sicherheitspolitik bezeichnen, der die Gestaltung militärischer Optionen zur Bewältigung externer militärischer Bedrohungen durch Maßnahmen der Abschreckung und Verteidigung zum Gegenstand hat. Folglich steht die Verteidigungspolitik in einem Subordinationsverhältnis zur Sicherheitspolitik, welche die übergeordneten sicherheitspolitischen Prinzipien und Ausrichtungen vorgibt.[23]

Als weitere Politikbereiche mit sicherheitspolitischer Relevanz lassen sich bspw. die Außen- und die Entwicklungspolitik anführen, jedoch stehen in diesen Politikbereichen nicht-militärische Sachverhalte und Aufgaben im Vordergrund. Aus diesem Grund werden diese Politikbereiche aus der weiteren Betrachtung

---

20 Vgl. Maneval [1990 a], S. 243, Lemke [1996], S. 77.

21 Zur Logik der Abschreckung siehe Legault [1973], S. 95 ff.

22 Vgl. Wöckener [1996], S. 14.

23 Insofern als in der Verteidigungspolitik ein spezifischer Teil der Sicherheitspolitik zu sehen ist, hat sie sich dieser unterzuordnen. Vgl. Schloenbach [1995 a], S. 14.

ausgeklammert.[24] Das erscheint insofern gerechtfertigt, als hinsichtlich der existenzbedrohenden externen Gefährdungen, denen ein Land ausgesetzt ist, in erster Linie an militärische Gewalt zu denken ist.[25]

Im Rahmen der Rüstungspolitik werden diejenigen politischen Entscheidungen getroffen, die notwendig sind, um den Bedarf der Streitkräfte mit Rüstungsgütern sicherzustellen. Da die verteidigungspolitischen Entscheidungen für wehrtechnische Anschaffungen maßgeblich sind, ist die Rüstungspolitik der Verteidigungspolitik, und damit letztlich auch der Sicherheitspolitik insgesamt unterzuordnen.

Ferner kommt rüstungspolitischen Entscheidungen eine außen- und wirtschaftspolitische Bedeutung zu, sofern beispielsweise Entscheidungen über Rüstungsexporte oder über Kooperationen bei der Herstellung von Rüstungsgütern zu treffen sind. Hinzu kommt, daß mit den Entscheidungen über die Beschaffung von Rüstungsgütern auch beschäftigungspolitische Wirkungen verbunden sind. Jedoch sind die Beschäftigungseffekte als Nebenwirkungen zu interpretieren und damit gegenüber den Zielen und Prinzipien der Sicherheitspolitik als nachrangig einzustufen.[26]

Eine wesentliche Voraussetzung für die Effektivität von Abschreckungsmaßnahmen ist in der Fähigkeit eines Staates zu sehen, die zur Abschreckung angedrohten Maßnahmen tatsächlich ausführen zu können: Die Androhung muß prinzipiell glaubwürdig sein.[27] Damit Abschreckung für die Bürger eines Landes einen Nutzen in Form äußerer nationaler Sicherheit entfalten kann, müssen im Bereich der Streitkräfte und der Rüstungsindustrie entsprechende Kapazitäten

---

24 Vgl. Maneval [1990 a], S. 243.

25 Vgl. Dettke [1998], S. 273.

26 Wenn auch der Bedarf der Streitkräfte den Kern der Rüstungspolitik darstellt, so würde durch die Ausblendung der angeführten Politikbereiche die Definition der Rüstungspolitik zu kurz greifen. Vgl. Schloenbach [1995 a], S. 77, Schloenbach [1995 b], S. 14.

27 Mit anderen Worten: Die Drohungen müssen glaubwürdig beim Empfänger ankommen, um in dessen Kalkül aggressionsmindernd wirksam werden zu können. Vgl. Kahl [1998], S. 263. Allerdings versagt die Abschreckung bei bestimmten Risiko-Kategorien, weil sich die Zufügung von Nachteilen nicht realisieren läßt. Dieses ist beispielsweise bei neueren Formen von Terrorismus mit nuklearen, chemischen oder biologischen Waffen der Fall. Abschreckung kann grundsätzlich nur funktionieren, wenn Aggressoren zuverlässig identifiziert und lokalisiert werden können. Vgl. Dettke [1998], S. 278.

vorgehalten werden. Somit entstehen laufende Aufwendungen für den Unterhalt von Streitkräften (Militärausgaben) sowie für die Ausrüstung der Streitkräfte (Rüstungsausgaben), um das Produkt äußere Sicherheit durch Abschreckung herzustellen.[28]

Interessante Aspekte eröffnen sich mit dem Blick auf die "Produkteigenschaften" der äußeren Sicherheit, da die vom Militär hervorgebrachten Leistungen sowohl Dienstleistungseigenschaften als auch Kollektivguteigenschaften aufweisen.

Ein konstituierendes Merkmal von Dienstleistungen besteht darin, daß diese nicht speicherbar sind. Dieses trifft offenkundig auf militärische Abschreckungsleistungen zu, welche nicht eingelagert und bei Bedarf eingesetzt werden können. Vielmehr impliziert die Nicht-Speicherbarkeit, daß Produktion und Verbrauch der Verteidigungsleistungen simultan stattfinden müssen. Folglich ist es erforderlich, die Produktionskapazitäten an den Belastungsspitzen auszurichten. Dieses ist insofern auf den Militärbereich übertragbar, als sich die Belastungsspitzen durch die erforderlichen Vergeltungs- und Verteidigungsmaßnahmen im Falle eines feindlichen Angriffes definieren lassen. Damit wird deutlich, daß bei der Produktion äußerer Sicherheit ein hohes Maß an Flexibilität erforderlich ist, um in kürzester Zeit die erforderlichen Kapazitäten in einsatzfähigen Zustand zu versetzen. Des weiteren bedarf es einer geräte- und waffentechnischen Ausstattung, die dem Stand der Militärtechnik entspricht. Eine Mißachtung der Orientierung an der Spitzenlast würde eine Unterdimensionierung der Streitkräfte und deren Ausrüstung begünstigen und wäre dann mit einem Verlust an Einsatzfähigkeit und Glaubwürdigkeit[29] verbunden, woraus letztlich ein Verlust an äußerer Sicherheit resultieren würde.[30] Aus dem Dienstleistungscharakter läßt sich somit die Notwendigkeit ableiten, Abschreckung kontinuierlich und glaubwürdig im Sinne der Orientierung an Spitzenlasten zu produzieren. Daraus kann hinsichtlich der Kosten für die Produktion äußerer Sicherheit geschlußfolgert werden, daß zum einen die Kosten kontinuierlich anfallen, d. h.

---

28 Vgl. Kiy [1990], S. 335.

29 Glaubwürdigkeit der Abschreckung läßt sich ferner durch die Auswahl der Militärstrategie gestalten. Diesbezüglich erscheint c. p. eine positive Korrelation zwischen der Intensität der angedrohten militärischen Maßnahmen und der Abschreckungswirkung plausibel, da je nach Aggressivität der Strategie das Kalkül eines Aggressors in unterschiedlicher Weise tangiert wird.

30 Die Notwendigkeit der Aufrechterhaltung militärischer Handlungsfähigkeit zeigt sich deutlich an den im Zeitablauf kürzer werdenden Vorwarnzeiten, die nur noch einen geringen zeitlichen Spielraum für die Erlangung der vollen Schlagkraft eines Militärapparates übrig lassen. Vgl. Lutz [1997], S. 10.

auch dann, wenn keine akute Bedrohung festzustellen ist. Zum anderen fallen die Kosten aufgrund der Orientierung an der Spitzenlast in erheblichem Umfang an, was auf die Aufrechterhaltung flexibler Einsatzstrukturen und die sukzessiv erforderliche Modernisierung der Ausrüstung zurückzuführen ist.

Zusammenfassend ist festzustellen, daß die bei der Produktion der Dienstleistung der äußeren Sicherheit auftretende Nicht-Speicherbarkeit und die Orientierung an der Spitzenlast vor allem mit Implikationen für die Leistungserstellung – z. B. im Hinblick auf die Aufwuchsfähigkeit[31] – verbunden ist.

Als weitere charakteristische Eigenschaft der äußeren Sicherheit ist von Belang, daß die Abschreckung mittels Vorhaltung von Kapazitäten für einen militärischen Einsatz eine Leistung darstellt, von deren Nutzung innerhalb des Staatsgebietes niemand ausgeschlossen werden kann. Zudem liegt bei der Inanspruchnahme dieser Leistung keine Konsumrivalität vor, da die Nutzung der äußeren Sicherheit durch eine Person nicht zu Nutzeneinbußen bei anderen Personen führt. Somit ist äußere Sicherheit durch militärische Abschreckung als ein öffentliches Gut anzusehen.[32] Da bei öffentlichen Gütern kein privatwirtschaftliches Angebot erfolgt, mithin eine Allokation der Verteidigungsressourcen über den Markt als Koordinationsinstanz nicht erfolgt kann, ist die äußere Sicherheit unter staatlicher Leitung bereitzustellen.

Infolge der verteidigungspolitischen Entscheidungen von Politikern, die vor dem Hintergrund des jeweiligen internationalen Bedrohungsszenarios im Rahmen der Sicherheitspolitik zu treffen sind, können stabile Erwartungen in bezug auf die Verhütung militärischer Übergriffe erzeugt werden. Hierin ist eine wesentliche Voraussetzung für ein Leben in Freiheit, Würde und Gerechtigkeit[33] sowie für eine allgemeinwohlförderliche Entfaltung der Gesellschaft insgesamt[34] zu sehen. Damit wird deutlich, daß – wie eingangs geschildert – dem Sicherheitsbedürfnis in einer Gesellschaft eine hohe Priorität zukommt.[35]

---

31 Aufwuchsfähigkeit beschreibt die Eigenschaft einer Streitkraft, kurzfristig aus einem militärischen Stand-by-Zustand die Kapazitäten zur Herstellung der maximalen Verteidigungsbereitschaft zu aktivieren. Weitere Details zur Aufwuchsfähigkeit und -stärke finden sich bei Davis [1996], S. 40 f. und Rohde [1996], S. 166 ff.

32 Vgl. Feser [1996], S. 4 und Kammler [1983], S. 352.

33 Vgl. Dobrosielski [1989], S. 417.

34 Vgl. Clark [1988], S. 124.

35 Siehe oben, S. 7.

2.1.2. Internationale Sicherheit

2.1.2.1. Nationale Abschreckung und internationales Wettrüsten

2.1.2.1.1. Zur wachsenden Bedeutung der Abschreckung

Die im vorangegangenen Abschnitt für den Einzelstaat dargestellten Überlegungen sind zu erweitern, indem das Blickfeld auf die zwischen einer Vielzahl von Staaten bestehenden Sicherheitsbeziehungen ausgedehnt wird. In diesem Zusammenhang kommt zunächst als ein wesentlicher Aspekt die Tatsache ins Spiel, daß die Instrumente der Landesverteidigung nicht rein defensiv gestaltet sind, um die Einwirkungsmöglichkeiten gegnerischer Waffen zu vermindern. Vielmehr sind zur Abschreckung offensiv einsetzbare Waffen erforderlich, um potentiellen Aggressoren die Zufügung eines empfindlichen Nachteils glaubwürdig androhen zu können. Bei Betrachtung mehrer Länder entstehen Interdependenzen zwischen Abschreckung und Bedrohung. Verstärkte Abschreckungsbestrebungen eines Landes A werden von einem Land B als Zunahme der Bedrohung wahrgenommen und können dort Nachrüstungen zur Vermeidung militärischer Unterlegenheit auslösen.

Ein weiterer Aspekt, der in diesem Zusammenhang von Interesse ist, besteht in dem historischen Wandel der Sicherheitspolitik von der defensiven Verteidigung zur offensiven Abschreckung. Die im Zeitablauf festzustellende Aufwertung der Abschreckung zur Herstellung äußerer Sicherheit steht in engem Zusammenhang mit der Entwicklung des militärtechnischen Fortschritts und der damit verbundenen, exponentiell verlaufenden Zunahme der Zerstörungskraft der Waffen. Inzwischen hat die militärische Schlagkraft aus qualitativer wie auch aus quantitativer Sicht ein Maß erreicht, das die Herstellung der äußeren Sicherheit allein durch defensive Verteidigungssysteme höchst fragwürdig erscheinen läßt. Wenn aber die Schutzwirkung einer vornehmlich defensiv ausgerichteten Streitkraft nicht mehr ausreicht, um die Sicherheit eines Landes herzustellen, dann kommt der Strategie der Landesverteidigung durch Abschreckung in Form der Androhung eines sofortigen Gegenangriffs eine wachsende Bedeutung zu. Der Aufbau einer Abschreckungsmacht als Folge der zunehmenden Zerstörungskraft der Waffen hat weiterhin zur Konsequenz, daß militärische Systeme in einem Bereitschaftszustand vorgehalten werden, um den Zeitbedarf zur Mobilisierung der vollen Schlagkraft zu verkürzen.[36]

---

[36] In diesem Zusammenhang kann auf den technologischen Wandel in der Kriegsführung bezüglich der Datengewinnung und –verarbeitung hingewiesen werden, die das Militär in die Lage versetzt, Informationen und Befehle in kürzester Zeit

Der wehrtechnische Fortschritt und die damit verbundene Erhöhung der Schlagkraft stellt einen wesentlichen Faktor bei der Entwicklung zu einer offensiv orientierten Sicherheitspolitik dar. Es ist unmittelbar nachzuvollziehen, daß die zunehmende Schlagkraft und der geringere Zeitbedarf zur Erlangung der Rückschlagfähigkeit eng mit dem Aufkommen von Atomwaffen in Verbindung zu bringen ist. Die in diesem Zusammenhang installierten Vorwarn- und Rückschlagmechanismen brachten ein empfindliches Gleichgewicht der Abschreckung hervor. Zugleich keimten Befürchtungen über einen nicht aufzuhaltenden nuklearen Schlagabtausch auf.[37]

2.1.2.1.2. Einseitige und gegenseitige Abschreckung

Auf internationalem Parkett folgt aus der wachsenden Bedeutung der militärischen Abschreckung, daß eine stärkere Verflechtung der nationalen Verteidigungs- und Rüstungspolitiken festzustellen ist. Im Gegensatz zu rein defensiv orientierten Aufrüstungen wird eine Verstärkung nationaler Abschreckungsmaßnahmen von anderen Ländern als zunehmende Bedrohung empfunden und Nachrüstungen auslösen.

Um der weiteren Betrachtung die erforderliche begriffliche Schärfe zu geben, sind die Zusammenhänge zwischen Abschreckung, militärischem Gleichgewicht und Stabilität zu erläutern.

Wie bereits zuvor dargestellt wurde, erzeugt Abschreckung nationale Sicherheit, wenn Angriffe von Gegnern verhindert werden können. Stabilität beschreibt einen Zustand, bei dem für keinen Staat ein rationales Motiv für einen Angriff besteht, d. h. die internationale Sicherheit gewährleistet ist. Stabilität kann somit auf militärische Abschreckung zurückzuführen sein, wenn ein Aggressor eine für ihn nicht tragbare Vergeltung hinnehmen muß. Hingegen ist fraglich, ob Abschreckung zwangsläufig zu Stabilität führt, und Stabilität gleichbedeutend mit militärischer Parität im Sinne einander entsprechender militärischer Schlagkraft ist. Ferner ist zu hinterfragen, ob und wann Instabilitäten trotz wechselseitiger Abschreckung auftreten können.

---

zu koordinieren und Waffensysteme präzise über große Distanzen präzise und unter Einsatz hoher Zerstörungspotentiale zu steuern. Der Radius der gegenseitigen Bedrohungen ist enorm angewachsen, d. h. die Welt ist aus sicherheitspolitischer Perspektive eng zusammengerückt. Zur Revolutionierung der Kriegsführung siehe Schilling [1997 a], S. 57 ff.

37 Zur Abschreckung aus militärhistorischer Sicht siehe Legault [1973], S. 98 ff.

Anhand eines Modells zweier Länder (A und B) lassen sich die Varianten stabiler und instabiler Abschreckung aufzeigen,[38] indem sog. Abschreckungsschwellen betrachtet werden. Die Abschreckungsschwelle (S) eines Landes befindet sich dort, wo der Übergang von "tragbaren" zu "unannehmbaren" Schäden stattfindet. Liegt die abschreckende Zerstörungskraft (Z) des Gegner oberhalb der eigenen Abschreckungsschwelle, ist der zu erwartende Schaden unannehmbar und der eigene militärische Übergriff unterbleibt. Die Verläufe der nationalen Abschreckungsschwellen können durchaus voneinander abweichen, bspw. in Abhängigkeit von der Opferbereitschaft der Bevölkerung. Der Zusammenhang zwischen Abschreckung und Militärpotential läßt sich graphisch wie folgt darstellen:

Abbildung 1: Abschreckungsschwellen im Zwei-Länder-Modell

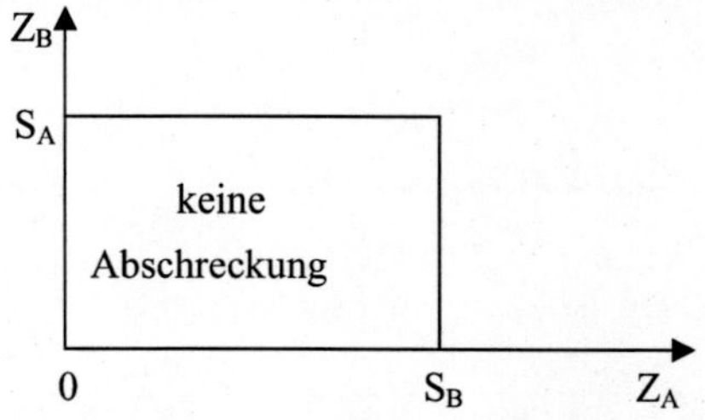

Quelle: Modifiziert entnommen aus Legault, Albert, Lindsey, George: Dynamik des nuklearen Gleichgewichts, Frankfurt am Main 1973, S. 116.

Auf der Abszisse ist das militärische Zerstörungspotential Z abgetragen, über welches das Land A verfügt. Z_A ist somit zugleich als das Abschreckungspotential zu interpretieren, mit dem sich das Land A gegen einen Angriff des Landes B schützt. Auf der Ordinate ist das entsprechende Abschreckungspotential des Landes B abgetragen.

Die Abschnitte S_A und S_B stellen die Abschreckungsschwellen der Länder A und B dar. Liegt das Abschreckungspotential des Landes B unterhalb der Schwelle S_A, so findet keine Abschreckung des Landes A durch das Land B statt, weil die

[38] Zu den nachfolgenden Ausführungen siehe Legault [1973], S. 113 ff.

militärische Ausstattung des Landes B nicht ausreicht, um dem Land A einen unannehmbaren Schaden zuzufügen. Dementsprechend kann das Land B nur dann von dem Land A abgeschreckt werden, wenn das Abschreckungspotential Z_A oberhalb der Abschreckungsschwelle S_B liegt. Liegen die Abschreckungspotentiale jeweils unterhalb der Abschreckungsschwellen der gegnerischen Länder, so findet keine gegenseitige Abschreckung statt. Das Rechteck $0S_BQS_A$ repräsentiert sämtliche derartige Kombinationen. Liegt hingegen die Kombination der nationalen Abschreckungspotentiale außerhalb des Rechtecks, sind die Fälle einseitiger und wechselseitiger Abschreckung zu unterscheiden.

Abbildung 2: Einseitige und gegenseitige Abschreckung

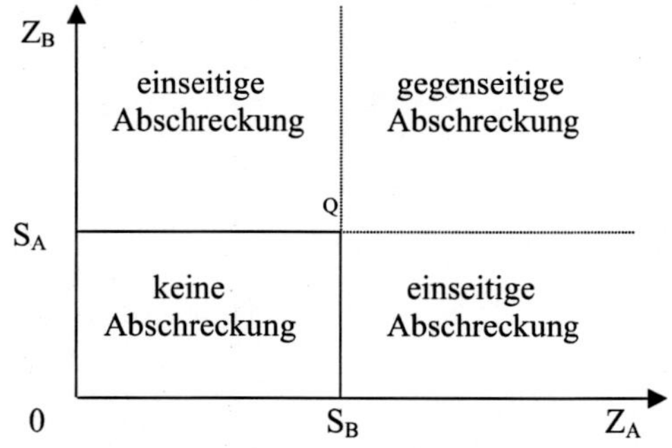

Quelle: Modifiziert entnommen aus Legault, Albert, Lindsey, George: Dynamik des nuklearen Gleichgewichts, Frankfurt am Main 1973, S. 117.

In der oberhalb des Rechtecks $0S_BQS_A$ befindlichen Fläche sind ausschließlich alternative Kombinationen der Konstellation von $Z_A < S_B$ und $Z_B > S_A$ zu finden. Da das Zerstörungspotential des Landes A nicht ausreicht, um das Land B wirksam abzuschrecken ($Z_A < S_B$), zugleich aber das Land B in der Lage ist, das Land A abzuschrecken ($Z_B > S_A$), kommt es in der betrachteten Situation lediglich zu einer einseitigen Abschreckung des Landes A durch das Land B.

Umgekehrt ist in dem Rechteck rechts unten, das die Kombinationen von $Z_A > S_B$ und $Z_B < S_A$ repräsentiert, eine einseitige Abschreckung des Landes B durch das Land A festzustellen.

In der verbleibenden Fläche rechts oben befinden sich die Abschreckungspotentiale über den jeweiligen Abschreckungsschwellen, d. h. es gilt $Z_A > S_B$ und $Z_B > S_A$. Diese Kombinationen repräsentieren einen Zustand gegenseitiger Abschreckung,[39] wobei jedes Land über ein Waffenpotential verfügt, das es erlaubt, dem Gegner unannehmbare Schäden zuzufügen.

Zur vertiefenden Analyse bedarf es der Einführung weiterer Kenngrößen. Betrachtet man den Fall, daß das Land A über ein Waffenpotential $Z_A > S_B$ verfügt, so könnte dieses Land den Waffenanteil Z_A - S_B einsetzen, um die Waffen und damit das Abschreckungspotential des Landes B in einem Erstschlag zu zerstören. Ferner würde das Land A nach dem Erstschlag noch über ein Reserve-Zerstörungspotential in Höhe von $Z_A = S_B$ verfügen, so daß dem Land B ein unannehmbarer Schaden zugefügt werden könnte.

Somit stellt sich in der Situation der gegenseitigen Abschreckung die Frage, ob es einem Land gelingen kann, durch einen Entwaffnungserstschlag das Waffenpotential des Gegners derart zu dezimieren, daß dessen Zerstörungspotential die Abschreckungsschwelle des Landes, das den Erstschlag durchführt, nicht mehr erreicht.

Sofern dieses bspw. dem Land A gelingen kann, verfügt dieses Land also über die Fähigkeit zu einem Erstschlag, da das Land B nicht mehr über die Kapazitäten zur Ausführung eines Zweitschlages auf Abschreckungsniveau verfügt. Hingegen ist die Abschreckung des Landes B nur dann gewährleistet, wenn nach einem Entwaffnungserstschlag noch ein Waffenpotential oberhalb der Abschreckungsschwelle des Gegners vorhanden ist.

Die Fähigkeit, in einem Entwaffnungserstschlag das Waffenpotential des Gegner zu dezimieren, wird als Counterforce-Fähigkeit bezeichnet. Diese ist abhängig von der Höhe der sog. Counterforce-Reserve, d. h. $Z_A - Z_B$, und von der Wahrscheinlichkeit, mit der eine Rakete des Gegners auf dortigem Boden zerstört und für einen Gegenschlag unbrauchbar wird. Diese Wahrscheinlichkeit wird als Counterforce-Wirksamkeit C_A bzw. C_B bezeichnet.[40]

Anhand eines Zahlenbeispiels lassen sich die Zusammenhänge folgendermaßen darstellen. Angenommen sei, daß das Land A über ein Abschreckungspotential Z_A von 700 Waffeneinheiten (WE) verfügt und die Abschreckungsschwelle S_A bei einem gegnerischen Zerstörungspotential von 150 WE liegt. Ferner soll das

---

39 Vgl. Legault [1973], S. 117 f.

40 Die Counterforce-Wirksamkeit hängt vor allem von der Zielgenauigkeit und der Sprengkraft angreifender Waffensysteme ab. Vgl. Legault [1973], S. 116 f.

Land B über ein Abschreckungspotential in Höhe von 550 WE verfügen, die Abschreckungsschwelle S_B liegt bei 100 WE.

Zunächst ist festzustellen, daß in dieser Konstellation eine gegenseitige Abschreckung vorliegt, da sich die Abschreckungspotentiale Z_A und Z_B oberhalb der gegnerischen Abschreckungsschwellen befinden. Die Situation stellt sich nun für das Land A unter Berücksichtigung einer Counterforce-Wirksamkeit von $C_A = 0{,}5$ wie folgt dar:

Aus dem gesamten Abschreckungspotential von 700 WE sind 100 WE (= S_B) vorzuhalten, um das Land B wirksam abschrecken zu können. Die verbleibenden 600 WE (= $Z_A - S_B$) könnten in einem Entwaffnungsschlag gegen das Land B eingesetzt werden. Kann durch den Einsatz der Counterforce-Reserve das Waffenpotential des Landes B von 550 WE auf einen Wert unterhalb der Abschreckungsschwelle S_A von 150 WE dezimiert werden, verliert das Land B seine Rückschlagfähigkeit. Es kann dann trotz der ursprünglich gegenseitigen Abschreckung zu einer Vereinnahmung des Landes B durch das Land A kommen.

Tabelle 1: Zahlenbeispiel zur Counterforce-Fähigkeit

Land	Abschreckungspotential Z in Waffeneinheiten [WE]	Abschreckungsschwelle S [in WE]	Counterforce-Reserve Z – S [in WE]
A	$Z_A = 700$	$S_A = 150$	$Z_A - S_B = 600$
B	$Z_B = 550$	$S_B = 100$	$Z_B - S_A = 400$

Quelle: Eigene Darstellung.

Das in Tabelle 1 dargestellte Beispiel sieht vor, daß das Land A über 600 counterforce-relevante Waffeneinheiten verfügt, das Land B kann auf eine Counterforce-Reserve von 400 Waffeneinheiten zurückgreifen. Ausgehend von einer angenommenen Counterforce-Wirksamkeit von 0,5 können C_A x $(Z_A - S_B)$ = 0,5 x (700 WE – 100 WE) = 300 der 550 in Land B befindlichen Waffeneinheiten zerstört werden. Damit verbleibt dem Land B ein Potential von 250 Waffeneinheiten, welches ausreicht, um das Land A abzuschrecken, wozu lediglich 150 Waffeneinheiten erforderlich sind.

Anders sieht es aus, wenn das Land B lediglich über ein Abschreckungspotential von 350 Waffeneinheiten verfügt. Bei einem Erstangriff mit 600 Waffeneinheiten durch das Land A könnte das Waffenpotential des Landes B auf 350 WE – 0,5 x (700 WE – 100 WE) = 50 WE dezimiert werden. Damit wird die Abschreckungsschwelle S_A nicht mehr erreicht, und das Land B verliert mit seiner Fähigkeit zu einem wirksamen Zweitschlag auch die Fähigkeit zur Abschreckung des Landes A. In dieser Konstellation findet nur noch eine einseitige Abschreckung des Landes B durch das Land A statt.

Nun lassen sich bei gegebenen Werten S_A, S_B und C_A die Kombinationen Z_A und Z_B ermitteln, die den Verlauf der Abschreckungskennlinie, d. h. die Grenze zwischen einseitiger und gegenseitiger Abschreckung determinieren:

$$Z_A = (Z_B - S_A) \div C_A + S_B \quad \text{für } Z_A \geq S_B.$$ [41]

Zur Erläuterung: Die Ungleichung $Z_A > (Z_B - S_A) \div C_A + S_B$ beschreibt den Fall der einseitigen Abschreckung durch das Land A, da das Waffenpotential des Landes A hinreichend groß ist, um bei gegebenen Abschreckungsschwellen und gegebener Counterforce-Wirksamkeit C_A das Waffenarsenal des Landes B durch einen Erstangriff auf einen Wert unterhalb der Abschreckungsschwelle S_A zu dezimieren. Umgekehrt repräsentiert die Ungleichung $Z_A < (Z_B - S_A) \div C_A + S_B$ diejenigen Konstellationen von Z_A und Z_B, bei denen gegenseitige Abschreckung herrscht.

Die Abschreckungskennlinie D_A kann nunmehr oberhalb der Abschreckungsschwellen in das zuvor verwendete Schaubild eingefügt werden:

[41] Die obige Gleichung der Abschreckungskennlinie des Landes A ermittelt sich aus den Kombinationen von Z_A und Z_B, für die gilt: $(Z_A - S_B) * C_A = Z_B - S_A$.

Abbildung 3: Kennlinie der Abschreckung des Landes A

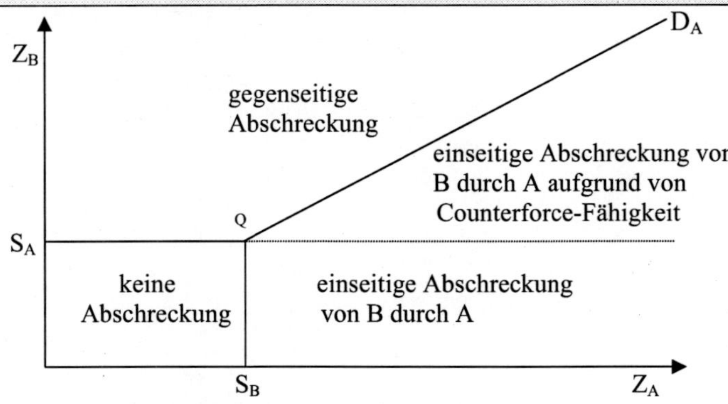

Quelle: Modifiziert entnommen aus Legault, Albert, Lindsey, George: Dynamik des nuklearen Gleichgewichts, Frankfurt am Main 1973, S. 118.

Es zeigt sich, daß bei Berücksichtigung der Counterforce-Fähigkeit das Land A den Bereich der einseitigen Abschreckung ausdehnen kann. Ausgehend von der rechts von dem Abschnitt S_BQ befindlichen Fläche, die eine einseitige Abschreckung des Landes B durch das Land A auch ohne Counterforce-Fähigkeit repräsentiert, kann das Land A nunmehr infolge seiner Counterforce-Fähigkeit die gesamte Fläche unterhalb der Abschreckungskennlinie D_A als einseitig abschreckende Macht für sich vereinnahmen. Da mit anderen Worten das Land A in jedem Punkt des Bereichs der einseitigen Abschreckung einen erfolgreichen Erstschlag zur Entwaffnung des Landes B durchführen kann, besitzt das Land A nunmehr die Fähigkeit zur Machtprojektion,[42] d. h. es kann Handlungsoptionen zu Lasten des Landes B durchsetzen. Sofern das Land B sein Abschreckungs- und Autonomiedefizit überwinden will, muß es durch Aufrüstungen eine Konstellation oberhalb der Abschreckungslinie D_A anstreben. Indem zusätzlich die Kennlinie der Abschreckung D_B des Landes B in das Modell eingefügt wird, ergibt sich das folgende Bild:

[42] Vgl. Martin [1994], S. 44.

Abbildung 4: Kennlinien der Abschreckung der Länder A und B

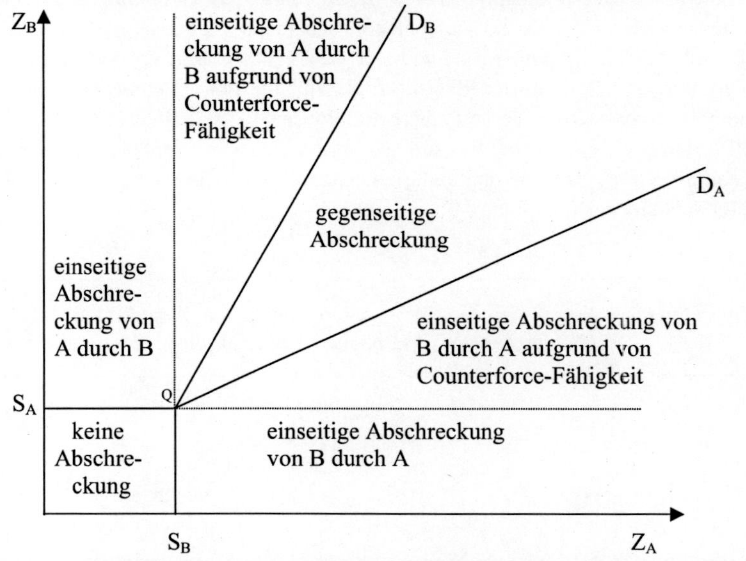

Quelle: Modifiziert entnommen aus Legault, Albert, Lindsey, George: Dynamik des nuklearen Gleichgewichts, Frankfurt am Main 1973, S. 121.

Die Abbildung verdeutlicht die Verengung des Korridors gegenseitiger Abschreckung bei bestehender Counterforce-Wirksamkeit,[43] welcher zudem bei verbesserter Treffsicherheit und erhöhter Zerstörungskraft der Waffen fortwährend spitzwinkeliger verläuft.[44]

In einem weiteren Untersuchungsschritt ist zu überlegen, wie sich Counterforce-Wirksamkeiten größer als eins auf die Lage der einseitigen und gegenseitigen Abschreckungsbereiche auswirken. Eine Counterforce-Wirksamkeit C_A größer als eins liegt vor, wenn durch eine mit mehreren Gefechtsköpfen bestückte Rakete des Landes A mehr als eine gleichwertige Rakete auf dem Boden des Lan-

---

43 Für die Abschreckungskennlinie des Landes B lautet die entsprechende Gleichung $Z_B = (Z_A - S_B) \div C_B + S_A$.

44 Vgl. Legault [1973], S. 118 ff.

des B zerstört werden kann. Folglich weist die Kennlinie der Abschreckung des Landes A im Punkt Q zunächst ein Steigungsmaß größer als eins auf. Mit zunehmendem Waffenpotential Z nimmt die Steigung jedoch letztlich wieder ab, wenn nämlich mehr als ein Gefechtskopf auf einen gegnerischen Raketensilo gerichtet ist. Die Kennlinie des Landes B weist zunächst einen entsprechend flachen Verlauf unterhalb der 45-Grad-Linie auf, die mit zunehmender Bewaffnung in einen steilen Verlauf übergeht. Weisen beide Länder Counterforce-Wirksamkeiten größer als eins auf, so lassen sich die damit einhergehenden Kennlinien der Abschreckung und die Grenzen der Abschreckungsbereiche wie folgt darstellen:

Abbildung 5: Kennlinien der Abschreckung der Länder A und B bei Counterforce-Wirksamkeiten größer als eins

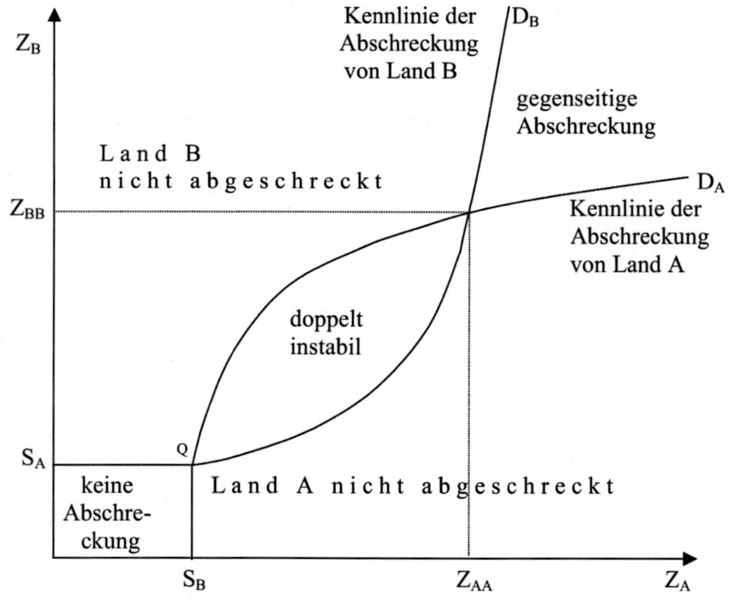

Quelle: Modifiziert entnommen aus Legault, Albert, Lindsey, George: Dynamik des nuklearen Gleichgewichts, Frankfurt am Main 1973, S. 122.

Die Grafik verdeutlicht, daß bei dem oben beschriebenen Verlauf der Abschreckungskennlinien ein linsenförmiger Bereich eingeschlossen wird, in dem beide Länder durch einen Entwaffnungserstschlag das gegnerische Land vereinnahmen können. Da weder das Land A noch das Land B von eine Entwaffnungserstschlag abgeschreckt werden, ist dieser Bereich als doppelt instabil zu bezeichnen.

Zudem setzt sich die vorab skizzierte Einengung des Bereichs gegenseitiger Abschreckung bei zunehmender Counterforce-Wirksamkeit fort: Erst in dem keilförmigen Bereich oberhalb der Abschreckungspotentiale Z_{AA} und Z_{BB} ist eine gegenseitige Abschreckung der Länder festzustellen, in der nicht durch einen Erstschlag ein Vorteil erreicht werden kann.[45]

2.1.2.1.3. Stabile und instabile Abschreckung

In Abhängigkeit von den nationalen Abschreckungspotentialen sowie unter Berücksichtigung nationaler Abschreckungsschwellen und Counterforce-Fähigkeiten können drei Formen der Abschreckung unterschieden werden: Gegenseitige Abschreckung, einseitige Abschreckung und Verzicht auf Abschreckung. Nunmehr lassen sich die genannten Abschreckungsvarianten mit dem Aspekt der Stabilität zusammenführen. In diesem Zusammenhang sei nochmals erwähnt, daß eine Lage als stabil einzustufen ist, wenn keine strategischen Motive für einen Angriff vorliegen. Folgende Kombinationen von Stabilität und Abschreckung sind grundsätzlich denkbar:

Tabelle 2: Zusammenhang von Stabilität und Abschreckung

	Keine Abschreckung	Einseitige Abschreckung	Gegenseitige Abschreckung
Stabilität	*Stabilität ohne Abschreckung*	*stabile einseitige Abschreckung*	*stabile gegenseitige Abschreckung*
Instabilität	-	*instabile einseitige Abschreckung*	*instabile gegenseitige Abschreckung*

Quelle: Eigene Darstellung.

45 Vgl. Legault [1973], S. 122 f.

Ein Staatensystem, in dem keine Maßnahmen der militärischen Abschreckung existieren, ist als stabil zu betrachten, da keine Potentiale für eine Angriff verfügbar sind. Insofern schließt sich die Kombination fehlender Abschreckung und Instabilität definitionsgemäß aus.

In einer Situation einseitiger Abschreckung sind hinsichtlich der Stabilität zwei Fälle zu unterscheiden. Die in der Abbildung 4[46] zwischen dem keilförmigen Bereich der gegenseitigen Abschreckung und den Randstreifen der einseitigen Abschreckung dargestellten Bereiche der einseitigen Abschreckung mit Counterforce-Fähigkeit sind instabil, da in dieser Konstellation der überlegene Staat ein strategisches Motiv besitzt, den Gegner zu entwaffnen, bevor dieser die Abschreckungskennlinie überschreitet und damit den Bereich der gegenseitigen Abschreckung erreicht. Da sich diese Entwicklung mit einem Einflußverlust des ehemals überlegenen Land verbindet, hat es einen Anreiz, das unterlegene Land in die Schranken der einseitigen Abschreckung zu verweisen.[47]

Anders stellt sich die Situation in den Randbereichen der einseitigen Abschreckung ohne Counterforce-Fähigkeiten dar. Diese Konstellationen können je nach dem Verhalten des überlegenen Landes stabil oder instabil sein. Der Unterschied zur einseitigen Abschreckung mit Counterforce-Wirsamkeit besteht darin, daß das unterlegene Land keine Möglichkeit besitzt, dem überlegenen Land einen Schaden oberhalb der Abschreckungsschwelle zuzufügen. Insofern stellt das unterlegene Land keine Bedrohung dar, und das überlegene Land hat kein militärstrategisches Motiv zur Entwaffnung des Gegners. Insofern können die in den Randbereichen vorfindbaren Konstellationen der unangefochtenen Überlegenheit des höher gerüsteten Landes aus strategischer Sicht als stabil bezeichnet werden.[48]

Der Bereich gegenseitiger Abschreckung läßt ebenfalls das Entstehen stabiler sowie instabiler Lagen zu. Instabilitäten können in Form doppelter Instabilität auftreten, wobei jedes Land durch einen Erstschlag den Gegner vernichten kann. Ferner lassen sich auch für die Ränder des keilförmigen Bereichs gegenseitiger Abschreckung instabile Zustände nachweisen. Die Instabilität in den Randkonstellationen gegenseitiger Abschreckung in unmittelbarer Nähe der Abschreckungskennlinien kann darauf zurückgeführt werden, daß aufgrund technischer Probleme einzelne Waffensysteme kurzzeitig nicht verfügbar sind und damit eine Verschiebung in den Bereich der instabilen einseitigen Abschreckung statt-

46 Siehe oben, S. 23.

47 Vgl. Legault [1973], S. 123 f.

48 Vgl. Legault [1973], S. 124 f.

findet. Ein Entwaffnungserstschlag ist in dieser Konstellation nicht auszuschließen. Somit können bereits geringfügige Veränderungen an den Rändern des Bereichs gegenseitiger Abschreckung den Verlust der Stabilität herbeiführen. Daher ist der Bereich gegenseitiger Abschreckung in einen Kernbereich stabiler gegenseitiger Abschreckung und in einen instabilen Randbereich einzuteilen.[49]

Abbildung 6: Stabile und instabile Abschreckung im Zwei-Länder-Modell

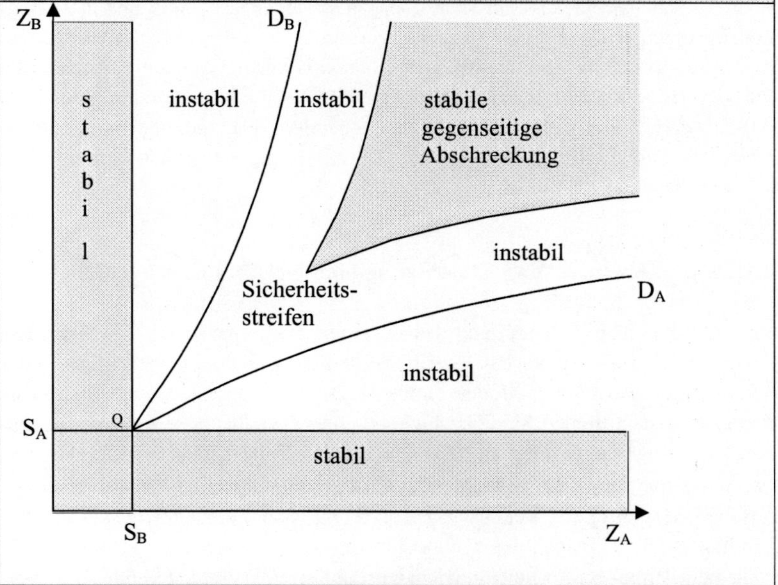

Quelle: Modifiziert entnommen aus Legault, Albert, Lindsey, George: Dynamik des nuklearen Gleichgewichts, Frankfurt am Main 1973, S. 127.

Die in der Abbildung 6 schattiert dargestellten Flächen repräsentieren die Bereiche sicherheitspolitischer Stabilität, wobei darauf hinzuweisen ist, daß in den verschiedenen Stabilitätszonen unterschiedliche Motive für den Verzicht auf

---

49 Weitere Instabilitäten treten bei Hinzunahme eines dritten Akteurs auf, da nunmehr Abschreckungspotentiale und Counterforce-Ressourcen im Hinblick auf zwei Gegner zu berücksichtigen sind. Vgl. Legault [1973], S. 125 f.

militärische Übergriffe zur Geltung kommen. Das Viereck $0S_BQS_A$ ist aufgrund mangelnder militärischer Potenz stabil, die daran anschließenden Bereiche einseitiger Abschreckung sind infolge der unangefochtenen Überlegenheit eine Landes zumindest aus strategischer Perspektive stabil. Schließlich ist der Kernbereich gegenseitiger Abschreckung stabil, weil beide Länder über ein Abschreckungspotential verfügen, das für einen erfolgreichen Erstschlag keinen Spielraum läßt.

Zwischen den verschiedenen Stabilitätszonen liegt jeweils ein Instabilitätsbereich, in welchem jeweils ein Staat über ein strategisches Motiv und die Fähigkeit für einen erfolgreichen Erstschlag verfügt. Sofern die Staaten über Waffen mit Counterforce-Wirksamkeiten größer als eins verfügen, kann zusätzlich der Fall doppelter Instabilität auftreten, der aus dem Grund besonders problematisch ist, daß die Länder trotz einander entsprechender Abschreckungspotentiale jeweils die Fähigkeit zur erfolgreichen Durchführung eines Entwaffnungserstschlages besitzen.[50]

2.1.2.1.4. Abschreckung, Stabilität und militärisches Gleichgewicht

Im Anschluß an die Darstellung des Zusammenhangs zwischen Abschreckung und Stabilität ist nunmehr der Begriff des militärischen Gleichgewichtes in das verwendete Zwei-Länder-Modell einfügen. Der Begriff des Gleichgewichtes im naturwissenschaftlichen Sinne bezeichnet einen Zustand, in dem die einwirkenden Kräfte sich gegenseitig aufheben, so daß ein Ruhezustand erreicht wird. Im Fall eines stabilen Gleichgewichtes führen Veränderungen bei den einwirkenden Kräften nicht zu einem Verlassen des ursprünglichen Gleichgewichtszustandes. Ein labiles Gleichgewicht liegt hingegen vor, wenn infolge einer Kräfteveränderung kein Ruhe- bzw. Gleichgewichtszustand erreicht wird. Führen Kräfteveränderungen zu einem neuen Ruhezustand, so liegt der Fall eines indifferenten Gleichgewichtes vor.

Neben der Stabilität eines Gleichgewichtes ist als zweites charakterisierendes Kriterium die zeitliche Entwicklung der Gleichgewichtswerte zu betrachten. Diesbezüglich sind stationäre Gleichgewichte mit absolut konstanten Gleichgewichtswerten und dynamische Gleichgewichte mit veränderlichen Gleichgewichtswerten zu unterscheiden.[51]

---

50 Vgl. Legault [1973], S. 124 ff.

51 Vgl. Ramb [1991], S. 282.

Interpretiert man den Zustand des militärischen Gleichgewichtes nun als einen Zustand, der durch Parität der nationalen Waffenpotentiale gekennzeichnet ist, so ließe sich die obige Abbildung der stabilen und instabilen Abschreckung durch eine 45-Grad-Linie ergänzen, welche sämtliche Kombination sich entsprechender Militärpotentiale repräsentiert. Es ist unmittelbar ersichtlich, daß diese Linie militärischer Parität sowohl Bereiche stabiler als auch instabiler Abschreckung durchläuft. Es ist somit festzustellen, daß ein militärischer Gleichgewichtszustand im Sinne paritätischer Kräfteverhältnisse nicht mit einem stabilen Zustand gleichzusetzen ist. Sofern die Winkelhalbierende den Bereich der doppelten Instabilität, Bereiche der einseitigen instabilen Abschreckung oder den Sicherheitsstreifen durchläuft, liegt der Fall eines labilen militärischen Gleichgewichts vor. Erst im Kernbereich der stabilen gegenseitigen Abschreckung ist die Parität der Abschreckungskräfte zugleich mit einem Zustand militärischer Stabilität verbunden.

Sofern also der Begriff des militärischen Gleichgewichts allein auf die Parität der Waffenarsenale abstellt, kann nur der Sonderfall, daß zugleich eine stabile gegenseitige Abschreckung vorliegt, eine für beide Länder befriedigende Lösung bedeuten.

Stellt man hingegen bei der Definition des militärischen Gleichgewichtes auf die Stabilität der gegenseitigen Abschreckung ab, so läßt sich zeigen, daß innerhalb bestimmter Grenzen ein indifferentes Gleichgewicht vorliegt. Sofern nämlich Kräfteveränderungen infolge der isolierten Aufrüstung eines Landes dazu führen, daß zwar keine paritätische Abschreckung mehr vorliegt, jedoch der sich neu einstellende Zustand stabil ist, kann jede Kombination von Militärpotentialen innerhalb des Bereichs stabiler gegenseitiger Abschreckung als militärisches Gleichgewicht interpretiert werden.[52]

Insgesamt ist festzustellen, daß die internationale Sicherheit nicht bereits durch eine paritätische Allokation militärischer Potentiale zu erreichen ist. Vielmehr führen sämtliche Kombinationen von Abschreckungspotentialen innerhalb des Kernbereichs stabiler gegenseitiger Abschreckung zu militärisch gleichgewichtigen Lagen. Die Begriffe der Stabilität und des militärischen Gleichgewichtes

---

[52] Indem auf die Zufügung unannehmbarer Schäden bzw. auf die Unwahrscheinlichkeit eines Angriffs infolge eines zu erwartenden Rückschlages abgestellt wird, kann anstelle des militärischen Gleichgewichts auch von einer militärischen Bilanz gesprochen werden. Vgl. Legault [1973], S. 123.

bezeichnen somit nicht identische Sachverhalte.[53] Zwar weisen militärische Gleichgewichte eine Stabilität im Sinne der Vermeidung von Angriffen infolge gegenseitiger Abschreckung auf, hingegen liegt nicht jeder stabilen Situation zugleich ein militärisches Gleichgewicht im Sinne paritätischer Abschreckungspotentiale zugrunde. Diesbezüglich kann auf die Konstellation der stabilen einseitigen Abschreckung hingewiesen werden.

Wie zuvor dargestellt wurde, nehmen Einzelstaaten bei der Verfolgung des Ziels der Herstellung der äußeren Sicherheit etwaige militärische Überlegenheiten des Gegners zum Anlaß, das eigene Abschreckungspotential zu erhöhen.[54] Insofern orientieren sich Einzelstaaten an einem militärischen Gleichgewichtsbegriff, der auf die Parität der Abschreckungspotentiale abstellt. Damit verlangt die Aufrechterhaltung des Abschreckungsgleichgewichts nicht nur die ständige Bereitschaft zur Nachrüstung, sondern darüber hinaus auch die Bereitschaft zum Vorrüsten, um der Gefahr eines unaufholbaren Rückstandes vorzubeugen.[55]

Hingegen ist auf internationaler Ebene den Vorstellungen von einem militärischen Gleichgewicht der Vorzug einzuräumen, das die Aufrechterhaltung der internationalen Sicherheit in den Mittelpunkt stellt. Insofern lassen sich aus internationaler Sicht auch solche Konstellationen als militärisches Gleichgewicht interpretieren, bei denen die Abschreckungspotentiale nicht paritätisch verteilt sind. Solange der Bereich stabiler gegenseitiger Abschreckung nicht verlassen wird, liegt internationale Sicherheit vor.

---

53 Zwischen den Begriffen der Stabilität und des militärischen Gleichgewichtes besteht natürlich ein enger Zusammenhang: Ein militärisches Gleichgewicht zwischen zwei Staaten liegt vor, wenn in beiden Staaten die Auffassung vorherrscht, durch den Einsatz militärischer Mittel ein unannehmbares Risiko einzugehen. Im Fall eines militärischen Ungleichgewichtes unternimmt das schwächere Land Anstrengungen, um das überlegene Land von einem Erstschlag abzuhalten. Die erste Situation des militärischen Gleichgewichts ist stabil, die zweite Situation ist instabil, da ein erfolgreicher Militärschlag zur Entwaffnung des Gegners nicht auszuschließen ist. Vgl. Brauch [1990], S. 253 f.

54 Siehe oben, S. 2.1.2.1.1., Zur wachsenden Bedeutung der Abschreckung, S. 15 f.

55 Vgl. Kersting [1997], S. 285.

2.1.2.1.5. Zur Dynamik des militärischen Gleichgewichts

Mit Blick auf die real vorfindbaren Allokationen nationaler Abschreckungspotentiale ist festzustellen, daß Aufrüstungsmaßnahmen als die Bestrebung zur Herstellung eines militärischen Gleichgewichtes i. S. paritätischer Abschreckungspotentiale zu interpretieren sind. In der zeitlichen Aneinanderreihung der Abschreckungskombinationen kristallisiert sich ein Abschreckungspfad heraus, der aus internationaler Sicht als Gleichgewichtspfad zu deuten ist, sofern dieser innerhalb des Bereiches stabiler gegenseitiger Abschreckung verläuft. Da die Abschreckungskombinationen im Zeitablauf keine konstanten, sondern veränderliche Werte aufweisen, liegt ein dynamisches Gleichgewicht vor.

Um die Gründe für die Dynamik dieser Entwicklung aufzuzeigen, wird eine paritätische Abschreckungskonstellation innerhalb des Kernbereichs stabiler gegenseitiger Abschreckung betrachtet. Ausgehend von einem solchen Punkt innerhalb des Kernbereichs kann ein Land aufrüsten, ohne dadurch zunächst die Stabilität des Abschreckungsgefüges zu gefährden. Jedoch sind Aufrüstungsmaßnahmen des anderen Landes zu erwarten, um das militärische Gleichgewicht aus nationaler Sicht, d. h. die paritätische Abschreckung wiederherzustellen.[56] Die internationale Sicherheit ist indes erst dann gefährdet, wenn durch massive Aufrüstungen eine Landes eine Kombination im Randbereich der gegenseitigen stabilen Abschreckung erreicht wird. Spätestens zu diesem Zeitpunkt werden Nachrüstungen des anderen Landes erforderlich, um nicht in den Bereich der einseitigen instabilen Abschreckung zu geraten. Tatsächlich lösen aber bereits geringfügige Veränderungen des gegnerischen Waffenarsenals heftige rüstungspolitische Reaktionen aus.[57]

In einer Situation des gegenseitigen Mißtrauens und der unvollständigen Informationen über die Abschreckungspotentiale des Gegners sind die Länder einem Druck zur fortgesetzten Entwicklung und Installierung neuer Waffensysteme ausgesetzt, um nicht den Verlust des militärtechnischen Anschlusses zu erleiden und infolgedessen die äußere Sicherheit zu gefährden. Diese Logik setzt einen Prozeß in Gang, dem sich im Prinzip kein Land entziehen kann ohne zugleich der Gefahr ausgesetzt zu sein, aus dem Bereich militärischer Stabilität verdrängt zu werden und einen Entwaffnungserstschlag hinnehmen zu müssen.

---

56 Dieses ist darauf zurückzuführen, daß die Aufrüstung eines Landes als dessen Bestreben interpretiert wird, die für einen militärischen Übergriff erforderliche Überlegenheit zu erlangen. Vgl. Lemke [1996], S. 82.

57 Vgl. Albrecht [1989], S. 729.

Darüber hinaus lassen sich Gründe für eine Abschreckungspolitik anführen, die darauf beruhen, daß Länder eine Position der einseitigen Überlegenheit anstreben. Es ist zunächst festzustellen, daß aus nationaler Sicht nicht die Herstellung eines Zustandes stabiler gegenseitiger Abschreckung intendiert ist, sondern die Herstellung äußerer Sicherheit. Diese ist jedoch am ehesten in einem Zustand militärischer Überlegenheit gewährleistet.[58] Somit wirken die nationalen Kräfte zur Verfolgung des Ziels der Herstellung äußerer Sicherheit diametral.

Hinzu kommt, daß durch eine militärische Überlegenheitsposition Machtprojektionen möglich werden, d. h. nicht-militärische Vorstellungen des überlegenen Landes können auch gegen den Willen des unterlegenen Landes durchgesetzt werden. Aus der Verquickung der Aspekte der äußeren Sicherheit und der Machtausübung resultieren jeweils Anreize zur fortgesetzten Aufrüstung, um letztendlich in der Lage zu sein, die militärische Überlegenheit bspw. auf politischer Ebene ausspielen zu können.

Da jedoch nationale Aufrüstungsmaßnahmen negativ auf die äußere Sicherheit des Gegners rückwirken, sind entsprechende Gegenmaßnahmen zu erwarten. Letztlich sind in der Interdependenz gegenseitiger Bedrohung und Abschreckung sowie in den darauf beruhenden zwischenstaatlichen Zielkonflikten der nationalen Verteidigungspolitiken die wesentlichen Gründe für die Dynamik der Entwicklung internationaler Aufrüstungsprozesse zu sehen.

Die geschilderten Zusammenhänge lassen sich anhand des nachfolgenden Schaubildes illustrieren:

---

[58] Vgl. Weede [2001], S. 6.

Abbildung 7: Nationale Sicherheit und Wettrüsten

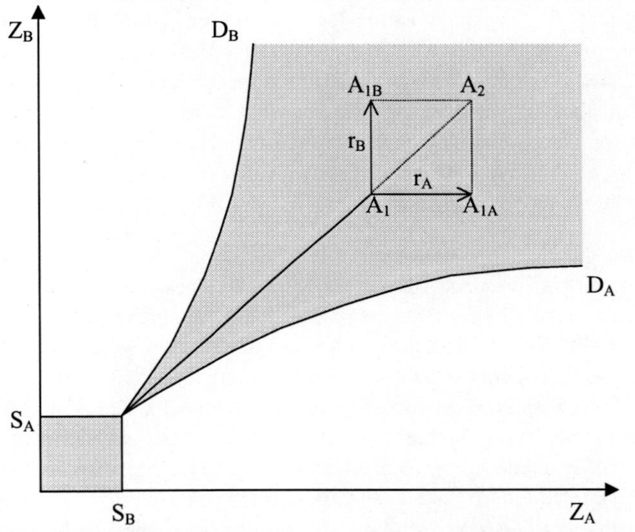

Quelle: Eigene Darstellung.

In der Abbildung 7 ist der Bereich stabiler internationaler Sicherheit schattiert dargestellt.[59] Zwischen den Kennlinien der Abschreckung D_A und D_B befindet sich der Abschnitt QA_1, der den bisherigen Verlauf des Rüstungs- bzw. Abschreckungspfades als Kombinationen der Abschreckungspotentiale Z_A und Z_B abbildet. Ausgehend vom Punkt Q mögen sich die Länder gegenwärtig im Punkt A_1 befinden, der für beide Länder ein militärisches Gleichgewicht darstellt. Das Land B strebt den oberhalb der Kennlinie D_A befindlichen Bereich an, da dort infolge der einseitigen militärischen Überlegenheit sowohl das Sicherheitsziel realisiert ist als auch die Möglichkeiten zur Machtausübung bestehen. Dabei ist die Richtung der Bewegung innerhalb des militärisch stabilen Bereiches vorgeschrieben: Da das Land B keinen Einfluß auf das Militärpotential des Landes A hat, besteht der einzig verfügbare Handlungsparameter in der Erhöhung des eigenen Militärpotentials. Folglich strebt das Land B eine Verlagerung vom Punkt A_1 in Richtung auf den Punkt A_{1B} an, um sich sukzessive dem Bereich der einseitigen militärischen Überlegenheit zu nähern. Der Vektor r_B steht für die er-

59 Auf die Darstellung der Sicherheitsstreifen wurde zur Vereinfachung verzichtet.

forderlichen zusätzlichen Rüstungsbestrebungen, die eine Verlagerung in Richtung auf den Punkt A_{1B} ermöglichen. Analog dazu verlaufen die durch den Vektor r_A repräsentierten Bestrebungen des Landes A in Richtung auf den Punkt A_{1A}. Als Ergebnis der jeweiligen nationalen Aufrüstungen ist der Pfad der Abschreckungskombination auf den Punkt A_2 fortzuschreiben. Damit befinden sich die Länder weiterhin in dem Bereich der stabilen gegenseitigen Abschreckung, allerdings ist gegenüber der Ausgangslage im Punkt A_1 ein um $r_A + r_B$ erhöhtes Abschreckungsniveau festzustellen. Somit entfernt sich der Pfad, der die Kombinationen der im Zeitablauf zunehmenden nationalen Abschreckungspotentiale abbildet, immer weiter vom Ursprung.[60]

Läßt man also die zeitliche Dimension in die Betrachtung der Allokation von Militärressourcen einfließen, so werden die Konturen eines Prozesses sichtbar, in dem die Staaten das Ziel der äußeren Sicherheit auf der einen Seite durch das Streben nach militärischer Überlegenheit und auf der anderen Seite durch Wiederherstellung militärischer Parität zur Vermeidung militärischer Unterlegenheit verfolgen. Infolge der Interdependenz militärischer Zusammenhänge erzeugen die Staaten somit permanent Anreize zur wechselseitigen Auf- und Nachrüstung. Dieser durch fortlaufende Revisionen der nationalen Verteidigungspolitiken in Richtung auf höhere militärische Schlagkraft gekennzeichnete Prozeß kann treffend durch den Begriff des Wettrüstens oder der Rüstungsspirale beschrieben werden.

Dem Prozeß des Wettrüstens kann sich kein Staat entziehen, ohne zugleich die nationale Sicherheit zu gefährden. Insofern ist das Wettrüsten als ein Vicious Circle anzusehen, denn letztlich wird die Welt durch mehr Waffen nicht sicherer, sondern gefährlicher.[61] Vielmehr ist die Produktion von äußerer Sicherheit mit fortlaufenden und mitunter sprunghaft ansteigenden Kosten verbunden. Darin ist die Malignität des Wettrüstens zu sehen. Hinzu kommt, daß infolge der immensen weltweiten Anhäufungen von Zerstörungspotentialen in den Bevölkerungen vielfach Bedrohungsängste auftreten.[62] Insgesamt muß somit ein dynamisch voranschreitender Prozeß des Wettrüstens in der internationalen Sicht als eine bedenkliche Erscheinung angesehen werden: Nicht eine Verbesserung,

60 Vgl. Legault [1973], S. 134 f.

61 Vgl. Glismann [1992], S. 2. Mitunter wird die These vertreten, daß die fortwährende Aufstockung der Waffenpotentiale für das Abschmelzen der internationalen Sicherheit verantwortlich ist und somit sowohl aus ökonomischer wie auch aus sicherheitspolitischer Sicht kontraproduktiv ist. Vgl. Bönisch [1987], S. 272.

62 Vgl. Lübkemeier [1998 a], S. 324.

sondern allenfalls das Festhalten an einem Zustand der militärischen Stabilität bei einem im Zeitablauf steigenden Ressourceneinsatz kommt zustande.[63]

Nicht zuletzt um der zunehmenden volkswirtschaftlichen Belastung durch steigende Verteidigungskosten zu begegnen, sind u. a. Strategien der Lastenteilung und Rationalisierung bei der Produktion äußerer Sicherheit ergriffen worden. Diesbezüglich kommt insbesondere der Bildung von Verteidigungsbündnissen, welche im nächsten Kapitel betrachtet werden, eine bedeutsame Rolle zu.

2.1.2.2. Internationale Sicherheitsbündnisse

2.1.2.2.1. Bündnisbildung aus theoretischer Sicht

In den bisherigen Ausführungen stand das globale Bedrohungsszenario als Ergebnis von Wettrüstungsprozessen, die durch einzelstaatliche Rationalitäten bei der Herstellung äußerer Sicherheit mittels einer Strategie der militärischen Überlegenheit bzw. der Vermeidung militärischer Unterlegenheit begründet sind, im Mittelpunkt. Die Struktur des sich herausbildenden Sicherheitsgefüges ist jedoch nicht hinreichend skizziert, wenn nicht weitere Tatbestände beachtet werden, die das globale Bedrohungsgefüge maßgeblich prägen. In diesem Zusammenhang ist sowohl auf internationale Sicherheitsbündnisse als auch auf Abkommen der Rüstungsbegrenzung Bezug zu nehmen.

Das globale Abschreckungs- und Bedrohungsgefüge ist durch bi- und multilaterale Bündnisse zwischen Staaten geprägt. In diesem Zusammenhang kann zwischen Verteidigungsbündnissen, die sicherheitspolitische Zielsetzung mit militärischen Mitteln verfolgen,[64] und sonstigen Bündnissen, denen eine sicherheitspolitische Relevanz bspw. durch den Einsatz ziviler, konfliktschlichtender und friedensbewahrender Instrumente zuzurechnen ist,[65] unterschieden werden.

Wie bereits zuvor gezeigt werden konnte, spielen die jeweiligen nationalen Interessen bei der Verfolgung des Zieles der äußeren Sicherheit eine dominierende

---

63 Vgl. Myrdal [1976], S. 7 f.

64 In bi- und multilateralen Verteidigungsbündnissen findet ein Zusammenschluß von Staaten zum gemeinsamen Schutz gegen militärische Gefahren von außen statt. Vgl. Arnold [1994 b], S. 916.

65 Beispielhaft können Vereinbarungen angeführt werden, durch die eine Regelung der grenzüberschreitenden Inanspruchnahme von Umweltressourcen getroffen wird, weil damit ein Abbau des Konfliktpotentials zwischen den betroffenen Staaten herbeigeführt wird.

Rolle. Von dieser grundsätzlichen nationalen Ausrichtung ist auch die Bildung von Bündnissen zwischen Staaten geprägt: Eine auf die Herstellung der nationalen Sicherheit gerichtete Politik weist nicht von sich aus kooperative Züge auf, vielmehr entstehen zwischenstaatliche Kooperationen erst infolge eines gemeinsamen Interesses.[66] Insofern stellt sich die Frage, worin das Interesse eines Staates begründet liegt, an einem Militärbündnis zu partizipieren. Grundsätzlich haben die Staaten bei der Beantwortung dieser Frage neben den militärischen auch politische und ökonomische Faktoren in Betracht zu ziehen, d. h. das Zustandekommen einer militärischen Kooperation setzt voraus, daß die damit verbundenen nationalen gesellschaftlichen, politischen und ökonomischen Implikationen positiv ausfallen.

Die militärischen Vorzüge der Bündnisbildung sind in der erhöhten Abschreckung infolge der kumulierten Schlagkraft der Bündnisländer zu sehen. Ein Aggressor muß bei einem Übergriff auf ein Bündnisland mit einem solidarischen Vorgehen der Bündnisländer rechnen. Wer also ein Land des Bündnisses angreift, greift zugleich das gesamte Bündnis an und wird entsprechend von den Bündnisländern gemeinsam sanktioniert. Folglich besteht ein sicherheitspolitisch motivierter Anreiz zur militärischen Bündnisbildung, da die Bündnisländer auf ein größeres Ressourcenpotential zurückgreifen können.

Die ökonomischen Vorzüge der Bündnisbildung basieren somit darauf, daß zum einen bestimmte militärische Aufgaben gemeinsam wahrgenommen werden können und damit eine wirtschaftlich vorteilhafte Lastenteilung unter Nutzung der jeweiligen komparativen Vorteile[67] der Mitgliedsstaaten entsteht. Zum anderen lassen sich im Zeitablauf durch eine kooperative Rüstungsgüterproduktion Wirtschaftlichkeitsreserven nutzen, wenn z. B. eine Angleichung anfänglich heterogener Waffensysteme und ein Abbau redundanter - und somit ineffizienter - Fertigungskapazitäten stattfindet.[68] Zudem ermöglicht ein größerer bündnisinterner Markt aufgrund steigender Produktionszahlen eine Degression der Stückkosten.[69]

Auf lange Sicht kann infolge der intensiveren Verflechtung und der Zunahme wechselseitiger Abhängigkeiten eine Verstärkung der militärischen und ökono-

---

66 Vgl. Boyer [1993], S. 115.

67 So kann ein Land komparative Vorteile bei der Produktion von Waffen aufweisen, ein anderes im Bereich der Forschung und Entwicklung. Vgl. Boyer [1993], S. 117 f.

68 Vgl. Guddat [1997], S. 16.

69 Vgl. Welfens [1993], S. 267.

mischen Effekte erwartet werden.[70] Aus gesellschaftlicher und politischer Sicht sind positive Sicherheits- und möglicherweise auch Reputationseffekte mit einem Beitritt zu einen Verteidigungsbündnis verbunden, so daß insgesamt deutliche Anreize zur Bildung von militärischen Bündnissen bestehen.

Zugleich ist die Bildung von Bündnissen mit Hindernissen verbunden bzw. an Voraussetzungen geknüpft, die den oben beschriebenen Anreizen zur Bündnisbildung entgegenwirken. Aus militärischer Perspektive besteht eine unabdingbare Voraussetzung für eine Bündnisbildung in kompatiblen Vorstellungen der Länder über militärische Strategien und Taktiken sowie über die zu schützenden Werte. Nur wenn diesbezüglich bündnisinterne Konflikte ausgeschossen werden können, kann die Aufgabe der gemeinsamen Absicherung nach außen in Angriff genommen werden.[71]

Des weiteren sind der Freisetzung ökonomischer Synergien bei der Produktion von Rüstungsgütern infolge höherer Produktionsmengen und sinkender Stückkosten Grenzen gesetzt. Zum einen ist aus militärischer Sicht evident, daß bei starker Konzentration der Bündnisländer auf wenige Waffensysteme die militärische Verwundbarkeit zunimmt, bzw. die Schlagkraft sich vermindert. Daher ist aus militärischer Sicht der Vielfalt parallel zum Einsatz kommender Waffensysteme - auch unter Beachtung des zu bewältigenden Abstimmungsbedarfs - der Vorrang vor ökonomisch vorteilhafter Kostendegression einzuräumen.[72]

Eine weiteres Hindernis bei der Realisierung von Synergieeffekten bei der Rüstungsgüterproduktion innerhalb eines Bündnisses läßt sich wiederum aus militärischer Perspektive damit begründen, daß die militärische Sicherheit in erster Linie ein Anliegen mit nationalem Charakter darstellt. Somit ist die Aufrechterhaltung rüstungsindustrieller und streitkräftetechnischer Mindestkapazitäten in den sogenannten Kernbereichen indiziert. Eine Übergabe von Kernkompetenzen an einen Bündnispartner ist sicherheitspolitisch problematisch, da im Ernstfall nicht auszuschließen ist, daß bei der Versorgung der eigenen Streitkräfte Defizite auftreten. Insofern stehen den ökonomischen Vorteilen der gemeinsamen Produktion die militärischen Nachteile verminderter nationaler Versorgungssicherheit entgegen.[73]

---

70 Vgl. Vogel [1987], S. 143.

71 Vgl. Arnold [1994 b], S. 916.

72 Zu den Vor- und Nachteilen der Produktion weniger Waffensysteme mit hohen Stückzahlen siehe Wöckener [1996], S. 165.

73 Vgl. Schloenbach [1995 b], S. 80.

Demgegenüber ist hinsichtlich der unabhängigen Versorgung, mit der die Forderung der Aufrechterhaltung nationaler rüstungsindustrieller Kapazitäten begründet wird, festzustellen, daß aufgrund der internationalen Verflechtungen der Volkswirtschaften nationale Eigenständigkeiten und Unabhängigkeiten ohnehin kaum aufrechtzuerhalten sind. Vielmehr ist vor dem Hintergrund der bestehenden wirtschaftlichen Abhängigkeiten sowie der Ineffizienz redundanter rüstungsindustrieller Kapazitäten sorgfältig abzuwägen, in welchen wehrtechnischen Bereichen der Aufrechterhaltung der nationalen Versorgungsbasis aus sicherheitspolitischen Gründen dem ökonomischen Effizienzanspruch der Vorrang einzuräumen ist.[74]

Als weiteres Hindernis der Bündnisbildung ist anzuführen, daß die Mitgliedschaft in einem Bündnis auch mit Anforderungen verbunden ist, die als Voraussetzung für die Erlangung bzw. die Aufrechterhaltung der Bündnisfähigkeit eines Staates anzusehen sind. So muß ein Bündnisstaat über diejenigen militärischen Fähigkeiten verfügen, die zur Umsetzung der Sicherheitspolitik des Bündnisses erforderlich sind. Insbesondere müssen die Staaten über die sogenannte Schlüsselkapazitäten verfügen, um als vollwertiges Bündnismitglied Einfluß auf die Gestaltung der Bündnispolitik nehmen zu können. Damit verbinden sich Konsequenzen für den Umfang und die Qualität der nationalen Rüstungsindustrie und Streitkräfte. Ein ökonomisch und möglicherweise auch militärisch indizierter Verzicht auf bestimmte nationale Kapazitäten bei der Entwicklung und Produktion von Waffensystemen wird hingegen nicht zum Tragen kommen, wenn damit zugleich der Verlust an Kooperations- und Bündnisfähigkeit oder der Verlust an Gestaltungsfähigkeit innerhalb des Bündnisses einhergeht.[75] Demzufolge ist die Bündniszugehörigkeit mit einer Herabsetzung der nationalen Souveränität in Sicherheitsfragen verbunden. Sofern ein Mitgliedsstaat seine Interessen nicht gegen die Interessen der übrigen Bündnisstaaten durchsetzen kann, treten Frustrationskosten auf.[76]

---

74 Vgl. Weber [1990], S. 330 f. Um diese Abwägung nachvollziehbar und überprüfbar durchführen zu können, bedarf es der Findung von Kriterien. Andernfalls gerät das sicherlich berechtigte Argument der Versorgungssicherheit leicht in den Verdacht, als Generalklausel zur Rechtfertigung der Unterhaltung von nationalen Rüstungsindustrien zu dienen.

75 Vgl. Schloenbach [1995 a], S. 16.

76 Das Eingehen eines Bündnisses ist aus der Sicht des Nationalstaates mit Souveränitätseinschränkungen verbunden, denn die Mitgliedsstaaten eines Bündnisses verpflichten sich pauschal und bindend zu militärischen Maßnahmen gegen einen nicht näher konkretisierten Aggressor. Vgl. Bartke [1990], S. 117.

Ferner ist herauszustellen, daß die gesellschaftlichen und die politischen Wertvorstellungen sowie die jeweiligen nationalen Sicherheitspräferenzen keine übermäßigen Divergenzen aufweisen dürfen. Da der Zweck eines Verteidigungsbündnisses u. a. in dem Schutz gesellschaftlicher Werte besteht, muß zwischen den Bündnisstaaten ein Konsens über die zu schützenden Werte bestehen. Daher kann erst bei Konvergenz der nationalen Interessen und Wertvorstellungen sichergestellt werden, daß durch Entscheidungen im "kollektiven" Interesse nationale Belange nicht verletzt werden und keine Frustrationskosten auftreten.[77] Aus dieser für die Entstehung eines Bündnisses erforderlichen Konvergenz der normativen Vorstellungen und Interessen resultiert, daß die sich herausbildenden Bündnisse zugleich mit bestimmten ideologischen Grundhaltungen in Verbindung gebracht werden können.[78]

Schließlich ist als Hindernis der Bündnisbildung auf das Problem des Freifahrer-Verhaltens hinzuweisen. Ein Staat, der zwar das Kollektivgut[79] des Bündnisschutzes in Anspruch nimmt, jedoch keine Beiträge zur Leistungserstellung erbringt, verhält sich als Freifahrer. Insbesondere kleine Staaten neigen zur Inanspruchnahme des Bündnisschutzes ohne einen entsprechenden Beitrag zu leisten: Die Verteidigungsausgaben kleiner Länder fallen relativ zu ihrer Größe unverhältnismäßig gering aus,[80] während die Verteilung der Verteidigungskosten zu Lasten der großen Bündnispartner ausfällt.[81] Vor dem Hintergrund dieser

---

77 Vgl. Boyer [1993], S. 120.

78 Vgl. Pfetsch [1998], S. 3.

79 Dem Kollektivgut der militärischen Abschreckung durch ein Bündnis werden in der Literatur mitunter die Eigenschaften eines reinen öffentlichen Gutes zugeschrieben: Die fehlende Konsumrivalität beruht darauf, daß innerhalb des Bündnisses alle Bürger an dem Nutzen des Bündnisses partizipieren ohne sich gegenseitig Nutzeneinbußen zuzufügen. Auch können zusätzliche Verbündete aufgenommen werden und das Abschreckungspotential nutzen, ohne eine Nutzenminderung für die bisherigen Mitglieder herbeizuführen. Eine Ausschließbarkeit liegt dann nicht vor, wenn die Abschreckung mit Nuklearwaffen angedroht wird. Vgl. Wöckener [1996], S. 30 f. Zum Charakter der Abschreckung als öffentliches Gut siehe auch Kammler [1983], S. 352 f. und Fritz-Aßmus [1995], S. 87 ff.

80 Vgl. Welfens [1993], S. 267 und Kammler [1983], S. 357.

81 Im Anschluß an die Arbeiten von Olson und Zeckhauser kommt es bei geringer Mitgliederzahl (bzw. geringer Anzahl von Bündnisstaaten) zur Bereitstellung eines öffentlichen Gutes (hier gemeinsame Abschreckung), wenn für wenigstens ein großes Mitglied der Nutzen des öffentlichen Gutes die Aufwendungen der Bereitstellung übertrifft, auch wenn die anderen Mitglieder nur unterproportionale Beiträge leisten. Im Ergebnis findet die im Olson-Zeckhauser-Modell abgebildete Ausbeutung der Großen durch die Kleinen statt. Vgl. Kammler [1983], S. 357 und Field [1988], S. 13 ff.

Ausbeutungstendenzen begründen sich Vorbehalte gegen eine beliebig fortschreitende Aufnahme von Bündnispartnern, bzw. droht eine Lockerung der Bündnisstrukturen, sofern keine Einigung über die Lastenverteilung erzielt werden kann.[82]

Zusammenfassend läßt sich feststellen, daß sich Verteidigungsbündnisse aus militärischen und ökonomischen Gründen bilden, wobei allerdings gewisse Übereinstimmungen hinsichtlich der gesellschaftlichen und politischen Vorstellungen vorauszusetzen sind. Für das System internationaler Sicherheit und den Verlauf von Konfliktlinien sind somit nicht allein einzelstaatliche Betrachtungen anzustellen, vielmehr sind diese maßgeblich durch die Bündelung militärischer Potentiale in Verteidigungsbündnissen mitbestimmt.

2.1.2.2.2. Zur Entwicklung der Bündnisstrukturen seit der Beilegung des Ost-West-Konfliktes

Die seit dem Zweiten Weltkrieg real vorfindbaren militärischen Bündnisstrukturen und damit auch die real existierenden Sicherheitsstrukturen haben weitreichende Wandelungsprozesse durchschritten. Die Zeit des Kalten Krieges war geprägt durch die Ost-West-Konfrontation und die Formierung der dominierenden supranationalen Verteidigungsbündnisse des Warschauer Paktes im Osten und der NATO für die Länder des westlichen Hemisphäre. Die Spirale des Wettrüstens wurde vor allem durch die in diesen ideologischen Blöcken vertretenen Bündnispartnern vorangetrieben. Die Beendigung des Ost-West-Konfliktes, die sich zugleich mit der Beilegung der Supermachtrivalität verband, leitete eine Phase der Entspannung ein, die, getragen durch nukleare (INF-Vertrag) und konventionelle (KVAE-Vertrag) Abrüstungsabkommen, als das Ende des Wettrüstens proklamiert wurde.[83] Ein gravierender Einschnitt ist in der Auflösung des Warschauer Paktes zu sehen. Der bis zu diesem Zeitpunkt bipolare Bündnisantagonismus zerfiel, so daß gegenwärtig die NATO als einziges Bündnis mit globaler militärischer Bedeutung existiert.

Der Niedergang des um die ehemalige Sowjetunion formierten Verteidigungsbündnisses ist zugleich verbunden mit einem beachtlichen Bedeutungsverlust der ideologischen Systemkonfrontation. Infolge des Zerfalls der früheren bipolaren Systemrivalität ist nunmehr eine unangefochtene Überlegenheit des militäri-

82 Das Phänomen der ungleichen Lastenverteilung innerhalb von Bündnissen zugunsten der kleinen Bündnisländer ist im Rahmen der ökonomischen Theorie der Allianzen herausgearbeitet worden. Vgl. Brömmelhörster [1994], S. 175 ff.

83 Vgl. Pfetsch [1996], S. 1 ff.

schen Bündnisses der NATO festzustellen. Während die NATO-Mitgliedsstaaten von dem veränderten Bedrohungspanorama profitieren, sind die Staaten des ehemaligen Warschauer Paktes in die mißliche Situation eines sicherheitspolitischen Vakuums geraten: Zum einen ist aus Sicht der betroffenen Staaten der Wegfall des Bündnisschutzes zu beklagen, zum anderen fand in dem Maße, wie die ordnende, gestaltende und zugleich auch disziplinierende Wirkungsstärke des östlichen Verteidigungsbündnisses verloren ging, eine Wiederbelebung der nationalen Komponente in den zwischenstaatlichen Beziehungen statt. Diese brachten, teils begründet durch das Streben nach Unabhängigkeit, teils aufgrund von Machtansprüchen[84] oder dem Wunsch nach Führerschaft innerhalb von Kleingruppen interne sowie zwischenstaatliche Konflikte hervor.[85] Vor diesem Hintergrund erklärt sich der dringliche Wunsch der osteuropäischen Staaten auf die Aufnahme in die NATO.[86]

Der Blick auf den Zeitraum seit Zusammenbruch des Ost-West-Konfliktes läßt verschiedene Phasen der Neuorientierung der militärischen Sicherheitsstrukturen erkennen.[87] In einer ersten Phase des Umbruchs (1988-1991) standen politische Sicherheitselemente im Vordergrund, sicherheitspolitische Optionen militärischer Ausrichtung spielten zunächst keine Rolle. Zur Stabilisierung wurden in erster Linie Maßnahmen ergriffen, die auf eine Anbindung Osteuropas an marktwirtschaftliche, demokratische und rechtsstaatliche Strukturen gerichtet waren. Die Staaten Ost- und Mitteleuropas tendierten jedoch schon recht bald zu einer Anbindung an die NATO. Allein die Sowjetunion erhob die Forderung nach der Auflösung der westlichen Militärallianz zugunsten der Schaffung einer kollektiven Sicherheitsordnung im Rahmen der KSZE.

Die zweite Phase ab dem Jahr 1992 stand im Zeichen der Militarisierung der internationalen Beziehungen. Auslöser dieser Entwicklung waren die gravierenden Unsicherheiten und Imponderabilitäten, die in der zweiten Hälfte des Jahres 1991 im Zuge des Zerfalls der Sowjetunion in fünfzehn selbständige, teilweise

---

84 Macht ist als ein Schlüsselelement innerhalb der internationalen Beziehungen zu betrachten. Macht kann sich in sozialen Beziehungen als Potential zur Gewalttätigkeit, als Kompetenz zur Steuerung sozialer Beziehungen und als Herrschaft im Sinne der Durchsetzung eigener Vorstellungen gegen den Willen anderer manifestieren. Zu weiteren Aspekten zur Entstehung und Ausübung von Macht siehe Albrecht [1990 a], S. 90 ff.

85 Vgl. Pfetsch [1996], S. 3.

86 Vgl. Link [1997], S. 259.

87 Zu den nachfolgenden Ausführungen siehe Pradetto [2000], S. 16 f.

über Kernwaffen verfügende Staaten aufkamen.[88] Als einzige transnationale Sicherheitsorganisation, die über Kapazitäten zur Kriegsführung verfügt, konnte die NATO von diesem Prozeß der Nationalisierung und Remilitarisierung profitieren. Die NATO festigte in dieser Phase ihre militärisch geprägte Vorstellung von effizientem militärischen Eingreifen sowie der glaubwürdigen Androhung militärischer Gewalt zu Lasten der politisch und zivil orientierten Sicherheitspolitik. Das Erstarken der NATO auf der einen Seite und der zunehmende Verlust an Integrationskraft seitens der GUS auf der anderen Seite erklärt die Attraktivität der NATO als erste Wahl für die osteuropäischen Staaten.[89]

Eine neue Facette bekam die Entwicklung der Verteidigungsbündnisse mit der Absichtserklärung der EU, künftig in Sicherheits- und Verteidigungsangelegenheiten in stärkerem Maße Verantwortung zu übernehmen.[90] In der am Ende des Jahres 1998 in Saint Malo von britischer und französischer Seite abgegebenen Erklärung zur Europäischen Verteidigung wurde diesbezüglich eine Stärkung der europäischen Handlungsfähigkeit proklamiert. Dabei soll die EU durch den sukzessiven Ausbau einer Gemeinsamen Europäischen Sicherheits- und Verteidigungspolitik als autonomer Akteur auf der internationalen Bühne aktiv werden, ohne dabei allerdings die jeweiligen nationalen Hoheitsrechte in Verteidigungsangelegenheiten in Frage zu stellen. Vor dem Hintergrund der Kombination nationaler und internationaler Hoheitsrechte kann ein gemeinsames Handeln jedoch nur gelingen, wenn eine Übereinstimmung in bezug auf die politischen Wertvorstellungen sowie hinsichtlich der Bereitschaft zur Übernahme der finanziellen Lasten vorliegt.[91] Zudem sind militärische Implikationen im Sinne der Stärkung operativer Fähigkeiten und des Aufbaus geeigneter Entscheidungsstrukturen zu berücksichtigen.[92] Wenn die Optionen zur Beeinflussung und Gestaltung internationaler Prozesse im Sinne der EU wahrgenommen werden sollen, muß es in der EU zunächst gelingen, die Erklärung von Saint Malo in ein

---

88 Die weite Verbreitung von Massenvernichtungswaffen stellt ein ernsthaftes Problem dar, weil nach dem Zerfall der ehemaligen Sowjetunion auch solche Länder über derartige Waffen verfügen, die hinsichtlich des verantwortungsvollen Umgangs mit äußerster Skepsis zu betrachten sind. Vgl. Solana [1999], S. 3.

89 Vgl. Pradetto [2000], S. 18 f.

90 Zu den Prinzipien eines gesamteuropäischen Sicherheitssystems siehe Fischer [1994], S. 1085 ff.

91 Vgl. Mauer [2000], S. 23 ff.

92 Vgl. Mauer [2000], S. 28 ff.

gemeinsames Engagement umzusetzen. Nur dann befindet sie sich auf dem Weg zu einem bedeutsamen sicherheitspolitischen Akteur.[93]

Insgesamt lassen sich die militärische Bündnisbildung und die darauf basierenden Sicherheitsstrukturen durch die folgenden grundlegenden Entwicklungslinien skizzieren: Nach dem zweiten Weltkrieg hat sich zunächst eine bipolare Bündnisstruktur herausgebildet, wobei die Mitgliedsstaaten der Bündnisse durch ihre sicherheitspolitischen Entscheidungen den Prozeß des Wettrüstens maßgeblich vorangetrieben haben, zumal die involvierten Volkswirtschaften zunächst über die erforderlichen Ressourcen verfügten. Mit dem politischen, wirtschaftlichen und militärischen Zusammenbruch des Ostblocks sind die weltweiten Sicherheitsstrukturen von einem grundlegenden Wandel erfaßt worden. Die NATO ist das einzige verbliebene Bündnis mit globaler militärischer Relevanz. Nicht zuletzt aufgrund des Festhaltens an militärischen Prinzipien der Friedenssicherung und der militärischen Handlungsfähigkeit hat die NATO eine weltweit einzigartige Stellung als Schaltzentrale für militärische Sicherheitsfragen eingenommen. Derzeit sind Bestrebungen innerhalb der EU zur Erhöhung der militärischen Handlungsfähigkeit festzustellen; das Ergebnis bleibt abzuwarten. Derzeit konzentrieren sich die militärischen Kräfte auf die NATO, eine weitere global bedeutsame Bündnisformation liegt nicht vor.

Die frühere Bipolarität der Bündnisstrukturen ist der Unilateralität gewichen. Zugleich führten der Niedergang der SU und der Zerfall des Warschauer Paktes zu einer erheblichen Fragmentierung der sicherheitspolitischen Strukturen. Insbesondere sind in den unmittelbar betroffenen Staaten nationalistische und destabilisierende Entwicklungen festzustellen. Der Prozeß des Umbruches ist teilweise mit überraschenden Entwicklungen verbunden, die sich hinsichtlich der internationalen Beziehungen für die übrigen Staaten als zunehmende Imponderabilitäten darstellen.[94] Letztlich ist die Überwindung der Blockkonfrontation zwar mit einem Plus an Sicherheit verbunden, wenn auf die konkrete gegenseitige Bedrohung abgestellt wird. Hingegen sind die Imponderabilitäten als neuarti-

---

93 Vgl. Mauer [2000], S. 26.

94 Das Ende des Ost-West-Konfliktes und der Zusammenbruch der ehemaligen Sowjetunion brachte neben der Auflösung ideologischer, gesellschaftlicher und militärischer Fronten auch einen Verlust an Stabilität der internationalen Beziehungen, was v. a. auf den Wegfall des disziplinierenden Drucks der bipolaren Bündnisstrukturen zurückzuführen ist. Vgl. Pollach [1991], S. 883. Siehe auch Pradetto [2000], S. 13.

ge militärische Risiken anzusehen, die nicht mehr von einer disziplinierenden bipolaren Bündnisstruktur aufgefangen werden können.[95]

Diese militärisch geprägte Bündnisstruktur wird ergänzt durch Bündnisse und Abkommen, deren Hauptzweck nicht in der Anwendung militärischer Instrumente liegt, die jedoch bereits durch die Verfolgung ihrer spezifischen Zielsetzungen dazu beitragen, Konfliktpotentiale abzubauen und Konflikte gewaltfrei beizulegen. Innerhalb der Staaten, die in den unterschiedlichen Institutionen, wie z. B. der EU, der NAFTA, dem GATT, der OECD oder der UNO eingebunden sind, entstehen integrative Verflechtungen, die einer gewaltsame Austragung von Konflikten unter den Bündnisstaaten entgegenwirken. Darüber hinaus können Konfliktpotentiale entschärft werden, sofern es gelingt, Regelungen für die jeweils zum Tragen kommenden Konfliktgegenstände zu etablieren und somit politische Stabilität sowie Krisenfestigkeit zu erzeugen. Diesbezüglich sind die Verfechtung der Menschenrechte und die Bestrebungen zugunsten demokratischer Gesellschaftsstrukturen[96] ebenso anzuführen wie die Überwindung von Wohlstandsgefällen, Armut und den damit verbundenen Folgen. Insgesamt ist davon auszugehen, daß in einem System umfassender internationaler Verflechtungen ein Netzwerk entsteht, das infolge vielfältiger politischer, ökonomischer und sozialer Berührungspunkte eine höhere Robustheit gegenüber den Wechselfällen internationaler Entwicklungen aufweist.[97]

Neben den Bündnissen und Zusammenschlüssen, die gewissermaßen als Kuppelprodukt der Integration einen Abbau von Gewaltbereitschaft hervorbringen, sind weitere Institutionen anzuführen, die durch den Einsatz von Instrumenten des Konfliktmanagements gezielt die Lösung von Konflikten herbeiführen. Zum

---

95 Die gegenwärtigen Imponderabilitäten und das damit verbundene Gefährdungspotential beruhen auf der Unabsehbarkeit und mangelnden Kontrollierbarkeit der Entwicklungen in den Ländern der ehemaligen Sowjetunion. Vgl. Pollach [1991], S. 834.

96 Hinsichtlich des Zusammenhangs zwischen militärischer Sicherheit und demokratischen Gesellschaftsstrukturen konstatiert Krischin, daß die sicherheitspolitische Ausrichtung in einer Demokratie defensiv orientiert ist, während totalitäre Regierung nur geringfügige Widerstände zur Vorbereitung und Führung eines Krieges überwinden müssen. Vgl. Krischin [1997], S. 22 ff. Tatsächlich haben seit dem Jahr 1945 niemals zwei demokratische Länder gegeneinander Krieg geführt. Vgl. Busse [2000], S. 3.

97 Vgl. Wöckener [1996], S. 15 und Pollach [1991], S. 834.

Aufbaus und zur Festigung einer völkerübergreifenden Vertrauensbasis ist in erster Linie auf die KSZE zu verweisen.[98]

Die KSZE war in der Zeit der Ost-West-Konfrontation eine maßgebliche Instanz zum Abbau von Spannungen, Lösung von Konflikten sowie zur Förderung der zwischenstaatlichen Zusammenarbeit und Vertrauensbildung. Nach der Beilegung des Ost-West-Konfliktes und dem Zusammenbruch der ehemaligen Sowjetunion wirkte die KSZE vor allem stabilisierend auf die Staaten des ehemaligen Warschauer Paktes ein. Zudem leistete die KSZE einen bedeutsamen Beitrag zur Förderung der Reformkräfte in den Staaten der ehemaligen Sowjetunion. Eine weiteres Tätigkeitsfeld, welches die langfristige Orientierung der KSZE erkennen läßt, besteht in der Förderung einer demokratischen und friedlichen Ordnung in Europa.[99]

Seit im Jahr 1995 die Organisation für Sicherheit und Zusammenarbeit in Europa (OSZE) durch Umbenennung aus der KSZE hervorgegangen ist, führt die OSZE die Bestrebungen in Richtung auf institutionalisierte und verrechtlichte internationale Beziehungen fort. Zum Zweck der Verhütung gewaltsamer Konfliktaustragung werden von der OSZE Ansätze der Vertrauensbildung, Krisenbewältigung und Kooperation verfolgt. Die oftmals beträchtliche Kluft zwischen normativen Vorstellungen und realen Handlungsverläufen belegt allerdings, daß auf der einen Seite die Bemühungen der OSZE oftmals an dem Verhalten souveräner Staaten scheitern. Auf der anderen Seite sind die Bemühungen der OSZE jedoch konsequent und langfristig weiterzuführen, um diese Kluft zu schließen.[100]

Ingesamt ist die sicherheitspolitische Bedeutung derartiger Bündnisse und Abkommen hinsichtlich der Vermeidung gewaltsamer Konfrontationen und damit auch hinsichtlich der Beeinflussung globaler Sicherheitsstrukturen nicht zu unterschätzen.

---

98 Vgl. Pfetsch [1996], S. 3.

99 Vgl. Lübkemeier [1998 b], S. 333 f. Kritisch zur KSZE äußert sich hingegen Arnold [1995], S. 213.

100 Vgl. Lübkemeier [1998 b], S. 337 und S. 340.

2.1.2.3. Abkommen zur Rüstungsbegrenzung

Eine weiteres politisches Handlungsfeld, das neben dem Wettrüsten und der Bündnisbildung für die Entwicklung der internationalen Sicherheit in den letzten Jahrzehnten an Bedeutung gewonnen hat, besteht in den globalen und regionalen Abkommen zur Rüstungskontrolle und Abrüstung.[101]

Die Vielfalt der Rüstungskontrollabkommen, die der Begrenzung oder Reduzierung von Militärpotentialen sowie dem Verbot oder der Regulierung der Einsatzmöglichkeiten bestimmter Waffen dienen, läßt sich anhand der nachfolgenden Übersicht über die Rüstungskontrollverträge illustrieren. Wie der Tabelle 3 zu entnehmen ist, sind die ersten Vertragsabschlüsse nach dem zweiten Weltkrieg im Bereich der Nuklearwaffen (Einrichtung atomwaffenfreier Zonen, Nichtverbreitung von Atomwaffen) erfolgt. Ferner zeigt sich, daß die Verhandlungen über strategische Waffen (SALT I und II sowie START I und II) durch die Supermächte USA und Sowjetunion eingeleitet wurden. Auch der INF-Vertrag über den Abbau von nuklearen Mittelstreckenraketen wurde im Jahr 1987 bilateral zwischen den USA und der Sowjetunion ausgehandelt.[102] Als weiterer Meilenstein der internationalen Abrüstung ist der Vertrag über Konventionelle Streitkräfte in Europa (KSE-Vertrag) aus dem Jahre 1990 anzuführen.[103]

Die Bedeutung der Abkommen zur Rüstungsbegrenzung ist vor allem darin zu sehen, daß durch die Vereinbarung von Obergrenzen für strategische Offensivwaffen und die Abschaffung nuklearer Waffengattungen der Prozeß des Wettrüstens begrenzt wird. Zudem stellen Rüstungsbegrenzungen und Abrüstungen einen wichtigen Schritt dar, um wechselseitiges Mißtrauen abzubauen und Stabilität zu erhöhen.[104]

Unabhängig von diesen bedeutungsvollen, auf Entspannung gerichteten Effekte der Rüstungsbegrenzung ist kritisch einzuwenden, daß nach wie vor die Prinzipien militärischer Denkweise zur Herstellung von Sicherheit und Stabilität in

---

[101] Während Abrüstung als die Verringerung oder Abschaffung von Rüstungsgütern aufzufassen ist, bezeichnet Rüstungskontrolle die Steuerung des Wettrüstens in Richtung auf ein begrenztes bzw. verlangsamtes Anwachsen der Waffenarsenale. Rüstungskontrolle ist in diesem Sinne präziser als kooperative Rüstungssteuerung zu bezeichnen.Vgl. Morgenthau [1967], S. 375.

[102] Vgl. Zellner [1991 b], S. 903 und Link [1999], S. 12.

[103] Vgl. Frodl [1995], S. 3.

[104] Vgl. Brooks [1991], S. 7 ff.

dominierender Weise zum Tragen kommen.[105] Diese kommen insbesondere darin zum Ausdruck, daß die Verhandlungen auf der Grundlage des Status quo der existierenden Militärpotentiale geführt werden - und in Ermangelung alternativer sicherheitspolitischer Konzepte derzeit wohl auch müssen. Jedoch stellt gerade der Übergang zu einer zivilorientierten Ordnung der Beziehungen zwischen Staaten, die eine Beilegung zwischenstaatlicher Konflikte auf nicht-militärische Weise erlaubt, eine Bedingung dafür dar, daß ein Prozeß der Abrüstung der immensen Militärpotentiale systematisch vorangetrieben werden kann.[106]

Über die Defizite infolge fehlender alternativer sicherheitspolitischer Konzepte hinaus lassen sich für den Prozeß der Rüstungskontrolle weitere Unzulänglichkeiten feststellen. Zum einen ist deutlich zu erkennen, daß die Supermächte den Inhalt und das Tempo der Rüstungskontrolle diktieren. Dieses ist problematisch, weil aus der Konfliktsituation und den Wertvorstellungen weniger Länder, wenn nicht sogar eines einzigen Landes, die militärische Welt-Sicherheitsordnung definiert wird.[107] Des weiteren ist der Prozeß des Wettrüstens durch Abkommen zur Abrüstung nur in quantitativer Weise tangiert. Jedoch kommt der Technik eine zunehmend wichtigere Bedeutung bei der Beurteilung von Kriegsführungskapazitäten zu. Insofern ist der gegenwärtig zu beobachtende Übergang zu kleinen, mobilen und schlagkräftigen Streitkräften überhaupt erst möglich. Sofern also der Abbau quantitativer Militärparameter durch Rüstungsinnovation kompensiert werden kann, ist es erforderlich, auch diese Komponente in Abrüstungsabkommen zu erfassen.[108] Andernfalls sind die Rüstungskontrollabkommen lediglich als Bestandteil eines Prozesses der Umrüstung zu interpretieren.

---

105 Vgl. Barth [1990 a], S. 109.

106 Vgl. Zellner [1993], S. 425 f.

107 Die USA haben nach dem Zusammenbruch der ehemaligen Sowjetunion eine Stellung inne, die einem Machtmonopol nahekommt. Vgl. Link [1999], S. 12.

108 Vgl. Barth [1990 a], S. 109 und Zellner [1991 a], S. 73 f.

Tabelle 3: Abkommen zur Rüstungskontrolle (Stand 1.1.1999)		
Konventionelle Waffen		
Explosiv- und Brandgeschosse unter 400 Gramm:		
Petersburger Erklärung	*Verbot*	*1868*
Geschosse, die sich im Körper zerlegen (Dum-Dum-Geschosse):		
Haager Friedenskonferenz	*Verbot*	*1899*
Waffen, die überflüssige Leiden hervorrufen:		
Haager Landkriegsordnung	*Verbot*	*1907*
Waffen, die ausgedehnte, langandauernde Umweltschäden hervorrufen:		
Haager Landkriegsordnung	*Verbot*	*1907*
Waffen, die militärische und zivile Ziele unterschiedslos schädigen:		
Haager Landkriegsordnung	*Verbot*	*1907*
Seerüstung:		
Washingtoner Konferenz	*Begrenzung der Seerüstung USA, Frankreich, England, Italien, Japan*	*1921/ 1922*
Londoner Flottenkonferenz	*Einfrieren d. Tonnage auf Parität England-USA-Japan, Beschränkung U-Boote*	*1930*
Dt.-brit. Vertrag	*Festlegung Relation 35 zu 100*	*1935*
Zweite Londoner Flottenkonfz.	*Qualitative Beschränkungen*	*1936*
Kriegsmittel zur Umweltveränderung:		
Vertrag	*Verbot*	*1977*
Landminen:		
VN-Waffenübereinkommen – Protokoll II	*Benutzungseinschränkungen: Zivilpersonen schonen, Selbstzerstörung, Räumen nach Konflikt*	*1980*
Geschosse, deren Splitter durch Röntgen nicht entdeckt werden:		
VN-Waffenübereinkommen – Protokoll I	*Verbot*	*1980*
Brandwaffen:		
VN-Waffenübereinkommen – Protokoll III	*Vielfältige Benutzungseinschränkungen*	*1980*
Anti-Personenminen:		
Vertrag von Ottawa	*Verbot*	*1997*
Kampfpanzer:		
KSE-Vertrag	*Reduzierung auf regionale Obergrenzen*	*1990*
Schützenpanzer:		
KSE-Vertrag	*Reduzierung auf regionale Obergrenzen*	*1990*
Kampfhubschrauber:		
KSE-Vertrag	*Reduzierung auf regionale Obergrenzen*	*1990*
Kampfflugzeuge:		
KSE-Vertrag	*Reduzierung auf regionale Obergrenzen*	*1990*
Personalstärken im Zusammenhang mit KSE:		
KSE Ia -Vertrag	*Regionale Obergrenzen*	*1992*
Seeminen:		
Haager Abkommen VIII	*Wirksame Überwachung, Gefahrenbeherrschung, Warnung der friedlichen Schiffahrt*	*1907*

Nuklearwaffen		
Nuklearwaffenfreie Zonen: *Vers. Verträge*	*Antarktis, Südamerika, -pazifik, -ostasien, Afrika*	*59-95*
Stationierung im Weltall: *Weltraumvertrag*	*Verbot*	*1967*
Stationierung am Meeresboden: *Meeresbodenvertrag*	*Verbot*	*1971*
Nichtverbreitung von Nuklearwaffen: *Nichtverbreitungsvertrag*	*Verbot*	*1968*
Versuche in der Atmosphäre, im Weltraum und unter Wasser: *Vertrag*	*Verbot*	*1963*
Umfassender Teststopp: *Vertrag der UN-Vollversammlg.*	*Verbot*	*1996*
Strategische Waffen		
SALT I: *USA-Sowjetunion*	*Zahl von Abschußvorrichtungen eingefroren*	*1972*
SALT II: *USA-Sowjetunion, nicht in Kraft, aber beachtet*	*Begrenzung auf je 2400 Raketen und Bomber*	*1979*
START I: *USA-Russ.Foed., Ukraine, BEL, KAZ*	*Reduzierung Sprengköpfe*	*1991-1994*
START II: *USA-Rußland*	*Weitere Reduzierung um 2/3*	*1993*
Strat. Flugkörperabwehr (ABM): *Teilabkommen von SALT I*	*Verbot bis auf je 100 Systeme um Washington und Moskau*	*1972*
Mittelstreckenraketen 500 – 5000 km: *INF-Vertrag*	*Beseitigung und Verbot*	*1987*
Biologische und chemische Waffen		
Gift und vergiftete Waffen: *Haager Landkriegsordnung*	*Verbot*	*1907*
Erstickende giftige Gase sowie bakteriologische Mittel: *Genfer Protokoll*	*Einsatzverbot*	*1925*
Biologische und toxische Waffen: *Konvention*	*Verbot*	*1972*
Chemische Waffen: *Chemiewaffenübereinkommen*	*Verbot*	*1997*
Andere Techniken		
Missile Technology Control Regime: *Vereinbarung USA, UK, GE und 25 weitere Staaten*	*Nichtweitergabe von Raketentechnologie*	*1987*
Konventionelle Waffen und "Dual Purpose Material": *Wassenaar-Abkommen (z.Z. 33 Staaten)*	*Exportkontrolle*	*1996*
Spaltbares Material: Separiertes Plutonium und hochangereichertes Uran: *Gespräche in Wien bei d. IAEA*	*Ziel ist ein Internationales Plutonium Regime*	
Quelle: Wellershoff [1999], S. 216 ff.		

Zur Darstellung der Auswirkungen von Rüstungskontrollabkommen kann das Modell zur Darstellung des Zusammenhangs zwischen militärischen Gleichgewichten und Wettrüsten verwendet werden.[109]

Abbildung 8: Auswirkung von Rüstungskontrollabkommen auf den Abschreckungspfad

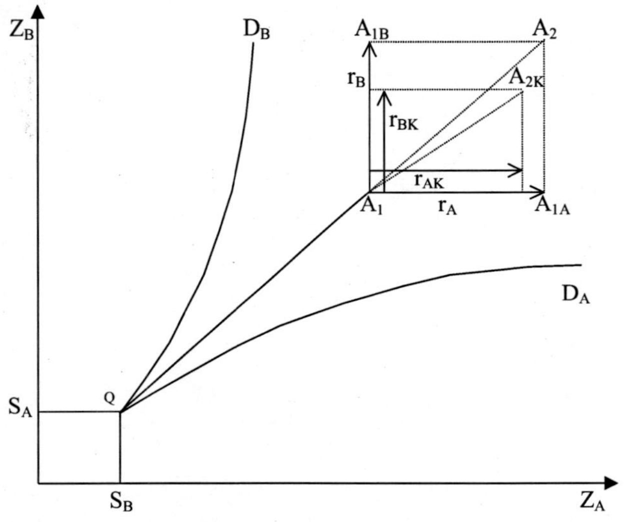

Quelle: Eigene Darstellung.

Die Strecke QA_1 bildet den bisherigen Verlauf des Abschreckungspfades ab, wobei der Punkt A_1 die Kombination der Abschreckungspotentiale im Status quo wiedergibt. Die nationale Zielsetzung der Herstellung äußerer Sicherheit wird durch eine Strategie der Verteidigung und Abschreckung verfolgt. Militärische Überlegenheit ist als zielkonforme Maßnahme anzusehen, während bei militärischer Unterlegenheit äußere Sicherheit nicht gewährleistet werden kann.

[109] Siehe oben, Abbildung 7, S. 33.

Ausgehend vom Status quo lassen sich nun zwei alternative Verläufe skizzieren: Der bereits bekannte Fall ohne Rüstungskontrollabkommen führt die beiden Länder infolge ihrer Aufrüstungen r_A und r_B zu dem Punkt A_2, der das neue Abschreckungspanorama auf einem gegenüber dem Status quo um r_A und r_B erhöhten Niveau abbildet.

Bei Abschluß von Rüstungskontrollabkommen lassen sich alternative Verläufe des Abschreckungspfades skizzieren. Diesbezüglich sei zunächst unterstellt, daß lediglich über geplanten Aufrüstungen r_A und r_B in den Kontrollabkommen verhandelt werde. Im Fall eines erfolgreichen Abschlusses soll lediglich eine Aufrüstung um r_{AK} bzw. r_{BK} zustande kommen. In der Abbildung 8 sind die Aufrüstungsvektoren r_{AB} und r_{BK} aus Gründen ihrer Erkennbarkeit nach oben bzw. nach rechts verschoben. Tatsächlich befindet sich der Ursprung der Vektoren im Punkt A_1.

Der Erfolg der Rüstungskontrolle besteht in der Differenz $r_A - r_{AK}$ bzw. $r_B - r_{BK}$. Folglich führt der Abschreckungspfad nunmehr zu dem Punkt A_{2K}, der ein neues militärisches Gleichgewicht widerspiegelt, daß sich zwischen dem Ausgangsniveau A_1 und dem Punkt A_2 befindet. Sofern der Erfolg der Rüstungskontrolle den beiden Ländern in gleichem Maße zuzuordnen ist, diese also in proportionalem Umfang auf geplante Aufrüstungen verzichten, befindet sich der kontrollierte Aufrüstungspunkt auf dem Pfad A_1A_2. Dieses ist jedoch nur eine spezielle Möglichkeit eines Rüstungskontrollabkommens. Prinzipiell kann durch den Quotienten $\frac{r_{AK} \div r_A}{r_{BK} \div r_B}$ ausgedrückt werden, in welchem Verhältnis die Länder ihre Aufrüstungspläne revidieren. Im Fall einer proportionalen Planrevision beträgt der Quotient gleich eins. Je stärker der Quotient von dem Wert eins abweicht, desto ungleicher sind die Planrevisionen verteilt und desto stärker ist die Verschiebung der Abschreckungspotentiale infolge des Rüstungskontrollabkommens. Der in der Abbildung 8 für den Punkt A_{2K} zugrundegelegte Quotient $\frac{r_{AK} \div r_A}{r_{BK} \div r_B}$ nimmt einen Wert größer als eins an, d. h. das Land B hat in seiner Planrevision in stärkerem Maße auf Aufrüstungen verzichtet als das Land A. Folglich kommt gegenüber der Lösung im Punkt A_2 eine Lösung A_{2K} zustande, die sich näher an der Abschreckungslinie des Landes A befindet. Dennoch befindet sich der Punkt A_{2K} im Bereich der stabilen gegenseitigen Abschreckung, insofern ist das militärische Gleichgewicht nicht gestört und die Lösung für beide Länder akzeptabel. Dieses gilt prinzipiell für alle Abschreckungskombinationen Z_A und Z_B, die innerhalb des durch die Abschreckungsvektoren r_A und r_B aufgespannten Vierecks liegen.

In der dargestellten Form sind Rüstungskontrollabkommen somit geeignet, den Prozeß des Wettrüstens und die Entwicklung des Abrüstungspfades zu dämpfen, nicht jedoch umzukehren. Zieht man nun in Betracht, daß auch die im Status quo vorhandenen Militärpotentiale auf den Prüfstand der Rüstungskontrolle genommen werden, so lassen sich Abschreckungskombinationen auch unterhalb des Ausgangsniveaus realisieren. In diesem Fall findet faktisch Abrüstung statt. Indes bedeutet dieses nicht schon zwangsläufig eine Wende in der Entwicklung des Abschreckungspfades. Vielmehr kann eine Umkehr der Entwicklung erst dann festgestellt werden, wenn fortgesetzte und dauerhafte Niveaueffekte eine Annäherung des Abschreckungspfades an den Ursprung bewirken. Es ist jedoch deutlich darauf hinzuweisen, daß tatsächlich ein Festhalten an der Konzeption der Herstellung äußerer Sicherheit durch Abschreckung zu konstatieren ist. Sofern partielle Rüstungsbegrenzungen verbunden sind mit Aufrüstungen im militärischen High-tech-Bereichen, d. h. eine Rationalisierung der Streitkräfte stattfindet, kann eine Reduzierung der Abschreckungspotentiale nicht erwartet werden. Infolge derartiger Einmaleffekte ist zu erwarten, daß der Abschreckungspfad ausgehend von einem niedrigeren Niveau zunächst gebremst, sich letztlich aber unaufhaltsam in Richtung auf höhere Abschreckungsniveaus bewegen wird.

Insgesamt sind Rüstungskontrollabkommen insofern positiv zu bewerten, als diese geeignet sind, den Prozeß des Wettrüstens, der im Zuge nationaler Abschreckungsstrategien zur Herstellung äußerer Sicherheit entsteht, zu dämpfen. Es ist jedoch vor dem Hintergrund der aufgezeigten Defizite der Rüstungskontrollabkommen zu kritisieren, daß der Prozeß des Wettrüstens durch derartige Abkommen nicht durchbrochen, sondern in einer hochtechnisierten Form weitergeführt wird. Da zur Zeit keine alternativen Konzepte von hinreichender Substanz verfügbar sind, die als eine Alternative zur gegenwärtig vorherrschenden militärischen Denkweise aufzufassen sind, kann es letztlich nicht überraschen, daß das Ende der Blockkonfrontation nur kurzzeitig von einer Phase der Abrüstung begleitet war.

2.1.2.4. Das globale Konfliktpanorama

Vor dem Hintergrund der skizzierten einzelstaatlichen Militärstrategie zur Herstellung äußerer Sicherheit, der internationalen Bündnisbildung sowie der Bestrebungen, die Welt durch Rüstungskontrollabkommen zu stabilisieren, erfolgt nunmehr ein Abriß des internationalen Konfliktpanoramas. In diesem Zusammenhang ist zunächst festzustellen, daß Konflikte ein real bedeutsames Phänomen darstellen: In jedem Jahr in der Zeit zwischen 1960 bis 1990 waren jeweils 13 % aller Länder in internationale Konflikte involviert.[110]

Ferner ist festzustellen, daß das globale Bedrohungsgefüge keine homogene, gleichförmige Gestalt aufweist. Vielmehr sind inhaltliche und regionale Konfliktschwerpunkte auszumachen. Diese real zu beobachtenden Phänomene sind im Rahmen der theoretischen Konfliktforschung mit Hypothesen in bezug auf künftig relevante Konfliktursachen aufgefüllt worden.

Die in der Übergangszeit nach der Beendigung des Ost-West-Konfliktes vorfindbare Verteilung der Konfliktregionen ist anhand des nachfolgenden Schaubildes zu erkennen. Demnach finden Kriege und gewaltsam geführte Auseinandersetzungen nicht primär zwischen den Großmächten statt, also in dem Beziehungsgeflecht zwischen den USA, Rußland, China, Japan und Europa, sondern in den peripheren Regionen der Großstaaten sowie in einzelnen multiethnisch geprägten Staaten. Die gegenwärtige geographische Verteilung der Konfliktzonen weist eine deutliche Konzentration auf den an die Großmächte angrenzenden Südgürtel auf.[111]

Die Zuordnung der im Jahr 2000 gewaltsam geführten Auseinandersetzungen auf die Kontinente zeigt, daß Afrika (acht Kriege) und Asien (zwei Kriege und 40 Konflikte) die meisten bewaffneten Konflikte aufweisen. Europa und Amerika sind weit weniger von gewaltsamen Auseinandersetzungen betroffen. Der einzige Krieg in Europa war in Tschetschenien, gewaltsame Konflikte fanden im Kosovo und im Baskenland statt. Weitere 20 europäische Krisen und Konflikte wurden nicht gewaltsam ausgeführt. In Amerika war lediglich ein Krieg zu verzeichnen (Kolumbien), die übrigen Konflikte wurden gewaltfrei beigelegt, und auch die Putschversuche in Paraguay und Ecuador verliefen ohne Blutvergießen.[112]

---

110 Vgl. Kamiya [1998], S. 407.

111 Vgl. Link [1997], S. 260. Zu detaillierten Ausführungen siehe Pfetsch [1996].

112 Vgl. Busse [2000], S. 3.

Abbildung 9: Kriege, Spannungen und politische Unsicherheiten

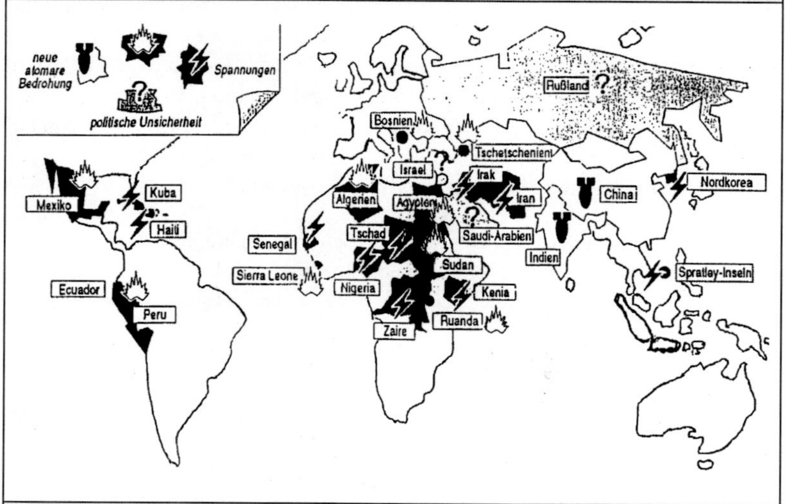

Quelle: Das Parlament, 46. Jg. (1996), Nr. 15 vom 5. April 1996, zitiert nach: Link, Werner: Zur internationalen Neuordnung – Merkmale und Perspektiven, in: ZfP, 44. Jg. (1997), H. 3, S. 261.

Der größte Teil der gewaltsam geführten Konflikte finden zwischen Nachbarstaaten oder unter Beteiligung mindestens einer Großmacht statt. Diesbezüglich offenbaren empirische Beobachtungen ein interessantes Phänomen: 22 % aller Staatenpaare, die theoretisch in gewaltsame Konflikte geraten können, führen 87 % der tatsächlich beobachteten Konflikte.[113] Somit sind nur wenige Staaten in die deutliche Mehrzahl der Konflikte involviert. Vor diesem Hintergrund stellt sich die Frage, welche Konfliktgegenstände bzw. –ursachen festgestellt werden können.

Hinsichtlich der Konfliktgegenstände stehen in erster Linie territoriale Ansprüche, interne machtorientierte Ambitionen sowie ideologische Differenzen im Vordergrund. Zumeist treten mehrere Konfliktgegenstände zugleich auf. Eine kontinentale Zuordnung der Konfliktinhalte ist von Pfetsch vorgenommen worden.[114] Danach dominieren in Europa Grenz- und Regimekonflikte, ebenso im

113 Vgl. Weede [2001], S. 6.

114 Zu den nachfolgenden Ausführungen siehe Pfetsch [1998], S. 4 ff.

mittleren und vorderen Orient, dort jedoch zusätzlich angeheizt durch zwischenstaatliche Machtkonflikte. In Afrika und Asien beruhen Konflikte vornehmlich auf internen Machtansprüchen, im asiatischen Raum jedoch mehrheitlich vernetzt mit Konflikten territorialer und ideologischer Prägung sowie mit Kolonial- und Autonomiekonflikten. Während in Südamerika zumeist Grenz- und Territorialkonflikte vorzufinden sind, weisen die Konflikte in Mittelamerika ideologische Züge auf. Grundsätzlich neuzeitlicher Natur sind Konflikte, die im Zusammenhang mit ökologischen Schäden[115] oder knappen Ressourcen,[116] Überbevölkerungsphänomenen,[117] Migration, Terrorismus und Drogen[118] in Verbindung zu bringen sind. Diese Konfliktgegenstände gewinnen insbesondere nach der Beendigung der Ost-West-Konfrontation an Relevanz. Eine neuere Entwicklung ist ferner darin zu sehen, daß eine Abschottung der verflochtenen Industrieländer gegen regional eskalierende Konflikte kaum mehr möglich ist: Frieden

---

115 Eine Untersuchung des Zusammenhangs zwischen Umweltzerstörung und Konflikten ist im Rahmen eines syndrom-analytischen Ansatzes vorgenommen worden. Siehe Biermann [1998], 273 ff. Ein Überblick über die Bedeutung umwelt- und ressourcenbezogener Konflikte findet sich auch in Westing [1986 a], S. 3 ff. Westing stellt fest, daß Auseinandersetzungen um Ressourcen vor dem Hintergrund zunehmender Bevölkerungszahlen und steigender Ansprüche hinsichtlich des Lebensstandards zu bewaffneten Konflikten führen können. Vgl. Westing [1986 a], S. 16.

116 Ausführungen zu dem Konfliktpotential, das sich mit einzelnen Ressourcen verbinden, sind bei den folgenden Autoren zu finden: Die Bedeutung des Mineralöls als Auslöser für einen bewaffneten Konflikt ist zurückgegangen, da die Öl-exportierenden Länder ein Interesse an einem stabilen Absatz haben. Vgl. Arbatov [1986], S. 36 f. Allerdings bedarf bei internationalen Versorgung mit Öl und Gas einer koordinierten und langfristigen Welt-Energie-Planung, um das durchaus vorhandene Spannungs- und Konfliktpotential herabzusetzen. Vgl. Solem [1986], 52 ff. Als weitere natürliche Ressourcen, die für die Versorgung einer Nation von strategischer Bedeutung sind, lassen sich bspw. Platin, Chrom und Uran anführen. Da die meisten Länder diesbezüglich von Importen, vor allem aus den südlichen Regionen Afrikas abhängig sind, kann die Verweigerung des Zugangs zu diesen Ressourcen zu Konflikten führen. Vgl. Hveem [1986], S. 55 und S. 80 f. Ferner ist auf das Konfliktpotential hinzuweisen, das sich mit der Trinkwasserversorgung in wasserarmen Ländern verbindet. Vgl. Sager [1998], S. 52 ff. und Falkenmark [1986], S. 85 ff. Auch die Hochseefischerei kann aufgrund der Kollektivgutproblematik problematisch sein, insbesondere vor dem Hintergrund, daß internationale Sanktionen gegen ein Überfischen oder gegen eine Verschmutzung der Weltmeere kaum durchsetzbar sind. Vgl. Peterson [1986], S. 137 ff.

117 Vgl. Leroy [1986], S. 159 ff.

118 Vgl. Brock [1990], S. 83.

dokumentiert sich in zunehmendem Maße als ein universelles und somit unteilbares Gut.[119]

Als Ergebnis der empirischen Konflikterfassung läßt sich festhalten, daß die derzeit vorfindbare Sicherheitslandschaft im Vergleich zur Zeit der Blockkonfrontation des Ost-West-Konfliktes durch ein hohes Maß an Fragmentierung gekennzeichnet ist, wobei vor allem regional ausgerichtete Rüstungsspiralen die gegenwärtige Entwicklung prägen.[120] Zugleich ist eine Konzentration des Konfliktgeschehens auf bestimmte Weltregionen festzustellen, und hinsichtlich der Konfliktursachen ist auf ein breites Spektrum alternativer Konfliktgegenstände zu verweisen.

Die Konfliktforschung bildet vor dem Hintergrund gewaltsam ausgetragener Konflikte Hypothesen über die Ursachen, über die Herausbildung und den regionalen Verlauf von Konfliktlinien sowie über die gegenwärtige und künftige Bedeutung unterschiedlicher Konfliktgegenstände. Samuel Huntington sieht ein bedeutsames Konfliktpotential in zivilisatorischen Differenzen unterschiedlicher Kulturbereiche und leitet daraus für die nahe Zukunft vor allem Konflikte zwischen der westlichen Welt und islamischen und konfuzianischen Staaten ab. Diese These wird von verschiedenen Autoren bestätigt, die auf das globale Ausmaß ethnischer Konflikte hinweisen. Die Dimension des ethnischen Konfliktpotentials wird erkennbar, wenn man sich vor Augen führt, daß weltweit zwischen 2.500 und 8.000 Völker, Ethnien und Sprachengruppen existieren, jedoch nur etwa 190 Staaten. Damit stellt der multiethnisch geprägte Staat den Normalfall dar.[121] Hans Magnus Enzensberger vertritt die Auffassung, daß Bandenschlachten aufgrund ihres enormen Gewaltpotentials zu Bürgerkriegen führen können, die mit Störungen des internationalen Sicherheitsgefüges verbunden sind. Vor allem in wirtschaftlich unterentwickelten Regionen mit hoher Bevölkerungsdichte wird dieser These Plausibilität zugestanden. Francis Fukuyama prognostiziert eine wachsende Bedeutung von Wirtschaftskonflikten, die insbesondere zwischen den demokratischen Staaten industrieller Prägung und der nicht-demokratischen Welt unter Verweis auf China, Rußland, Irak, Iran und

---

119 Vgl. Brock [1990], S. 81 ff.

120 Beispielhaft lassen sich aus dem asiatisch-pazifischen Raum die bilateralen Rüstungswettläufe zwischen der Volksrepublik China und Taiwan, Japan und Südkorea sowie zwischen Malaysia und Singapur anführen. Vgl. Umbach [1998], S. 36. Ferner kann auf die Rüstungswettläufe im nahen und mittleren Osten verwiesen werden. Vgl. Perthes [1995], S. 310.

121 Vgl. Rühle [1997], S. 18 sowie Riggs [1998], S. 270.

Nordkorea positioniert werden. Robert Kaplan kann als Verfechter der Bandenschlachthypothese angeführt werden. Kaplan begründet die Tendenz zu Bandenkleinkriegen mit dem Zusammenbruch sozialer Institutionen und der Erosion staatlicher Autorität sowie der damit verbundenen Ordnungsanomie. Mit Hilfe dieser chaostheoretisch gestützten Konfliktthese können die Süd-Süd-Konflikte Westafrikas, partiell auch Süd-Nord-Konflikte erklärt werden.[122]

Wenn vor dem Hintergrund der Konflikthypothesen Aussagen über künftige globale Konfliktstrukturen getroffen werden sollen, dann muß im Anschluß an die zuvor dargestellten Hypothesen vor allem auf Süd-Süd- und Nord-Süd-Formationen verwiesen werden.

Bei der Eindämmung des globalen Konfliktpotentials ist der Beachtung der Konfliktursachen eine wesentliche Bedeutung zuzumessen. Während durch den Einsatz des Militärs zur Verteidigung und Abschreckung lediglich das Symptom "Krieg" beseitigt werden kann, muß ein alternatives therapeutisches Instrumentarium an den diagnostizierten Ursachen gewaltsamer Konflikte ansetzen.[123]

2.1.3. Zusammenfassung

Äußere Sicherheit stellt ein öffentliches Gut dar. Daher ist die Produktion äußerer Sicherheit, der eine grundlegende Bedeutung sowohl für die individuelle Entfaltung als auch für die gesellschaftliche Entwicklung insgesamt zukommt, seitens des Staates zu erbringen. Vor dem Hintergrund der perzipierten Bedrohung treffen Staaten Entscheidungen über den Einsatz militärischer Ressourcen, um sich im Fall eines gewaltsamen Übergriffs verteidigen zu können. Die Abwehr existenzbedrohender Gefährdungen basiert auf dem Prinzip der Abschreckung, das gegenüber potentiellen Aggressoren die glaubwürdige Androhung von Vergeltungsmaßnahmen vorsieht. Daraus folgt, daß Länder regionale oder globale militärische Überlegenheit anstreben, denn aus einer Position der Unter-

---

122 Vgl. Pfetsch [1998], S. 6 f.

123 "Nach Auflösung der bipolaren Ordnungsstruktur gewinnen regionale Krisen und Konflikte und nicht-militärische Risiken an Virulenz und Brisanz. Ihr Spektrum reicht von der innerstaatlichen Dimension sozialer, ethnischer, religiöser und ökonomischer Krisen über die regionale Dimension, die auch machtpolitische Faktoren, territoriale Ansprüche und Verteilungskämpfe umfaßt, bis hin zur globalen Dimension des Wohlstands- und Entwicklungsgefälles sowie demographischer, ökonomischer und ökologischer Fehlentwicklungen. Diese Risiken sind aufgrund ihres Ursachencharakters nicht militärisch lösbar. Sie können auch nicht mit militärischen Potentialen ausbalanciert werden." Bundesminister der Verteidigung [1992], S. 11.

legenheit läßt sich äußere Sicherheit nicht in hinreichendem Umfang produzieren. Aus den wechselseitigen Anpassungen der nationalen Militärkomplexe kristallisieren sich im Zeitablauf zwischenstaatliche Kräfteverhältnisse heraus, die militärische Gleichgewichte widerspiegeln. Aufgrund der Interdependenzen und der Rückkoppelungseffekte nationaler Rüstungsentscheidungen weisen diese Gleichgewichte einen dynamischen Charakter auf, wobei sich die Dynamik in laufend zunehmenden Rüstungspotentialen niederschlägt. Damit münden die nationalen Strategien zur Produktion nationaler äußerer Sicherheit in einem Prozeß des weltweiten Wettrüstens.

Aus militärischen und ökonomischen Erwägungen heraus bilden die Staaten Verteidigungsbündnisse. Nach dem Zerfall der ehemaligen bilateralen Blockstruktur, die zwischen den Verteidigungsbündnissen der NATO und des Warschauer Paktes bestand, ist nunmehr eine unilaterale Bündnisdominanz zugunsten der NATO zu konstatieren, während die Staaten des ehemaligen Warschauer Paktes militärische Unwägbarkeiten erzeugen und den Verfechtern militärischer Sicherheitsstrategien Vorschub leisten. Derzeit fehlen alternative Bündnisse, die eine erfolgreiche Konfliktlösungen unterhalb der militärischen Ebene erlauben. Dennoch dürfen auf lange Sicht die integrativen Wirkungen einer auf Kooperation gerichteten Bündnisbildung gerade im nicht-militärischen Bereich nicht übersehen werden.

Die vielfältigen Abkommen zur Rüstungskontrolle zielen darauf ab, durch Begrenzungen der militärischen Schlagkraft Vertrauen und Stabilität zu schaffen sowie den Teufelskreis des Wettrüstens zu durchbrechen. Daß dieses ein wichtiger Schritt in Richtung auf Entspannung darstellt, ist unbestritten. Jedoch ist noch keine Abkehr von militärischen Denkweisen bei der Herstellung äußerer Sicherheit festzustellen. Vielmehr belegen vor allem die militärisch ausgetragenen Konflikte in der vergangenen Dekade, daß der Einsatz militärischer Gewalt und das Führen von Kriegen als durchführbare Option nicht an Bedeutung verloren hat.

Schließlich präsentiert die empirische Betrachtung internationaler Konfliktlagen eine Sicherheitslandschaft, die sich im Vergleich zur Zeit der Blockkonfrontation des Ost-West-Konfliktes durch ein hohes Maß fragmentierter "Kleinkonflikte" auszeichnet und in der unterschiedliche Konfliktursachen festzustellen sind. Zugleich ist eine Konzentration auf bestimmte Regionen zu konstatieren.

Folgt man der Überlegung, daß das Vorhalten militärischer Potentiale lediglich eine symptombezogene Lösung zur Vermeidung gewaltsamer Übergriffe darstellt und zudem die einzelstaatliche Verfolgung militärischer Strategien den Eintritt in regionale Prozesse des Wettrüstens begünstigt, so drängt sich die Frage auf, ob alternative Wege zum Abbau von Konfliktpotentialen und zur zivilen Lösung von Konflikten entwickelt und beschritten werden können. Eine alternative strategische Ausrichtung zur Herstellung nationaler Sicherheit, die auf den systematischen Abbau des militärischen Einsatzinstrumentariums gerichtet ist, stellt die Konversion dar. Die mit diesem Handlungsprogramm verbundenen Ideen und Konsequenzen werden nachfolgend vorgestellt.

2.2. Konversion

2.2.1. Zum Konversionsbegriff

2.2.1.1. Einleitende Bemerkungen

Die zuvor betrachtete Strategie zur Herstellung eines nationalen Zustandes der äußeren Sicherheit durch militärische Abschreckung bringt aufgrund der zwischenstaatlichen Interdependenzsituation von gegenseitiger Abschreckung und Bedrohung eine Entwicklung hervor, die aus säkularer Sicht mit einem ständig wachsenden militärischen Ressourceneinsatz verbunden ist. Diese Strategie ist insofern als problematisch anzusehen, als die aus globaler Sicht für den Frieden erforderliche Aufrechterhaltung militärischer Stabilität mit ständig steigenden Militärausgaben verbunden ist. Hinzu kommt, daß der Erfolg der militärischen Strategie zur Herstellung äußerer Sicherheit zumindest insofern in Zweifel zu ziehen ist, als die Welt in dem Zeitraum seit der Beendigung des Zweiten Weltkrieges insgesamt nur wenige Wochen frei von Kriegen war. Das Fatale an der militärischen Strategie besteht gerade darin, daß die der Kriegsvermeidung dienenden militärischen Instrumente gerade diejenigen sind, welche in kriegerischen Auseinandersetzungen zu Einsatz kommen bzw. diese überhaupt erst ermöglichen. Im Jahr 2000 gab es immerhin 25 größere bewaffnete Konflikte, zumeist in Afrika und Asien.[124] Vor diesem Hintergrund stellt sich die Frage, in welcher Form eine alternative Strategie geeignet sein könnte, die Ziele der äußeren Sicherheit und der globalen Stabilität nicht mit einem Mehr, sondern einem Weniger an militärischem Potential und gegenseitiger Abschreckung zu verfolgen.

Konversion stellt eine alternative Vorgehensweise zur Herbeiführung eines Zustandes stabiler internationaler Sicherheit auf niedrigem militärischen Niveau dar. Welche Elemente das Aktionsprogramm "Konversion" konstituieren und was unter der Konversionsstrategie im einzelnen zu verstehen ist, wird im

[124] Vgl. o. V. [2001 a], o. S.

Anschluß an die nun folgenden Ausführungen zur Genese des Konversionsbegriffs erläutert.

Der Terminus "Konversion" bedeutet gemäß seines der katholischen Dogmatik entspringenden Wortstammes "convertere" umkehren, umwenden oder umwandeln. Als Konvertit wird derjenige bezeichnet, der sich vom "falschen" dem "richtigen" Glauben zuwendet und dieses durch sein Verhalten bekunden kann. Analog dazu beinhaltet der Konversionsbegriff in der sicherheitspolitischen Auslegung eine Abkehr der sicherheitspolitischen Ausrichtung von der falschen Strategie der Rüstung und Abschreckung als den militärischen Grundpfeilern der Herstellung äußerer Sicherheit und eine Zuwendung zu zivilen Konfliktlösungsmechanismen i. V. m. verminderten Abschreckungspotentialen als der richtigen Strategie.[125] Diesbezüglich ist der Nachweis zu erbringen, warum Konversion als die richtige Vorgehensweise anzusehen ist.

Insofern als das Element der Umkehr bzw. des Wandels im Mittelpunkt der Konversion steht, wird deutlich, daß Konversion einen prozessualen Charakter aufweist. Darüber hinaus ist jedoch auch das Ergebnis dieses Wandels relevant: Wenn der Erfolg der Konversion an dem Verhalten der Akteure erkennbar sein soll, dann setzt dieses implizit voraus, daß das Handlungsprogramm "Konversion" bestimmte Vorstellungen über Verhaltensnormen beinhaltet, die ein Konvertit zu erfüllen hat. Kann eine Verhaltensbewertung in Ermangelung vorab definierter Bewertungskriterien nicht vorgenommen werden, ist ein positiver Nachweis des Erfolges eines Konversionsprozesses nicht möglich. Insofern kommt auch der Definition des Zustandes, welcher sich infolge eines erfolgreichen Konversionsprozesses letztlich einstellen soll, als Konversionsbestandteil eine Bedeutung zu. Insgesamt definiert sich Konversion somit durch den Imperativ einer grundlegenden Verhaltensänderung im Rahmen der Sicherheitspolitik sowie durch die Manifestierung des Konversionserfolgs in einem dauerhaft stabilen Zustand: Konversion umfaßt sowohl den Wandel als auch die Definition des Zustandes infolge des Wandels.

[125] Vgl. Achilles [1993], S. 9. Zur Geschichte der Konversion siehe u. a. Brömmelhörster [1994], S. 22 ff. und Gießmann [1992], S. 11.

2.2.1.2. Konversion von Militär und Rüstung

Die Grundzüge der Konversion von Militär und Rüstung lassen sich anhand der verfolgten Ziele, der zu diesem Zweck beschrittenen Vorgehensweise sowie den damit verbundenen Implikationen skizzieren.

Analog zu der zuvor dargestellten Strategie der militärischen Abschreckung besteht das Ziel der Konversion ebenfalls darin, die nationale Aufgabe der Herstellung äußerer Sicherheit zu bewältigen. Im Gegensatz zur Abschreckungsstrategie findet im Rahmen der Konversion jedoch zwischen den Ländern eine Koordination der nationalen Sicherheitspolitiken zur Aufrechterhaltung militärischer Stabilität auf einem niedrigem Abschreckungsniveau statt. Insofern steht der Begriff der Konversion für eine sicherheitspolitische Entwicklung in Richtung auf ein Residualmilitär mit minimaler Abschreckung.

Das in der Literatur als Konversion bezeichnete Handlungsprogramm zur Verfolgung des Zieles stabiler internationaler Sicherheit auf niedrigem militärischen Niveau umfaßt zwei Hauptbestandteile: Zum einen sind Maßnahmen der Abrüstung bzw. der Entmilitarisierung[126] zu nennen, die als öffentlich wahrnehmbares Element eines aktiven Abbaus militärischer Abschreckungspotentiale sichtbar werden.[127] Vor diesem Hintergrund stellen Abrüstungsmaßnahmen essentielle Konversionsbestandteile dar, die der sicherheitspolitischen Neuausrichtung die erforderliche Glaubwürdigkeit verleihen. Als inhaltliche Schwerpunkte der Abrüstung lassen sich Demobilisierung, Waffenvernichtung sowie Standortverkleinerungen oder -schließungen anführen.[128] Diese Maßnahmen führen zu substantiellen Veränderungen im Verteidigungsbereich, die so weit in den Kern der militärischen Infrastruktur hineinreichen, daß letztlich eine Verminderung des internationalen Bedrohungspotentials erreicht werden kann.[129]

Der zweite Hauptbestandteil der Konversion hängt damit zusammen, daß die Abrüstung mit einer Freigabe ehemals militärisch genutzter Ressourcen verbunden ist. Die Überführung der im Zuge der Abrüstung freiwerdenden, ehemals für militärische Zwecke beanspruchten Ressourcen in zivile Verwendungsmöglichkeiten beschreibt denjenigen Aufgabenbereich der Konversion, der nachfolgend als Transformation bezeichnet wird. Als ein Schwerpunkt des Transformationsprozesses ist die Umstellung der Rüstungsproduktion auf die Anforderungen

---

126 Die Begriffe Abrüstung und Entmilitarisierung werden synonym verwendet.

127 Vgl. Wellmann [1991], S. 197.

128 Vgl. Einhorn [1990], S. 61.

129 Vgl. Brömmelhörster [1994], S. 21.

von zivilen Märkten anzuführen. Da derartige Vorgänge nicht ohne Friktionen stattfinden, besteht eine Aufgabe der Konversion in der Steuerung der Transformationsprozesse.[130]

Abzurunden ist die Darstellung der Konversion mit dem Hinweis auf die sozioökonomischen Implikationen. Auf der einen Seite sind vor allem kurz- und mittelfristig soziale und wirtschaftliche Anpassungslasten im Zuge der Abrüstungs- und Transformationsprozesse zu bewältigen. Durch die Summe der Maßnahmen, die geeignet sind, die Anpassungslasten zu minimieren oder im Fall sozialer Unverträglichkeit zu kompensieren, läßt sich der sozial- und wirtschaftspolitische Handlungsbedarf im Rahmen der Konversion definieren.[131] Auf der anderen Seite setzt Konversion Ressourcen frei, die in alternativen zivilen Verwendungen eine wohlfahrtssteigernde Friedensdividende entstehen läßt.[132] Auf lange Sicht ist zu erwarten, daß die Anpassungslasten mit zunehmender Bewältigung des Konversionsprozesses an Bedeutung verlieren werden, so daß dann die ökonomischen Vorteile der Konversion in Form einer Friedensdividende spürbar in Erscheinung treten.

Wie die nachfolgende Abbildung verdeutlicht, läßt sich Konversion zusammenfassend durch die Zielsetzungen der Herstellung äußerer Sicherheit auf einem niedrigen Abschreckungsniveau, durch die Hauptbestandteile Abrüstung und Transformation sowie durch die sozioökonomischen Implikationen der Bewältigung von Anpassungslasten sowie der Vereinnahmung einer Friedensdividende definieren.

---

130 Vgl. Wulf [1997], S. 203; Brömmelhörster [1994], S. 21; Wellmann [1991], S. 204; Bielfeldt [1990], S. 286; Gerber [1990], S. 588. Zur Notwendigkeit der Steuerung der Transformationsprozesse siehe Bielfeld [1990], S. 272.

131 Vgl. Feser [1996], S. 1, Wilke [1990], S. 297 f.

132 Vgl. BICC [1999], S. 13; Klemmer [1995], S. 15; Brunn [1995], S. 11; Brömmelhörster [1994], S. 25.

Abbildung 10: Der Konversionsbegriff im Überblick

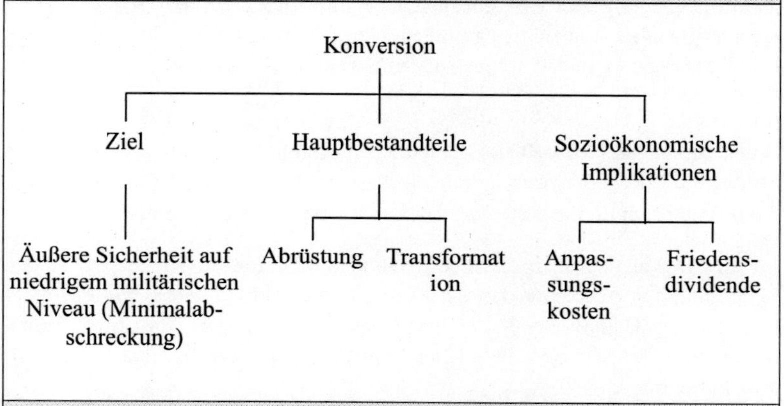

Quelle: Eigene Darstellung.

Sofern Konversion als eine Strategie zur Herstellung der äußeren Sicherheit angesehen werden soll, bedarf es ergänzender Anmerkungen. Eine Strategie definiert sich als vollständiges Aktionsprogramm. Die skizzierten Handlungsstränge der Konversion treten jedoch für sich genommen nicht als vollständiges Aktionsprogramm in Erscheinung. Die einzelstaatliche Zielsetzung der äußeren Sicherheit läßt sich eben nicht allein durch Konversion im Sinne der Abrüstung, Umwidmung von Ressourcen und Bewältigung der Anpassungslasten verfolgen. Vielmehr bedarf es zur Verfolgung eines Konversionsprogramms eines politischen Fundamentes in Form einer Sicherheitspolitik, welche die Voraussetzungen für eine systematische und nachhaltige Entmilitarisierung schafft. Sofern ein gesellschaftlicher Wandel in Richtung auf den Einsatz zivilorientierter Maßnahmen zu Konfliktlösungen und Friedenserhaltungen die Grundlage für eine neue Weltordnung darstellt, liegen die Voraussetzungen für die Einleitung weltweiter Konversionsprozesse vor. Ohne die Abkehr von militärisch dominierten Sicherheitskonzeptionen können weder das Wettrüsten dauerhaft durchbrochen noch die Externalitäten gegenseitiger Bedrohung reduziert werden. Vor diesem Hintergrund ist deutlich herauszustellen, daß Konversion lediglich einen Bestandteil einer Strategie darstellt, jedoch nicht in Anspruch nehmen kann, selbst ein vollständiges Aktionsprogramm zu verkörpern.

Da die Spieltheorie ein Instrumentarium zur Analyse alternativer Strategien darstellt, ist es zwingend erforderlich, Konversion und zivilorientierte Sicherheitspolitik gemeinsam als einheitliches und vollständiges Aktionsprogramm aufzufassen.[133] Um den strategischen Komplex aus ziviler Friedensförderung und Konfliktbeilegung sowie Abrüstung, Transformation und Folgenbewältigung jedoch sprachlich kompakt zu gestalten, wird das zuvor dargestellte vollständige Handlungsprogramm nachfolgend als Konversion bzw. als Konversionsstrategie bezeichnet.

Wenn somit aus Gründen der sprachlichen Kompaktheit von Konversion als Strategie die Rede ist, dann geschieht dieses stets unter der Prämisse, daß die Konversion sich im Rahmen einer zivilorientierten Sicherheitspolitik vollzieht.

Im Anschluß an diesen ersten Überblick über die Zusammenhänge zwischen den Zielen und den Ansatzpunkten der Konversion erfolgt nunmehr eine Einzelbetrachtung der Hauptbestandteile einer Konversionsstrategie: Abrüstung, Transformation und die damit verbundenen Implikationen sowie die sicherheitspolitische Fundierung.

2.2.2. Konstituierende Elemente einer Konversionsstrategie

2.2.2.1. Abrüstung

Mit dem Begriff der Abrüstung wird die Verringerung oder Abschaffung von Rüstungsgütern und damit des Abschreckungspotentials bezeichnet. Die Erläuterung der Konversionsstrategie zur Herstellung der äußeren Sicherheit auf einem niedrigen Abschreckungsniveau erfolgt anhand des zuvor verwendeten Abschreckungsmodells und der dort abgeleiteten Zusammenhänge zwischen Abschreckung, militärischem Gleichgewicht und Stabilität.[134] Damit verbinden sich insofern Implikationen für ein Abrüstungsprogramm, als der Abschreckungspfad den Stabilitätsbereich zwischen den Abschreckungskennlinien nicht verlassen darf. Zudem ist der Abbau der Abschreckungspotentiale durch die Wahl der Reihenfolge der abzurüstenden Waffensysteme derart zu gestalten, daß doppelt instabile Zustände vermieden werden. Da doppelte Instabilitäten bei Verwendung von Waffensystemen mit Counterforce-Wirksamkeiten größer als eins auftreten, ist es geboten, derartige Waffenpotentiale zunächst abzubauen, um durch die Reduzierung der Counterforce-Wirksamkeit den sich bildenden Korridor der stabilen gegenseitigen Abschreckung in Richtung auf die Minimalabschreckung,

---

[133] Weitere Ausführungen zum Strategiebegriff erfolgen in Kapitel 3.1., Einführung in die spieltheoretischen Grundlagen, S. 109 ff.

[134] Siehe Kapitel 2.1.2.1.4., Abschreckung, Stabilität und militärisches Gleichgewicht, S. 28 ff.

der in den Abbildungen durch den Punkt Q dargestellt ist, zu erweitern. Diese Zusammenhänge lassen sich anhand der nachfolgenden Abbildung darstellen.

Abbildung 11: Abrüstung und Stabilität

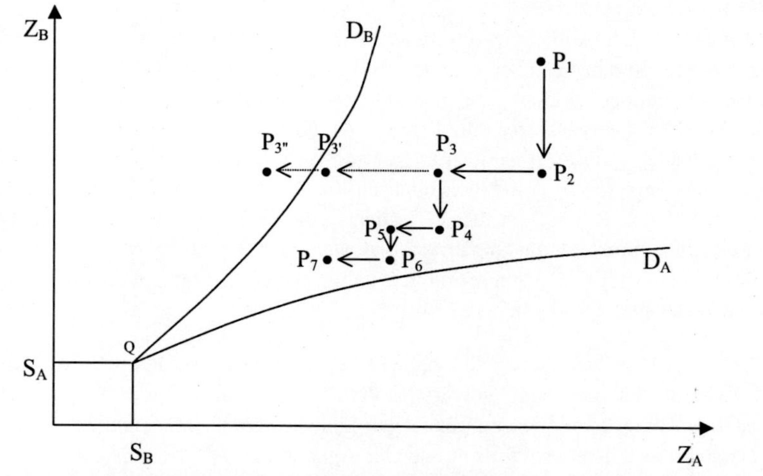

Quelle: Modifiziert entnommen aus Legault [1973], S. 131.

Anhand der obigen Darstellung lassen sich ein möglicher Verlauf sowie die Grenzen eines sukzessiven Abrüstungsprozesses illustrieren. Ausgehend von dem Punkt P_1 ergreift in einer ersten Abrüstungsrunde das Land A Maßnahmen der Abrüstung, so daß sich P_2 als neue Kombination der Abschreckungspotentiale einstellt. Ebenfalls in der ersten Runde ergreift das Land B Abrüstungsmaßnahmen, die zu dem Punkt P_3 führen. Auch wenn der Abrüstungsprozeß in der obigen Abbildung als nacheinandergeschaltete Maßnahmen dargestellt ist, ist aufgrund der Orientierung der Staaten am militärischen Gleichgewicht im Sinne paritätischer Abschreckungspotentiale anzunehmen, daß die jeweiligen Abrüstungsschritte simultan stattfinden, d. h. es findet ein direkter Übergang von Punkt P_1 zu Punkt P_3 statt.

Daß die Zerlegung in nationale Abrüstungsvektoren dennoch sinnvoll ist, läßt sich am Übergang zu dem Punkt P_5 als dem sich nach der zweiten Abrüstungsrunde einstellenden Zustand zeigen. Offensichtlich ist eine Abrüstung, die zu dem Punkt $P_{3''}$ führen würde, für das Land A mit der Gefahr eines erfolgreichen Entwaffnungserstschlages durch das Land B verbunden. Auch der Punkt $P_{3'}$ ist bereits als problematisch anzusehen, da die Abschreckungskennlinie des Landes A tangiert wird. Bereits geringfügige oder lediglich temporäre Herabsetzungen der Abschreckungsfähigkeit des Landes A sind dann mit einer instabilen einseitigen Überlegenheit des Landes B verbunden.[135] Insofern ist festzustellen, daß der Prozeß des Abrüstens auf dem Weg "kleiner" Abrüstungsschritte zu beschreiten ist, d. h. Abrüstungsschritte, die bei lediglich einseitiger Abrüstung das abrüstende Land aus dem Bereich der stabilen gegenseitigen Abschreckung heraustragen würden, sind zu vermeiden. Grundsätzlich darf einem nicht abrüstenden Land kein verwertbarer militärischer Vorteil im Fall der einseitigen Abrüstung entstehen. Vielmehr ist die militärische Stabilität auch dann sicherzustellen, wenn das gegnerische Land sich nicht an der Abrüstung beteiligt. Ausgehend von dem Punkt P_3 bedeutet dieses für den nächsten Abrüstungsschritt, daß die maximale nationale Abrüstung erreicht ist, wenn der Abrüstungsvektor die Peripherie der jeweiligen Abschreckungskennlinie tangiert. Somit wird im vorliegenden Beispiel der Punkt P_5 erreicht.

Die dritte Abrüstungsrunde, die zu dem Punkt P_7 führt, verdeutlicht, daß mit fortschreitender Abrüstung entlang des Pfades von P_1 nach P_7 die Abstände zu den Abrüstungskennlinien kontinuierlich kleiner werden. Mit anderen Worten verfügen die Länder mit fortschreitender Annäherung an den Punkt der Minimalabschreckung über zunehmend geringere Spielräume für weitere Abrüstungsmaßnahmen. Zudem ist zu erkennen, daß ausgehend vom Punkt P_1 das Abschreckungsniveau im Punkt P_7 nicht ohne die Zwischenschritte über die Punkte P_3 und P_5 zu erreichen ist, da die erforderlichen Abrüstungsvektoren beider Länder deutlich in den Bereich der instabilen einseitigen Abschreckung hineinführen.

Ein weiterer Ansatzpunkt über die Vorgehensweise der Abrüstung wird erkennbar, wenn auf die mit verschiedenen Waffensystemen zusammenhängenden Counterforce-Wirksamkeiten Bezug genommen wird.

---

135 Vgl. Legault [1973], S. 130 f.

Abbildung 12: Minimalabschreckung und Counterforce-Wirsamkeit

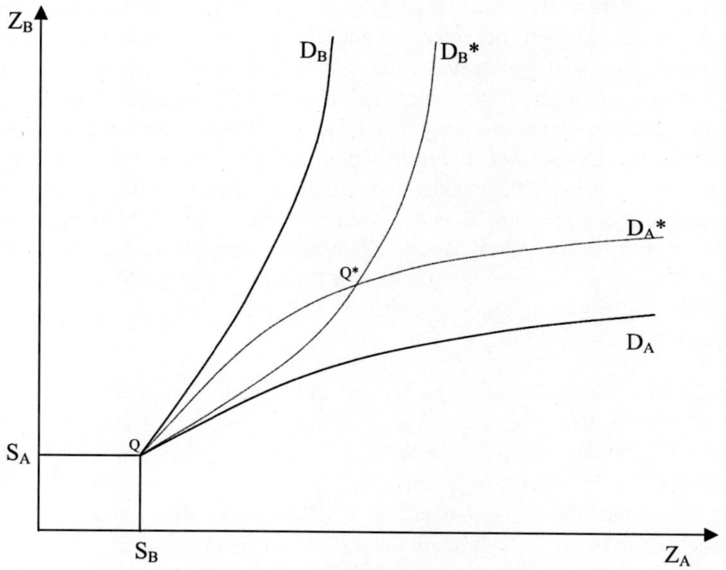

Quelle: Eigene Darstellung.

Der Punkt Q repräsentiert im Fall von Counterforce-Wirksamkeiten kleiner als eins den Übergang von dem stabilen Bereich der Nicht-Abschreckung zum stabilen Bereich der gegenseitigen Abschreckung. Insofern kann Q als Punkt der Minimalabschreckung bezeichnet werden. Die Abschreckungskennlinien D_A* und D_B* basieren auf Counterforce-Wirksamkeiten größer als eins.[136] Es ist erkennbar, daß der zugehörige Punkt der Minimalabschreckung Q* deutlich höhere Abschreckungspotentiale aufweist. Zudem kann der Bereich der stabilen Nichtabschreckung nicht einmal theoretisch durch schrittweise Abrüstung, sondern nur durch einen Sprung unter das Abschreckungsniveau $Z_A = S_B$ bzw. $Z_B = S_A$ erreicht werden, da ausgehend von dem Punkt Q* bereits marginale Ab-

136 Siehe oben, Kap. 2.1.2.1.2., Einseitige und gegenseitige Abschreckung, S. 16 ff., insbes. S. 19 ff.

rüstungsschritte den Eintritt des Abrüstungspfades in den Bereich der einseitigen oder doppelt instabilen Abschreckung zur Folge hätten.[137]

Bei der skizzierten Vorgehensweise zur Abwicklung eines Abrüstungsprozesses in sukzessiven "kleinen" Schritten, die zunächst auf die Reduzierung der Counterforce-Wirksamkeit gerichtet ist, treten jedoch verschiedene Problemen und Hindernisse auf. So stellt die Unterscheidung in defensiv und offensiv ausgerichtete Waffensysteme ein ausgesprochen schwieriges Unterfangen dar. Da zahlreiche Systeme sowohl zur Verteidigung als auch zur Abschreckung eingesetzt werden können, ist die eindeutige Zuordnung oftmals nicht oder erst unter Einbeziehung der zugrundeliegenden Militärdoktrin möglich.[138] Sofern infolgedessen subjektive und durch nationale Interessen begründete Klassifizierungen der Waffensysteme bei der Ermittlung von Abschreckungspotentialen eine wesentliche Rolle spielen, sind die Ergebnisse derartiger Bewertungen stets angreifbar.

Ein weiteres Problem besteht in der unzureichenden Vergleichbarkeit unterschiedlicher Waffensysteme. Der Vergleich der Abschreckungspotentiale zweier Länder ist letztlich nur dann zuverlässig durchzuführen, wenn auf beiden Seiten identische Waffensysteme in jeweils gleicher Stückzahl verwendet werden. Bereits unterschiedliche Stückzahlen, die möglicherweise dem Land A zu einer Überlegenheit in der Luft und dem Land B an Land verhelfen, lassen das Problem erkennen. Erst recht leidet die Vergleichbarkeit der Abschreckungspotentiale bei Berücksichtigung qualitativ unterschiedlicher Waffensysteme.[139]

Auch wenn die Lösung dieser Bewertungsfragen eine erhebliche Herausforderung an die über Abrüstung verhandelnden Länder darstellt, so ist die Findung eines Konsenses dennoch nicht ausgeschlossen. Vielmehr ist anzunehmen, daß eine Bewältigung der Bewertungsproblematik bei Einbettung in friedensfördernde und zivilorientierte Sicherheitspolitik möglich ist und somit Abrüstung

137 Vgl. Legault [1973], S. 132.

138 Bereits die Weltabrüstungskonferenz 1932 scheiterte bei dem Versuch, ein Verbot für Angriffswaffen einzuführen, an der mangelnden Differenzierbarkeit von offensiven und defensiven Waffen. Vgl. Legault [1973], S. 142. Auch Wöckener verweist auf die Grenzen der Outputmessung zur Bewertung von Waffensystemen. Vgl. Wöckener [1996], S. 24.

139 Vgl. Legault [1973], S. 141. Die Intransparenz heterogener Waffensysteme stellt ein Problem für die Rüstungsbegrenzung und Abrüstung dar. Prisching [1986], S. 537. Deger sieht das zentrale Problem bei den Waffen, die eine offensive Verteidigung ermöglichen, d. h. Bomber, Raketen und U-Boote, die feindliche Waffen zerstören sollen, bevor diese zum Einsatz gelangen. Vgl. Deger [1990], S. 148.

sowie internationale militärische Stabilität nicht in einem Widerspruch zueinander stehen müssen.

2.2.2.2. Transformation

Bei der Verfolgung des Zieles, die äußere Sicherheit auf einem möglichst geringen Abschreckungsniveau herzustellen, kommt den international koordinierten Abrüstungsmaßnahmen eine elementare Bedeutung zu: Die Umkehr des Rüstungs- und Abschreckungspfades in Richtung auf ein Residualmilitär mit minimal abschreckender Wirkung setzt die Umsetzung von Abrüstungsmaßnahmen zwingend voraus. Die in diesem Zusammenhang auftretenden Wandelungsprozesse gehen auf der einen Seite mit verminderten Verteidigungshaushalten einher. Auf der anderen Seite ist auch eine Umstellung des Militärs, der Rüstungsindustrie, der zivilen Wirtschaft in Richtung auf eine friedenswirtschaftliche Produktionsfunktion festzustellen. Infolge der Abkehr von militärischen Prinzipien und der damit verbundenen Freisetzung militärischer und militärnaher Ressourcen werden sowohl Prozesse der militärischen als auch der gesellschaftlichen und volkswirtschaftlichen Umstellung ausgelöst.

Die konversionsbedingten Transformationsprozesse, die mit dem Abschmelzen des weltweiten Militärapparates nicht nur möglich, sondern auch erforderlich werden, bestehen in der Umstellung derjenigen Teile der Gesellschaft und der Volkswirtschaft, die direkt oder indirekt mit der Erstellung des Produktes der äußeren Sicherheit durch Abschreckung und Verteidigung in Verbindung stehen. Sofern der Militärbereich direkt betroffen ist, werden Maßnahmen der Standortkonversion erforderlich, wobei in Flächen- und Beschäftigungskonversion unterschieden werden kann. Während die Flächenkonversion eine Umwidmung militärisch genutzter Liegenschaften (z. B. Kasernen und Truppenübungsplätze) für zivile Zwecke verfolgt, liegt das Ziel der Beschäftigungskonversion in der Überführung der infolge von Standortschließungen oder -verkleinerungen freigesetzten Arbeitskräfte des Militärs (Soldaten und Zivilbeschäftigte) in zivile Beschäftigungsverhältnisse.

Die Verringerung der Rüstungsgüterproduktion trifft die Betriebe der Rüstungsindustrie[140] und die Zulieferbetriebe, die ihre Sortimente anpassen und alternative Absatzmöglichkeiten auf zivilen Gütermärkten erschließen müssen. Die Umstellung der Militärgüterproduktion in Richtung auf zivile Märkte ist Gegenstand der Rüstungskonversion. Hinsichtlich der Rüstungskonversion ist festzu-

---

[140] Die Rüstungsindustrie ist derjenige Teil der Volkswirtschaft, der die materielle Versorgungsbasis der Streitkräfte sicherstellt. Vgl. Rohde [1996], S. 159.

stellen, daß Unternehmen, die Produkte ausschließlichen für den militärischen Gebrauch produzieren, auf erheblich größere Anpassungsprobleme treffen werden, als Unternehmen, die sog. Dual-use Güter[141] herstellen und dementsprechend sowohl marktorientierte Produktanforderungen berücksichtigen als auch über marktorientierte Vertriebsstrukturen verfügen.[142]

Die Steuerung des politisch initiierten Transformationsprozesses sowie die Schaffung der Voraussetzungen für einen möglichst friktionsarmen Verlauf der Anpassungen sind als ein weiterer Aufgabenkomplex der Konversionspolitik zu betrachten. Indem es gelingt, die abrüstungsbedingten wirtschaftlichen und sozialen Lasten zu bewältigen, kann der Konversionsstrategie insgesamt Vorschub geleistet werden.[143]

In diesem Zusammenhang ist deutlich darauf hinzuweisen, daß die Bereitschaft eines Staates zur Durchführung von Abrüstungsmaßnahmen auch davon abhängt, ob es gelingen kann, den konversionsbedingten Transformationsprozeß zu bewältigen. Insofern sind Abrüstung und Transformation als sich gegenseitig bedingende Kernelemente der Konversion aufzufassen, ohne damit die enge Verzahnung mit einer sicherheitspolitischen Umorientierung in Frage zu stellen.

Sofern im Zuge des Abrüstungsprozesses die Verschrottung von Waffensystemen erfolgt, werden zwar auch hier Produktionsfaktoren, nämlich Waffen, ihrer ursprünglichen Verwendung entzogen, jedoch sind diese nicht in dem Sinne zu

---

141 Darunter sind Güter zu verstehen, die sich sowohl für militärische als auch für zivile Zwecke verwenden lassen, z. B. Computer, elektronische Bauelemente und Kraftfahrzeuge. Vgl. Petri [1990], S. 516.

142 Die Anpassungsfähigkeit von Unternehmen hinsichtlich der veränderten Auftragslage hängt nicht zuletzt von der Größe des Anteils der Rüstungsproduktion an der gesamten Wertschöpfung ab. In reinen Rüstungsunternehmen sind weder aufwendige Vertriebsstrukturen erforderlich noch ist das für den Vertrieb erforderliche Know-how verfügbar. Vielmehr herrschen in reinen Rüstungsbetrieben spürbare Defizite im Engagement für zivile Produkte und Märkte. Vgl. Petri [1990], S. 514, S. 525 und S. 537 sowie Hildebrandt [1990], S. 567. Prinzipiell ist in der Ausrichtung der Produktpalette auf Dual-use-Güter eine Diversifikationsstrategie zur Stabilisierung der Umsätze von Rüstungsunternehmen zu sehen. Vgl. Achilles [1993], S. 77.

143 Vgl. Wulf [1997], S. 203. Konversion wird häufig mit sicherheitspolitischen sowie wirtschafts- und sozialpolitischen Zielsetzungen in Verbindung gebracht. Bielfeldt sieht sowohl Abrüstung als auch die krisenfreie Bewältigung der abrüstungsbedingten Transformationsprozesse als Konversionsaufgabe. Vgl. Bielfeldt [1990], S. 286. Wellmann nennt die Förderung der Entmilitarisierung und die sozialverträgliche Abfederung der Folgen als gemeinsame Ziele der Konversion. Vgl. Wellmann [1991], S. 204.

konvertieren, daß diese einer alternativen Verwendung zuzuführen wären. Vielmehr sind die Waffensysteme unbrauchbar zu machen, was zwar mit einem finanziellen Aufwand und der temporären Bindung von Ressourcen verbunden ist, jedoch stellt sich nicht das Problem der Steuerung eines Transformationsprozesses.

In ähnlicher Weise kann eine Feststellung für die Einsparungen getroffen werden, die sich durch Reduzierungen der Verteidigungshaushalte erzielen lassen. Aufgrund der Fungibilität der finanziellen Mittel stellt sich die Transformation nicht als Problem dar, denn nicht verausgabte Finanzmittel können jederzeit alternativ verwendet werden.[144] Diesbezüglich sind vielfältige Verwendungsvorschläge unterbreitet worden, wobei eine grundsätzliche Entscheidung dahingehend zu treffen ist, wie eine Aufteilung zwischen alternativen staatlichen Verwendungsoptionen und privaten Verwendungsoptionen, z. B. Steuersenkungen vorgenommen werden sollte. Anders als in den zuvor skizzierten Bereichen der Standort- und Rüstungskonversion verbinden sich mit den Fragen der Unbrauchbarmachung von Waffensystemen und der alternativen Verwendung der Finanzmittel keine Transformationsprobleme, die einen politischen Handlungsbedarf auslösen würden.

Zusammenfassend lassen sich die Transformationsprozesse im Rahmen der Konversion durch die Freisetzung von militärisch genutzten Produktionsfaktoren sowie die Absorption nunmehr freier Ressourcen durch die Wirtschaft für zivile Verwendungen beschreiben.[145] Zur Bewältigung dieses Transformationsprozesses in Richtung auf eine volkswirtschaftliche Produktionsfunktion, die auch als Friedenswirtschaft[146] deklariert wird, sind die ehemals militärisch genutzten Ressourcen in geeigneter Weise in den volkswirtschaftlichen Produktionsprozeß zu integrieren, d. h. es ist eine Reallokation vorzunehmen.

Der Transferprozeß kann als eine Sonderform des allgemeinen Strukturwandels aufgefaßt werden.[147] Damit stellt sich die Frage, inwiefern ein politischer Handlungsauftrag zur Steuerung der Transformation überhaupt zu legitimieren ist, da

---

144 Vgl. Deger [1990], S. 152.

145 Vgl. Feser [1996], S. 1 ff. und Einhorn [1990], S. 59 ff.

146 Vgl. Welfens [1993], S. 273.

147 Vgl. Wilke [1990], S. 292.

unter Effizienzgesichtspunkten der Markt die überlegene Instanz zur Steuerung von Wandelungsprozessen darstellt.[148]

Zur Legitimation einer politischen Steuerung von Transformationsprozessen ist zunächst darauf zu verweisen, daß der Umfang der Allokation von Ressourcen im Rüstungsbereich und im Militär durch politische Entscheidungen determiniert ist.[149] Die staatliche Nachfrage nach Rüstungsgütern und Verteidigungsleistungen beeinflußt sowohl unternehmerische Allokationsentscheidungen als auch die Entscheidungen von Arbeitskräften, in militärischen oder militärnahen Bereichen tätig zu werden. Der aus politischen Konversions- und Transformationsentscheidungen resultierende Abzug von Ressourcen trifft diese Gruppen in besonderem Maße. Insofern kann festgestellt werden, daß die Politik eine besondere Verantwortung für die durch Konversion negativ betroffenen Gruppen trägt.

Darüber hinaus ist zu berücksichtigen, daß aufgrund der Konzentration von militärischen Einrichtungen und der Rüstungsindustrie eine regional differenzierte Betroffenheit entsteht. Verdichten sich Standortschließungen oder Betriebsschließungen in einer Region, kann dort leicht eine Überforderung des Anpassungsvermögens auftreten, die den wirtschaftlichen Kollaps dieser Region nach sich zieht. Aufgrund der Ansiedlung zahlreicher militärischer Standorte in strukturschwachen Gebieten, in denen das Militär oftmals einziger größerer Arbeitgeber ist, ist dieses Problem nicht von der Hand zu weisen.[150]

Unbestritten bringt der Markt im Vergleich zu politischen Lenkungsformen hinsichtlich der Effizienz ein überlegenes Ergebnis hervor. In dem vorliegenden Fall sind jedoch die erforderlichen Transformationen im Zusammenhang mit sicherheitspolitischen Zielen zu sehen. Da nämlich zu erwarten ist, daß bei Verzicht auf eine politische Transformationssteuerung das Konversionsanliegen insgesamt zu scheitern droht, kann nicht alleine auf das Kriterium der Effizienz abgestellt werden. Insofern ist durch die Politik auf der einen Seite ein Rahmen vorzugeben, innerhalb dessen Transformationsprozesse dezentral und marktorientiert stattfinden können. Auf der anderen Seite ist der Transformationsprozeß

[148] Grundsätzlich ist der Strukturwandel in einer Marktwirtschaft als eine von den Unternehmen zu bewältige Aufgabe zu sehen. Der Politik kommt lediglich die Aufgabe zu, die Rahmenbedingungen zu schaffen, d. h. Regulierungen abzubauen und für offene Märkte zu sorgen. Die Steuerung des Strukturwandels in eine bestimmte Richtung stellt hingegen keine Staatsaufgabe dar. Vgl. Thuy [1994], S. 193 ff.

[149] Vgl. Kappus [1990], S. 362 und Wilke [1986], S. 26.

[150] Vgl. Albrecht [1990 b], S. 28.

zugleich dahingehend zu steuern, daß die auftretende regionale Belastung auch unter Hinnahme von Effizienzeinbußen gedämpft und Überlastungen vermieden werden.[151] Dieses darf jedoch nicht zu einer vollständigen Aushebelung des Effizienzanliegens und der Steuerung der Anpassung über den Marktmechanismus führen. In diesem Zusammenhang ist deutlich darauf hinzuweisen, daß es gerade nicht die Aufgabe der Politik sein kann und darf, unmittelbar auf die Produktionsumstellung in bestimmte Güterbereiche hinein einzuwirken.[152]

Der aus den angeführten Aspekten resultierende Verantwortung muß die Politik bei der Steuerung der Umstellungsprozesse aus sicherheits- und sozialpolitischen Gründen nachkommen. Vor diesem Hintergrund kann eine Handlungsanweisung zur politischen Steuerung der Transformation dahingehend formuliert werden, daß den betroffenen Arbeitskräften, Regionen und Unternehmen ein geordneter Rückzug aus dem Militärbereich und der Rüstungsindustrie in Richtung auf eine Friedenswirtschaft zu ermöglichen ist und zugleich soweit wie möglich bei der Reallokation von Ressourcen die Steuerungsfähigkeit des Marktes zu nutzen ist.

Insgesamt zeigt sich, daß in der Bewältigung des Transformationsprozesses aufgrund der vielfältigen Erscheinungsformen, der breiten industriellen sowie der differenzierten regionalen Betroffenheit eine Aufgabe mit Querschnittscharakter zu sehen ist und infolgedessen die politischer Steuerung keine leicht zu bewältigende Aufgabe darstellt. Vielmehr sind die Entwicklungen im Rahmen der Standort- und Rüstungskonversion von der Komplexität und der Schwierigkeit der Bewältigung als ähnlich gravierend einzustufen, wie die Abrüstungsprozesse selbst. Insofern ist zu konstatieren, daß ein Konversionsprozeß, der durch miteinander verzahnte Abrüstungs- und Konversionsmaßnahmen getragen wird, ein äußerst kompliziertes Gebilde darstellt, welches überdies eine sorgfältige Koordination der einzelnen Konversionsbereiche und –maßnahmen erforderlich macht. Hierin besteht eine Voraussetzung für den Erfolg einer durch Konversion definierten sicherheitspolitischen Strategie.

Mit der Darstellung des Querschnittscharakters des konversionsspezifischen Aufgabenspektrums läßt sich der Hinweis auf die ebenso vielfältigen Implikationen von Konversionsprozessen verbinden. In den nachfolgenden Darstellungen werden diese Implikationen sowohl hinsichtlich der Entstehung und Verwen-

---

151 Der Aspekt der Steuerung der Transformation ist eng verknüpft mit den im Zuge der Konversion auftretenden Kosten, welche nachfolgend dargestellt werden.

152 Vgl. Wilke [1990], S. 297.

dung einer Friedensdividende als auch hinsichtlich des Auftretens unterschiedlicher Anpassungslasten erläutert.

2.2.2.3. Implikationen

2.2.2.3.1. Friedensdividende

Der Begriff der Friedensdividende entstammt dem angelsächsischen Sprachraum ("peace dividend") und ist vor allem seit dem Zusammenbruch der ehemaligen Sowjetunion eng mit der Konversionsdiskussion verbunden.[153] Mit der Überwindung der Blockkonfrontation und der Beendigung des Wettrüstens eröffnete sich ein sicherheitspolitischer Spielraum, der die Herstellung äußerer Sicherheit mit reduzierten Verteidigungshaushalten ermöglichte.[154] In der Tat belegt die Entwicklung der weltweiten Rüstungsetats, daß im Anschluß an das Jahr 1987, welches mit weltweiten Rüstungsausgaben in Höhe von über 1.000 Mrd. US-$ den bisherigen Höhepunkt der weltweiten Rüstungsausgaben markiert, zunächst sinkende Militärausgaben zu verzeichnen waren.[155] Bereits bis zum Jahre 1992 summierten sich die Einsparungen der Rüstungsetats weltweit auf über 500 Mrd. US-$.[156] Somit steht der Begriff der Friedensdividende für Einsparungen und alternative Verwendungen freiwerdender Ressourcen, so daß ein friedliches Zusammenleben sich letztendlich auszahlt.[157]

Der Grund für das Abschmelzen von Verteidigungshaushalten spielt nach der obigen Definition für das Entstehen einer Friedensdividende keine Rolle, d. h. eine Friedensdividende kann sowohl infolge von Ressourcenknappheiten - insbesondere bei Geldmangel[158] - als auch infolge von politisch initiierten Rüstungsbegrenzungen oder Abrüstungen entstehen. Konversion ist somit lediglich als eine von verschiedenen denkbaren Alternativen zur Realisierung einer Friedensdividende anzusehen. Da Konversion über Abrüstung hinaus auch Transformationstatbestände umfaßt, ist der Begriff der konversionsbedingten Friedensdividende inhaltlich auf die positiven Wohlfahrtseffekte infolge der Ressourcentransfers in Richtung auf eine Friedenswirtschaft zu erweitern. Diese

---

153 Vgl. Debiel [1992], S. 5.

154 Vgl. Debiel [1993], S. 435.

155 Vgl. Huffschmid [1991 b], S. 638.

156 Vgl. Wulf [1997], S. 204 f.

157 Vgl. Gerster [1992], S. 546.

158 Vgl. Barth [1990 a], S. 105.

Erweiterung ist insofern bedeutsam, als die Umstellung der Produktionsfunktion langfristig einen wesentlichen Teil der Friedensdividende ausmacht.[159] Gerade vor dem Hintergrund, daß Konversion ein langfristig angelegtes Handlungsprogramm darstellt, ermöglichen die sich einstellenden strukturellen Anpassungen in Zukunft die dauerhafte Vereinnahmung einer Friedensdividende durch nachhaltig reduzierte Verteidigungshaushalte sowie positive Transformationseffekte.

Makroökonomisch lassen sich die als Friedensdividende bezeichneten Wohlfahrtseffekte der Konversion dadurch skizzieren, daß infolge sinkender Verteidigungshaushalte die eingesparten Mittel entweder für alternative öffentliche Verwendungen zur Verfügung stehen,[160] zur Rückführung der Staatsverschuldung verausgabt bzw. zur Haushaltskonsolidierung eingesetzt oder in Form von Steuersenkungen weitergegeben werden können.

Im Fall der Verwendung eingesparter Finanzmittel zur Bereitstellung nichtmilitärischer öffentlicher Güter entstehen unmittelbar aus der Nutzung dieser Güter positive Wohlfahrtseffekte.[161] Hinsichtlich der Verwendung der Friedensdividende sind der Politik Empfehlungen in beachtlichem Umfang unterbreitet worden, welche die Bereiche der internationalen Zusammenarbeit, der Entwicklungshilfe, der Bekämpfung der internationalen Kriminalität sowie Aspekte des Umweltschutzes, der Gesundheits- und Bildungspolitik tangieren. Die üppigen Forderungskataloge zur Verwendung der Friedensdividende zeugen von weitgesteckten Erwartungen in bezug auf das Gelingen der Konversion und den damit verbundenen Einsparungen in den Verteidigungshaushalten.[162]

Zur Einschätzung der Höhe der zu erwartenden Friedensdividende sind alternative Abrüstungsszenarien aufgestellt und mit unterschiedlichen Friedensdividenden kombiniert worden.[163] Die Option A repräsentiert eine Business-as-usual-Perspektive, bei der keine Abrüstung stattfindet und die jährlichen weltweiten

---

159 Vgl. Wulf [1997], S. 205 f.

160 Vgl. Brömmelhörster [1994], S. 24.

161 Vgl. Wulf [1997], S. 205.

162 Zu den Verwendungsvorschlägen der Friedensdividende in nichtmilitärischen öffentlichen Programmen zu Beginn der 90er Jahre siehe Debiel [1992], S. 9 ff. und S. 28 ff.

163 Zu den nachfolgenden Abrüstungsoptionen siehe Debiel [1992], S. 28 f. Die dort befindlichen Szenarien sind mit den Daten zu Militärausgaben des SIPRI kombiniert worden.

Militärausgaben auf dem Niveau des Jahres 1990 fortgeschrieben werden.[164] Dem Stockholm International Peace Research Institute (SIPRI) zufolge betrugen die weltweiten Rüstungsausgaben im Jahr 1990 1.007 Mrd. US-$.[165] Bei Zugrundelegung des Business-as-usual-Szenarios würde keine Friedensdividende anfallen.

Die Option B sieht ein moderates Abrüstungsszenario vor, bei dem die weltweiten Militärausgaben jährlich um 3 % reduziert werden. Dieses entspricht der Fortschreibung des Trends der Militärausgaben, der in den Jahren von 1987 bis 1990 festzustellen war. In dem Zeitraum von 1990 bis 2000 würden dann finanzielle Mittel in Höhe von ca. 1.500 Mrd. US-$ frei werden.[166]

Sofern der Rüstungswettlauf überwunden werden kann und ein kooperatives Sicherheitssystem in Verbindung mit einem friedlichen Konfliktlösungsmechanismus existiert, beschreibt die Option C ein optimistisches Abrüstungsszenario, bei dem die weltweiten Militärausgaben jährlich um 7 % reduziert werden können.[167] Folglich würden in den Verteidigungshaushalten bis zum Jahr 2000 insgesamt finanzielle Mittel in Höhe von über 3.100 Mrd. US-$ frei werden, und die weltweiten Militärausgaben könnten gegenüber dem Ausgangsniveau im Jahr 1990 halbiert werden.

---

164 Zur Darstellung der Optionen siehe die Abbildung 13 auf der nachfolgenden Seite.

165 Diesem Wert liegen Dollar- und Wechselkurse des Jahres 1995 zugrunde. Vgl. SIPRI [2000], S. 261.

166 Die Friedensdividende würde indes höher ausfallen, da noch die aus den alternativen Verwendungen resultierenden Wertschöpfungen hinzuzurechnen wären. Insofern kann hier lediglich auf die aus den Verteidigungshaushalten "abfließenden" Finanzmittel abgestellt werden.

167 In diesem Zusammenhang ist darauf hinzuweisen, daß die sicherheitsrelevanten Aufwendungen höher ausfallen, als dieses in den Verteidigungsausgaben zum Ausdruck kommt, da bspw. zusätzlich Aufwendungen durch die Bevorratung von Lebensmittel, Mineralöl, strategischen Rohstoffen sowie infolge der erforderlichen Maßnahmen des Zivilschutzes auftreten. Vgl. Kammler [1989], S. 289.

Abbildung 13: Alternative Abrüstungsszenarien und weltweite Militärausgaben

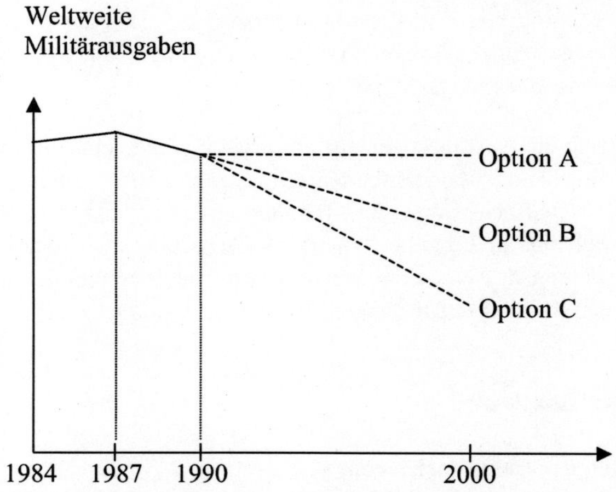

Quelle: Die Auswahl der Szenarien entstammt Debiel [1992], S. 28 f., zu den weltweiten Militärausgaben im Jahr 1990 siehe SIPRI [2000], S. 261.

Als weitere Verwendungsalternative ist die Rückführung der staatlichen Schuldenlast bzw. die Konsolidierung staatlicher Haushalte anzuführen. Positive Wachstumseffekte sind infolge derartiger Verwendungen zu erwarten, wenn sich die verminderte Inanspruchnahme des Kapitalmarktes durch den Staat in sinkenden Zinsen niederschlägt und infolgedessen die private Investitionstätigkeit angeregt wird.[168] Auch eine Steuerentlastung der Konsumenten kann sich sowohl auf dem Weg erhöhter Güternachfrage als auch infolge einer Erhöhung der Spartätigkeit positiv auf das Wirtschaftswachstum auswirken.

Darüber hinaus ist Konversion mit der Freisetzung weiterer Ressourcen verbunden: Die Transformation ehemals militärisch eingesetzter Arbeitskräfte, Flächen, Gebäude und Geräte sowie die Umstellung der Produktion von Wehrtechnikgütern zugunsten ziviler Nutzungsmöglichkeiten eröffnet einen weiteren Spielraum für das Vorantreiben der ökonomischen Entwicklung.[169] Die Umstel-

168 Vgl. Feser [1996], S. 6.

169 Vgl. Deger [1990], S. 152 und Wulf [1997], S. 205 f.

lung auf eine Friedenswirtschaft kann jedoch erst dann zu einer transformationsbedingten Ausdehnung der Friedensdividende führen, wenn die zivilen Verwendungen der ehemals militärisch genutzten Ressourcen mit Produktivitätszuwächsen verbunden sind.[170] Hier schließt sich insofern der Kreis zur Frage nach der politischen Steuerung von Transformationsprozessen,[171] als der Markt der geeignete Mechanismus zur Reallokation der Ressourcen darstellt, wenn es darum geht, die Friedensdividende zu maximieren.

Insgesamt lassen sich die Ausführungen zur Friedensdividende eines Konversionsprozesses dahingehend zusammenfassen, daß verminderte Verteidigungshaushalte finanzwirtschaftliche Spielräume für alternative staatliche oder private Verwendung ermöglichen und darüber hinaus der Transfer realwirtschaftlicher Ressourcen in Richtung auf eine friedenswirtschaftliche Produktionsfunktion wohlstandsfördernde Strukturveränderungen mit sich bringt.

2.2.2.3.2. Konversionskosten

2.2.2.3.2.1. Kosten der Demilitarisierung

Im Zuge der Konversion treten verschiedenartige Kosten auf. Als Kostenarten lassen sich die Kosten der Demilitarisierung, der Demobilisierung und des Rüstungsabbaus anführen.

Die Kosten der Demilitarisierung stehen unmittelbar mit der Verkleinerung des militärischen Bereichs in Zusammenhang. Demilitarisierungskosten umfassen die Aufwendungen für die Demontage der Rüstungsgüter sowie die Aufwendungen für die Verwaltung militärischer Liegenschaften, insbesondere die Sanierung der ökologischen Altlasten. Die Kosten der Demontage von Rüstungsgütern umfassen die Aufwendungen für Transport, Lagerung, Bewachung und Unbrauchbarmachung (Zerlegung oder Vernichtung) militärischer Gerätschaften. Darüber hinaus sind den Demilitarisierungskosten auch die Aufwendungen für die Verifikation der Unbrauchbarmachung sowie die Aufwendungen für die Verwertung und die Entsorgung der demilitarisierten Rüstungsgüter zuzurechnen.[172]

---

170 Vgl. Köllner [1990 a], S. 173 und 176 f.

171 Siehe oben, Kapitel 2.2.2.2., Transformation, S. 69 ff.

172 Vgl. Frodl [1995], S. 4 ff.

Die Höhe der Demilitarisierungskosten hängt grundsätzlich davon ab, wie weitreichend die Einschnitte in die Waffenarsenale sind, zu denen sich die Staatengemeinschaft in internationalen Abkommen verpflichtet. Exemplarisch lassen sich aus der Literatur folgende Schätzungen über einzelne Positionen der Demilitarisierungskosten anführen: Die Demontage eines sowjetischen T-55 Panzers kostet bis zu 25.000 US-$, die Verschrottungskosten eines gepanzerten Fahrzeugs werden mit 10.000 bis 15.000 Euro angegeben, pro Tonne Munition entstehen Vernichtungskosten in Höhe von ca. 2.500 Euro.[173] Die Verifikation von Rüstungskontrollabkommen wird mit 3 Mrd. US-$ p. a. zzgl. bis zu 660 Mio. US-$ für die laufendende Beobachtung beziffert.[174]

Nach amerikanischen Schätzungen bringen die Verpflichtungen der Wiener und Pariser Abrüstungsvereinbarungen für Europa Kosten in Höhe von 500 Mrd. US-$ mit sich.[175]

Insgesamt ist die Zerstörung von Waffen aufgrund des damit verbundenen technischen Aufwandes ausgesprochen kostenintensiv.[176] Zudem stellt sich das Problem, Waffenbestände umweltschonend zu vernichten, was angesichts problematischer Materialien, wie z. B. Asbest und Schwermetalle, und entstehender Emissionen zusätzliche Kosten erzeugen wird.[177] Zudem ist auch infolge des umfangreichen Bedarfs hinsichtlich des Transportes von Rüstungsgütern ein spürbarer Einfluß auf die Höhe der Demilitarisierungskosten zu erwarten.[178]

Im Zusammenhang mit der Freigabe militärischer Infrastruktur (Kasernen, Truppenübungsplätze, Kommunikationsmittel usw.) sind Aufwendungen für die Verwaltung und den Verkauf zu erbringen.[179] In Deutschland hat das Bundesfinanzministerium, das bei fehlendem Anschlußbedarf den Verkauf der Liegenschaft durchführt, insbesondere das Problem der Altlastenbeseitigung zu bewäl-

---

173 Die erforderlichen Verschrottungskapazitäten müssen noch eingerichtet werden. Vgl. Barth [1990 a], S. 110 f. Zu unterschiedlichen Optionen der Entsorgung kompletter Waffensysteme siehe Sommer [1990 b], S. 665 ff.

174 Vgl. Debiel [1992], S. 23 f.

175 Vgl. Krause-Brewer [1991], S. 347.

176 Vgl. Wulf [1997], S. 206.

177 Vgl. Wellmann [1991], S. 205 und Sommer [1990 b], S. 666 f.

178 Allein in Deutschland umfaßt das Transportvolumen der nach dem Vertrag über Konventionelle Streitkräfte in Europa 1990 zu demilitarisierenden 32.877 Großgeräte und 4,5 bis 5 Mio. Tonnen Versorgungsgüter inklusive Munition und Betriebsstoffe 14.000 - 15.000 Züge. Vgl. Frodl [1995], S. 7.

179 Vgl. Feser [1996], S. 1 und Wulf [1997], S. 208.

tigen.[180] Die Sanierung altlastengeschädigter Militärliegenschaften ist mit Kosten zwischen einer und 16 Mio. US-$ verbunden. In Deutschland trifft dieses für mehr als 350 kontaminierte ehemalige US-Liegenschaften sowie über 125 kontaminierte Standorte der ehemaligen Sowjetunion zu.[181]

Insgesamt sind im Zuge der Konversion Ressourcen zur Demilitarisierung einzusetzen.[182] Zwar sind die zu erwartenden Kosten nicht exakt zu kalkulieren, jedoch ist mit einer soliden Gewißheit davon auszugehen, daß die Demilitarisierungskosten ein beträchtliches Ausmaß erreichen werden.[183] Darüber hinaus ist festzustellen, daß die Demilitarisierungsmaßnahmen vor allem kurz- und mittelfristig zu Kosten führen.[184] Allerdings kann der Zeitbedarf für die verschiedenen Demilitarisierungsaufgaben durchaus erheblich sein: Für die Vernichtung der Munition aus NVA-Beständen wird bspw. mit einem Zeitbedarf von 30 Jahren gerechnet.[185] Für die Totalabrüstung von Chemiewaffen sind ebenfalls mehrere Dekaden zu veranschlagen.[186]

Hinsichtlich der Lastenverteilung ist festzustellen, daß die Demilitarisierungskosten regional differieren. Insbesondere auf Osteuropa kommen gravierende Lasten zu, jedoch fehlen gerade dort die notwendigen finanziellen Mittel.[187]

---

180 Vgl. Achilles [1993], S. 33.

181 Vgl. Debiel [1992], S. 24.

182 Zur kostenminimalen Bewältigung der Entsorgung und Sanierung militärischer Altgüter bedarf es der Implementierung einer wettbewerblichen Lösung. Mit der Demilitarisierungsaufgabe verbindet sich dann für Unternehmen die Chance, durch die Entwicklung kostengünstiger Demilitarisierungstechniken international Marktanteile zu gewinnen. Vgl. Krause-Brewer [1991], S. 348. Gesamtwirtschaftlich impliziert eine wettbewerblich organisierte Demilitarisierung im Zeitablauf eine Tendenz zur Kostenerosion.

183 Vgl. Bebermeyer [1992 b], S. 172 und Debiel [1993], S. 442.

184 Vgl. Frodl [1995], S. 8.

185 Vgl. Krause-Brewer [1991], S. 348.

186 Vgl. Wulf [1997], S. 209.

187 Vgl. Strutynski [1995], S. 270.

2.2.2.3.2.2. Kosten der Demobilisierung

Zur Zeit der Beendigung der Ost-West-Konfliktes waren weltweit zwischen 25 und 29 Mio. Menschen in Streitkräften beschäftigt.[188] Die durch militärische Einrichtungen direkt geschaffenen Arbeitsplätze für Berufs- und Zeitsoldaten sowie für Zivilbeschäftigte und Wehrdienstleistende stellen in vielen Ländern nicht nur volkswirtschaftlich, sondern vor allem regionalwirtschaftlich eine relevante Größe dar. Die im Zuge einer internationalen Konversion eintretenden Standortverkleinerungen und –schließungen führen zu einer Freisetzung eines erheblichen Teils der Streitkräfte und folglich zu Demobilisierungskosten.[189]

Sofern die freigesetzten Arbeitskräfte nicht unmittelbar in alternativen Stellen Beschäftigung finden, entsteht zunächst friktionelle Arbeitslosigkeit. Diese könnte sich zu einer problematischeren strukturellen Arbeitslosigkeit entwickeln, wenn für die militärspezifisch qualifizierten Arbeitskräfte keine zivile Nachfrage besteht.[190] Sofern die Zivilbeschäftigten im Militär oftmals keine formale Qualifikation aufweisen und die während der militärischen Beschäftigung erworbenen Kenntnisse für den Arbeitsmarkt kaum relevant sind,[191] müssen ehemals militärisch beschäftigte Arbeitnehmer als schwer vermittelbar eingestuft werden.[192]

Folglich ist insbesondere in der Übergangszeit mit Kosten der Arbeitslosigkeit und Kosten der Abschreibung nicht mehr benötigter Humankapitalbestände zu rechnen. Sofern Anpassungen der Qualifikationen der arbeitslos gewordenen Soldaten und Zivilbeschäftigten vorgenommen werden, sind auch die erforderlichen Umschulungsmaßnahmen mit Kosten verbunden. Im Fall der Entlassung in den Vorruhestand können zwar derartige Kosten vermieden werden,[193] allerdings steht dieses Instrument nur begrenzt zur Verfügung, und letztlich sind dann auch Aufwendungen in Form erhöhter Pensionszahlungen zu erbringen.

---

188 Vgl. Debiel [1993], S. 440, Bebermeyer [1990], S. 356, Judin [1990], S. 73.

189 Vgl. Judin [1990], S. 74. Zur Disposition stehen dabei nicht nur die unmittelbar militärabhängige Beschäftigung (Soldaten, Zivilbeschäftigte und inländische Arbeitskräfte bei ausländischen Streitkräften), sondern auch die militärbedingte Beschäftigung (z. B. Tätige im Wehrpflicht-Surrogat Zivildienst). Vgl. Wellmann [1990], S. 327.

190 Vgl. Palme [1982], S. 10.

191 Vgl. Feser [1996], S. 8 f.

192 Vgl. Brömmelhörster [1993], S. 187.

193 Vgl. Wulf [1997], S. 206.

In dem verbleibenden Militärbereich sind ebenfalls Anpassungen vorzunehmen, so daß Umstrukturierungskosten entstehen.[194] Gegenwärtig sind zwei unterschiedliche Entwicklungen festzustellen: Auf der einen Seite sind die im Zuge der Abrüstung erforderlichen Personalfreisetzungen zu erbringen, auf der anderen Seite fordert das Militär eine Ausstattung mit anspruchsvolleren Waffensystemen, um die personell bedingte Verminderung der militärischen Schlagkraft zu kompensieren.[195] Diese Umrüstung[196] wird mit dem Hinweis auf eine Sicherheitslücke begründet, die nach dem Abbau der Soldatenzahlen beispielsweise auf einer Zunahme der internationalen Gefährdung beruht, bspw. durch die sog. Schurkenstaaten.[197] Als Resultat der veränderten Aufgabenstellung und dem veränderten Einsatzspektrum[198] sind gegenwärtig Kosten der strukturellen und ausrüstungsbezogenen Anpassung des Militärs zu erbringen.[199] Somit befindet sich das Militär in der Tat in einem Rationalisierungsprozeß, der durch die Substituierung militärischer Mannstärken durch Militärtechnik gekennzeichnet ist.[200] Das bedeutet im Ergebnis, daß sich Einsparungen aus Abrüstungsvereinbarungen erst dann ergeben, wenn sowohl personelle als auch materielle Bereiche von den Maßnahmen erfaßt werden.

Über die direkten Beschäftigungseffekte hinaus treten weitere Demobilisierungskosten infolge von Sekundäreffekten auf. Dazu zählen die nachfolgend dargestellten Einkommenseffekte, indirekten Beschäftigungseffekte sowie belastenden Infrastruktureffekte.

Der Abbau militärischer Standorte führt zu negativen Einkommenseffekten. Diese sind in erster Linie auf den Kaufkraftschwund der ehemaligen Soldaten

---

194 Umstrukturierungskosten bestehen beispielsweise in Deutschland in der Anpassung der Bundeswehrstruktur an veränderte Feindbilder und in der Einbindung der NVA. Vgl. Brömmelhörster [1993], S. 187.

195 Vgl. Bebermeyer [1992 b], S. 171 f.

196 Zu den Kriterien der Umrüstung und den daraus abgeleiteten Beschaffungsplänen siehe Martin [1994], S. 47 ff.

197 Die USA rechtfertigen das geplante Nationale Raketenverteidigungssystem NMD mit dem Hinweis auf das breit angelegte Bedrohungspotential und die Gefährdung durch die sog. "Schurkenstaaten". Vgl. o. V. [2001 b], S. 2 und o. V. [2000], S. 3.

198 Die veränderte Aufgabenstellung des Militärs ergibt sich nach der Beendigung des Ost-West-Konfiktes aus der Freisetzung bisher unterdrückter Konfliktpotentiale. Die bilaterale Konfliktanordnung ist durch ein multilaterales und multikausales Konfliktmuster abgelöst worden. Vgl. Zellner [1993], S. 428.

199 Vgl. Schloenbach [1995 b], S. 79.

200 Vgl. Bebermeyer [1992 b], S. 172.

und Zivilbeschäftigten sowohl des heimischen als auch des stationierten ausländischen Militärs zurückzuführen.[201] Die daraus resultierenden rückläufigen Gewerbeumsätze - die durchschnittliche Nachfrage der Bundeswehrangehörigen (Soldaten und Zivilbeschäftigte) wird mit 15.000 Euro beziffert,[202] führt über Multiplikatoreffekte zu einer Verstärkung der Arbeitslosigkeit. Das Ausmaß der indirekten Beschäftigungseffekte läßt sich anhand eines Beispieles verdeutlichen: Die im Jahre 1986 in Deutschland stationierten amerikanischen Truppen beschäftigten direkt 71.000 deutsche Arbeitnehmer. Die indirekten Beschäftigungseffekte, die sich allein aus den Beschaffungsaktivitäten der amerikanischen Streitkräfte ergeben, werden mit 100.000 Arbeitsplätzen angegeben.[203] Diese Zahlen verdeutlichen, daß die Dimension der Beschäftigungseinschnitte durch den Truppenabzug in Deutschland vergleichbar ist mit den großen Strukturkrisen der Werften, des Bergbaus oder der Stahlindustrie.[204]

Des weiteren entstehen im Zusammenhang mit dem Abzug ausländischer Truppen Umzugskosten, und in den Heimatländern sind Aufwendungen zur Schaffung ausreichenden Wohnraumes für die heimkehrenden Familien zu erbringen.[205] Zugleich sind in den ehemaligen Standorten zum einen aufgrund des Abbaus von Arbeitsplätzen verminderte Einnahmen aus direkten und indirekten Steuern zu verzeichnen, zum anderen treten infolge des Kaufkraftschwundes Nachfrageeinbrüche auf.[206]

Überdies sind Truppenabzüge und Standortschließungen problematisch, wenn sie dazu führen, daß bestimmte Infrastruktureinrichtungen nicht mehr in dem Maße ausgelastet sind, wie bei der Planung und Dimensionierung angenommen wurde.[207] Infolge der personellen Ausdünnung in der Region, sind die laufenden

---

201 Direkte Einkommenseffekte durch Ausgaben des Militärs sind zumindest in Deutschland nicht als gravierend zu bezeichnen, da bei militärischen Einrichtungen keine typischen Gemeindesteuern anfallen. Zudem kommt die standortbedingte Nachfrage zumeist Kleinbetrieben im Handwerk und in Dienstleistungsbetrieben sowie Selbständigen zugute, die aufgrund der Freibeträge nur marginal zu den Gewerbesteuereinnahmen beitragen. Vgl. Achilles [1993], S. 38.

202 Vgl. Achilles [1993], S. 38.

203 Vgl. Krause-Brewer, [1989], S. 604 und Bebermeyer [1990], S. 353 f.

204 Vgl. Gerster [1992], S. 547.

205 Vgl. Bebermeyer [1992 b], S. 171 und Gerster [1992], S. 546.

206 Vgl. Feser [1996], S. 11.

207 Dazu zählen beispielsweise Straßen, Schulen, Kindergärten, Freizeitanlagen sowie die Wasserver- und -entsorgung.

Betriebskosten von den verbleibenden Nutzern zu tragen, so daß pro Kopf höhere Kosten infolge der Unterauslastung auftreten.[208]

Zusammenfassend ist hinsichtlich der Demobilisierungskosten festzustellen, daß militärische Standorte direkt und indirekt Arbeitsplätze schaffen. Standortschließungen und –verkleinerungen sind somit zunächst mit Arbeitslosigkeit verbunden. Zudem verbinden sich mit der Demobilisierung negative Einkommens- und Fiskaleffekte. Diese Effekte stellen weniger aus makroökonomischer als aus regionalökonomischer Sicht ein Problem dar.[209] Das ist darauf zurückzuführen, daß militärische Einrichtungen vor allem in strukturschwachen Regionen vorzufinden sind und die negativen Effekte des Militärabbaus dort konzentriert auftreten.[210] Die betroffenen Räume weisen aber oftmals nur eine sehr begrenzte Fähigkeit zur Absorption derartiger Schocks auf.[211] Letztlich ist dann eine Zunahme regionaler Einkommensdisparitäten zu Lasten der vom Militärabbau betroffenen Gebiete zu erwarten, worin ein ernstzunehmender sozialpolitischer Handlungsbedarf begründet liegt.

Bezüglich der Beurteilung des Zeitbedarfs, der zur Bewältigung der Demobilisierung und der damit verbundenen Kosten erforderlich ist, muß zunächst festgestellt werden, daß die Wirkungen des Militärabbaus sowohl regional als auch zeitlich differieren:[212] Abhängig von der Betroffenheit, der Problemlösungsfähigkeit und marktlichen Absorptionsfähigkeit in der Region werden die Zeitbedarfe erhebliche Unterschiede aufweisen. Es läßt sich hingegen konstatieren, daß die Demobilisierungskosten vor allem in der Übergangszeit auftreten und mit fortschreitender Bewältigung des Anpassungsprozesses an Bedeutung verlieren werden. In den westlichen Industrieländern wird erwartet, daß die Beschäftigungseinbußen bereits in mittelfristiger Sicht überkompensiert werden können.[213] Es erscheint plausibel, zur Erleichterung der Anpassung die Übergangszeit der Demobilisierung zu strecken, wenn das Überleben bestimmter

---

208 Vgl. Achilles [1993], S. 38 f.

209 Vgl. Bebermeyer [1990], S. 356.

210 Vgl. Palme [1982], S. 10.

211 Die regional auftretenden Lasten können zu einer Überforderung und zum Zusammenbruch regionaler Wirtschaftsstrukturen führen. Vgl. Debiel [1992], S. 25.

212 Vgl. Feser [1996], S. 10.

213 Vgl. Debiel [1992], S. 24.

Regionen auf dem Spiel steht. Allerdings ist darauf hinzuweisen, daß bei verzögerter Konversion eine gewisse Verlockung darin besteht, die konversionsorientierte Anpassung des Militärs dem lastenmindernden Zeitmanagement zugunsten betroffener Regionen zu opfern.[214]

2.2.2.3.2.3. Kosten des Rüstungsabbaus

Als Rüstungsindustrie wird derjenige Teil der Volkswirtschaft bezeichnet, der die Güter zur Deckung des Bedarfs der Streitkräfte produziert.[215] Das Spektrum der Rüstungsgüter umfaßt reine militärische Güter, z. B. Waffensysteme, und Dual-use Güter. Letztere, die sowohl in militärischen als auch in zivilen Nutzungen Anwendung finden können, umfassen beispielsweise Nutzfahrzeuge, Verpflegung, Kleidung und Treibstoff.

Zur Zeit der Beendigung des Ost-West-Konfliktes fanden weltweit etwa 16 Mio. Personen direkt in der Rüstungsindustrie Beschäftigung.[216] Hinzuzurechnen sind auch hier die durch Multiplikatoreffekte erzeugten indirekten Beschäftigungseffekte sowie die durch die Nachfrage der Rüstungsbetriebe bedingte zusätzliche Beschäftigung in den Zulieferbetrieben.[217]

Insofern als Konversion verminderte militärische Beschaffungsentscheidungen impliziert, werden seitens der Rüstungsindustrie Anpassungen erforderlich. Die freiwerdenden Ressourcen, die vormals zur Herstellung von Rüstungsgütern eingesetzt wurden, stehen nunmehr zur Herstellung ziviler Güter zur Verfügung (i. e. Rüstungskonversion). Auch dieser Anpassungsprozeß, der mit einem branchenspezifischen Strukturwandel vergleichbar ist, verläuft nicht ohne Friktion und Kosten.[218]

Direkte und indirekte Beschäftigungseffekte lassen sich analog zum Militärabbau feststellen. Bereits bis zum Jahre 1996 war die Anzahl der Arbeitsplätze in der Rüstungsindustrie von 16 Mio. auf 11,5 Mio. zurückgegangen.[219] Dennoch sind hier weniger gravierende Kosten der Arbeitslosigkeit zu erwarten als bei

---

214 Vgl. Feser [1996], S. 11.

215 Vgl. Schloenbach [1995 a], S. 14.

216 Vgl. Debiel [1992], S. 24 und Wulf [1997], S. 206.

217 Insgesamt sind zur ökonomischen Sicherstellung der Verteidigungsbereitschaft etwa 30 bis 50 Mio. Menschen tätig. Vgl. Judin [1990], S. 73.

218 Vgl. Bebermeyer [1990], S. 375.

219 Vgl. Wulf [1997], S. 206.

der Demobilisierung des Militärbereichs, da zum einen die Beschäftigten in der Rüstungsindustrie i. d. R. überdurchschnittliche Qualifikationen aufweisen,[220] und zum anderen den Mitarbeitern in der Rüstungsindustrie eine überdurchschnittlich hohe Flexibilität bescheinigt wird.[221] Hinzu kommt, daß nur wenige rüstungsspezifische Berufe existieren, wie z. B. der Büchsenmacher und der Ballistiker.[222]

Deutschland verfügt über einen relativ kleinen Rüstungssektor, der im Jahr 1990 knapp 0,6 % des BSP erwirtschaftet hat. Entlassungen können zumeist durch Umsetzungen vermieden werden, dem Nachfragerückgang im Rüstungsbereich kann im Unternehmen zumeist durch eine Ausdehnung ziviler Geschäftsfelder begegnet werden. Insgesamt ist die Rüstungsindustrie in der Lage, eine rückläufige militärische Nachfrage zu bewältigen.[223] Dieses gilt bspw. für die Herstellung von Nutzfahrzeugen. Insbesondere der militärische Nachfragerückgang bei Fahrzeugen mit Dual-use-Charakter ist verhältnismäßig leicht zu bewältigen.[224]

Darüber hinaus weist die Rüstungsindustrie Besonderheiten auf, die der Umstellung auf eine zivile Produktion entgegenwirken. Zunächst sind kapitalintensive und verwendungsspezifische Produktionsanlagen nicht alternativ einsetzbar[225] und wehrtechnische Lagerbestände oftmals nicht alternativ veräußerbar. Damit entstehen Abrüstungskosten in Form von Abschreibungen auf Produktionsanlagen und Lagerbeständen.[226] In diesen sunk costs begründen sich Widerstände gegen den Marktaustritt.[227] Ferner liefern auch die hohen und überdies sicheren Gewinne im lukrativen Rüstungsgeschäft einen Anreiz, weiterhin in diesem Geschäftsfeld tätig zu sein.[228] Die hohen Gewinne sind u. a. darauf zurückzuführen, daß zwischen den Rüstungsbetrieben praktisch keine Konkurrenz festzustellen

---

220 Von der industriellen Beschäftigung in Rüstungsunternehmen profitieren meist Ingenieure und Techniker, deren Löhne ohnehin hoch sind und deren Arbeitslosenquote niedrig ist. Vgl. Palme [1982], S. 10.

221 Vgl. Petri [1990], S. 526.

222 Vgl. Petri [1990], S. 525.

223 Vgl. Bebermeyer [1992 b], S. 174.

224 Vgl. Roth [1996], S. 256.

225 Diesbezügliche Inflexibilitäten sind vor allem im Maschinenbau vorzufinden, wo teure Anlagen eingesetzt werden, die nicht für zivile Nutzungen umgerüstet werden können. Dieses gilt auch für Teile der chemischen Industrie (Sprengstoffherstellung). Vgl. Petri [1990], S. 524.

226 Vgl. Wulf [1997], S. 206, Bebermeyer [1990], S. 375 und Petri [1990], S. 523.

227 Vgl. Welfens [1993], S. 274.

228 Vgl. Huffschmid [1995], S. 105 und Wilke [1986], S. 27.

ist.[229] Solange also nicht hinreichend sicher ausgeschlossen ist, daß einzelnen Konversionsschritten Reversionen folgen, d. h. eine Ausdehnung der rüstungsindustriellen Basis stattfindet, ist es für Rüstungsunternehmen rational, durch Lobbytätigkeit der rückläufigen Rüstungsnachfrage entgegenzuwirken.[230] Erleichtert wird ein derartiger Lobbyismus u. a. durch zwei Tatbestände: Zum einen resultieren aus der hohen Konzentration von Rüstungsbetrieben[231] verhältnismäßig geringe Organisationskosten und geringen Freifahrerprobleme.[232] Zum anderen ist von Bedeutung, daß es bislang an einer konversionsorientierten Neuausrichtung in der Sicherheitspolitik mangelt. Gegenwärtig findet Abrüstung ohne Konversion statt,[233] d. h. die durch den Personalabbau im Militärbereich entstehende Sicherheitslücke kann zur Zeit nicht anders bedient werden, als durch die Erhöhung der Ausrüstungsqualität. Vor dem Hintergrund der noch nicht gelösten Sicherheitsprobleme besteht für die Politik derzeit keine andere Möglichkeit, als die rüstungsindustrielle Basis zu erhalten.[234]

In der makroökonomischen Gesamtbetrachtung sind die konversionsbedingten Anpassungen der Rüstungsindustrie nicht von überragender Bedeutung.[235] Hingegen können beim Rüstungsabbau wie schon zuvor beim Militärabbau regional unterschiedliche Betroffenheiten festgestellt werden. Zunächst ist eine weltweite Konzentration der Rüstungsindustrie in den Industrieländern festzustellen: 90 % aller Arbeitsplätze in der Rüstungsindustrie entfallen auf lediglich zehn Länder (China, USA, Rußland, Ukraine, Großbritannien, Frankreich, Indien, Deutschland, Weißrußland und Nordkorea). Damit sind zugleich alle Länder genannt, in denen mehr als 100.000 Menschen in der Rüstungsindustrie beschäftigt sind. Besonders schwerwiegend ist Rußland betroffen. Der russische Anteil an der Gesamtheit des weltweiten Arbeitsplatzabbaus beträgt immerhin 60 %. Als deut-

---

229 Vgl. o. V. [1991], S. 213.

230 Die Rüstungsindustrie führt häufig das Arbeitsplatzargument ins Feld. Erfahrungen zeigen hingegen, daß die Rüstungsindustrie bei der Bezifferung der Beschäftigungseffekte aggraviert. Es geht tatsächlich um die Gewinne im Rüstungsgeschäft. Erst wenn mit Sicherheit klar ist, daß der Rüstungsmarkt nicht wächst, erfolgt der Marktaustritt. Vgl. Brzoska [1997], S. 643 und S. 648.

231 Zur Konzentration von Rüstungsunternehmen siehe Kiy [1990], S. 348.

232 Vgl. Welfens [1993], S. 274. Zudem ist aufgrund der Konzentration in bestimmten Regionen eine Schließung von Rüstungsbetrieben problematisch. Vgl. Weichhardt [1995], S. 23.

233 Vgl. Butterwegge [1995], S. 33.

234 Vgl. Wulf [1997], S. 203.

235 Vgl. Kiy [1990], S. 350 und Achilles [1993], S. 60.

lich betroffene Länder sind weiterhin die USA, Frankreich, Großbritannien sowie die Bundesrepublik Deutschland zu nennen.[236]

Die deutsche Rüstungsindustrie weist eine hohe Konzentration auf.[237] Diese Konzentration findet auch in der regionalen Verteilung der Rüstungsproduktion Niederschlag: Die bevorzugten Standorte sind in Bayern und Baden-Württemberg zu finden. Insgesamt weist die regionale Verteilung der Rüstungsproduzenten in Deutschland ein Süd-Nord-Gefälle auf.[238] Dieses verläuft allerdings nicht kontinuierlich, sondern zeigt ein Muster unterschiedlicher Konzentrationspunkte (hot spots).[239] In diesen hot spots können in Abhängigkeit von der Leistungsfähigkeit der Region im Einzelfall gravierende Beschäftigungsprobleme entstehen.[240] Als Beispiel kann hier der Schiffbau in strukturschwachen Küstengebieten genannt werden.[241]

Grundsätzlich stellt sich das Problem der Rüstungskonversion in Deutschland jedoch weniger gravierend dar als die Konsequenzen des Militärabbaus. Der Grund liegt darin, daß die Rüstungskonversion in Deutschland auf relativ günstige Voraussetzungen trifft. Zum einen sind in den 50er und 60er Jahren die Kapazitäten zur Herstellung von Rüstungsgütern in die vorhandene Unternehmenslandschaft eingegliedert worden. Es wurde von Seiten der Politik bewußt darauf geachtet, die Formierung einer eingeständigen Rüstungsbranche zu vermeiden. Infolge der Anbindung der Rüstungsbetriebe an diversifizierte Unternehmen mit zivilorientiertem Management stellen rückläufige Rüstungsausgaben kein existenzgefährdendes Problem dar.

Zudem weisen zahlreiche Technologien der Rüstungsindustrie einen dualen Charakter auf, d. h. Produkte und Fertigungsanlagen sind auch für zivile Zwecke verwendbar.[242] Hinzu kommt, daß ein dynamisches Wachstum der Volkswirt-

---

236 Vgl. Wulf [1997], S. 63, Brzoska [1997], S 644, und Breitschwerdt [1988], S. 56.

237 Vgl. Kiy [1990], S. 348.

238 Das größte deutsche Rüstungszentrum ist in dem Städtedreieck Nürnberg-München-Augsburg beheimatet. Nennenswert ist zudem der Stadtstaat Bremen, der ebenfalls einen der vorderen Ränge unter den Rüstungsregionen einnimmt. Vgl. Henning-Bekka [1990], S. 422 ff. und S. 430.

239 Eine weniger stark konzentrierte Verteilung der Rüstungsausgaben im Raum ergibt sich, wenn Unteraufträge an Zulieferer berücksichtigt werden. Biehler [1990], S. 441.

240 Vgl. Weichhardt [1995], S. 23.

241 Vgl. Kiy [1990], S. 350.

242 Vgl. Glismann [1995], S. 147 f.

schaft eine leichtere Bewältigung des Ausfalls der Rüstungsgüternachfrage ermöglicht.[243]

Somit ist auf die Bedeutung der ordnungspolitischen Rahmenbedingungen für die Anpassungsfähigkeit der konvertierenden Unternehmen hinzuweisen: Insbesondere die Länder mit einer funktionierenden Marktwirtschaft weisen eine hohe Absorptionsfähigkeit und -dynamik auf.[244]

Zusammenfassend läßt sich feststellen, daß die Kosten des Rüstungsabbaus insgesamt als weniger gravierend einzuschätzen sind als die Kosten der Demobilisierung. Vor dem Hintergrund des rüstungsindustriellen Konzentrationsmusters und der unterschiedlichen Organisation der nationalen Rüstungsindustrien läßt sich allerdings eine international differenzierte Verteilung der Abrüstungskosten konstatieren. In Abhängigkeit von nationalen und regionalen Merkmalen kann der Abbau der Rüstungsindustrie erhebliche Konsequenzen haben, so daß hier Widerstände gegen Konversion zu erwarten sind.

Demgegenüber darf nicht übersehen werden, daß die Rüstungsindustrie in der vergangenen Dekade bereits einen deutlichen Schrumpfungsprozeß durchschritten hat. Allerdings ist es der Politik bislang nicht gelungen, den mit der Beendigung des Ost-West-Konfliktes zunächst aufkommenden internationalen Sicherheitszuwachs institutionell abzusichern. Gegenwärtig spricht vielmehr einiges dafür, daß sinkende Militärausgaben mit Mangelsituationen in den staatlichen Haushalten in Verbindung zu bringen sind.[245]

Die strukturelle Anpassung der Rüstungsindustrie wird aus zeitlicher Sicht mit einem degressiven Verlauf der Kosten verbunden sein. Der tatsächliche Kostenverlauf hängt von verschiedenen Faktoren ab. Eine Senkung der Anpassungskosten kann u. a. abhängen von der Klarheit politischer Vorgaben über die Richtung der Rüstungsanpassung, der Einbettung der Rüstungsindustrie in eine leistungsfähige Region, dem Einsatz dualer Technologien sowie dem Funktionieren der Märkte und der konjunkturellen Verfassung.[246] Auf die unterschiedlichen Anpassungsbedingungen, die in den vielfältigen Determinanten zum Ausdruck

---

243 Vgl. Welfens [1993], S. 275.

244 Vgl. Wulf [1997], S. 206.

245 "In den 90er Jahren wird die Sicherheits- und Verteidigungspolitik stärker von den Finanz- als von den Verteidigungs- und Außenministerien gestaltet." Wulf [1997], S. 204.

246 Vgl. Glismann [1995], S. 144 ff., Wulf [1997], S. 206 und Huffschmid [1995], S. 103.

kommen, ist es zurückzuführen, daß sowohl der Zeitbedarf als auch die Kosten der Rüstungskonversion zwischen den Ländern erheblich variieren.

2.2.2.3.3. Implikationen von Konversionsprozessen - eine Zwischenbilanz

Die im Zuge von Konversion stattfindenden Prozesse der Abrüstung und Transformation sind sowohl mit positiven als auch mit negativen wirtschaftlichen und sozialen Konsequenzen verbunden.[247] Insgesamt kann festgestellt werden, daß sich auf der einen Seite infolge der alternativen Verwendung der freiwerdenden Ressourcen eine Friedensdividende erwirtschaften läßt. Auf der anderen Seite sind die Prozesse der Abrüstung und Transformation vor allem kurzfristig mit sozialen und ökonomischen Lasten verbunden, welche die Nettofriedensdividende herabsetzen oder sogar aufzehren können.[248] Per Saldo ist zumindest kurzfristig zu erwarten, daß die Kosten der Konversion die freigesetzten Finanzmittel übersteigen.[249] Erst nach einer Zeitspanne, die zwischen acht und zwölf Jahren eingeschätzt wird,[250] beginnt das friedliche Zusammenleben sich auszuzahlen.[251]

Die mit der Demilitarisierung, Demobilisierung und dem Rüstungsabbau verbundenen strukturellen Anpassungen an eine weltweite friedensorientierte Produktionsfunktion lassen sich um so reibungsärmer und schneller bewältigen, je flexibler und absorptionsfähiger die Wirtschaft auf die Veränderungen im Militärbereich reagieren kann. Darüber hinaus spielen auch die Tragweite von Abrüstungsbeschlüssen sowie die Qualität der Transformationssteuerung eine wesentliche Rolle für das Entstehen einer Friedensdividende und somit für die ökonomische Vorteilhaftigkeit von Konversionsprozessen insgesamt.

Um der internationalen Dimension von Konversion Rechnung zu tragen, ist über die Berücksichtigung der zeitlichen Verteilung der konversionsbedingten Zahlungsströme hinaus auch deren räumliche Verteilung in die Überlegungen einzubeziehen. Da die involvierten Staaten in unterschiedlicher Weise von den

---

247 Vgl. Wulf [1997], S. 210.

248 Einen interessanter Hinweis liefert in diesem Zusammenhang Opitz, die das Auftreten von Anpassungskosten als Altlast einer verfehlten Politik des Wettrüstens interpretiert und diese folgerichtig nicht der Konversion anlastet. Vgl. Opitz [1992], S. 2.

249 Vgl. Debiel [1993], S. 442 und Clement [1992], S. 639.

250 Vgl. Krause-Brewer [1991], S. 347 und Köllner [1990 b], S. 195.

251 Vgl. Gester [1992], S. 546.

Kosten- und Nutzeneffekten der Konversion betroffen sind,[252] kann eine Konstellation auftreten, in der einer Gruppe von Staaten wirtschaftliche Vorteile durch Konversion entstehen, während eine andere Gruppe von Staaten wirtschaftliche Lasten bewältigen muß. Aber auch bereits eine ausgeprägte asymmetrische Verteilung der Konversionslasten oder der Friedensdividende kann zu einer Verweigerungshaltung benachteiligter Staaten führen. Folglich ist zu erwarten, daß Konversionsprozesse auf internationaler Ebene nur dann einsetzen, wenn die involvierten Staaten an den ökonomischen Vorteilen partizipieren bzw. die vor allem kurz- und mittelfristig auftretenden Konversionslasten auf alle Staaten verteilt werden.

Mit Blick auf die Implikationen von Konversion ist somit ein politischer Handlungsbedarf zu konstatieren, der auf die Bewältigung und die internationale Aufteilung von Konversionslasten gerichtet ist. Insofern ist seitens der Politik ein Rahmen für eine kostengünstige und effiziente Umsetzung von Abrüstungs- und Transformationsprozessen unter Beachtung sicherheitspolitischer Restriktionen zu setzen. Da der Vollzug von Konversionsprozessen mit einscheidenden Umstrukturierungen verbunden ist, sind die auftretenden sozialen und wirtschaftlichen Härten abzufedern.[253]

Zur Bewältigung dieser Herausforderungen ist bspw. an die Entwicklung von Wirtschaftsförderungskonzepten zugunsten militärisch geprägter Regionen zu denken, um den Verlust von Arbeitsplätzen und den Abfluß von Kaufkraft auszugleichen.[254] Ferner ist in der internationalen Friedensdividende ein ökonomischer Anreiz zur Initiierung und Aufrechterhaltung internationaler Konversionsprozesse unter der Voraussetzung zu sehen, daß die involvierten Staaten an den ökonomischen Vorteilen partizipieren. Aufgrund der Disparitäten hinsichtlich der Verteilung von Friedensdividende und Konversionslasten bedarf es eines politisch initiierten Mechanismus zur Vermeidung bzw. zur Kompensation derartiger Asymmetrien.

Vor diesem Hintergrund kann hinsichtlich der Verwendung der im Zuge eines Konversionsprozesses entstehenden Friedensdividende festgestellt werden, daß der Verwendung zur Bewältigung von Konversionslasten eine Priorität vor alternativen Verwendungen einzuräumen ist, da sich auf diese Weise internationa-

---

252 Vgl. Deger [1990], S. 152.

253 Das politische Management der wirtschaftlichen und sozialen Konversionsfolgen erlaubt die Minimierung der kurzfristig auftretenden Kosten sowie einer Verkürzung des Transformationsprozesses. Vgl. Wulf [1997], S. 210.

254 Vgl. Gerster [1992], S. 546.

le Konversionsvorhaben vorantreiben lassen und die Zeitspanne zur Realisierung alternativ verwendbarer Zahlungsüberschüsse verkürzt wird.

Zusammenfassend läßt sich hinsichtlich der Konversion feststellen, daß über die Steuerung der Konversionsbestandteile der Abrüstung und Transformation hinaus auch die damit verbundenen gesellschaftlichen und wirtschaftlichen Wandelungen politische Handlungsbedarfe auslösen. Sofern nämlich aufgrund sozialer oder ökonomischer Instabilitäten der Anpassungsprozeß abbricht, sei es aufgrund der Überlastung der Wirtschaft und der Gesellschaft insgesamt oder sei es aufgrund der Blockadehaltung einzelner Staaten, die nicht hinreichend an den positiven Wohlfahrtseffekten partizipieren, so kann unabhängig von der sicherheitspolitischen Vorteilhaftigkeit das Konversionsanliegen insgesamt scheitern. Insofern sind in der Aufrechterhaltung ökonomischer und sozialer Stabilität zwei wichtige Kriterien für den Erfolg von Konversionsprozessen zu sehen.[255] Der diesbezügliche politische Auftrag ist darin zu sehen, die in der Phase des Übergangs auftretenden negativen Implikationen von Konversion in solche Bahnen zu lenken, die eine sozial- und ökonomieverträgliche Anpassung erlauben. Erst dann ist zu erwarten, daß sich das friedliche Zusammenleben in Zukunft tatsächlich auszahlt.

Wie bereits zuvor herausgearbeitet wurde, ist in der Aufrechterhaltung der militärischen Stabilität ein weiteres Kriterium zu sehen, das für den Erfolg von Konversion bei Anlegen eines sicherheitspolitischen Maßstabes relevant ist. Es wurde aufgezeigt, in welche Weise ein Abrüstungsprozeß innerhalb des Korridors gegenseitiger stabiler Abschreckung schrittweise verlaufen kann.[256] Da jedoch Konversion nicht gleichbedeutend ist mit dem Ende zwischenstaatlicher Konflikte, bedarf es alternativer Instrumente der Sicherheitspolitik, die auf nicht-militärischem Weg Konflikte lösen, Kriege vermeiden und friedliches Zusammenleben herbeiführen können. Erst unter der Voraussetzung eines zivilorientierten sicherheitspolitischen Fundamentes kann eine dauerhafte Friedensdividende realisiert werden. Dieses kann hingegen nicht bei Festhalten an traditionellen Sicherheitskonzepten der militärischen Abschreckung gelingen.[257]

Die Maßnahmen der Konversion und der Zivilisierung internationaler Beziehungen weisen eine enge strategische Verzahnung auf: Weder kann Konversion ohne sicherheitspolitische Fundierung stattfinden, noch kann die Sicherheitspolitik von militärischen Konzepten abkehren, ohne zugleich Konversionsinhalte

---

255 Vgl. Köllner [1990 a], S. 183.

256 Siehe oben, Kapitel 2.2.2.1., Abrüstung, S. 64 ff.

257 Vgl. Wulf [1997], S. 210.

umzusetzen und die ökonomischen Implikationen zu beachten.[258] Gelingt das Zusammenspiel von zivilorientierter Sicherheitspolitik und Konversion, so besteht die Aussicht auf eine militärisch-ökonomisch kombinierte "Doppeldividende", die zum einen darauf beruht, daß äußere Sicherheit auf einem niedrigeren Abschreckungsniveau hergestellt werden kann,[259] zum anderen greifen langfristig die positiven Wohlfahrtsimplikationen in Form einer Friedensdividende.

Die sicherheitspolitische Fundierung von Konversionsprozessen ist somit unabdingbar, um das internationale Wettrüsten endgültig zu überwinden sowie langfristig und unumstößlich in den Genuß einer Friedensdividende zu gelangen. Eine zivilorientierte Sicherheitspolitik ist nicht als Bestandteil von Konversion anzusehen, sondern als eine conditio sine qua non für die erfolgreiche Etablierung von Abrüstung und Transformation. Hinzu kommt, daß das Handlungsprogramm "Konversion" isoliert betrachtet keine Strategie im Sinne eines vollständigen Aktionsprogramms darstellt. Hierzu bedarf es eben einer Flankierung durch ein zivilorientiertes Sicherheitskonzept, welches wie Konversion auf langfristige Entspannung der internationalen Beziehungen gerichtet ist. Aus diesem Grund erfolgt nunmehr eine Skizzierung der grundlegenden Elemente einer derartigen Sicherheitspolitik.

2.2.2.4. Zivilorientierte Sicherheitspolitik

Konversion als Handlungsprogramm zur Umlenkung des Abschreckungspfades in Richtung auf den Punkt der Minimalabschreckung bedeutet nicht das Ende des Auftretens zwischenstaatlicher Konflikte.[260] Tatsächlich kann nicht einmal prognostiziert werden, ob die Anzahl der Konflikte zwischen konvertierenden Staaten ab- oder zunehmen wird. Wohl aber kann festgestellt werden, daß Konversion infolge der Demilitarisierung einen Beitrag dazu leistet, zwischenstaatlichen Konflikten die Härte militärischer Bedrohungen zu nehmen. Zugleich ist zur Gewährleistung internationaler Sicherheit eine politische Neuausrichtung

---

[258] Die konkreten Konversionsspielräume lassen sich erst in Abhängigkeit von den Veränderungen des sicherheitspolitischen Umfeldes ausmachen. Vgl. Feser [1996], S. 4. Zugleich wirken sich Konversionsfortschritte in rückkoppelnder Form auf das sicherheitspolitische Umfeld aus.

[259] Folglich wird der Umfang militärischer Abschreckungsexternalitäten reduziert.

[260] Vgl. Wellmann [1991], S. 206.

zugunsten des Einsatzes zivilorientierter Instrumente erforderlich, um das Handlungsprogramm Konversion zu fundieren.[261]

Sofern eine Konzeption, die sich zur Herstellung internationaler Sicherheit an zivilen Maßstäben orientiert, als Fundament für eine Konversionsstrategie unabdingbar ist, kann hier auf den Entwurf der Grundzüge dieser Konzeption nicht verzichtet werden. Da jedoch bei der weiteren Analyse nicht die sicherheitspolitische Konzeption, sondern darauf aufbauende internationale Konversionsprozesse im Mittelpunkt stehen, wird die Verfügbarkeit der nachfolgend in Grundzügen dargestellten zivilorientierten Sicherheitspolitik als gegeben vorausgesetzt.

Die Idee einer zivilorientierten Sicherheitspolitik besteht darin, mit Konflikten auf einer sich nicht gegenseitig bedrohenden Art und Weise umzugehen.[262] Letztendlich kann sich ein Land nur in einem Zustand äußerer Sicherheit befinden, wenn dieses zugleich auch für die anderen Länder gilt.[263] Eben dieses ist bei der traditionellen, national ausgerichteten Sicherheitspolitik der Abschreckung nicht der Fall. Vielmehr bedarf es gegenüber dem Status quo der isolierten Herstellung äußerer Sicherheit und der damit verbundenen wechselseitigen militärischen Abschreckungen eines Wandels der Sicherheitsphilosophie in Richtung auf eine international koordinierte, gemeinsame Sicherheit. Insofern ist in den Bestrebungen zur Herstellung internationaler Sicherheit zum einen in dem Miteinander der Völker eine Hauptstoßrichtung der zivilorientierten Sicherheitspolitik zu sehen.[264] Zum anderen basiert die zivilorientierte Sicherheitspolitik auf der Überzeugung, daß Sicherheit nicht als das Produkt militärischer, sondern politischer Leistungen anzusehen ist.[265]

---

261 Zu dem Erfordernis einer zivilen Langzeittherapie und dem Übergang von einer Kriegsführungs- zu einer Kriegsverhinderungsstrategie siehe Vogt [1993], S. 960 ff.

262 Vgl. Wellmann [1991], S. 206.

263 Ein Sicherheitsgewinn kann erst dann festgestellt werden, wenn alle Seiten profitieren. Hingegen ist diese Bedingung im Falle einer Erhöhung der nationalen Sicherheit zu Lasten eines Gegners nicht erfüllt. Vgl. Bolz [1987], S. 129 und S. 132 sowie Bönisch [1988], S. 178.

264 Vgl. Debiel [1992], S. 21.

265 Diesbezüglich ist darauf zu verweisen, daß die NATO und der Warschauer Pakt zwar den Rüstungswettlauf erfolgreich durch den Bereich der gegenseitigen stabilen Abschreckung geführt haben, jedoch ist die Beendigung des Ost-West-Konfliktes aufgrund einer politische Entscheidung zustande gekommen. Vgl. Czempiel [1991], S. 612.

Als zentrale Handlungsfelder einer zivilorientierten Sicherheitspolitik, die internationalen Konversionsprozessen Vorschub leisten können, sind die friedliche Beilegung von Konflikten sowie die Konfliktprävention zu nennen. Zur politischen Handhabung bestehender oder aufkeimender sowie zur Vorbeugung zwischenstaatlicher Konflikte lassen sich unterschiedliche nicht-militärische Maßnahmen ergreifen.

Ein wichtiger Bereich zivilorientierter Sicherheitspolitik ist in den Maßnahmen zu sehen, die dazu beitragen, die Grenzen des Übergangs von gewaltfreier zu gewaltsamer Konfliktaustragung hinauszuschieben, d. h. die nicht-militärische Konfliktfähigkeit der Akteure zu erhöhen. Zur Ausdehnung des Spielraums gewaltfreier Konfliktaustragung kann die Förderung der konstruktiven Kommunikation angeführt werden. Solange im Konflikt befindliche Länder einen Dialog miteinander führen, besteht die Möglichkeit, eine gewaltfreie Lösung der Konfliktsituation herbeizuführen. Zur Aufrechterhaltung von Konfliktverhandlungen und zur Vermeidung militärischer Kampfhandlungen ist in diesem Zusammenhang auf die besondere Bedeutung von Vermittlern hinzuweisen.[266] Das besondere Konfliktlösungspotential von Vermittlern besteht darin, daß sie aufgrund ihrer Neutralität von den Konfliktparteien akzeptiert werden und für die bestehende Konfliktsituation von einzelstaatlichen Interessen unabhängige Lösungsentwürfe vorlegen können, denen nicht von vornherein das Stigma der mutmaßlichen Übervorteilung anhaftet.

Ein weiterer Maßnahmenkomplex zur Vermeidung gewaltsamer Konfliktaustragung besteht in dem Aufbau und der Stärkung einer Vertrauensbasis bzw. dem Abbau von Mißtrauen zwischen Staaten. Geraten Staaten, die sich nur wenig oder nicht vertrauen, in eine Konfliktsituation, so fallen die Krisenbelastbarkeit und die Schwelle zu gewaltsamen Übergriffen erheblich geringer aus, als bei Staaten, die sich bereits eine Vertrauensbasis erarbeitet haben. Erwiesenermaßen vertrauenswürdig und zuverlässig agierende Staaten verfügen in Krisensituationen quasi über einen Bonus, der in einer Herabsetzung des Eskalationsrisikos und einer verminderten Gefährdung der äußeren Sicherheit zum Ausdruck kommt. Auch wenn in dem Aufbau von Vertrauen kein Garant für ein gewaltfreies Miteinander der Staaten zu sehen ist, so ist dieser Aspekt dennoch im Zusammenwirken mit den anderen zivilorientierten Maßnahmen hinsichtlich seiner Bedeutung nicht zu unterschätzen.

---

266 Vgl. Debiel [1992], S. 22.

Folgt man dieser Überlegung, so stellt sich die Frage, auf welche Weise Vertrauen entstehen und welcher Beitrag von sicherheitspolitischer Seite geleistet werden kann. Diesbezüglich spielt zunächst Aufklärung eine Rolle, weil durch Aufklärung dem Fremden das Bedrohliche genommen und es in Bekanntes überführt wird. Damit wird die Grundlage für vielfältige Verflechtungen geschaffen, aus denen ausgeprägte kooperative Strukturen zwischen Ländern erwachsen können. Darüber hinaus kann die Herausbildung kooperativer Strukturen mit verschiedenen Formen des Austausches zwischen Akteuren in Verbindung gebracht werden. Diesbezüglich spielen politische Initiativen als Motor für sich entwickelnde wirtschaftliche und kulturelle Verflechtungen eine wesentliche Rolle. In einem Milieu weltoffener und miteinander in vielfältigen Austauschbeziehungen stehender Staaten wird ein einzelner Staat kaum mehr auf Mittel der militärischen Aggression zurückgreifen können, da dieses zu seiner Isolation führen würde. Mit anderen Worten: Maßnahmen militärischer Gewalt verlieren zunehmend an Rationalität und Glaubwürdigkeit, wenn der Abbruch internationaler Beziehungen mit hohen Kosten verbunden ist.

Ferner spielten zivile Sanktionsmechanismen eine Rolle, um konformes Verhalten im Zweifelsfall auch erzwingen zu können. Diesbezüglich kommt es in erster Linie auf die Verfügbarkeit und die Glaubwürdigkeit der Einsatzmöglichkeiten, weniger auf den tatsächlichen Einsatz der Sanktionen an. Zu dem Spektrum ziviler Sanktionsmöglichkeiten zählen bspw. politische oder diplomatische Proteste als Maßnahmen, welche die Reputation eines Staates tangieren und nur eine relativ geringe Eingriffsschärfe aufweisen. Als relativ harte zivile Sanktionen sind Einschränkungen bis hin zur gänzlichen Einstellung der politischen oder wirtschaftlichen Interaktionen anzuführen.[267] Als ein Sanktionskonzept, das auf den Einsatz militärischer Mittel verzichtet, ist die Errichtung eines internationalen Sanktionshilfefonds anzuführen. Ausgehend von weltweit verflochtenen Volkswirtschaften lassen sich im Rahmen der Geld- und Handelspolitik in effizienter Weise Zwang ausüben, indem ein System wirtschaftlicher Anreize zur Einhaltung von Sanktionen erzeugt wird: Eine Sanktion in Form eines Boykottes wird von den boykottierenden Staaten eingehalten, da diese eine Entschädigung durch die internationale Staatengemeinschaft erhalten.[268]

Politische Maßnahmen zur Förderung von Kommunikation und Kooperation zwischen den Völkern sowie die Implementierung ziviler Sanktionsmechanismen stellen die wesentlichen Grundpfeiler einer zivilorientierten Sicherheitspolitik dar. Jedoch sind die erforderlichen Mechanismen zum gewaltlosen Um-

---

267 Vgl. Debiel [1992], S. 22.

268 Vgl. Cremer [1994], S. 142 ff.

gang mit Konflikten und insbesondere zur Konfliktprävention bislang nicht oder nur sehr eingeschränkt verfügbar. Im Gegensatz zur militärisch geprägten Sicherheitspolitik, welche die Konfliktsymptome gewaltsamer Auseinandersetzungen mit Gegengewalt eindämmen will, verlangt eine zivile Sicherheitspolitik, die bereits an der Bekämpfung der Konfliktursachen ansetzt,[269] die Bereitschaft der Akteure, miteinander in Verhandlungen zu treten und die jeweiligen Interessen offenzulegen. Um die Wirksamkeit von Maßnahmen zur Vermeidung und Handhabung von Krisen und Konflikten möglichst kraftvoll entfalten zu können, bedarf es somit der Ausarbeitung der Maßnahmen sowie deren Institutionalisierung[270] auf internationaler Ebene. Vor diesem Hintergrund besteht eine dringliche sicherheitspolitische Aufgabe in der Errichtung von Zentren für die Konfliktprävention, den Abbau von Spannungen und die Beilegung von Konflikten. Um den regional unterschiedlichen Konfliktursachen sowie den dort vorherrschenden spezifischen Denkweisen, Mentalitäten und Bedürfnissen hinreichend Rechnung zu tragen, empfiehlt sich die regionale Ausrichtung derartiger Zentren.[271]

Als eine wesentliche Voraussetzung für die Institutionalisierung einer zivilorientierten Sicherheitspolitik ist auf eine Reglementierung des Konfliktverhaltens bis hin zur Verrechtlichung internationaler Beziehungen hinzuwirken, insbesondere im Hinblick auf die Schaffung von Rechtssicherheit bezüglich bekannter und potentieller Konfliktgegenstände.[272] Ferner ist die Demokratisierung politischer

---

269 Auf die Notwendigkeit der Bekämpfung von Konfliktursachen wie z. B. Hunger, Armut und Umweltzerstörung verweisen Debiel [1993], S. 444 und Wellmann [1991], S. 206.

270 Eine entsprechende Präferenzsituation innerhalb der Staaten vorausgesetzt, ließe sich der Wandel der Sicherheitspolitik durch Maßnahmen der Konfliktprävention und der friedlichen Konfliktbeilegung in einem kooperativ geprägten Umfeld einleiten, sofern bei Auftreten einer Konfliktsituation eine allgemein akzeptierte und institutionalisierte Behandlung des Konfliktes einsetzen würde. Zu diesem Zweck sind Mechanismen zum Umgang mit Konflikten zu entwickeln, die es erlauben, das Feld der zwischenstaatlichen Konfliktbehandlung dem Zuständigkeitsbereich des Militärs zu entwenden und den Erhalt des Friedens auf kooperativem Weg zu bewerkstelligen.

271 Vgl. Debiel [1992], S. 23.

272 Vgl. Brock [1990], S. 75.

Entscheidungsprozesse anzuführen, da auf diesem Weg die für internationale Transaktionen erforderliche politische Stabilität hergestellt werden kann.[273]

Ein weiterer kausal ausgerichteter Bestandteil einer zivilorientierten Sicherheitspolitik besteht darin, Umweltprobleme als Konfliktquelle zu eliminieren. Um den globalen Wettbewerb um knappe Umweltgüter, insbesondere um essentielle Ressourcen, nicht in gewaltsame Konflikte münden zu lassen, bedarf es grenzüberschreitender Mechanismen, die für alle betroffenen Länder eine Regelung des Zugangs zu den Umweltgütern herbeiführen.[274]

Zusammenfassend läßt sich konstatieren, daß eine zivilorientierte Sicherheitspolitik eine Lösung von militärischem Denken erlaubt bzw. verlangt. Erst dann kann eine zivil- und ursachenorientierte Konfliktbearbeitung an die Stelle der symptomorientierten Konfliktunterdrückung durch militärische Abschreckung treten. In der Errichtung einer zivilen Grundlage zur Konfliktprävention und -bearbeitung und deren Institutionalisierung ist eine wesentliche Voraussetzung für die Etablierung eines dauerhaften Konversionsprozesses zu sehen. Andernfalls lassen sich Abrüstung und Transformation nur als temporär auftretende Phänomene verstehen, die letztendlich kaum als Konversion zu bezeichnen sind, da diesen Prozessen keine Abkehr von militärischen Prinzipien zugrunde liegt. Zivilorientierte Sicherheitspolitik, Entmilitarisierung internationaler Beziehungen und Konversion in Richtung auf ein Residualmilitär mit minimal abschreckender Wirkung gehen Hand in Hand und sind letztlich nicht voneinander zu trennen. Die Qualität zivilorientierter Sicherheitspolitik, die sich anhand der Belastbarkeit friedlicher Beziehungen ablesen läßt,[275] ist letztendlich ausschlaggebend für den Spielraum, der für Maßnahmen der Konversion zur Verfügung steht.

Umgekehrt ist ein schlüssiges Konversionskonzept erforderlich, um die Entmilitarisierung der internationalen Beziehungen voranzutreiben und Tendenzen zur Remilitarisierung zu vermeiden. In dieser Sichtweise markiert Konversion nicht das Ende zwischenstaatlicher Konflikte, sondern den Beginn einer zivilorientierten Lösung von Konflikten.[276] Wenn also die Forderung nach Konversion ernst genommen werden soll, dann ist zugleich eine zivilorientierte Sicherheitspolitik

---

273 Rechtsstaatliche und demokratische Elemente schaffen Erwartungsstabilität sowie transparente und kontrollierbare politische Entscheidungen. Vgl. Garret [1997], S. 367, Menk [1993], S. 401 ff. und Debiel [1992], S. 21 ff.

274 Vgl. Westing [1986 b], S. 195 f.

275 Vgl. Barth [1990 a], S. 111.

276 Vgl. Wellmann [1991], S. 206.

zu entwickeln und umzusetzen. Wenn somit von Konversion als Strategie zur Herstellung der internationalen Sicherheit die Rede ist, kann dieses als eine friedenspolitische Metapher aufgefaßt werden, die auf Integration und Kooperation der Staaten ausgerichtet ist und sowohl militärische als auch sicherheitspolitische Inhalte vereint.[277]

Während Konversion sich mit der Art und Weise der Abrüstung und Transformation beschäftigt, steht die zivilorientierte Sicherheitspolitik vor der Aufgabe, Sicherheit durch den Einsatz nicht-militärischer Mittel, d. h. durch Konfliktprävention und friedlicher Streitbeilegung zu bewerkstelligen. Erst durch das Zusammentreffen dieser sich ergänzenden Elemente entsteht eine Strategie im Sinne eines vollständigen Aktionsprogramms, das der Strategie der Sicherheit durch militärische Abschreckung gegenübergestellt werden bzw. an dessen Stelle treten kann. Folglich sind bei einem Strategievergleich nicht nur die konversionsbedingten Kosten der Abrüstung und Transformation zu berücksichtigen, sondern es entstehen weitere Kosten im Zusammenhang mit dem Aufbau und dem Betrieb eines alternativen Friedenssicherungssystems.

2.2.3. Konversion oder gedämpftes Wettrüsten – Anmerkungen zu den Entwicklungen seit der Beendigung des Ost-West-Konfliktes

2.2.3.1. Die Entwicklung der weltweiten Militärausgaben

Mit der Beendigung der Ost-West-Konfrontation und dem Zerfall des Rüstungsdyopols standen die Vorzeichen für Revisionen der nationalen Rüstungs- und Verteidigungsanstrengungen, insbesondere für die Einleitung eines weltweiten Konversionsprozesses günstig.[278] Aufgrund der verbesserten, d. h. entspannten Sicherheitslage zu Beginn der 90er Jahre wurden in der Tat die sich bietenden Spielräume für umfassende Abrüstungen genutzt. So erfolgte beispielsweise in den Jahren von 1990 bis 1993 eine weltweite Reduzierung des Streitkräftepersonals um 10 %, und auch die Militärhaushalte gingen in eine Schrumpfungsphase über, nachdem im Jahr 1987 mit weltweit fast 1.000 Mrd. US-$ die bis dahin höchsten Militärausgaben registriert wurden.[279]

---

[277] Vgl. Feser [1996], S. 6.

[278] Vgl. Strutynski [1995], S. 269, Barth [1990 b], S. 137 f.

[279] Vgl. Strutynski [1995], S. 269.

Vor dem Hintergrund der Beendigung des Ost-West-Konflikts und der einsetzenden Abrüstung kamen hochgesteckte Erwartungen bezüglich der Einleitung globaler Konversionsprozesse und der Vereinnahmung sowie Verausgabung von Friedensdividenden auf. Nur wenige Autoren warnen bereits zu dieser Zeit vor zu euphorischen und überzogenen Erwartungen.[280]

Nunmehr, da die Beendigung der Ost-West-Konfrontation mehr als eine Dekade zurückliegt, ist ein erneuter Blick auf die sicherheitspolitischen Entwicklungen indiziert. Die Abbildung und Bewertung des Verlaufs der globalen Sicherheitspolitik erfolgt anhand der weltweiten Militärausgaben, da Veränderungen der Militärausgaben sowohl als Indikator für Prozesse des Auf- oder Abrüstens als auch für die Entstehung einer Friedensdividende angesehen werden können.[281]

Tabelle 4: Die weltweiten Militärausgaben von 1990 bis 2000 in Mrd. US-$ (konstante Preise und Wechselkurse, Stand 1995)

Jahr	`90	`91	`92	`93	`94	`95	`96	`97	`98	`99	2000
Militär-ausgaben	1007	..	818	787	763	724	708	718	704	719	798*

* in aktuellen Dollars lt. SIPRI [2001]

Quelle: Vgl. SIPRI [2000], S. 261 und SIPRI [2001], o. S.

Die in der Tabelle 4 dargestellte Entwicklung der weltweiten Militärausgaben zeigt, daß gegenüber dem Jahr 1990 Einsparungen stattgefunden haben. Unterstellt man für das Jahr 1991 Militärausgaben in Höhe von 913 Mrd. US-$, was dem Durchschnitt des Vorjahres und dem nachfolgenden Jahr entspricht, so summieren sich die in der Zeit von 1991 bis 2000 gegenüber dem Bezugsjahr 1990 eingesparten finanziellen Mittel auf über 2.400 Mrd. US-$. Im Jahr 1998 erreichen die weltweiten Militärausgaben den niedrigsten Stand nach der Been-

280 Die Friedensdividende muß zunächst verdient werden, erst dann steht eine Verausgabung an. Vgl. Einhorn [1990], S. 77.

281 Auch wenn die Bewertung der Friedensdividende hinsichtlich der Ermittlung der tatsächlichen kurz- und langfristigen Effekte mit methodischen Schwierigkeiten verbunden ist, so bietet sich an dieser Stelle die Bezugnahme auf die Entwicklung der weltweiten Militärausgaben in der vom SIPRI veröffentlichten Form an. Vgl. Feser [1996], S. 7.

digung des Ost-West-Konfliktes: Gegenüber dem Jahr 1990 ist das Niveau der weltweiten Militärausgaben um über 30 % auf 69,9 % zurückgegangen. Die durchschnittliche jährliche Ausgabenminderung für Verteidigungszwecke in beträgt in dem betrachteten Zeitraum annähernd 4,4 % und übertrifft damit die Erwartungen des moderaten Abrüstungsszenarios.[282]

Auffällig ist allerdings, daß sich die Reduktion der Verteidigungshaushalte zu Beginn der 90er Jahre sprunghaft und nicht kontinuierlich, wie im moderaten Abrüstungsszenario unterstellt wurde, vollzogen hat. Daran wird zugleich deutlich, daß in dem historisch einzigartigen Ereignis der Beilegung des Ost-West-Konfliktes der Motor für die verminderten Militärausgaben zu sehen ist. Indes ist seit dem Jahr 1995 keine nennenswerte Reduzierung der weltweiten Militärausgaben festzustellen. Vielmehr scheinen die Militärausgaben oberhalb von 700 Mrd. US-$ einen Boden gefunden zu haben, und in den letzten Jahren deutet sich überdies eine Trendumkehr an. Insbesondere die Militärausgaben des Jahre 2000 legen die Vermutung nahe, daß sich die weltweiten Militärausgaben nur eine Dekade nach der Beendigung des Ost-West-Konfliktes wieder auf einem Wachstumspfad befinden. Das SIPRI bezeichnet diese Entwicklung als paradox, weil sie in allen Teilen der Welt vor dem Hintergrund einer verbesserten Sicherheitssituation stattfindet.[283]

Die Entwicklung der Militärausgaben sowie die Hintergründe für diese Entwicklung belegen, daß sich de facto eine Friedensdividende eingestellt hat, welche mit der Beendigung der Blockkonfrontation auf ein politisch einmaliges Ereignis zurückzuführen ist.[284] Ein Prozeß der Konversion im Sinne von Abrüstung und Transformation ist tatsächlich eingetreten, jedoch – wie die Entwicklung der Militärausgaben belegt – nur temporär und keinesfalls systematisch vorangetrieben.[285] Zwar sind partielle Abrüstungserfolge zu verzeichnen, allerdings mangelt es an einem grundlegenden Wandel, der per Definition das Wesen der Konversion ausmacht.[286] Auch kann eine stringente politische Steuerung des Transfor-

---

282 Siehe oben, Abbildung 13, S. 77.

283 Vgl. SIPRI [2001], o. S.

284 Achilles weist diesbezüglich darauf hin, daß das Ende des Wettrüstens eine einzigartige Gelegenheit zur Realisierung einer Friedensdividende bietet. Vgl. Achilles [1993], S. 11.

285 Beispiele einzelner Konversionsinitiativen der Europäischen Gemeinschaft sind bei Voß [1993], S. 445 f. zu finden.

286 Eine Neuorientierung von militärischer Sicherheit und Rüstung zu Rüstungs- und Standortkonversion hat nicht stattgefunden. Vgl. Achilles [1993], S. 9. Insofern kann die letzte Dekade eben nicht zutreffend als Jahrzehnt der Konversion be-

mationsprozesses nur beschränkt festgestellt werden. Konversionsprojekte finden in erster Linie regional begrenzt statt und lassen sich vielfach mit Mitnahmeeffekten in Verbindung bringen.[287]

Schlußfolgernd ist in der historisch einmaligen Konstellation der Beendigung des Ost-West-Konfliktes lediglich ein Bruch im Rüstungswettlauf zu sehen, nicht aber ein Übergang zu einer neuen, auf Demilitarisierung gerichteten Weltordnung.[288] Insofern muß konstatiert werden, daß die aus der Beendigung des Ost-West-Konfliktes resultierenden Konversionsanreize unterdessen verpufft sind. In der Abrüstungsdiskussion ist nur ein Strohfeuer zu sehen, welches nicht zu einer sicherheitspolitischen Weichenstellung in Richtung auf Konversion genutzt worden ist.[289] Die Vorstellung jedenfalls, Konflikte ohne Waffen austragen zu können, ist in weite Ferne gerückt.[290]

Wie sich anhand der Zahlen zu den weltweiten Militärausgaben erkennen läßt, ist die Entwicklung der Friedensdividende in den 90er Jahren nicht von Dauerhaftigkeit und Nachhaltigkeit geprägt. Da die für eine nachhaltige Konversion erforderliche Änderung der militärischen und politischen Prioritäten bislang nicht stattgefunden hat,[291] läßt sich für die Zukunft eine Rückkehr zu Rüstungswettläufen und infolgedessen steigenden Militärausgaben prognostizieren.

Bislang ist der Weg in Richtung auf eine zivilorientierte internationale Sicherheitsordnung zur Überwindung der gegenseitigen militärischen Abschreckung nicht beschritten worden. Abschreckung ist nach wie vor die dominierende Sicherheitsstrategie.[292] Spätestens der Golf-Krieg markierte das Ende der Hoffnungen auf eine auf Demilitarisierung gerichtete Sicherheitspolitik. Nach dem Kalten Krieg sorgte der High-Tech-Krieg, der sich nunmehr als durchführbar

---

zeichnet werden. Vgl. Strutynski [1995], S. 273. Für Ostdeutschland läßt sich feststellen, daß der Konversionsprozeß auf halber Strecke zum Stillstand gekommen ist. Es sei lediglich der Austritt aus Armee und Rüstungsproduktion weitgehend vollzogen, nicht jedoch die Umstellung auf zivile Tätigkeiten. Vgl. Einhorn [1990], S. 77.

287 Vgl. Huffschmid [1995], S. 103 und S. 106.

288 Vgl. Zellner [1993], S. 426 und Vogt [1993], S. 960.

289 Vgl. Butterwegge [1995], S. 32 f.

290 Vgl. Hallerbach [1992], S. 627.

291 Vgl. Debiel [1992], S. 9.

292 Erst mit der Implementierung eines kooperativen Systems zur Lösung des Sicherheitsproblems wird die Voraussetzung für langfristige internationale Entspannung sowie für einen Konversionsprozeß geschaffen. Vgl. Feser [1996], S. 3 ff. und Deger [1990], S. 151.

erwiesen hat, für ein Wiedererwachen der verteidigungspolitischen Rüstungsphilosophie.[293] Vor diesem Hintergrund sind die Entwicklung der weltweiten Militärausgaben in den frühen 90er Jahren lediglich als ein Niveaueffekt zu interpretieren. Eine systematische Umkehr des Abschreckungspfades in Richtung auf den Punkt der Minimalabschreckung ist nicht zu erkennen, wohl aber Tendenzen des Umsteigens von Abrüstung auf Umrüstung zu kleineren, zugleich aber schlagkräftigeren Streitkräften, die überdies eine erhöhte Flexibilität und Mobilität hinsichtlich ihrer räumlichen Einsatzmöglichkeiten aufweisen.[294]

Wenn folglich der Schluß gezogen wird, daß das, was im Jahre 1987 als Abrüstung begann nunmehr als Umrüstung fortgeführt wird,[295] und in dem Prozeß des Wettrüstens scheinbar nur eine Atempause eingelegt wurde, die im Jahr 1998 ein Ende fand, dann ist nach den Gründen dafür zu fragen, daß sich das internationale Staatengefüge gegenüber Konversion in Verbindung mit einer zivilorientierten Sicherheitspolitik als resistent erweist.

2.2.3.2. Konversionshindernisse

2.2.3.2.1. Komplexität und Interdependenz

Für das Festhalten an militärischen Denkweisen und Prinzipien ist zunächst anzuführen, daß "technische" Probleme bestehen, die eine mangelnde Umsetzung von konversionsorientierter Sicherheitspolitik bewirken. Konkret kann sich als Hindernis erweisen, daß sich Konversion durch hohe Komplexität und Interdependenz zwischen den Akteuren auszeichnet. Infolgedessen stellen sich an die Staaten außerordentlich hohe Anforderungen hinsichtlich ihres Verhandlungsgeschicks und ihrer Problemslösungsfähigkeit.

Der Analyse der "technischen" Konversionshindernisse sowie der darauf aufbauenden Entwicklung von Ansatzpunkten zur Handhabung von Komplexität und Interdependenz kommt eine Schlüsselfunktion hinsichtlich der Initiierung internationaler Konversionsprozesse zu.

Als Instrumentarium zur Analyse der "technischen" Konversionsprobleme kommen spieltheoretische Ansätze zur Anwendung, da diese geeignet sind, interdependente Entscheidungssituationen zu analysieren. Überdies erlauben spiel-

---

293 Vgl. Debiel [1992], S. 5.

294 Vgl. Mendel [1994], S. 379 und Bebermeyer [1992 b], S. 172.

295 Vgl. Mendel [1994], S. 379.

theoretische Ansätze, dem Komplexitätsproblem insofern Rechnung zu tragen, als von der spieltheoretischen Zerlegung und Strukturierung der internationalen Entscheidungssituation eine erhöhte Transparenz der Konversionsproblematik zu erwarten ist.

Die Bedeutung einer Bewältigung der oben genannten "technischen" Konversionshindernisse ist v. a. darin zu sehen, daß erst mit dem Aufzeigen der Voraussetzungen und Erfordernisse der "technischen" Handhabbarkeit von Konversion die Grundlage für die Einleitung eines konversionsförderlichen Diskurses geschaffen wird.

2.2.3.2.2. Lobbyismus und Politikversagen

Mit dem Hinweis auf die aus der Komplexität und Interdependenz resultierenden Konversionshindernisse, die im Rahmen der spieltheoretischen Analyse thematisiert werden, konnte bereits ein bedeutsamer Bereich zur Begründung der Zurückhaltung bei der Initiierung und Etablierung internationaler Konversionsprozesse aufgezeigt werden. Indes greift dieser Ansatz allein zu kurz, um die Konversionsverweigerung in umfassender Weise zu begründen. Vielmehr ist darüber hinaus auf interessengeleitete Widerstände gegen Konversionsmaßnahmen zu verweisen, die für die mangelnde Umsetzung von konversionsorientierter Sicherheitspolitik anzuführen sind.[296]

Die Untersuchung der interessengeleiteten Konversionshindernisse, die möglicherweise einer Initiierung und Etablierung internationaler Konversionsprozesse im Wege stehen, erfolgt ebenso im Rahmen der Neuen Politischen Ökonomie, wie die Untersuchung der Frage, ob Konversion einem Politikversagen unterliegt, welches die Umsetzung von Konversion für politische Entscheidungsträger unvorteilhaft werden läßt.

Sofern Konversionshindernisse auf interessengeleitete Lobbytätigkeiten und Politikversagen zurückzuführen sind, läßt sich verdeutlichen, daß Konversion nicht ohne die Handlungs- und Kooperationsbereitschaft der Akteure auf nationaler Ebene stattfinden kann.[297] Vielmehr stellt die Überwindung nationaler Barrieren eine Voraussetzung für die Implementierung eines institutionellen Rahmens dar, innerhalb dessen Konversionselemente auszuhandeln sind.

---

[296] Es kann nicht darauf verzichtet werden, den innergesellschaftlichen Interessenkontext der Akteure in die Betrachtung einzubeziehen. Vgl. Peter [1983], S. 270.

[297] Vgl. Jörg [1996], S. 71.

2.2.4. Zusammenfassung und weitere Vorgehensweise

Konversion bezeichnet einen politischen und gesellschaftlichen Wandel in bezug auf die Herstellung äußerer Sicherheit und beinhaltet Ansätze der Abrüstung und Entmilitarisierung internationaler Beziehungen sowie der Transformation in Richtung auf eine friedenswirtschaftliche Produktionsfunktion. Ferner bedarf es zur Vervollständigung des Handlungsprogramms Konversion eines sicherheitspolitischen Fundamentes in Form einer zivilorientierten Sicherheitspolitik.

Es konnte verdeutlicht werden, daß internationale Konversionsprozesse nur unter Beachtung der Nebenbedingung der Aufrechterhaltung stabiler militärischer Gleichgewichte stattfinden können[298] und darüber hinaus auch Imperative der gesellschaftlichen und wirtschaftlichen Stabilität zu berücksichtigen sind. Hinsichtlich der Implikationen der Konversion sind die positiven Effekte der Friedensdividende sowie die vielfältigen und differenziert auftretenden Konversionskosten anzuführen. Für die Akzeptanz von Konversionsprozessen kommt es in diesem Zusammenhang entscheidend darauf an, wie sich die Gewinne und Kosten auf die Akteure verteilen bzw. inwiefern es gelingt, asymmetrische Wohlfahrtsimplikationen zu kompensieren.

Insgesamt kann zur Legitimation von Konversion aus zwei Richtungen argumentiert werden. Zum einen legitimiert sich Konversion aus der normativen Vorstellung heraus, daß ein friedliches Zusammenleben aller Völker voraussetzt, daß die zur Vermeidung von Kriegshandlungen weltweit angehäuften Waffenpotentiale aufgrund ihrer Eignung zur Kriegsführung zu eliminieren sind. An dieser Stelle sei an die Forderung "Frieden schaffen ohne Waffen" erinnert, die von Seiten der Friedensbewegung in den 80er Jahren vorgetragen wurde[299] und eine radikale Veränderung der sicherheitspolitischen Ausrichtung beinhaltete. Dieser Vorstellung folgend soll es gerade nicht die symptomorientierte Abschreckung durch Waffengewalt sein, mit welcher der Austragung militärischer Auseinandersetzungen begegnet wird, vielmehr rücken kausaltherapeutische Überlegungen in den Mittelpunkt der sicherheitspolitischen Kriegsvermei-

---

298 Militärische Stabilität ergibt sich als Ergebnis des jeweiligen einzelstaatlichen Anspruchs, daß die nationalen Sicherheitsbedürfnisse infolge der Umsetzung von Abrüstungsmaßnahmen nicht negativ tangiert werden dürfen.

299 Zum sicherheitspolitischen Protest der Friedensbewegung siehe Schmitt [1987], passim. Auch Willy Brandt äußerte sich dahingehend, daß mehr Waffen die Menschheit nicht sicherer, sondern ärmer machen. Vgl. Breitschwert [1988], S. 54.

dung.[300] Zum anderen legitimiert sich Konversion im Sinne der aktiven politischen Einflußnahme zur Reduzierung des internationalen Bedrohungspanoramas durch die positiven Wohlfahrtsimplikationen der Friedensdividende, die infolge der Umwidmung militärisch genutzter Ressourcen langfristig zu erwarten ist. Zudem findet ein Abbau gravierender Abschreckungsexternalitäten, die im Zuge des langjährigen Wettrüstens erzeugt wurden, statt.[301] Im diesem Zusammenhang ist darauf hinzuweisen, daß die isolierte einzelstaatliche Ausrichtung der Sicherheitspolitik, die letztendlich das internationale Wettrüsten hervorbringt, auf die jeweiligen einzelstaatlichen Kosten- und Nutzeneffekte beschränkt ist. Die infolge der Abschreckung im Ausland auftretenden negativen externen Effekte fließen nicht in das Entscheidungskalkül des aufrüstenden Landes ein bzw. sind vom aufrüstenden Land intendiert. So kann das Phänomen des Wettrüstens mit der nur partiellen Kongruenz von Kosten und Nutzen infolge nationaler Rüstungsentscheidungen begründet werden. Ein aufrüstendes Land befindet sich lediglich in bezug auf die internen einzelstaatlichen Kosten- und Nutzeneffekte im Optimum. Im Falle einer Internalisierung der externen Kosten würden sich die Rüstungsausgaben auf einem niedrigeren Niveau einpendeln. Konversion ist zwar nicht mit einer Internalisierung gleichzusetzen, jedoch können durch fortgesetzte Abrüstungsmaßnahmen die externen Effekte der Abschreckung drastisch reduziert werden.

Zusammenfassend stellt sich Konversion als ein komplexer Prozeß des Zusammenwirkens von militärischer Abrüstung und gesellschaftlicher sowie volkswirtschaftlicher Transformation im Rahmen einer Sicherheitspolitik dar, die das Ziel der Herstellung internationaler Sicherheit auf niedrigem Abschreckungsniveau verfolgt. Die Erreichung des Zieles einer koordinierten und auf Minimalabschreckung gerichteten Sicherheitspolitik ist eine gesellschaftlich und wirtschaftlich multidimensionale Aufgabe mit Querschnittscharakter.[302] Eine erfolgreiche Umsetzung der Konversionsstrategie erlaubt die Überwindung der Dilemmasituation des internationalen Wettrüstens und ermöglicht folglich die Aufrechterhaltung internationaler Sicherheit bei wesentlich geringerem militärischen Ressourceneinsatz. Insofern kann Konversion prinzipiell der Rüstungsstrategie überlegen sein, jedoch weist der Weg der Umkehr zu einer konver-

---

300 Bastian verweist diesbezüglich auf Ungerechtigkeit, Ausbeutung und Naturzerstörung als zu bewältigende Kriegsursachen. Vgl. Bastian [1990], S. 470 ff.

301 Häckel weist zu Recht darauf hin, daß auch politische Abrüstungsschritte zu legitimieren sind. Er stellt in diesem Zusammenhang für nukleare Waffen fest, daß in dem Odium der Massenvernichtung allein noch kein hinreichender Abrüstungsgrund zu sehen ist. Vgl. Häckel [1998], S. 59 f.

302 Vgl. Kapstein [1992], S. 82.

sionsorientierten Sicherheitspolitik mit zivilen Konfliktlösungsmechanismen erhebliche Widrigkeiten auf. Infolge der Komplexität, der Interdependenzproblematik und der interessengeleiteten Einflüsse ist Konversion eben kein Selbstläufer,[303] vielmehr bedarf es zur Initiierung internationaler Konversionsprozesse der Bewältigung "technischer" Konversionshindernisse sowie der konversionsrelevanten Probleme des Politikversagens.

Bei der weiteren Vorgehensweise der Arbeit liegt der Schwerpunkt in erster Linie auf der spieltheoretischen Aufarbeitung internationaler Konversionsprozesse. Zur Analyse komplexer und interdependenter Konversionsprozesse erfolgt im dritten Kapitel eine Darstellung der spieltheoretischen Ansätze, um dann im vierten Kapitel geeignete spieltheoretische Ansätze auf die Konversionsproblematik zu übertragen und Handlungsempfehlungen in bezug auf die konversionsrelevanten Verhandlungsparameter abzugeben. Sodann werden die nationalen Interesseneinflüsse und die Tatbestände des Politikversagens im Rahmen der Neuen Politischen Ökonomie in die Analyse einbezogen.

---

303 Vgl. Debiel [1992], S. 19.

3. Methodische Ansatzpunkte der Spieltheorie

3.1. Einführung in die spieltheoretischen Grundlagen

Spieltheoretische Ansätze befassen sich mit der Analyse bestimmter Formen sozialer Interaktionen, die als Spiele bezeichnet werden. Eine soziale Interaktion ist im Sinne der Spieltheorie als ein Spiel aufzufassen, wenn von der Entscheidung eines Akteurs bzw. Spielers, der im Rahmen gegebener Spielregeln die individuelle Optimierung[1] des Spielausgangs anstrebt, Rückwirkungen auf den Spielausgang eines anderen Akteurs festzustellen sind. Mit anderen Worten kann von einem Spiel gesprochen werden, wenn individuell rational handelnde Akteure versuchen, ihren individuellen Nutzen in einer durch wechselseitige Interdependenz gekennzeichneten Entscheidungssituation zu maximieren.[2] Dieses ist bspw. in Konfliktsituationen und bei Entscheidungen über Kooperationen zwischen Akteuren der Fall.[3]

In interdependenten Entscheidungssituationen entwickeln die Akteure Strategien[4], um ihre individuellen Zielvorstellungen unter Einbeziehung der Handlungsweise des Gegenspielers zu realisieren. Dabei ist den Akteuren sowohl die wechselseitige Abhängigkeit als auch der Zusammenhang zwischen der Strategiewahl und dem Spielausgang bewußt. Daher sind die Akteure bestrebt, die aus der Interdependenz resultierenden Implikationen in ihre Entscheidung zugunsten

---

1 Die in der Spieltheorie in bezug auf das Verhalten der Akteure zugrundegelegten Prämissen weisen eine hohe Affinität zum Modell des homo oeconomicus auf. Vgl. Schüßler [1990], S. 21, siehe auch Seifert-Vogt [1990], S. 215 f.

2 Die Wahl der "richtigen" Strategie ist Gegenstand zahlreicher spieltheoretischer Ansätze. Ein objektiv überprüfbares Kriterium zur Identifizierung des "richtigen" Aktionsprogramms stellt die mit einer Strategie verbundnen Auszahlung dar. Vgl. Schüßler [1990], S. 20 f.

3 Vgl. Holler [2000], S. 1 und Schüßler [1990], S. 4 f.

4 Eine Strategie im spieltheoretischen Sinn ist ein vollständiges Aktionsprogramm eines Akteurs. Das bedeutet, daß für jeden denkbaren Zustand des betrachteten Spiels eine bestimmte Handlungsweise des Akteurs vorgesehen ist. Da die Komplexität von Spielen es oftmals nicht erlaubt, vollständige Aktionsprogramme zu entwerfen, ist die spieltheoretische Modellierung auf die wesentlichen strategischen Aktionen zu beschränken. Folglich ist es unausweichlich, zu abstrahieren, zu vereinfachen und bestimmte Spielzustände zu vernachlässigen. Vgl. Güth [1995 a], S. 24 f. Eine Strategie wird als dominant bezeichnet, sofern diese unabhängig von der Umweltlage zu höheren Auszahlungen führt als alternative Strategien. Da ein rationaler Spieler keine dominierte Strategie wählen wird, lassen sich spieltheoretische Situationen durch die Eliminierung dominierter Strategien vereinfachen. Güth [1995 a], S. 18.

einer bestimmten Spielstrategie im Rahmen ihrer kognitiven Fähigkeiten einfließen zu lassen.[5]

Ein Spiel kann somit durch das Zusammentreffen der Merkmale der individuellen Nutzenmaximierung auf der einen Seite und durch das Merkmal der strategischen Interdependenz der Entscheidungssituation auf der anderen Seite definiert werden. Vor diesem Hintergrund ist im Rahmen dieser Arbeit insbesondere die Betrachtung solcher Fragestellungen von Interesse, die sich mit dem Zustandekommen sozialer Kooperation befassen.

Von einer sozialen Kooperation kann gesprochen werden, wenn die Akteure miteinander statt gegeneinander spielen. Insofern sind im Rahmen der spieltheoretischen Analyse diejenigen Bedingungen herauszuarbeiten, die dazu führen, daß Akteure die isoliert nutzenmaximierende Strategie zugunsten einer kooperativen Strategie aufgeben. Dabei treten die Akteure weiterhin als rational denkende und handelnde Individuen in Erscheinung, die auf die Maximierung ihres Nutzens bedacht sind.[6]

In den nachfolgenden Abschnitten dieses Kapitels geht es vor allem darum, essentielle Bestandteile der spieltheoretischen Ansätze herauszuarbeiten, die für die Untersuchung des Zustandekommens internationaler Konversionsprozesse relevant sind. Zu diesem Zweck erfolgt im Rahmen der Darstellung der spieltheoretischen Grundlagen zunächst eine Unterscheidung in nicht-kooperative und kooperative Spiele, anhand derer Erläuterungen zu alternativen Spielausgängen unter Bezugnahme auf die Kriterien der Effizienz und der Stabilität des Spielergebnisses vorgenommen werden. Die Skizzierung von elementaren Spielvarianten stellt die Grundlage für die weitere Darstellung der spieltheoretischen Ansätze dar.

Im weiteren werden unterschiedliche spieltheoretische Ansätze dargestellt. Dabei stehen insbesondere die kooperativen Spiele, das Mechanismusdesign und die Ansätze der evolutorischen Spieltheorie im Mittelpunkt. Die kooperativen Spiele basieren auf Verhandlungen zwischen den Akteuren, die durch den Abschluß verbindlicher Vereinbarungen das Spielergebnis gestalten. Zur Analyse

---

5 Hinsichtlich der getroffenen Annahmen wendet Schüßler kritisch ein, daß real handelnde Akteure nicht über vollständige Informationen verfügen und nicht in der Lage sind, langfristig perfekte Kalkulationen zu erstellen. Insofern ist auf den normativen Charakter hinzuweisen, der den vorhersagenden spieltheoretischen Analysemodellen anhaftet. Vgl. Schüßler [1990], S. 20.

6 Vgl. Brieskorn [1998], S. VII.

der Spielausgänge werden axiomatische, behavioristische und strategische Lösungsansätze vorgestellt.

Im Rahmen des Mechanismusdesigns wird der Prozeß der Modellierung von Institutionen untersucht. Vor dem Hintergrund der Definition eines bestimmten Spielergebnisses als Zielzustand (Norm) besteht die Aufgabe des Mechanismusdesigns darin, die Spielregeln unter Beachtung der Präferenzen der Akteure derart zu modellieren, daß individuell rational handelnde Akteure diejenige Strategie ergreifen, die letztlich zur Realisierung der Norm führt.

Die sich im Zeitablauf einstellende Abfolge von Spielergebnissen wird im Rahmen der evolutorischen Spiele betrachtet. Von Interesse ist die Frage, welche Verhaltensweisen im Zeitablauf mutieren oder sich als durchsetzungsfähig, d. h. als fit erweisen. Ferner wird untersucht, welche Institutionen sich durchsetzen und damit zur Stabilisierung bestimmter Verhaltensweisen beitragen bzw. unter welchen Voraussetzungen neue Institutionen entstehen. Mögliche Entwicklungen sowie die Voraussetzungen für die Herausbildung von Kooperationen in dynamischer Prozessen werden im Rahmen der evolutorischen Ansätze dargestellt.

Der dritte Abschnitt dieses Kapitels befaßt sich mit der Frage des Zustandekommens und der Ausbreitung eigennützig motivierter Kooperationsstrategien in kleinen und großen Gruppen. Indem die Aspekte der Strategiewahl, der institutionellen Rahmengebung und der Durchsetzungsfähigkeit von Verhaltensweisen für verschiedene gesellschaftliche Problemstellungen zusammengeführt werden, lassen sich Rückschlüsse auf die Bedingungen und Grenzen der egoistischen Kooperation ziehen. Dabei wird ein besonderes Augenmerk auf die Bedeutung von Sanktions- und Überwachungsmechanismen zur Aufrechterhaltung von Kooperationen gelegt.

3.2. Einzelne spieltheoretische Ansätze

3.2.1. Darstellung elementarer Spieltypen

3.2.1.1. Klassifikation der Spieltypen

Ausgehend von der Eigenschaft der Interdependenz als einem konstituierenden Merkmal von Spielen lassen sich Spielsituationen grundsätzlich dahingehend unterscheiden, ob die Akteure in der Lage und Willens sind, auf die wechselseitige Abhängigkeit Einfluß zu nehmen, d. h. zu kooperieren, oder ob dieses eben nicht der Fall ist.

Nicht-kooperative Spiele zeichnen sich durch fehlende Kommunikation zwischen den Spielern aus. Ohne bindende Vereinbarungen können die Akteure lediglich eine isolierte Optimierung der Spielergebnisse anstreben.

Für nicht-kooperative Spiele lassen sich im Rahmen der spieltheoretischen Analyse Aussagen zur Vorteilhaftigkeit alternativer Strategien treffen, es können Strategieempfehlungen sowie Prognosen von Spielausgängen unter der Annahme individuell rational handelnder Akteure gegeben werden. Ferner lassen sich die Determinanten der Spielausgänge aufzeigen und Aussagen zur Stabilität von Spielergebnissen treffen.

Sofern die Akteure miteinander kommunizieren und bindende Vereinbarungen schließen, liegt ein kooperatives Spiel vor, wobei Koordinations- und Verhandlungsspiele zu unterscheiden sind.[7]

---

[7] Vgl. Holler [2000], S. 3 und S. 185 ff. Kritisch zu der Unterscheidung in nicht-kooperative und kooperative Spiele äußert sich Seifert-Vogt mit dem Hinweis auf die individuelle Entscheidung der einzelnen Spieler, sich auf Kooperation einzulassen oder dieses nicht zu tun. Vgl. Seifert-Vogt [1990], S. 223 f. Sehr wohl ist die getroffene Gegenüberstellung sinnvoll, wenn die Herausarbeitung der für die Entstehung und Aufrechterhaltung von Kooperation notwendigen Bedingungen im Mittelpunkt stehen.

Abbildung 14: Klassifikation von Spielen

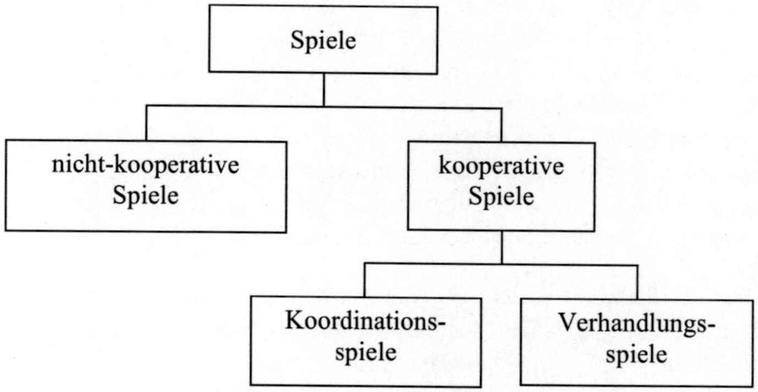

Quelle: Eigene Darstellung.

3.2.1.2. Spielergebnisse

3.2.1.2.1. Zur Stabilität der Spielergebnisse

Ein Spielergebnis wird als stabil bezeichnet, wenn kein Spieler einen Anreiz hat, von der gewählten Strategie abzuweichen, um eine Veränderung des Spielergebnisses bzw. der Auszahlungen herbeizuführen. Insofern erweist sich das Spielergebnis als robust gegenüber etwaigen Strategieänderungen.

Nicht-kooperative Spiele führen zu stabilen Spielergebnissen, da die sich herauskristallisierende dominante Strategiekombination auf individuell rationalen Maximierungskalkülen basiert. Insofern kann kein Akteur durch den Rückgriff auf eine alternative Strategie eine höhere Auszahlung erzielen. Kooperative Spiele basieren auf koordinierter Strategiewahl der Akteure. Im Fall der Koordinationsspiele kann die Kooperation bereits durch Kommunikation der Akteure zustande kommen. Sofern den Spielern die wechselseitigen Präferenzen bekannt sind und eine Übereinstimmung der Interessen festgestellt werden kann, ist bei entsprechendem Kommunikationsvermögen eine individuell rationale Kooperation zu erwarten, da diese für alle Spieler mit einer Verbesserung des individuellen Spielergebnisses verbunden ist. Folglich hat in derartigen Spielkonstellationen kein Spieler einen Anreiz, zu defektieren. Vielmehr resultiert bereits aus der Koordination der Verhaltensweisen ein stabiles Koordinationsgleichgewicht.

Somit sind die entstehenden Kooperationen selbstdurchsetzend und stabil, d. h. es bedarf keiner Maßnahmen zur Stabilisierung des Spielergebnisses.[8]

Als weitaus komplexer stellen sich die Zusammenhänge bei Verhandlungsspielen dar, denen eine antagonistische Interessenlage der Akteure zugrundeliegt. Im Gegensatz zu Koordinationsspielen stellt sich bei Verhandlungsspielen keine Kooperation infolge individuell rationalen Verhaltens ein, obwohl sich die Akteure dadurch besserstellen würden als im Fall nicht-kooperativen Verhaltens. Vielmehr bedarf es zur Erzeugung einer kooperativen Lösung, von der die Akteure profitieren, einer bindenden Vertragsgrundlage. Erst dann kann eine gegen Strategieänderungen robuste Kooperation entstehen.[9]

Neben der Stabilität besteht ein weiteres Kriterium zur Beurteilung von Spielausgängen in der Effizienz des Spielergebnisses. Legt man diesbezüglich einen wohlfahrtstheoretischen Maßstab zugrunde und stellt somit auf die kollektive Vorteilhaftigkeit eines Spielausgangs, d. h. auf die Summe der Auszahlungen, ab, so lassen sich anhand der dem Gefangendilemma[10] zugrundeliegenden Spielsituation Hinweise über die wohlfahrtstechnische Wertigkeit der elementaren Spieltypen gewinnen.

Nachfolgend wird daher eine Untersuchung der Effizienz von Spielergebnissen nicht-kooperativer und kooperativer Spiele vorgenommen.

3.2.1.2.2. Zur Effizienz der Spielergebnisse

3.2.1.2.2.1. Suboptimalität nicht-kooperativer Spielergebnisse

In der spieltheoretischen Konstellation des Gefangenendilemmas müssen zwei voneinander isolierte Spieler (hier Gefangene) jeweils eine Entscheidung treffen, ob sie ein Geständnis bezüglich einer gemeinsam begangenen Straftat ablegen. Dabei ist den Gefangenen die Einscheidung des Mitspielers nicht bekannt und zudem können sie aufgrund der fehlenden Kommunikationsmöglichkeit keine Absprachen treffen.[11] Zugleich kann bereits der Nachweis einer weniger

---

8 Zur Darstellung von Koordinationsspielen anhand eines Beispieles siehe Güth [1995 a], S. 16 ff.

9 Vgl. Güth [1995 a], S. 19 ff.

10 Das Gefangenendilemma stellt das spieltheoretische Grundmodell zur Analyse der Koordinationsproblematik sowie des Widerspruchs zwischen individueller und kollektiver Rationalität dar. Vgl. Althammer [1995], S. 92 ff.

11 Vgl. Hengsbach [1998], S. 55.

gravierenden, gemeinsam begangenen Straftat erbracht werden. Um auch die schwerwiegende Straftat beweisen und sanktionieren zu können, ist der Staatsanwalt auf ein Geständnis von zumindest einem der Akteure angewiesen. In dieser Situation eröffnet der Staatsanwalt dem geständigen Gefangenen die Möglichkeit der Straferleichterung im Rahmen einer Kronzeugenregelung. Diese kommt allerdings ausschließlich dann zum Tragen, wenn nur ein Gefangener geständig ist, also als Kronzeuge auftritt.

Der Blick auf die in der nachfolgenden Abbildung dargestellten Bestrafungsmatrix verdeutlicht die Dilemmasituation, in der sich die Gefangenen nunmehr befinden: Falls kein Spieler gesteht, kann die gemeinsam begangene Straftat nicht nachgewiesen werden, beide Spieler werden mit jeweils drei Jahren Haft für die nachweisbare Tat bestraft. Dem geständigen Spieler wird im Rahmen einer Kronzeugenregelung eine Hafterleichterung angeboten, so daß nur ein Jahr Haft droht. Der uneinsichtige, nicht geständige Spieler muß hingegen mit einer härteren Bestrafung in Höhe von zehn Jahren rechnen. Die Interdependenz der Entscheidungssituation wird nunmehr dadurch sichtbar, daß das Geständnis des Spielers A zu einer schärferen Bestrafung des Spielers B führt. Dieser kann nunmehr seinerseits durch ein Geständnis eine mildere Bestrafung herbeiführen. Sind beide Spieler geständig, greift nicht mehr die Kronzeugenregelung, vielmehr werden die Geständigen mit jeweils acht Jahren Haft bestraft. Nunmehr besteht für jeden Gefangenen ein Anreiz, die Tat zu gestehen, obwohl damit die Gesamtstrafe deutlich höher ausfällt als im Fall beidseitigen Nicht-Gestehens. Dieses läßt sich anhand der nachfolgenden Übersicht darstellen:

Abbildung 15: Bestrafungsmatrix im Gefangenendilemma

		Spieler 2 (S2)	
		gesteht nicht (S21)	*gesteht (S22)*
Spieler 1 (S1)	*gesteht nicht (S11)*	3 Jahre für S1 3 Jahre für S2	10 Jahre für S1 1 Jahr für S2
	gesteht (S12)	1 Jahr für S1 10 Jahre für S2	8 Jahre für S1 8 Jahre für S2

Quelle: Eigene Darstellung.

Wie die obige Matrix verdeutlicht, stellt die Strategie S12 (Gestehen) für den Spieler S1 die dominante Strategie dar. Die Entscheidung des Spielers S2 geht als Umweltlage in das Entscheidungskalkül des Spielers S1 ein. Entscheidet sich der Spieler S2 gegen ein Geständnis, so kann Spieler S1 seine Haftstrafe durch ein Geständnis von drei Jahren auf ein Jahr reduzieren. Auch wenn der Spieler S2 die gemeinsam begangene Tat gesteht, ist es für den Spieler S1 vorteilhaft, ein Geständnis abzulegen, da er hierdurch die Bestrafung von zehn Jahren auf acht Jahre reduzieren kann. Letztlich entscheidet sich Spieler S1 unabhängig von der Strategie des Mitspielers für ein Geständnis. Das gleiche gilt für den Spieler S2.

Wie die Bestrafungsmatrix verdeutlicht, ist ein Geständnis der gemeinsam begangenen Straftat jeweils individuell rational. Dieses Ergebnis ist stabil, da es als Kombination dominanter Strategien zustande kommt. Hingegen ist das Ergebnis aus Sicht der Gefangenen nicht effizient, da letztlich beide Spieler mit jeweils acht Jahren Gefängnis bestraft werden. Hingegen käme es im Fall des beidseitigen Nicht-Gestehens mit jeweils drei Jahren Haft zu einer deutlich geringeren Bestrafung. Das Dilemma der Gefangenen besteht somit offenkundig darin, aus individuell rationalen Erwägungen eine aus kollektiver Sicht suboptimale Strategie zu spielen. Allgemein läßt sich hinsichtlich derartiger Spielsituationen festhalten, daß ein Widerspruch zwischen individueller und kollektiver Rationalität besteht. Mit anderen Worten: Die individuelle Entscheidung für eine rationale Strategie führt in Gefangenendilemma-Situationen nicht zu einer effizienten Lösung.[12]

Den Spielern ist dieses Dilemma bzw. die kollektive Suboptimalität ihrer Entscheidung durchaus bekannt, jedoch haben sie in derartigen nicht-kooperativen Spielsituationen keine Möglichkeit, das Dilemma zu durchbrechen. Vielmehr handelt es sich bei der Strategiekombination des beidseitigen Geständnisses um eine Gleichgewichtslösung, da kein Spieler durch die Wahl einer alternativen Strategie c. p. einen Vorteil erlangen kann. Man spricht in diesem Fall von einem Nash-Gleichgewicht.[13]

---

12 Vgl. Holler [1996], S. 2 f.

13 Bei einer Strategiekombination handelt es sich um ein Nash-Gleichgewicht, wenn sich unter der Voraussetzung, daß die anderen Spieler die gewählte Strategie beibehalten, kein Spieler durch isolierte Strategieänderung einen Vorteil verschaffen kann. Vgl. Seifert-Vogt [1990], S. 249. Die Bezeichnung des Nash-Gleichgewichtes für stabile Spielausgänge nicht-kooperativer Spiele wurde im Jahr 1950 von John Nash eingeführt. Vgl. Nash [1950], S. 155 ff.

3.2.1.2.2.2. Auszahlungsraum und Nutzengrenze bei kooperativen Spielen

Wie anhand der obigen Ausführungen dargelegt werden konnte, führen nichtkooperative Spiele nicht zu einem effizienten Spielergebnis. Nunmehr ist zu untersuchen, inwiefern sich durch den Übergang zu einer kooperativen Spielform eine Verbesserung des Spielergebnisses erzielen läßt.

In diesem Zusammenhang wird wiederum auf das Gefangenendilemma als dem spieltheoretischen Grundkonstrukt für die Analyse von Verhaltensmustern zwischen eigennützig handelnden Akteuren Bezug genommen, da sich anhand des Gefangenendilemmas grundlegende Voraussetzungen der Entstehung und Aufrechterhaltung sozialer Kooperation, aber auch der Grenzen im Sinne der Defektion und des Zerfalls der Kooperation ableiten lassen.[14] Grundsätzlich ist als eine wesentliche Voraussetzung für die Entstehung von Kooperation die Fähigkeit der Akteure anzuführen, in kommunikative Beziehungen zu treten (Koordinationsspiele) und darüber hinaus bindende Vereinbarungen zu treffen (Verhandlungsspiele).[15]

Ferner ist die Annahme eigennützig handelnder Individuen auch bei kooperativen Spielen aufrechtzuerhalten: Das individuelle Nutzenmaximierungskalkül steht nach wie vor bei der Strategiewahl der Akteure im Mittelpunkt. Lediglich die Entscheidung über die zu ergreifende Strategiekombination wird gemeinsam, eben koordiniert getroffen. Insofern kann festgestellt werden, daß die für die Strategiewahl relevante Entscheidungsregel für individuell rationale Entscheidungen eine andere ist als für kollektiv rationale Entscheidungen.[16]

Das Hauptproblem bei der Lösung von Verhandlungsspielen findet sich demnach in der Fragestellung wieder, unter welchen Voraussetzungen und auf welche Weise sich die Akteure überhaupt zu verpflichtenden Handlungen binden lassen. Dieser Fragestellung sind alle übrigen Aspekte untergeordnet, z. B. die

---

14 Vgl. Schüßler [1990], S. 8, S. 16 und S. 32.

15 Das Gefangenendilemma bringt auch im Fall von Kommunikation und Abmachungen zwischen den Akteuren keine Ergebnisverbesserung hervor, da beide Akteure handfeste Anreize haben, die Abmachung nicht einzuhalten. Sofern also Akteure Vereinbarungen defektieren und die Mitspieler dieses antizipieren, laufen kommunikative Beziehungen zwischen den Akteuren leer. Erst wenn die Abmachungen für die Akteure bindend sind, kommt ein kooperatives Spiel zustande. Vgl. Holler [1996], S. 6.

16 Vgl. Hengsbach [1998], S. 55.

Organisation der Kommunikation zwischen den Akteuren, die Sicherstellung der Einhaltung von Verpflichtungen sowie der Umgang mit Defekteuren.[17]

In der Spieltheorie werden zwei Ansätze zur Entstehung bindender Verpflichtungen unterschieden. Auf der einen Seite können diese auf Selbstverpflichtungen der Akteure zurückzuführen sein, auf der anderen Seite kann eine vertragliche Bindung vereinbart werden. Vor dem Hintergrund der Annahme der individuellen Nutzenmaximierung werden die Akteure bindende Verpflichtungen nur dann eingehen, wenn die aus der Kooperation resultierenden individuellen Auszahlungen über den Auszahlungen bei nicht-kooperativem Verhalten liegen. Im Fall der Selbstverpflichtung trifft dieses nur bei wiederholten Spielen mit unendlichem Zeithorizont, sogenannten Superspielen, zu.[18] Andernfalls besteht ein Anreiz, die Kooperation in der Endperiode zu defektieren, weil sich durch kooperatives Verhalten kein Vorteil mehr erzielen läßt. Mittels rückwärtslaufender Induktion läßt sich nun zeigen, daß abweichendes Verhalten bei begrenztem Zeithorizont bereits in der Anfangsperiode nicht verhindert werden kann.[19]

Basiert kooperatives Verhalten auf einer bindenden vertraglichen Grundlage zwischen den Akteuren, so ändert sich die Spielsituation grundlegend. Im Gefangenendilemma würde beispielsweise durch eine verbindliche Vereinbarung zwischen den Gefangenen ein Strategiewechsel hin zur kooperativen Lösung möglich werden, d. h. im Ergebnis würden beide Gefangenen die gemeinsame Straftat nicht gestehen und mit nur jeweils drei Jahren Haft bestraft werden. Die in der Summe um zehn Jahre verminderte Haftdauer ist aus Sicht der Spieler als Kooperationsgewinn[20] anzusehen. Da jeder Spieler genau die Hälfte des Kooperationsgewinns für sich vereinnahmen kann, liegt zudem eine symmetrische Verteilung des Kooperationsgewinnes vor.

Zur Überführung eines nicht-kooperativen in ein kooperatives Spiel durch den Abschluß eines Vertrages bedarf es zunächst freiwilliger Verhandlungen zwischen den Spielern. Diese werden nur dann aufgenommen, wenn ein Kooperati-

---

17 Vgl. Holler [1996], S. 20 f. und Schüßler [1990], S. 38 f.

18 Zu den Implikationen der intertemporären Verknüpfung von Spielen im Hinblick auf die Entstehung kooperativer Strukturen siehe McGinnis [1986].

19 Vgl. Schüßler [1990], S. 98 ff. Schüßler weist in diesem Zusammenhang auch darauf hin, daß eine Schwäche des Induktionsbeweises in der Lösung von der strategischen Spielsituation erfolgt und praktisches Verhalten durchaus der Logik des Induktionsargumentes widersprechen kann.

20 Als Kooperationsgewinne oder Kooperationsrenten sind diejenigen Pareto-Verbesserungen der Akteure zu verstehen, die infolge der kooperativen Strategiekombination auftreten können. Vgl. Wieland [1998], S. 25.

onsgewinn in Aussicht steht. Als Verhandlungsergebnis wird letztlich nicht nur die Höhe des Kooperationsgewinns als der Überschuß über das Nash-Gleichgewicht der nicht-kooperativen Lösung, sondern auch dessen Aufteilung festgelegt. Das Resultat eines derartigen Verhandlungsprozesses ist prinzipiell indeterminiert, jedoch lassen sich bestimmte Grenzen ausmachen, innerhalb derer ein Kooperationsgewinn überhaupt entstehen kann und aufzuteilen ist, ohne die Kooperation zu gefährden. Sofern im Rahmen eines Zwei-Spieler-Modells über die Aufteilung eines Kooperationsgewinns zu verhandeln ist, so kann zunächst festgestellt werden, daß eine erhöhte Auszahlung eines Spielers zulasten des anteiligen Kooperationsgewinns des Mitspielers geht: Insofern liegt ein Nullsummenspiel vor. Die Kombinationsmöglichkeiten der Aufteilung des maximalen Kooperationsgewinns werden als Nutzen- oder Paretogrenze bezeichnet. Erhält ein Spieler nichts vom Kooperationsgewinn, so realisiert er lediglich diejenige Auszahlung, die im nicht-kooperativen Spiel durch das Nash-Gleichgewicht determiniert ist. Dieser Spieler verbessert sich nicht durch die Kooperation und kann, ohne einen Verlust hinnehmen zu müssen, mit dem Zerfall der Kooperation drohen, was dann auch den Mitspieler um dessen Kooperationsgewinn bringt. Insofern wird das Nash-Gleichgewicht, das sich als Ergebnis des nicht-kooperativen Spiels einstellt, als Konflikt- oder Drohpunkt bezeichnet.

Ein Sonderfall der Aufteilung des Kooperationsgewinns besteht in der symmetrischen Aufteilung zwischen den Akteuren.[21] Aber auch asymmetrische Aufteilungen sind als Verhandlungsergebnis nicht auszuschließen. Derartige Ergebnisse lassen sich beispielsweise durch unterschiedliches Verhandlungsgeschick herbeiführen. Denkbar ist auch, daß den Verhandlungen über die Verteilung der Kooperationsgewinne Nutzenwerte auf der Grundlage unterschiedlicher Nutzenfunktionen anstelle von Auszahlungen zugrundegelegt werden.

In der nachfolgenden Abbildung sind die Nutzengrenze und der Auszahlungsraum anhand eines Zwei-Personen Spiels dargestellt. Die Summe aller möglichen Auszahlungskombinationen, die innerhalb der durch die pareto-optimale Nutzengrenze (Maximalauszahlung) und die Konfliktpunkte (Nash-Gleichgewicht) markierten Grenzen liegen, werden als Auszahlungsraum bezeichnet. Dabei bildet die Nutzengrenze sämtliche Aufteilungskombinationen eines effizienten Spielresultates ab. Verhandlungsergebnisse, die zu einer Auszahlungs-

[21] Die symmetrische Aufteilung des Kooperationsgewinns auf der Nutzengrenze wird als Nash-Lösung bezeichnet. Vgl. Mayer [1992], S. 799.

kombination unterhalb der Nutzengrenze führen, sind zwar nicht effizient, stellen jedoch eine Verbesserung gegenüber der nicht-kooperativen Lösung dar.[22]

Abbildung 16: Kooperationsgewinn und Auszahlungsraum

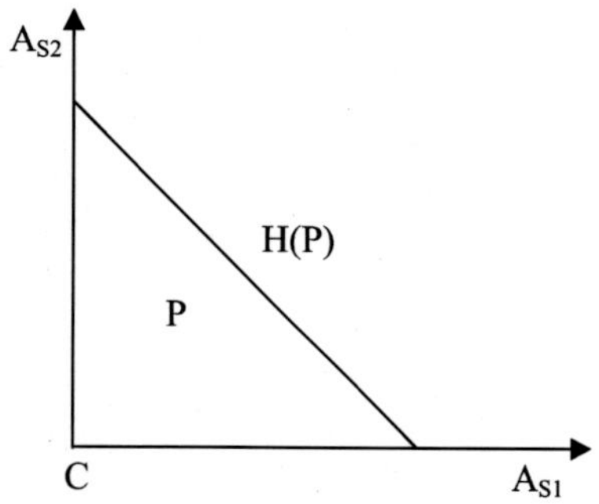

Quelle: Holler [2000], S. 24.

In einem Zwei-Personen-Spiel kann durch Kooperation ein Gewinn erzielt werden, welcher in der obigen Abbildung durch den Auszahlungsraum P dargestellt ist. Auf den Achsen der Grafik sind die Auszahlungen abgetragen, wobei A_{Si} die Auszahlung des Spielers i darstellt. Die dreieckige Fläche P repräsentiert den Auszahlungsraum, d. h. die Gesamtheit aller möglichen Auszahlungskombinationen, die als Ergebnis alternativer Verhandlungen und Vereinbarungen zustande kommen können.[23]

H(P) stellt die effiziente Nutzengrenze dar, die sämtliche Kombinationen paretooptimaler Auszahlungspaare enthält. Ausgehend von einem Punkt auf der Nutzengrenze kann kein Spieler ein besseres Ergebnis erzielen, ohne zugleich den Mitspieler schlechter zu stellen.

Der Punkt C steht für die Auszahlungskombination, die die Spieler im nicht-kooperativen Spiel (Nash-Gleichgewicht), d. h. bei ausbleibender Kooperation,

22 Vgl. Holler [2000], S. 23 f. und S. 40 f.

23 Vgl. Lahno [1995], S. 76.

realisieren. Im vorliegenden Fall erfolgt im Konfliktfall keine Auszahlung, der Punkt C befindet sich im Ursprung des Auszahlungsdiagramms.

Alle weiteren Auszahlungsvektoren aus P, die weder durch die Kombinationen auf H(P) noch durch C erfaßt sind, stellen eine Pareto-Verbesserung gegenüber dem Status quo dar, sind allerdings nicht effizient.

Insgesamt läßt sich die kollektive Vorteilhaftigkeit sozialer Kooperation an den Kooperationsgewinnen erkennen, die infolge der koordinierten Strategiewahl auftreten. Hingegen ist das Nash-Gleichgewicht einer nicht-kooperativen Spielsituation als ineffizient zu bezeichnen. Jegliche Verschiebung in den Auszahlungsraum repräsentiert eine Pareto-Verbesserung, da sich zumindest ein Akteur bei kooperativem Verhalten besserstellt, d. h. einen Kooperationsgewinn realisiert.[24]

Da Koordinationsspiele bereits durch Kommunikation zwischen den Spielern zu einem effizienten Ergebnis gebracht werden können, steht die Betrachtung der anspruchsvolleren Ansätze im Rahmen der Verhandlungsspiele im Mittelpunkt der weiteren Ausführungen.

3.2.2. Verhandlungsspiele

3.2.2.1. Spieltheoretische Aufbereitung von Verhandlungsproblemen

Den Verhandlungsspielen liegen nicht-kooperative Spielsituationen zugrunde, wobei Verhandlungen zu bindenden Vereinbarungen führen sollen, um eine kooperative Lösung herbeizuführen.[25] Die Vorgehensweise der spieltheoretischen Modellierung von Verhandlungsprozessen ist in entwickelten Industriegesellschaften von grundlegender Bedeutung für eine Vielzahl gesellschaftlich relevanter Entscheidungen: Auf der Grundlage von Verhandlungen zwischen sozialen Gruppen werden nicht nur Lohn- und Tarifabschlüsse herbeigeführt, auch den internationalen Handels-, Umwelt- und Abrüstungsabkommen liegen Verhandlungen zugrunde.[26]

---

[24] Vgl. Holler [1996], S. 5 f.

[25] Vgl. Holler [2000], S. 187.

[26] Vgl. Gaertner [1992], S. 109 sowie Althammer [1995], S. 93.

Formal läßt sich ein Verhandlungsspiel durch folgende elementare Bestandteile abbilden:

- N ist die Menge der Spieler,
- P definiert den Auszahlungsraum, d. h. die Menge aller möglichen Auszahlungsvektoren $u = (u_1, \ldots, u_n)$,
- $c = (c_1, \ldots, c_n)$ ist der Auszahlungsvektor im Konfliktpunkt, der im Fall der Nichteinigung realisiert wird.

Für den Auszahlungsraum eines Verhandlungsspiels gilt, daß dieser konvex und kompakt, d. h. abgeschlossen und begrenzt ist. Ferner stellt die Nutzengrenze des Auszahlungsraumes eine stetige Funktion dar.[27] Anders als im zuvor dargestellten Gefangenendilemma besteht die Problematik von Verhandlungsspielen nun darin, daß der Auszahlungsraum mehr als eine mögliche Kooperationslösung erlaubt. Die Spieler müssen somit Einigkeit darüber erzielen, welchen Auszahlungsvektor sie realisieren möchten.

In einem ersten Schritt besteht das Verhandlungsproblem somit darin, den Auszahlungsraum zu bestimmen, d. h. diejenigen Auszahlungsvektoren $u_i \in P$ zu ermitteln, welche die Bedingung $u_i > c_i$ erfüllen. Innerhalb des Auszahlungsraumes können sich sämtliche Kombinationen von Auszahlungsvektoren als Verhandlungsergebnis einstellen, wobei rationale Spieler allerdings in den Verhandlungen eine Lösung auf der Nutzengrenze anstreben werden.

In einem zweiten Schritt ist das Problem der Aufteilung des Kooperationsgewinnes als Bestandteil des Verhandlungsproblems zu lösen. Da die Kooperationslösung für beide Akteure eine gerechte Lösung darstellen muß, ist der technisch mögliche Auszahlungsraum um diejenigen Auszahlungskombinationen zu reduzieren, die von mindestens einem Akteur deshalb als ungerecht empfunden werden, weil der Kooperationsgewinn zu seinen ungunsten verteilt ist. [28]

Als weiteres Problem ist auf die Notwendigkeit der Erzeugung von Verbindlichkeit zur Etablierung einer Verhandlungslösung hinzuweisen.[29] Da nicht auszuschließen ist, daß eigennützig handelnde Akteure nur zum Schein in eine Koope-

---

27 Vgl. Holler [2000], S. 190. Siehe oben, Abbildung 16, S. 120.

28 Zu dem Problem der Berücksichtigung des Aspektes der Gerechtigkeit im Sinne einer gerechten Verteilung im Rahmen spieltheoretisch modellierter Verhandlungsprozesse siehe Gaertner [1992], S. 109 ff.

29 Vgl. Holler [2000], S. 185 f.

ration einwilligen, um dann durch defektives Verhalten[30] den kooperierenden Mitspieler auszubeuten, bedarf es geeigneter Mechanismen, welche die Akteure an die Verhandlungslösung binden. Mit anderen Worten sind die Abmachungen derart zu gestalten, daß die nicht-kooperative Strategie für jeden Akteur unvorteilhaft wird.[31] Hierzu ist es erforderlich, einen defektiv erlangten Vorteil abzuerkennen und dem Defekteur zudem eine Strafe aufzuerlegen. Die Verbindlichkeit einer kooperativen Verhandlungslösung kann somit erst dann hergestellt werden, wenn die Akteure hinsichtlich der Einhaltung der getroffenen Abmachungen überwacht werden und ein Sanktionsmechanismus zur Ahndung von Defektionen verfügbar ist. Die Gestaltung und Installierung von Überwachungs- und Sanktionsmaßnahmen ist ebenfalls Bestandteil des Verhandlungsproblems.

Insgesamt sind kooperative Spiele bzw. Verhandlungsspiele dadurch gekennzeichnet, daß durch verbindliche Abmachungen zwischen Spielern ein Kooperationsgewinn erzielt werden kann. Soweit keine Interessenkonflikte zwischen den Spielern bestehen, reicht bereits Kommunikation, um eine effiziente Lösung zu etablieren (Koordinationsspiel). Andernfalls ist es notwendig, die "Verbindlichkeit" der Verpflichtungen in irgendeiner Form zu institutionalisieren, um die durch Ineffizienz gekennzeichnete nicht-kooperative Lösung zu überwinden.[32] Hinsichtlich des sich letztendlich einstellenden Verhandlungsergebnisses kann festgestellt werden, daß die eigennützig handelnden Akteure über die Aspekte der Effizienz, Gerechtigkeit und Verbindlichkeit verhandeln müssen und vor dem Hintergrund der Vielfalt möglichen Kombinationen innerhalb des Auszahlungsraumes das Verhandlungsergebnis indeterminiert und nicht prognostizierbar ist.

---

30 Ein Akteur ist als Defekteur zu bezeichnen, wenn dieser ungeachtet einer bestehenden Kooperationsvereinbarung eine nicht-kooperative Strategie verfolgt und die kooperativen Akteure ausbeutet.

31 Dieses läßt sich im Gefangenendilemma beispielsweise anhand der Mafia-Lösung zeigen, die jedes Geständnis mit dem Tod bestraft und damit "Nicht-Gestehen" zur individuell rationalen Strategie werden läßt. Vgl. Holler [2000], S. 186.

32 Vgl. Holler [2000], S. 186 f.

Vor diesem Hintergrund erfolgt nachfolgt eine Darstellung unterschiedlicher Lösungsansätze für Verhandlungsspiele:

- Im Rahmen der axiomatischen Lösungsansätze wird untersucht, inwiefern die Vorgabe von Normen zu einer Eingrenzung des Lösungsraums führt.
- Die behavioristischen Lösungsansätze untersuchen den Einfluß von Verhandlungsprozessen, d. h. die Art und Weise, wie Verhandlungen von den Akteuren geführt werden.
- Die strategischen Lösungsansätze knüpfen an die institutionelle Rahmengebung zur Erzeugung einer kooperativen Lösung an.

3.2.2.2. Lösungsansätze für Verhandlungsspiele

3.2.2.2.1. Axiomatische Lösungsansätze

Im Rahmen der axiomatischen Ansätze von Verhandlungsspielen werden Lösungsspezifikationen diskutiert,

- die als Axiome formulierte Eigenschaften erfüllen, bspw. Fairneß, Gerechtigkeit und Effizienz
- und einem Verhandlungsspiel genau einen Auszahlungsvektor zuordnen.[33]

Eine eindeutige Lösung eines Verhandlungsspieles kommt unter der Bedingung zustande, daß rational handelnde Spieler nur eine zugleich faire und effiziente Lösung akzeptieren. Das Axiom der Fairneß kann sich bei der Lösung eines Zwei-Personen-Spieles bspw. darin niederschlagen, daß das Verhandlungsergebnis eine symmetrische Aufteilung des Kooperationsgewinnes aufweisen muß. Ferner ist das Effizienzaxiom dann erfüllt, wenn ein beliebiger Auszahlungsvektor auf der Nutzengrenze erreicht wird. Der Auszahlungsraum ist bei dieser Verhandlungslösung somit auf zwei Punkte reduziert, nämlich einerseits auf den Konfliktpunkt und andererseits auf eben den Punkt auf der Nutzengrenze, der eine symmetrische Aufteilung der anteiligen Kooperationsgewinne beinhaltet. Diese zugleich effiziente und faire Lösung, die wegen der zugrundeliegenden Axiome eindeutig bestimmt ist, wird als Nash-Lösung bezeichnet. Sofern die Akteure sich nicht auf eine faire Aufteilung des Kooperationsgewinns einigen können, bleibt nur der Rückfall auf den Konfliktpunkt.

---

[33] Zu den nachfolgenden Ausführungen siehe Holler [2000], S.190 ff.

Formal bezeichnet die Nash-Lösung im Zwei-Personen-Spiel das Verhandlungsergebnis $u^* \in P$ mit eben demjenigen Auszahlungsvektor, der das Nash-Produkt $NP = (u_1^* - c_1)(u_2^* - c_2)$ maximiert. Die Nash-Lösung kennt genau einen Auszahlungsvektor, der als Ergebnis aus dem Verhandlungsspiel hervorgeht. Diese Lösung erfüllt als einzige die folgenden vier Axiome:

(1) Die Nash-Lösung ist unabhängig von äquivalenter Nutzentransformation, d. h. das Verhandlungsergebnis ist robust gegenüber linearer Modifikation der Nutzenfunktionen.

(2) Das Verhandlungsspiel ist symmetrisch, d. h. die Lösung liegt auf der Winkelhalbierenden des Auszahlungsraumes. Im interpersonellen Nutzenvergleich zeigt sich, daß die Lösung nicht zwischen den Spielern unterscheidet.

(3) Durch das Axiom der Unabhängigkeit von irrelevanten Alternativen ist das Lösungsproblem auf den Konfliktpunkt c und das Verhandlungsergebnis selbst beschränkt.[34]

(4) Die im vierten Axiom geforderte Pareto-Optimalität sorgt für eine effiziente und sozial rationale Lösung, da sich kein Spieler verbessern kann, ohne zugleich den Mitspieler schlechter zu stellen.

Gegenüber der Nash-Lösung ist kritisch einzuwenden, daß die Spieler unterschiedliche Auffassungen von Fairneß und Symmetrie haben können, insbesondere wenn nicht direkt auf Auszahlungen abgestellt wird, sondern Nutzenfunktionen zugrundegelegt werden.[35] Zudem erscheint problematisch, daß die Nash-Lösung nicht berücksichtigt, daß die Akteure ein unterschiedliches Verhandlungsgeschick in die Verhandlungen einbringen. Insofern erscheint die ausschließliche Fokussierung auf eine zugleich effiziente und symmetrische Lösung zu eng angelegt, um als praxistaugliche Handlungsempfehlung gewertet werden zu können.

Als weiterer axiomatischer Lösungsansatz ist die proportionale Lösung anzuführen. Der proportionalen Lösung liegt die Annahme zugrunde, daß bei einer ver-

---

34 Zur Kritik an dem Axiom der Unabhängigkeit irrelevanter Alternativen siehe Gärtner [1992], S. 116.

35 Beispielsweise läge aus der Sicht eines Reichen dann eine faire Verteilung eines bestimmten Betrages vor, wenn der andere Spieler, ein Bettler, 25 Einheiten und der Reiche 75 Einheiten bekäme, da der Arme aus der geringeren Auszahlung einen ebenso hohen Nutzen ziehen könne, wie der Reiche aus 75 Einheiten. Der Nutzenzugewinn wäre symmetrisch aufgeteilt. Vgl. Holler [2000], S. 207.

handlungsbedingten Vergrößerung des Handlungs- und Auszahlungsraumes die Akteure sicherstellen, daß sie ausgehend von einem Status quo proportionale Auszahlungszuwächse erhalten. Diese Lösung ist insofern fair, als sie der Symmetriebedingung entspricht. Sie führt jedoch nicht notwendigerweise zu einem pareto-optimalen Ergebnis.

Der egalitäre Lösungsansatz, der einen Spezialfall der proportionalen Lösung darstellt, sieht eine strikte Gleichverteilung der Kooperationszugewinne vor. Eine derartige Verteilungsregel kann jedoch unter Umstände nur zu Lasten der Effizienz realisiert werden. Sofern nämlich ein Zielkonflikt zwischen Egalität und Effizienz besteht, liegt der Entscheidungssituation ein Gleichheit-Effizienz-Dilemma zugrunde. Der Konflikt zwischen Fairneß i. S. von Gleichheit und Effizienz wird in einem Zwei-Personen-Spiel dann offenkundig, wenn Spieler S1 Auszahlungszuwächse nicht realisieren kann, obwohl diese nicht mit Einbußen für Spieler S2 verbunden wären, weil die sich dann ergebende Verteilung der Egalitätsforderung widerspricht.

Die proportionale wie auch die egalitäre Lösung kommen trotz der möglichen Verletzung des Effizienzaxioms vor allem dann zur Anwendung, wenn Verteilungsprinzipien - insbesondere Gleichheitsgrundsätze - eine dominante Rolle spielen, d. h. wenn massive Abweichungen von diesem Prinzip von Spielern zum Anlaß genommen werden, sich auf ihre Konfliktpunkte zurückzuziehen und die eigentlich vorteilhafte Kooperation scheitern lassen.

Zusammenfassend läßt sich anhand der axiomatischen Lösungsansätze erkennen, daß der Lösungsraum eingegrenzt werden kann, wenn sich die von den Akteuren geforderten Normen in den Verhandlungen als Axiome niederschlagen.

Der Verhandlungsprozeß und die institutionellen Voraussetzungen für die Verhandlungen werden hingegen im Rahmen der axiomatischen Lösungsansätze nicht diskutiert. Diese Lücke wird im Rahmen der behavioristischen Verhandlungsmodelle geschlossen.

3.2.2.2.2. Behavioristische Lösungsansätze

Im Mittelpunkt der behavioristischen Lösungsansätze[36] stehen die Verhandlungsprozesse, in denen die Spieler jeweils Verhandlungsangebote abgeben und Konzessionen eingehen.[37] Der Verhandlungsvorschlag x des Spielers 1 lautet $x = (x_1, x_2)$, wobei mit x_i die Auszahlung bezeichnet wird, die Spieler S1 für den Spieler i vorsieht. Der Vorschlag y des Spielers 2 lautet analog $y = (y_1, y_2)$.

Folgende Annahmen hinsichtlich der Verhandlungsvorschläge liegen den behavioristischen Lösungsansätzen zugrunde:

- Es werden ausschließlich realisierbare Vorschläge betrachtet, d. h. x und y lassen sich im Verhandlungsspiel als Elemente des Auszahlungsraumes darstellen.

- Es werden ausschließlich effiziente Vorschläge betrachtet, d. h. x und y liegen auf der Nutzengrenze H(P).

- Es werden ausschließlich individuell rationale Vorschläge betrachtet, d. h. die mit x und y verbundenen Auszahlungen sind größer als die Auszahlungen im Konfliktpunkt c.

Führen die Vorschläge x und y in der ersten Runde nicht zu einer Lösung des Verhandlungsspieles, so können die Spieler in den folgenden Spielrunden Konzessionen (x' und y') machen. Es werden ausschließlich brauchbare Konzessionen betrachtet, d. h. die Ungleichungen $x'_2 > x_2$ und $y'_1 > y_1$ müssen erfüllt sein. Hinsichtlich des Umfangs lassen sich volle, partielle und marginale Konzessionen[38] unterscheiden.

Nehmen die Spieler die Vorschläge x und y an, so handelt es sich um kompatible Vorschläge, die als Verhandlungsergebnis den durch die kompatiblen Auszahlungsvorschläge x_1 und y_2 definierten Auszahlungsvektor hervorbringen.[39] Sind die Vorschläge nicht kompatibel und werden keine Konzessionen gemacht, er-

---

36 Für die folgenden Ausführungen siehe Holler [2000], S. 235 ff.

37 Die Ausführungen beziehen sich auf Zwei-Personen- oder Zwei-Koalitionen-Spiele und sind nicht generell auf Mehr-Personen-Spiele übertragbar.

38 Eine volle Konzession liegt vor, wenn Spieler S1 in der zweiten Runde den Vorschlag des Spielers 2 aus der ersten Runden seinerseits vorschlägt, d. h. $x'_2 = y_2$. Eine partielle Konzession ist eine brauchbare, aber nicht volle Konzession. Eine marginale Konzession ist eine minimale partielle Konzession.

39 Jeder Spieler erhält demnach eine Auszahlung gemäß seines Vorschlages.

folgt der Spielabbruch. Die Spieler erhalten dann lediglich die Konfliktauszahlungen.

Als Beispiel für einen behavioristischen Ansatz kann das Zeuthen-Harsanyi-Spiel angeführt werden, das den Verhandlungsprozeß in der folgenden Weise modelliert: Die in der ersten Verhandlungsperiode abgegebenen Vorschläge seien nicht kompatibel. Falls ein Spieler in der zweiten Periode seinen Vorschlag wiederholt, erfolgt der Spielabbruch (Konfliktlösung). Durch eine volle Konzession kann hingegen unmittelbar ein kompatibles Spielergebnis erzeugt werden, während partielle Konzessionen zumindest den Fortgang der Verhandlungen sicherstellen. Sofern die partiellen Konzessionen kompatible Vorschläge beinhalten, führen sie zur Lösung des Verhandlungsspiels.

Ein konkretes Ergebnis des Verhandlungsspiels kann nicht prognostiziert werden, weil hierfür Informationen über den Umfang der Konzessionen erforderlich wären. Einen Ansatz zur Analyse der Konzessionsbereitschaft hat Zeuthen durch die Einführung von Risikogrenzen entwickelt. Diesbezüglich ist festzustellen, daß derjenige Spieler eher zu einer Konzession bereit ist, der im Konfliktfall mehr zur verlieren hat.[40] Unter der Annahme, daß die Spieler mit identischer Konzessionsbereitschaft den Verhandlungsprozeß über marginale Konzessionen beschreiten, geht der Verhandlungsprozeß in die Nash-Lösung über.

Die behavioristischen Ansätze zeigen somit, daß Verhandlungsprozesse über mehrere Runden und über kontinuierliche Schritte zu pareto-verbessernden Lösungen führen können. Dabei ist in der Höhe des Kooperationsgewinns der wesentliche Anreiz zur Weiterführung der Verhandlungen zu sehen.

---

40 Die Risikogrenze r_1 des Spielers 1 ist der Quotient aus den Kosten, die bei einer vollen Konzession auftreten (d. h. $x_1 - y_1$), in Relation zu Kosten im Konfliktfall (also $x_1 - c_1$). Höhere Konzessionskosten führen ebenso wie geringere Konfliktkosten zu einer höheren Risikogrenze und damit tendenziell zu einer geringeren Konzessionsbereitschaft. Von dem Spieler mit der geringeren Risikogrenze kann dann eine Konzession erwartet werden. Die Verhandlungen enden, wenn die Vorschläge identisch sind. Es gilt dann $r_i = 0$.

3.2.2.2.3. Strategische Lösungsansätze

Verhandlungsspiele, denen keine verbindlichen Abmachungen zugrunde liegen, werden als strategische Verhandlungsspiele bezeichnet, d. h. im Rahmen der strategischen Lösungsansätze werden solche Verhandlungsprozesse betrachtet, wie sie zwischen Staaten auf internationaler Ebene stattfinden.[41] Zudem dienen die strategischen Lösungsansätze der Analyse von Institutionen, indem die Ergebnisse institutionell, d. h. durch Spielregeln geleitete Spiele an der Meßlatte kooperativer Spielergebnisse gemessen werden. Nachfolgend werden die Kuchenteilungsregel und des Rubinstein-Verhandlungsspiel als Beispiele für strategische Lösungsansätze vorgestellt.

Anhand der Kuchenteilungsregel läßt sich zeigen, daß auf verbindliche Absprachen zugunsten einer institutionelle Rahmengebung verzichtet werden kann. Das Ziel des Spieles besteht in einer gerechten Teilung eines Kuchens, wobei die Annahmen getroffen werden, daß die Nutzenzuwächse der Spieler einen linearen Verlauf aufweisen und im Fall der Nichteinigung die Nullösung eintritt. Die einfache Regel (Institution) lautet nun, daß ein Spieler den Kuchen teilt und der Mitspieler dann die Wahl zwischen den Teilen hat. Ein rationaler Kuchenteiler wird dafür sorgen, daß jeder Spieler einen halben Kuchen bekommt. Dieses Ergebnis entspricht der im Rahmen der axiomatischen Lösungsansätze dargestellten Nash-Lösung.

Der Rubinstein-Ansatz ist ein weiteres Beispiel für nicht-kooperative Verhandlungsprozesse, die auf die Erzielung eines gerechten Spielergebnisses gerichtet sind. Dabei ist die Struktur des Verhandlungsprozesses durch alternierende Vorschläge der Spieler zur Aufteilung des Kuchens über einen zeitlich nicht begrenzten Horizont bis zur Einigung gekennzeichnet. Die Vorschläge sind verbindlich, d. h. bei Zustimmung durch den Mitspieler wird der Vorschlag ohne Abstriche realisiert. Des weiteren wird angenommen, daß der zu verteilende Kuchen im Zeitablauf schrumpft, d. h. die Nutzenfunktionen der Spieler beinhalten eine zeitabhängige und nutzenentwertende Komponente: Zukünftige Zahlungsströme sind entsprechend der individuellen Zeitpräferenz abzudiskontieren. Als Anwendungsbereich dieses Spiels lassen sich bspw. Lohnverhandlungen anführen, da durch Lohn- bzw. Gewinnausfall Verhandlungskosten auftreten, welche die Nutzenfunktionen der Akteure im Zeitablauf negativ tangieren.[42]

---

41 Zu den Ausführungen über strategische Verhandlungsspiele siehe Holler [2000], S. 243 ff.

42 Vgl. Holler [2000], S. 251 ff.

Der Verhandlungsablauf des Rubinstein-Ansatzes sieht nun vor, daß aufgrund der Entwertung zukünftiger Auszahlungen ein Spieler einen Vorschlag annimmt, wenn er aus der Ablehnung und Fortführung der Verhandlung keine höhere Auszahlung als aus der Annahme erwarten kann. Der Spieler mit der geringeren Zeitpräferenz neigt zur Verwendung geringerer Diskontierungsraten für zukünftige Auszahlungen, d. h. diesem Spieler entstehen c. p. geringere Kosten bzw. Nutzenentwertungen im Zuge weiterer Verhandlungsrunden, was letztlich mit einem größeren Anteil vom Kuchen belohnt wird.[43]

Insgesamt läßt sich für den Rubinstein-Ansatz feststellen, daß es von Vorteil ist, den ersten Vorschlag zu machen sowie über eine geringe Zeitpräferenz zu verfügen. Interessanterweise kommt nun aufgrund der Diskontierung von Zahlungsströmen auch den Zeitabständen zwischen den Verhandlungsrunden eine Bedeutung zu. Der Gesamtnutzen fällt c. p. um so geringer aus, je länger der Verhandlungsprozeß dauert. Sofern zeitraubend angelegte Verhandlungsintervalle für langwierige Verhandlungsprozesse verantwortlich sind, fällt der abdiskontierte Kooperationsgewinn geringer aus, als bei gegenwartsnaher Einigung. Es entstehen somit Kosten, die bei übermäßig ausgedehnter Verhandlungsdauer den Erfolg der Verhandlungen insgesamt in Frage stellen können.

3.2.3. Mechanismusdesign

Wie zuvor gezeigt wurde, können durch Institutionen geleitete, nicht-kooperative Spiele die gleiche Auszahlung auf wie kooperative Spiele aufweisen. So ergibt sich bspw. für das Zeuthen-Harsanyi-Spiel die Nash-Lösung als Gleichgewicht. Es sind somit jeweils spezifische Regeln für das zugrundeliegende nicht-kooperative Spiel aufzustellen. Aufbauend auf den zuvor dargestellten Lösungskonzepten steht nunmehr die Frage im Mittelpunkt, welche institutionelle Rahmengebung hinsichtlich der Spielregeln zu einem bestimmten Verhandlungsergebnis führt bzw. wie Institutionen ausgestaltet sein müssen, um eine effiziente oder faire Lösung hervorzubringen, die einem kooperativem Spiel entspricht. Das Mechanismusdesign umfaßt die Modellierung adäquater Spielformen (Regeln) zur Institutionalisierung kooperativen Verhaltens mit dem Ziel,

---

43 Selbst in einer deutlich asymmetrisch ausfallenden Verteilung des Kooperationsgewinns ist keine Bevorzugung oder Benachteiligung eines Akteurs zu sehen, da eine derartige Bewertung erst unter Einbeziehung der Nutzenfunktionen einschließlich der Zeitpräferenzen vorgenommen werden darf. Sofern die Akteure über die Aufteilung des Kooperationsgewinns Einigung erzielt haben, ist auch eine infolge unterschiedlicher Zeitpräferenzen getroffene asymmetrische Aufteilung als gleichwertig anzusehen.

solche Spielergebnisse hervorzubringen, die mit der zu implementierenden Norm korrespondieren. Der Mechanismus ist somit ein Bündel von Entscheidungsregeln, die zur Implementierung der gewünschten Norm führen.[44]

Der Prozeß des Mechanismusdesigns erfolgt in zwei Schritten:[45]

Im ersten Schritt muß zunächst die Zielsetzung des Mechanismus, also die Norm definiert werden. Somit ist zunächst Klarheit darüber zu schaffen, in welche Richtung der gesellschaftliche Zustand durch soziale Entscheidungsregeln überhaupt gesteuert werden soll. Dabei sind die Präferenzen sämtlicher Spieler zu berücksichtigen. In dem Präferenzprofil, das die Präferenz-Kombinationen sämtlicher Spieler abbildet, kommen letztlich die in einer Gesellschaft vorfindbaren Wertvorstellungen zum Ausdruck. Betrachtet man ein Präferenzprofil nun als Kondensat dieser Wertvorstellungen, so lassen sich daraus Rückschlüsse über den zu realisierenden Zustand der Gesellschaft ziehen, da alternative Präferenzprofile mit unterschiedlichen Zielsetzungen korrespondieren. Bestimmte Wertvorstellungen können dann über Regeln (z. B. Mehrheitsregel) oder Axiome (z. B. Effizienz oder Fairneß) in der sozialen Norm Niederschlag finden.

Im zweiten Schritt ist das Design des Mechanismus zu modellieren, der geeignet ist, das gesellschaftlich gewünschte Ergebnis in einem Umfeld individuell rational handelnder Spieler hervorzubringen. Problematisch ist in diesem Zusammenhang jedoch, daß die Präferenzen der Spieler als private Informationen zu betrachten sind. Zur Durchsetzung der Regel ist es somit erforderlich, Anreize zur Aufdeckung der tatsächlichen Präferenzen zu setzen. Denn solange die Spieler aus der Verschleierung ihrer Präferenzen einen Vorteil ziehen können, ist der Mechanismus manipulierbar und die soziale Entscheidungsregel würde nicht das gesellschaftlich gewünschte Ergebnis hervorbringen. Infolgedessen ist die Herausforderung, die sich an das Mechanismusdesign stellt, vor allem darin zu sehen, eine Spielform zu modellieren, bei der unabhängig von den zulässigen Präferenzprofilen gilt, daß die Spielergebnisse mit den gesellschaftlich gewünschten Ergebnissen übereinstimmen. Derartige Mechanismen existieren im allgemeinen jedoch nicht. Daher ist entweder die Menge der zulässigen Präferenzen einzuschränken oder ein schwächeres Gleichgewichtskonzept zu verwenden.

Zur Veranschaulichung lassen sich alternative Mechanismusdesigns beispielhaft für private und öffentliche Güter anführen. Prinzipiell kann eine soziale Entscheidungsregel, die eine wirtschaftlich effiziente Allokation von Ressourcen

---

[44] Vgl. Holler [2000], S. 28 und S. 333 f.

[45] Für die nachfolgenden Ausführungen siehe Holler [2000], S. 334 ff.

hervorbringen soll, am besten durch die Implementierung einer Marktlösung umgesetzt werden. Diese ist einer Zielerreichung durch staatliche Planung aufgrund des Informationsbedarfs und der begrenzten staatlichen Informationsverarbeitungskapazitäten überlegen.

Hingegen wird ein öffentliches Gut vernünftigerweise von einer staatlichen Instanz bereitgestellt, wenn die Summe der Zahlungsbereitschaften z_i für dieses Gut größer ist als die Summe der mit der Bereitstellung des öffentlichen Gutes verbundenen Kosten p_i. Die soziale Entscheidungsregel lautet somit, daß die Entscheidung in bezug auf die Errichtung eines öffentlichen Gutes positiv ausfällt, wenn die Summe der Nettozahlungsbereitschaften $n_i = z_i - p_i$ positiv ist. Folglich ist zur Bereitstellung eines öffentlichen Gutes ein Mechanismus zu entwickeln, welcher der Planungsinstanz Informationen über die wahren Präferenzen und Zahlungsbereitschaften der Spieler vermittelt.

Ein Problem besteht nun darin, daß nicht ausgeschlossen werden kann, daß die soziale Entscheidungsregel ein Spielergebnis hervorbringt, daß sich in einem Widerspruch zur individuellen Rationalität der Akteure befindet. So ist es möglich, daß zwar die Bedingung für kollektive Rationalität erfüllt ist, einzelne Spieler allerdings schlechter gestellt werden. Wenn die Planungsinstanz nun versucht, durch Befragung eine Mitteilung von den Spielern über deren Nettozahlungsbereitschaft (m_i) zu bekommen und das öffentliche Gut bereitgestellt wird, wenn die Summe dieser Nettozahlungsbereitschaften positiv ist, dann bestehen Anreize für verzerrte Angaben. Ein Spieler, der eine negative Nettozahlungsbereitschaft ($n_i = z_i - p_i < 0$) aufweist, wird eine Mitteilung $m_i < n_i$ abgeben, um die Errichtung des öffentlichen Gutes zu verhindern. Ein solcher Spieler verhält sich ebenso strategisch, wie ein Spieler, der bei der Mitteilung seiner Zahlungsbereitschaft übertreibt, um die Errichtung des öffentlichen Gutes herbeizuführen. Letztlich ist durch die Aggregation der mitgeteilten Nettozahlungsbereitschaften keine Information über die tatsächlichen Nettozahlungsbereitschaften erhältlich. Damit ist die soziale Entscheidungsregel nicht auf dem Weg der Befragung implementierbar.

Ein Ansatz zur Offenlegung der Präferenzen ist der Groove-Mechanismus. Die soziale Entscheidungsregel lautet wiederum, daß das öffentliche Gut bereitgestellt wird, wenn die Summe der mitgeteilten Nettozahlungsbereitschaften m_i positiv ist. Zusätzlich werden als weiteres Seitenzahlungen zugelassen. Danach erhält jeder Spieler vom Staat eine Seitenzahlung l_i in Höhe der Nettozahlungsbereitschaften aller anderen Spieler. Wird das öffentliche Gut nicht realisiert, sind die Seitenzahlungen hinfällig. Absprachen zwischen den Spielern, Umverteilungen der Seitenzahlungen und Koalitionen sind nicht zulässig. Es läßt sich zeigen, daß $m_i = n_i$, d. h. die Offenlegung der Präferenzen, eine schwach dominante Strategie ist. Aggravationen ($m_i > n_i$) führen nicht zur Vereinnahmung erhöhter Seitenzahlungen, bergen aber der Gefahr, daß das Projekt aufgrund übertriebener Wertschätzung durchgeführt wird und der Spieler mehr zahlen muß. Untertreibungen ($m_i < n_i$) bringen ebenfalls keinen Vorteil, da das Projekt im Zweifel nicht gebaut wird. Mit falschen Angaben würden sich die Spieler somit selbst einen Schaden zufügen. Problematisch bleibt jedoch, daß der Groove-Mechanismus die Entscheidungsregel nur implementiert, wenn keine direkten Seitenzahlungen zwischen den Spielern möglich sind. Zudem ist Koalitionsbildung auszuschließen, und überdies ist fraglich, wer die Seitenzahlungen erbringen soll, zumal diese in Relation zum Nettonutzen des öffentlichen Gutes sehr hoch sein können.

Das Mechanismusdesign bei Verhandlungen über externe Effekte zeigt, daß auch hier eine effiziente Lösung vollständige Information über die Präferenzen der Mitspieler voraussetzt. Bei unvollständiger Information kann der Verhandlungsprozeß wie bei dem Phänomen der adversen Selektion aufgrund asymmetrischer Informationsverteilung völlig zum Erliegen kommen. Unvollständige Information ist zudem geeignet, den Zeitbedarf zur Erzielung eines einvernehmlichen Verhandlungsergebnisses zu erhöhen und trägt auf diese Weise zu verminderter Effizienz in Verhandlungsprozessen bei.

3.2.4. Evolutorische Spiele

3.2.4.1. Konzeptionelle Ansatzpunkte

Als ein evolutorisches Spiel wird die in einem Gleichgewicht oder Ungleichgewicht mündende Abfolge von Spielergebnissen im Zeitablauf bezeichnet. Dieser Ablauf impliziert eine Dynamik in dem Sinne, daß neue Strategien auftreten und möglicherweise an die Stelle bislang dominierender Strategien treten. Die Untersuchung derartiger Entwicklungen findet losgelöst von der strategischen Entscheidungsproblematik statt, in der sich die Spieler befinden. Vielmehr sind die Spieler lediglich als Repräsentanten bestimmter Verhaltensstandards von Interesse. Die Fähigkeit eines Spielers, sich in seiner Eigenschaft als Repräsentant einer spezifischen Strategie im Zeitablauf durchzusetzen, wird als Fitneß bezeichnet. Der Begriff der Fitneß ist gleichbedeutend zu sehen mit dem Durchsetzungsvermögen einer Strategie aufgrund der damit verbundenen Auszahlungen. Übertragen auf ein gesellschaftliches Kollektiv bedeutet dieses, daß sich der Erfolg einer Strategie anhand des Zugewinns von Populationsanteilen erkennen läßt.[46]

Über die Frage hinaus, welche Verhaltensmuster sich in einer gegebenen Umwelt als fit erweisen, befaßt sich die Theorie der evolutorischen Spiele auch mit der Frage, welche Institutionen sich im Zeitablauf durchsetzen und damit zur Stabilisierung bestimmter Verhaltensweisen beitragen.

Als Analyse- und Lösungsansätze werden nachfolgend die Konzepte der evolutorischen Stabilität, der Replikatorengleichung und der dynamischen Stabilität vorgestellt.[47]

Eine Spielermenge befindet sich nach dem Konzept der evolutorisch stabilen Strategien in einem "Gleichgewicht", wenn die Mutanten[48] eine geringere Fitneß aufweisen als die etablierten Spieler. Mutationen führen dann nicht zu veränderten Populationsanteilen und nicht zu einer Änderung des Spielergebnisses, vielmehr erweist sich die etablierte Strategie als evolutorisch stabil.

Die Mutation von Verhaltensweisen geschieht oftmals in Abhängigkeit vom sozialen Kontext und ist nicht zuletzt dadurch bestimmt, daß zwischen den Spielern Kommunikations- und Koordinationsmöglichkeiten bestehen. Erst gravierende Mutationen führen zu einer Entstehung neuer sozialer Institutionen. Für die Errichtung und Etablierung neuer Institutionen ist es somit erforderlich, daß veränderte Verhaltensweisen von hinreichend großen Populationsteilen getragen werden. Erst wenn eine Mutation durch ihre Verbreitung als gesellschaftlich akzeptiert anzusehen ist und damit – wie beispielsweise im Fall der Sozialen Frage – politische Konfliktfähigkeit aufweist, kann diese als gravierend bezeichnet werden. Erst wenn eine "kritische Masse" für Veränderungen eintritt, kann ein institutioneller Wandel ausgelöst werden, sofern es um die Betrachtung der Rolle des sozialen Umfeldes im Hinblick auf Selektion und Mutation geht.

In der Fitneß einer Strategie, die sich gegenüber einer wachsenden Anzahl von Mutanten noch als stabil erweist, ist nunmehr ein Anhaltspunkt für die evolutorische Stabilität einer Institution verfügbar. Je größer also die Strategiemenge

---

46 Es besteht ein linearer Zusammenhang zwischen dem Erfolg und der Expansion einer Verhaltensweise. Als Folge des Erfolges einer Strategie wächst die Zahl ihrer Repräsentanten, d. h. der Anzahl der Spieler, die diese Strategie verfolgen. Umgekehrt sind erfolglose Strategien durch Abwanderung ihrer Repräsentanten gekennzeichnet. Vgl. Schüßler [1990], S. 21.

47 Zu den nachfolgenden Ausführungen siehe Holler [2000], S. 351 ff.

48 Mutanten sind Spieler, die zu eine neuen, nicht etablierten Strategie wechseln.

ist, die gegen Invasionen beliebiger Mutanten Bestand hat, desto robuster ist die Institution. Eine Strategiemenge, die gegen Invasionen beliebigen Umfangs stabil ist, wird als evolutorisch dominant bezeichnet.

Für evolutorische Prozesse in Spielen ist die Überlegenheit eines Spielers bzw. der zugehörigen Strategie von Bedeutung. Die Fitneß eines bestimmten Spieler- bzw. Strategietypus kommt in der Replikation dieses Typus zum Ausdruck. Je größer die Fitneß eines Spielertypus ist, desto stärker wird dessen Anteil an der Gesamtpopulation im Zeitablauf anwachsen, da die Gesamtpopulation lediglich eine durchschnittliche Fitneß aufweist. Dieser Selektionsprozeß, bei dem sich langfristig der Teil der Population mit überdurchschnittlicher Fitneß durchsetzt, ist unter dem Schlagwort "survival of the fittest" bekannt.

Wenn nun die Populationsstruktur im Zeitablauf keine Änderung mehr aufweist, dann ist ein sogenannter Fixpunkt bzw. Ruhepunkt erreicht. Im Gegensatz zu zeitintensiven biologischen Mutations- und Selektionsprozessen sind sozioökonomische Veränderungen mit einem weitaus geringeren Zeitbedarf verbunden, da der homo oeconomicus der Natur hinsichtlich der Lern- und Anpassungsgeschwindigkeit überlegen ist. Hierin begründet sich ein gewisser Optimismus in bezug auf den Verlauf der kulturellen Evolution und der Entwicklung globaler Institutionen.

Mit Hilfe dynamischer Lösungskonzepte kann der Blick auf die Entwicklung evolutorischer Prozesse gerichtet werden. Aus dynamischer Sicht wird ein gleichgewichtiges System als stabil bezeichnet, wenn es in der Lage ist, das Verhalten der Spieler derart zu steuern, daß sich bei einem exogenen Impuls die Lösungen nicht sukzessive vom stabilen Fixpunkt (Gleichgewicht) entfernen. Ein System weist einen global asymptotisch stabilen Fixpunkt auf, wenn sich ausgehend von jedem beliebigen Lösungspunkt innerhalb der Menge aller Zustände letztlich wieder der Fixpunkt einstellt. Ein solcher Fixpunkt kann bildlich gesehen als Gravitationszentrum bezeichnet werden, wobei in der Spieltheorie der Terminus Attraktor für derartige Punkte einschlägig ist. Neben der globalen asymptotischen Stabilität ist die lokale asymptotische Stabilität anzuführen, welche sich durch die Einschränkung auf eine bestimmte Umgebung des Fixpunktes von der globalen asymptotischen Stabilität unterscheidet. Hinsichtlich der Fixpunkte läßt sich nachweisen, daß zwar jeder asymptotisch stabile Fixpunkt ein Nash-Gleichgewicht ist, jedoch ist nicht jedes Nash-Gleichgewicht auch ein asymptotisch stabiler Fixpunkt.[49]

---

[49] Vgl. Holler [2000], S. 370.

Zusammenfassend läßt sich konstatieren, daß

(1) Replikatorengleichungen die Entwicklung eines dynamischen Systems beschreiben,

(2) evolutorische Stabilität einen Zustand dynamischer Stabilität beschreibt,

(3) und dynamische Stabilität die Entwicklung eines Systems beschreibt, sofern der vorherrschende Zustand sich nicht als evolutorisch stabil erweist.

3.2.4.2. Spieltheoretisch relevante Erkenntnisse des evolutorischen Ansatzes

Polymorphe Populationen setzen sich aus einem Mix unterschiedlicher, reine Strategien repräsentierenden Phänotypen zusammen. Der Anteil eines Phänotypus als Repräsentant einer bestimmten Strategie an der gesamten Population korrespondiert mit der Wahrscheinlichkeit, mit der ein beliebiger Spieler die mit diesem Typus assoziierte Strategie beschreitet. Es ist daher zu erwarten, daß ein Spieler mit derjenigen Wahrscheinlichkeit eine bestimmte Strategie spielt, die der Verbreitung in der gesamten Population entspricht.

Die bislang vorgestellten spieltheoretischen Ansätze treffen hinsichtlich des Weges zur Erreichung und Aufrechterhaltung eines stabilen Nash-Gleichgewichtes keine Aussage. Der evolutorische Ansatz verdeutlicht hingegen, daß sich eine bestimmte Strategie letztlich dann als Gleichgewicht einstellen wird, wenn der Lösungsraum asymptotisch stabil ist.

Nunmehr lassen sich die evolutorischen Prozesse, innerhalb derer neue Strategien entstehen, überkommene Strategie niedergehen und überlegene Strategien sich durchsetzen, selbst als ein über viele Runden stattfindendes Spiel auffassen. Mit fortschreitender Spieldauer treten Selektionsprozesse auf, die letztlich zu einer Dominanz eines bestimmten Strategietypus führen können. Insofern bietet der evolutorische Ansatz eine Begründung für das Erreichen eines Nash-Gleichgewichtes im Rahmen von dynamischen Prozessen.

Dabei wird unterstellt, daß die Auswahl einer Strategie nicht von sämtlichen Akteuren in umfassender Kenntnis der damit verbundenen Konsequenzen und Implikationen vorgenommen werden muß. Für die Wahl einer Strategie ist es für einen Spieler lediglich von Bedeutung, diese Strategie als erfolgreich und überlegen zu identifizieren. Die Gründe für den Erfolg müssen nicht bekannt sein. Vielmehr können Spieler ihr Überleben oder die Durchsetzung ihrer Interessen dadurch bewerkstelligen, daß sie Strategien imitieren, weil diese anderen Akteuren zum Erfolg verholfen haben. Damit stellt die Imitation ein wirksamer Mechanismus zur Ausbreitung erfolgreicher Strategien dar, ohne daß den Imitatoren der Grund für den Erfolg bewußt sein muß. Entscheidend ist somit nicht, aus welchem Grund sich die Akteure für eine Strategie entscheiden, sondern daß die Selektionsprozesse langfristig dazu führen, daß sich die überlegene Strategie durchsetzt.

Vor diesem Hintergrund ist die Frage von Interesse, auf welche Weise kooperatives Verhalten sich zu einer dominanten Strategie entwickeln kann. Im Rahmen eines evolutorischen Spielansatzes kann kooperatives Verhalten dadurch begründet werden, daß die Spieler durch ihr Verhalten reziproke Anreize erzeugen.[50] Reziprozität bedeutet, daß ein Spieler sein Verhalten an den Verhaltensweisen der Mitspieler nach dem Motto "Wie Du mir, so ich Dir" ausrichtet. Verhalten sich die Mitspieler entgegenkommend, wird sich auch ein weiterer Spieler ebenso verhalten, um Nachteile aus abweichendem Verhalten zu vermeiden. Befindet sich hingegen ein Spieler in einer streitbaren oder gar gewalttätigen Mitspielerumgebung, wird er ebenfalls die prägenden Verhaltensweisen dieses Milieus annehmen müssen. Die Spieler erzeugen somit sich wechselseitig verstärkende Anreize, die in der Population dominante Strategie zu verfolgen.

Interessanterweise erweist sich reziprokes Verhalten als evolutorisch stabil, wenn den Spielern die durch die Mitspieler gesetzten reziproken Anreize bekannt sind. Falls diese Information nicht als bekannt vorausgesetzt werden kann, kann keine Aussage über die Entwicklung der Population getroffen werden. Während in der Population bekannte reziproke Verhaltensweisen als evolutorisch stabil anzusehen sind, kann über die Richtung der Entwicklung festgestellt werden, daß die Adaption der Strategie mit den höchsten Populationsanteilen bestimmt, ob infolge der reziproken Verhaltensweisen innerhalb dieser Population eine Selektion in Richtung auf kooperative oder nicht-kooperative Strategien stattfindet. Es läßt sich zeigen, daß sich in einer reziprok handelnden Gesellschaft diejenige Strategie stabilisiert, die bei Spielbeginn die höchsten Populationsanteile aufweist. Eine nicht-kooperativ agierende Gesellschaft mutiert mithin nicht ohne externe Einflüsse in Richtung auf kooperative Strategieformen.[51]

Spieler interpretieren ihre Entscheidungssituation u. a. in Abhängigkeit vom Hintergrund ihrer kulturspezifischen Werte. Somit bilden sich in verschiedenen

---

50 Vgl. Güth [1995 b], S. 323 ff.

51 Vgl. Holler [2000], S. 359 ff.

Kulturen unterschiedliche Fokuspunkte heraus. Mit anderen Worten schlägt sich der Prozeß der kulturellen Evolution in der individuellen Strategiewahl und den Populationsanteilen verschiedener Strategien nieder. Es bilden sich neue Fokus-Punkte heraus, die, sofern die kulturelle Evolution asymptotisch stabil verläuft, von einer wachsenden Spielerzahl akzeptiert werden.[52]

Vor diesem Hintergrund der Entwicklung in Richtung auf einen Zustand evolutorischer Stabilität infolge der Ausbreitung erfolgreicher Strategien steht nunmehr die Frage im Mittelpunkt, welche Bedingungen für die Ausbreitung einer kooperativen Strategie angeführt werden können.

3.3. Egoistische Kooperation in kleinen und großen Gruppen

3.3.1. Einleitende Bemerkungen

In diesem Kapitel steht die Frage im Mittelpunkt, wann kooperative Verhaltensformen unter rational handelnden Egoisten in Abhängigkeit von dem zugrundeliegenden Koordinationsproblem entstehen. Diesbezüglich ist zunächst darauf hinzuweisen, daß sich Koordinations- bzw. Kooperationsprobleme nach dem Entwicklungsstand von Gesellschaften in unterschiedliche Kategorien einteilen lassen.

Im Mittelpunkt primitiver Gesellschaftsformen steht das Problem der freiwilligen Aufnahme solidarischer Beziehungen unter wenigen Individuen, um die Überlebensfähigkeit zu gewährleisten. Hingegen bedarf es bei einer größeren Anzahl von Akteuren einer hierarchischen Strukturierung, wobei ein Sanktionierungsinstrument zur Disziplinierung potentieller Defekteure verfügbar sein muß.

---

52 Schelling hat im Jahr 1960 den Zusammenhang zwischen Fokus-Punkt und kulturellem Hintergrund anhand eines Beispieles verdeutlicht: Bei einer Umfrage wurde New Yorker Bürgern die Frage gestellt, welchen Ort sie aufsuchen würden, um einen New Yorker zu treffen, mit dem sie keinen Treffpunkt vereinbart hätten. Die Mehrheit der Bürger gab an, die Grand Central Station aufzusuchen. Die gleiche Umfrage unter New Yorker Touristen führte zu einem anderen Ergebnis bzw. Ort, dem Time Square. Ein Langzeit-Tourist wird einen Einheimischen demnach dann treffen, wenn er die kulturellen Gepflogenheiten der Einheimischen adaptiert, d. h. der Tourist mutiert zu einem kulturellen New Yorker, wenn er deren Gepflogenheiten verinnerlicht. Nimmt der Tourist die Fokuspunkte der Einheimischen nicht an, so findet kein Treffen statt. Der Tourist reist frustriert ab, und die Einheimischen haben einen Mutanten erfolgreich abgewehrt. Vgl. Holler [2000], S. 383.

Als Beispiel für Kooperationsprobleme in evolutorisch fortgeschrittenen Industriegesellschaften läßt sich einerseits anführen, daß die für privates Handeln auf Märkten konstituierende Vertrags- und Vertrauenssicherheit in einem Umfeld anonym handelnder Akteure sicherzustellen ist. Als weiteres Beispiel ist auf den Umgang mit Kollektivgütern hinzuweisen. Diesbezüglich haben in jüngerer Zeit spezielle Probleme an Dringlichkeit gewonnen, die im Zusammenhang mit der gemeinsamen Nutzung von Ressourcen auftreten und für die Gesellschaft von existentieller Bedeutung sind. Diesbezüglich lassen sich Koordinationsbedarfe für die Nutzung der Umwelt in ihren unterschiedlichen Funktionen ebenso konstatieren wie hinsichtlich der militärischen Abschreckung bzw. des Rüstungswettlaufs. Vor dem Hintergrund des Zusammenhangs zwischen der Evolution gesellschaftlicher Zustände und den dazu korrespondierenden Kooperationsbedarfen ist festzustellen, daß die spieltheoretische Brisanz von Kooperationsproblemen mit fortschreitender gesellschaftlicher Evolution zunimmt.[53]

Da in der vorliegenden Arbeit vor allem das Zustandekommen kooperativer Beziehungen in einem egoistisch geprägten Umfeld von Interesse ist, erfolgt nunmehr einer Darstellung der Probleme und Voraussetzungen für die Kooperation in kleinen und großen Gruppen, wobei erstere für primitive und letztere für anspruchsvolle gesellschaftliche Probleme stehen.

3.3.2. Egoistische Kooperation in kleinen Gruppen

Bei der Analyse von Kooperationen in kleinen Gemeinschaften ist davon auszugehen, daß aufgrund der relativ engen Beziehung zwischen den Akteuren der Erfolg einer Strategie in hohem Maße von der Strategie des Mitspielers abhängt, d. h. sowohl die Transparenz als auch die Interdependenz fallen innerhalb kleiner Gruppen höher aus als in großen Gruppen.

In evolutorischen Prozessen weisen daher Strategien wachsende Repräsentantenzahlen auf, wenn sie die folgenden Kriterien erfüllen:

(1) Die Strategie ist freundlich, d. h. die Akteure werden nicht als Defekteure initiativ.

---

53 Die spieltheoretische Brisanz ist als Ausdruck der spieltheoretischen Lösbarkeit eines gesellschaftlichen Koordinationsproblems zu verstehen. Vgl. Schüßler [1990], S. 6 ff. und S. 17.

(2) Die Strategie ist nachsichtig, d. h. Akteure beenden bei abweichendem Verhalten eines Mitspielers die Kooperation nicht endgültig, sondern nehmen sie nach einiger Zeit wieder auf.

(3) Die Strategie sieht im Fall der Ausbeutung eine defektive Reaktion vor, d. h. die Akteure brechen die Kooperationsbeziehung ab, wenn sie sich als Opfer einer Ausbeutungsstrategie erkennen.

(4) Die Strategie ist verständlich und berechenbar.

Als Beispiel für eine Strategie, welche die obigen Kriterien weitgehend erfüllt, kann auf die Strategie "Tit-for-Tat" verwiesen werden. Tit-for-Tat beinhaltet das Handlungsprogramm kooperativ zu beginnen und dann den Zug des Mitspieles aus der Vorrunde zu wiederholen. Insofern ist Tit-for-Tat grundlegend freundlich sowie leicht verständlich und berechenbar, allerdings nicht notwendigerweise nachsichtig.

In kleinen Gruppen kann sich Tit-for-Tat rasch gegenüber defektiven Strategien durchsetzen, weil die Vorteilhaftigkeit der kooperativen Auslegung von Tit-for-Tat unmittelbar erkennbar wird. Es findet sozusagen eine Durchsetzung kooperativer Verhaltensweisen im evolutorischen Prozeß statt.[54]

Daß in realen Situationen, die eine hohe Affinität zu Gefangenendilemmasituationen aufweisen, durch reziprokes Verhalten eine Kooperation in kleinen Gruppen spontan entstehen kann, läßt sich anhand des Beispiels des Grabenkrieges im Ersten Weltkrieg belegen. Die sich spontan herausbildende Kooperation bestand in dem stillschweigenden Übereinkommen zwischen den gegnerischen Fronten zugunsten eines Waffenstillstandes. Zielgerichtete Angriffe und Vergeltungsschläge wurden vermieden, vielmehr ritualisierten die Soldaten absichtliches Fehlfeuer.[55] Darüber hinaus entstanden in dieser Situation sogar solidarische Beziehungen zwischen den Gegnern, die sich unterhielten, trafen, gemeinsam aßen usw.[56] Dieses Beispiel der Grabenkämpfe im Ersten Weltkrieg zeigt deutlich, daß Kooperationen in kleinen, überschaubaren Gruppen entstehen können, wenn defektives Verhalten zum Zusammenbruch der spontanen Kooperation führt, was letztlich für beide Seiten mit ernsthaften Nachteilen verbunden ist.

Reziprokes Verhalten auf der einen Seite und glaubhafte Sanktionierung von Defektionen auf der anderen Seite, wie sie im Rahmen der Tit-for-Tat-Strategie

---

[54] Vgl. Schüßler [1990], S. 22 ff.

[55] Vgl. Schüßler [1990], S. 25.

[56] Vgl. Schüßler [1990], S. 29 ff.

zur Anwendung kommen, sind jedoch noch kein Garant für dauerhafte und stabile Kooperationsbeziehungen. Diesbezüglich ist insbesondere auf das Problem der mangelnden Nachsichtigkeit der Strategie zu verweisen. Folglich können bereits leichte Defektionen in einer Spirale der reziproken Vergeltung und Gegenvergeltung eskalieren und den Zusammenbruch der Kooperation herbeiführen. Tit-for-Tat verfügt in der oben dargestellten Form eben nicht über einen De-Eskalationsmechanismus, der eine Defektionsspirale zuverlässig durchbricht.

Um eine Eskalation wechselseitig schärfer werdender Vergeltung im Zuge reziproken Verhaltens zu vermeiden und das Kollektiv vor dem Rückfall auf die isolierte Optimierung im Konfliktpunkt zu schützen, ist einem Defekteur der Weg zurück in die Kooperationsgemeinschaft zu ermöglichen. Daher ist ein differenzierter Sanktionsmechanismus unter Berücksichtung des Kriteriums der Nachsichtigkeit zu implementieren. Denn sowohl Über- als auch Unterdosierungen der Sanktionsmaßnahmen gefährden den Kooperationserfolg: Zu schwache Vergeltungen erzeugen nicht hinreichende Abschreckungswirkung, übermäßige Vergeltungen können blindwütige Racheakte und unkontrollierbare Eskalationen auslösen. Insbesondere im Fall einer erstmalig auftretenden und geringfügigen Defektion durch einen Akteur ist einer relativ schwachen Sanktion der Vorzug einzuräumen, um die Aufrechterhaltung der Kooperation nicht zu gefährden.[57]

Sanktion müssen somit zugleich glaubwürdig angedroht als auch ausgewogen durchgeführt werden. Mit Blick auf die sanktionsauslösenden Defektionstatbestände ist festzustellen, daß ein Defekteur nicht erwarten darf, durch abweichendes Verhalten einen Vorteil zu erlangen, d. h. er muß erkennen können, daß der Wert einer sanktionierten Defektion zumindest geringer als die Auszahlung bei Kooperation ausfällt. Dazu ist mindestens die Rückzahlung des durch die Defektion erlangten Vorteils erforderlich.[58] Ferner ist der Blick auf die Aufrechterhaltung der Kooperationsbasis zu richten. Infolgedessen ist ein abgestuftes Sanktionssystem zum Einsatz zu bringen, welches nachsichtig zu handhaben ist, um einem Defekteur die Rückkehr in die Kooperationsgemeinschaft zu ermöglichen.[59]

Eine Schwierigkeit hinsichtlich der Handhabbarkeit der Sanktionierung von Defekteuren in realen Situationen besteht in der mitunter problematischen Ermittlung einer Defektion bzw. eines Defekteurs. Diesbezüglich ist festzustellen, daß

---

57 Vgl. Axelrod [1987], S. 97 ff. und S. 124.

58 Vgl. Schüßler [1990], S. 37.

59 Vgl. Schüßler [1990], S. 32.

sowohl die Androhung als auch die Durchführung einer Sanktion eine personelle Zurechenbarkeit der Defektion voraussetzen.[60] Sofern die Akteure interagieren und Wissen über Identität und Verhalten der Akteure ansammeln, stellt sich mit zunehmendem Erinnerungsvermögen und abnehmender Gruppengröße eine geringere Anzahl an Defektionen ein.[61]

Ebenfalls prekär ist die Aufarbeitung einer historischen Sequenz wechselseitiger Vergeltungen, wobei es in der Retrospektive oftmals nicht möglich ist, zwischen gerechtfertigter Sanktion und ungerechtfertigter Defektion zu unterscheiden, zumal in beiden Fällen die gleichen Handlungen erfolgen und es im wesentlichen auf die Ermittlung des Grundes für die Handlungsweise ankommt. Situationen mit derartigen Hintergründen geben nur wenig Anlaß zu der Erwartung des Zustandekommens kooperativer Beziehungen zwischen den Akteuren.[62]

Zudem ist es in der Praxis schwierig, den optimalen Umfang einer Vergeltungsmaßnahme exakt zu bestimmen, vor allem dann, wenn man sich in einem Umfeld mit zahlreichen Akteuren befindet, die unterschiedliche Auffassungen bezüglich der Sanktionsschärfe zum Ausdruck bringen.[63]

Ein weiterer Aspekt, der die Überlegenheit der Tit-for-Tat-Strategie im Hinblick auf den Kooperationerfolg relativiert, ist in der Verteilung des Kooperationsgewinns zu sehen. Tit-for-Tat abstrahiert von Verteilungseffekten, die aber realistischerweise im Entscheidungskalkül der Spieler präsent sind. Sofern die Spieler also ihre Auszahlungen mit denen der Mitspieler vergleichen und somit eine "gerechte" Verteilung des Kooperationsgewinns anstreben bzw. solche Verteilungen blockieren, die sie als ungerecht betrachten, erweist sich die Tit-for-Tat-Strategie als wenig erfolgversprechendes Lösungskonzept.[64]

Insgesamt läßt sich hinsichtlich des Zustandekommens freiwilliger Kooperation in kleinen Gemeinschaften anhand des Zwei-Personen-Gefangenendilemmas zusammenfassen, daß sich bei häufiger Wiederholung des gleichen Spiels zwischen den Akteuren kooperative Verhaltensweisen spontan herauskristallisieren

---

60 Das Problem der Zurechenbarkeit einer Defektion kommt erst in n-Personen-Gefangenendilemmasituationen zum Tragen.

61 Vgl. Schüßler [1990], S. 38 ff.

62 Vgl. Schüßler [1990], S. 34 f.

63 Vgl. Schüßler [1990], S. 36.

64 Vgl. Schüßler [1990], S. 35.

können,[65] sofern bei nicht-kooperativem Verhalten eine Bestrafung des Defekteurs durch Entzug des künftigen Kooperationsgewinns glaubhaft angedroht wird. Diese Sanktionsandrohung ist im Zwei-Personen-Gefangenendilemma wirksam, da der Defekteur zuverlässig mit der Sanktionierung rechnen muß. Bei steigender Akteurszahl allerdings verliert der zunehmend diffuser werdende Sanktionsmechanismus an Wirksamkeit.[66]

Ferner sind glaubwürdige Sanktionsandrohungen unerläßlich, um kooperatives Verhalten zu induzieren. Zugleich sind die Sanktionen derart zu gestalten, daß über den Anlaß der sanktionsauslösenden Defektion hinaus auch der Absicht Rechnung zu tragen ist, dem Defekteur einen Anreiz zur Rückkehr in die Kooperationsgemeinschaft zu gewähren.

3.3.3. Egoistische Kooperation in großen Gruppen

In einem weiteren Schritt erfolgt die Betrachtung von n-Personen-Dilemmasituationen, d. h. der Blick richtet sich nunmehr auf große Gemeinschaften und dem dort auftretenden Problem der Produktion öffentlicher Güter.[67] Für große Gruppen ist zunächst die Feststellung zu treffen, daß diese durch ein hohes Maß an Anonymität gekennzeichnet sind. Folglich herrscht in großen Gruppen ein geringeres Maß an Transparenz und die Interdependenz der strategischen Abhängigkeit ist weniger deutlich zu spüren als in kleinen Gruppen. Zugleich eröffnen sich in großen Gruppen im Vergleich zu kleinen Gruppen neue Möglichkeiten für defektives und ausbeuterisches Handeln.

Bei der Untersuchung der Kooperation in großen Gemeinschaften lassen sich zwei Fälle unterscheiden: Situationen ohne Ausschlußmöglichkeit, also reine öffentliche Güter, und Situationen mit Ausschlußmöglichkeit, d. h. Kollektivgüter. Vor dem Hintergrund dieser Unterscheidung nach dem Kriterium der Ausschließbarkeit erfolgt eine zweifache Modifizierung des Grundmodells des Gefangenendilemmas, zum einen durch die Einführung einer zentralen Gewalt,

---

65 Axelrod hat dieses Phänomen in seinem 1984 erschienen Buch als Evolution der Kooperation bezeichnet. Vgl. Axelrod [1987].

66 Vgl. Schüßler [1990], S. 18 f.

67 Zu den nachfolgenden Ausführungen siehe Schüßler [1990], S. 44 ff.

zum anderen durch die Möglichkeit des Ausschlusses einzelner Akteure von der Nutzung eines Kollektivgutes.[68]

Die Auszahlungsmatrix in einer sozialen Dilemmasituation, wie sie in großen Gruppen auftreten kann, sei gekennzeichnet durch folgende Eigenschaften:

- Die Gesamtauszahlung im Falle allseitiger Kooperation ist höher als im Fall kollektiver Defektion. Mit anderen Worten: Allseitige Kooperation ist besser als allseitige Defektion.

- Ein Defekteur profitiert, wenn sich alle anderen Akteure weiterhin kooperativ verhalten. In diesem Fall liegt die isolierte Defektionsauszahlung über der Auszahlung des anteiligen Kooperationsgewinns. Insgesamt besteht in dieser Konstellation ein Widerspruch zwischen individueller und kollektiver Rationalität.

- Bei teilweiser Kooperation, d. h. unter Hinnahme eines gewissen Anteils von Defekteuren, kann sich ein besseres Ergebnis einstellen als bei genereller Defektion aller Akteure. Dieses ist bspw. der Fall, wenn einem Akteur übermäßig hohe Kosten für die Einhaltung der kooperativen Lösung entstehen und dieses von den Kooperierenden erkannt und hingenommen wird. Derartige Konstellationen sind allerdings problematisch in bezug auf die Stabilisierung der Kooperationslösung.[69]

Hinsichtlich der Entstehung egoistischer Kooperation in großen Gruppen ohne Ausschlußoption ist festzustellen, daß bei unendlicher Wiederholung des Spiels theoretisch zwar eine Koordination zwischen egoistischen Akteuren entstehen kann,[70] diese ist jedoch an derart enge Voraussetzungen geknüpft, daß die spontane Entstehung von Kooperationsbeziehungen in der Praxis nicht zu erwarten

---

68 Dieses bedeutet freilich, daß es sich bei dem betrachteten Gut nicht mehr um ein reines öffentliches Gut handelt, sondern um ein Gut mit Kollektivguteigenschaften in bezug auf die Konsumrivalität.

69 Als Beispiel für diesen Fall kann die Einhaltung der sozialen Norm "Pünktlichkeit" angeführt werden. Es kann in diesem Fall sinnvoll sein, Ausnahmen zu dulden, sofern die Gewährung von Ausnahmen nicht zum Zusammenbruch der sozialen Norm führt. Somit sind Konstellationen denkbar, in denen die maximale Auszahlung erreicht wird, wenn nicht alle Akteure kooperieren. Vgl. Schüßler [1990], S. 47.

70 "Die Logik des Beweises der prinzipiellen Möglichkeit egoistischer Kooperation im n-Personen-PD [Prisoners-Dilemma, L. R.] schließt also den Nachweis der extremen Unwahrscheinlichkeit dieser Lösung mit ein und kann daher kaum befriedigen." Schüßler [1990], S. 50.

ist. Damit hängt das Zustandekommen einer sozialen Kooperation letztlich von der Verfügbarkeit zusätzlicher Instrumente zur Sanktionierung ab.

Bei der Betrachtung von Kollektivgütern, also unter Einbeziehung der Ausschlußoption, bieten sich bessere Möglichkeiten der Kooperation, sofern sich der Ausschluß von der Nutzung des Kollektivgutes als Sanktionsmittel gegen einen potentiellen Defekteur instrumentalisieren läßt. Infolge seines Ausschlusses kann der defektierende Akteur nur noch diejenige Auszahlung realisieren, die er im Konfliktpunkt erzielt.[71] Derartige Dilemmasituationen, die bereits durch den gewaltfreien Entzug des Kooperationsvorteils gelöst werden können, sind ihrem Wesen nach weniger problematisch als Situationen, die weitergehende Sanktionen zur Aufrechterhaltung der Kooperation verlangen.[72]

Hingegen kann zur Begründung der grundsätzlichen Notwendigkeit von Sanktionsmaßnahmen angeführt werden, daß sog. unbedingt kooperative Strategien, die ausschließlich von nachgiebigen Akteuren, die auch bei Defektion niemals Vergeltung ausüben, gespielt werden, nicht durchsetzungsfähig sind. Vielmehr können sich ausschließlich Strategien durchsetzen, in denen sich die Akteure bedingt kooperativ verhalten, d. h. ausgewogene Sanktionen zum Einsatz kommen, die einem Defekteur die Rückkehr in die Kooperationsgemeinschaft ermöglichen. Das Zurechnungsproblem kommt in großen Gruppen jedoch insofern stärker zum Tragen, als sich einem Defekteur bessere Möglichkeiten bieten, den Defektiongewinn zu vereinnahmen und sich in der Anonymität zahlreicher Spieler ein neues Opfer zu suchen (sog. "hit and run"-Taktik). In einem solchen Fall der offenkundigen Ausbeutung bleibt den Akteuren nur die Möglichkeit der sofortigen und endgültigen Trennung von dem Defekteur.[73]

Die Ergreifung von Maßnahmen der Sanktionierung setzt unabhängig von der Art der möglichen Sanktionen (Ausschluß oder sonstige Sanktionen) voraus, daß eine Überwachungsinstanz existiert. Die Zuverlässigkeit einer solchen Instanz erzeugt wesentliche Kooperationsanreize.[74] In diesem Zusammenhang ist das

---

71 Zudem kann auch die Unterteilung einer großen Gruppe in vernetzte kleine Gruppen zu einer Verbesserung des Kooperations- und Stabilitätspotentials beitragen. Sofern bei dem Ansatz der Vernetzung von Akteuren auf hierarchische Instrumente zur Steuerung der Kleingruppen zurückgegriffen wird, dient die Vernetzung dem Abbau der Komplexität der Dilemmasituation. Wesentlich für die Entstehung von Kooperation ist jedoch die zentrale Kontrollgewalt. Vgl. Schüßler [1990], S. 151.

72 Vgl. Schüßler [1990], S. 138.

73 Vgl. Schüßler [1990], S. 77.

74 Vgl. Schüßler [1990], S. 138.

Qualitätsmerkmal der Zuverlässigkeit durch die Wahrscheinlichkeit definiert, mit der eine beliebige Defektion entdeckt und der weiteren Sanktionierung zugeführt wird.

(1) Im Fall einer niedrigen Überwachungsqualität ist der Zusammenbruch der Kooperation zu erwarten, da Defektionen und Trittbrettfahrerverhalten nur mit geringer Wahrscheinlichkeit entdeckt und geahndet werden. Mit anderen Worten ist die Defektion bei hinreichend schlechter Überwachungsqualität unabhängig von der Höhe angedrohter Strafen einzelwirtschaftlich rational, und rationale Egoisten können nicht im Zaum gehalten werden.

(2) Liegt die Entdeckungswahrscheinlichkeit hingegen nahe bei 100 %, so ist kooperatives Verhalten rational, da auf Defektion mindestens der Entzug des Defektionsvorteils erfolgt.

(3) Bei einer mittleren Überwachungsqualität bzw. Entdeckungswahrscheinlichkeit kommt es in entscheidendem Maße darauf an, wie hoch der individuelle Kooperationsgewinn in Relation zum erwarteten Defektionsvorteil ausfällt. Geht man davon aus, daß die Wahrscheinlichkeit der Entdeckung einer Defektion über alle Akteure gleichverteilt ist[75], so ist es plausibel, daß Akteure mit einem relativ geringen Kooperationsgewinn eher zur Defektion neigen als Akteure mit größerem Kooperationsgewinn. Letztere hätten höhere Kosten bei einem Zusammenbruch der Kooperation zu tragen. Daher kann es für solche Akteure rational sein, einen gewissen Bodensatz an geringfügigen Defektionen zu dulden.

Da in der Überwachung eine notwendige Maßnahme zur Aufrechterhaltung kooperativer Beziehungen in großen Gruppen zu sehen ist, stellt sich die Frage, wer die Überwachung durchführen soll. Grundsätzlich muß diese Instanz in der Lage sein, die gesamte Gruppe im Hinblick auf Defektionen zu überwachen. Somit determiniert die Gruppengröße den Überwachungsraum. Da infolge der Entdeckung einer Defektion eine Sanktionierung erfolgt, ist die Überwachung von einer übergeordneten und unabhängigen Instanz durchzuführen.

Sofern eine Kooperation vor dem Hintergrund weltweiter Nutzungszusammenhänge durch Überwachung zu stabilisieren ist, bedarf es zur globalen Überwachung der Weltbevölkerung der Einführung einer zentralen Überwachungsinstanz. Im Verbund mit einem korrespondierenden Sanktionsmechanismus wäre

75 Sofern keine alternativen Informationen über die Eintrittswahrscheinlichkeit vorliegen, läßt sich die angenommene Gleichverteilung mit dem Prinzip des unzureichenden Grundes rechtfertigen.

die zentrale Überwachungsinstanz prinzipiell geeignet, das Kooperationsanliegen durchzusetzen. Allerdings ist eine zentrale Überwachungsinstanz mit Problemen verbunden, ihrer Errichtung im Wege stehen:

(1) Die Errichtung einer Überwachungsinstanz ist überhaupt erst möglich, wenn die Akteure bereit sind, Kompetenzen an eine derartige Instanz abzugeben. Dieses birgt die Gefahr von Frustrationskosten, da die Überwachungsinstanz nicht die Interessen sämtlicher Akteure repräsentieren kann.

(2) Um zu verhindern, daß die Zentralinstanz sich aus Eigeninteresse verselbständigt und von der ursprünglichen Zielsetzung entfernt, ist eine Kontrolle der Zentralinstanz erforderlich.

(3) Die Durchsetzung der Überwachung und Sanktionierung verursacht auch auf Seiten der sich kooperativ verhaltenden Akteure Kosten.

Diese Überlegungen zum kooperativen Verhalten in großen Gruppen lassen sich dahingehend zusammenfassen, daß bei fehlender Zentralgewalt die Aussichten auf eine freiwillige Koordination von Verhaltensweisen zur Überwindung sozialer Dilemmata durch egoistische Kooperation kritisch zu bewerten sind. Insbesondere im Fall reiner öffentlicher Güter, die keinen Ausschluß von Akteuren zulassen, sind alternative Formen der Strafandrohung zur Aufrechterhaltung einer Kooperation erforderlich. Dieses setzt eine zentrale Gewalt voraus, für deren Errichtung jedoch ein Konsens vorhanden sein muß.

Andererseits ist herauszustellen, daß egoistischer Kooperation prinzipiell zustande kommen kann, wenn zum einen in der fortgesetzten Realisierung eines Gewinns infolge wiederholter Zusammenarbeit ein hinreichend starker Kooperationsanreiz besteht und zum anderen der Kooperationsabbruch durch hinreichend starke Sanktionsdrohungen verhindert werden kann. Sofern eine Sanktionierung durch Ausschluß erfolgen kann, ist die Situation zur Entstehung kooperativer Beziehungen positiver einzuschätzen als bei reinen öffentlichen Gütern.

In Konstellationen, die den Ausschluß von Defekteuren nicht erlauben, kommt das Problem der Zurechenbarkeit der Defektion nicht zum Tragen, da Identität des Verursachers einer Defektion für die Aufrechterhaltung der Kooperation irrelevant ist. Vielmehr führt jedwede Defektion unmittelbar zum Kooperationsabbruch, so daß sich kein Akteur der Hoffnung hingeben kann, durch abweichendes Verhalten fortwährend einen Nutzenvorteil in einer sich kooperativ verhaltenden Umgebung zu erzielen.

Die größten Probleme der Stabilisierung werfen hingegen Konstellationen auf, in denen derart hohe Defektionsgewinne entstehen, daß ein Defekteur den Zerfall der Kooperation in Kauf nehmen kann. Sofern also der Gewinn aus einer einmaligen Defektion höher ist als die fortgesetzte Vereinnahmung von Kooperationsgewinnen, kann die Verfolgung einer Ausbeutungsstrategie mit Sicherheit erwartet werden. Derartige Konstellationen stellen insofern besondere Anforderungen an die Überwachung und Sanktionierung, als das Auftreten von Defektionen vollständig ausgeschlossen werden muß.

Insgesamt ist festzustellen, daß sich Kooperationen in großen Gruppen zum Zweck der Bereitstellung öffentlicher Güter nicht spontan bilden. Insofern kommt es für Kooperationen in großen Gruppen in entscheidendem Maße darauf an, ob die Anreize der zu erwartenden Kooperationsgewinne den Akteuren ausreichen, um sich freiwillig einer übergeordneten Überwachungs- und Sanktionierungsinstanz zu unterwerfen.

Sofern in hohen und stabilen, d.h. fortgesetzten Kooperationsgewinne, die nicht abreißen oder einbrechen dürfen, ein wesentlicher Kooperationsanreiz besteht, ist der Blick auf weitere Aspekte zur Förderung von Kooperationsgewinnen zu richten: Diesbezüglich ist auf kooperationsfördernde Anreize zu verweisen, die im Zusammenhang mit ethischen Gesichtspunkten, moralischen Aspekten,[76] Reputation von Kooperateuren[77] und Stigmatisierung von Defekteuren entstehen.[78] Auch durch die Beachtung von Werten wie Altruismus und Solidarität in individuellen Nutzenkalkülen können sich kooperationsfördernde Effekte ergeben, sofern durch die veränderten Wertvorstellungen der kooperativen Handlungsalternative ein größerer Nutzen zuzuordnen ist.[79]

---

[76] Vgl. Hengsbach [1998], S. 58 ff.

[77] Zur Bedeutung, den Voraussetzungen und Grenzen von Reputation für kooperatives Verhalten siehe Eger [1998], S. 309 ff.

[78] Vgl. Schüßler [1990], S. 93 ff.

[79] Schenk und Weise vertreten diesbezüglich die Auffassung, daß eine Orientierung an Kriterien der altruistischen Rationalität einer strikten egoistischen Sichtweise der Vorzug einzuräumen sei. Insofern als Menschen in der Lage sind, sich in die Denkweisen anderer Menschen hineinzuversetzen und die Konsequenzen für Dritte bei der Durchführung individuell vorteilhafter Handlungen zu berücksichtigen, müsse von egoistisch-altruistischer Rationalität gesprochen werden. Schenk [1995], S. 129 und S. 131 f. Hingegen begegnen Güth und Kliemt solchen Ansätzen mit Skepsis, die versuchen, die Entstehung sozialer Kooperation unter Reduzierung der individuellen Rationalitätsannahme zu begründen. Vgl. Güth [1995 a], S. 53.

Zudem kann auch ein gesteigertes Erinnerungsvermögen der Mitspieler potentielle Defekteure davon abbringen, abweichend - also nicht-kooperativ - zu handeln.[80] Im Rahmen einer Simulation ließ sich der Nachweis erbringen, daß in evolutorischer Sicht ein steigender Anteil kooperativer Verhaltensformen zu erwarten ist, wenn sich die interagierenden Individuen an das frühere Verhalten der anderen Akteure erinnern können. Mit zunehmender Gedächtnistiefe nehmen Defektionen ab, und es kann eine zunehmende Annäherung an ein Kooperationsgleichgewicht stattfinden.[81] Für das Zustandekommen von Kooperationen kann somit auf sog. Selbstverstärkungsprozesse verwiesen werden.[82]

Insgesamt lassen sich die Ausführungen zur egoistischen Kooperation dahingehend zusammenfassen, daß das Entstehen kooperativer Beziehungen mit zunehmender Akteurszahl problematischer wird. Eine spontane Herausbildung kooperativer Verhaltensformen ist nicht zu erwarten. Jedoch kann es auch in großen Gruppen zu Kooperationen kommen, wenn infolge einer institutionellen Steuerung Anreize für kooperatives Verhalten erzeugt und zugleich hinreichend leistungsfähige Überwachungs- und Sanktionierungsapparate zur Eindämmung defektiver und vor allem ausbeutender Verhaltensweisen implementiert werden.

3.4. Zusammenfassender Überblick über die spieltheoretischen Ansatzpunkte

Spiele sind interdependente Entscheidungssituationen, in denen rational handelnde Akteure eine Strategie zur Maximierung ihres Nutzens ergreifen. Wie sich anhand der Auszahlungsmatrix eines Zwei-Personen-Gefangenendilemmas zeigen läßt, weisen die Strategiekombinationen bei nicht-kooperativen Spielen (Nash-Gleichgewicht) geringere Auszahlungen als bei kooperativen Spielen auf. Vor diesem Hintergrund sind die Bedingungen für das Zustandekommen kooperativer Verhaltensweisen von Interesse.

Kooperative Spiele können in der Form von Koordinationsspielen oder Verhandlungsspielen auftreten. Während Koordinationsspiele lediglich der Kommunikation zwischen den Akteuren zur Erzielung eines kooperativen Spielergebnisses bedürfen, ist bei Verhandlungsspielen der Abschluß bindender Vereinbarungen erforderlich, um den Rückfall der Akteure in nicht-kooperative Spielzustände zu verhindern. Der Zerfall der Kooperation ist nämlich zu be-

---

[80] Vgl. Axelrod [1987], S. 112 ff.

[81] Vgl. Schenk [1995], S. 133 ff., S. 146 f.

[82] Vgl. Schenk [1995], S. 149.

fürchten, wenn sich ein Akteur durch defektives Verhalten einen individuellen Vorteil zu Lasten des sich kooperativ verhaltenden Akteurs verschaffen kann. Die erforderliche Bindung der Akteure an die kooperative Strategie kann auf Selbstverpflichtungen der Akteure begründet sein oder auf vertraglicher Grundlage beruhen. In jedem Fall ist jedoch die freiwillige Aufnahme von Verhandlungen zwischen den Akteuren erforderlich.

Das Ergebnis der Verhandlungen besteht in der Einigung der Akteure auf eine koordinierte Strategiekombination, die mit einer bestimmten Verteilung des Kooperationsgewinns (i. e. Überschuß über die Auszahlung im Nash-Gleichgewicht) auf die Akteure verbunden ist. Insofern spielen in den Verhandlungen sowohl Effizienz- als auch Gerechtigkeitsüberlegungen eine Rolle.

Die Lösungsansätze für Verhandlungsspiele verdeutlichen, daß eine eindeutig bestimmbare Verhandlungslösung nicht existiert. Sofern an eine Verhandlungslösung bestimmte Ansprüche gestellt werden, soll das Verhandlungsergebnis bspw. effizient, fair und gerecht sein, läßt sich der Lösungsraum einschränken. Die entsprechenden Zusammenhänge sind im Rahmen der axiomatischen Lösungsansätze in der Nash-Lösung, der proportionalen und egalitären Lösung zusammengetragen.

Im Mittelpunkt der behavioristischen Lösungsansätze stehen Verhandlungen, die durch Verhandlungsangebote und –konzessionen beschrieben werden. In Abhängigkeit von der Konzessionsbereitschaft der Akteure – es können volle, partielle und marginale Konzessionen unterschieden werden – kommen unterschiedliche Spielergebnisse zustande. Die Verhandlungen werden fortgeführt, solange kompatible Konzessionen gemacht werden. Insofern müssen mindestens marginale Konzessionen gemacht werden, um die Verhandlungen aufrechtzuerhalten.

Im Rahmen der strategischen Lösungsansätze kann verdeutlicht werden, daß mittels eines institutionellen Rahmens in einer nicht-kooperativen Spielsituation ein Spielergebnis erzeugt werden kann, das mit den Spielergebnissen der axiomatischen Ansätze vergleichbar ist. Mit anderen Worten sind institutionelle Rahmengebungen geeignet, kooperative Spielergebnisse zu erzeugen. Beispielhaft sind die Kuchenteilungsregel, die zum gleichen Ergebnis wie die Nash-Lösung führt, und der Rubinstein-Ansatz, der die interessanten Zusammenhänge zwischen Zeitpräferenz, Diskontierung und Verhandlungsdauer berücksichtigt, dargestellt.

Die Frage, durch welche institutionelle Rahmengebung eine Norm herbeigeführt werden kann, wird im Rahmen des Mechanismusdesign behandelt. Ausgehend davon, daß konkrete Vorstellungen über eine Norm vorliegen, ist das Design des Mechanismus zu modellieren, der geeignet ist, die Norm im Umfeld eigennütziger, d. h. individuell rational handelnder Akteure hervorzubringen. Bei öffentlichen Gütern stellt sich diesbezüglich das Problem der Bestimmung der Präferenzen und Zahlungsbereitschaften.

Die sich im Zeitablauf einstellende Abfolge von Spielergebnissen ist im Rahmen der evolutorischen Spiele anhand der Konzepte der evolutorischen Stabilität, der Replikatorengleichung und der dynamischen Stabilität dargestellt worden. Es konnte festgestellt werden, daß eine Institution um so robuster ist, je größer die Strategiemenge ist, die im Rahmen der Institution gegen beliebige Strategiemutationen Bestand hat.

Im Zeitablauf finden Selektionsprozesse statt, die zur Aussonderung obsoleter Strategien führen. Je stärker ein Strategietypus sich nun gegen auftretenden Mutationen behaupten kann, desto größer ist die Fitneß dieser Strategie. Fitte Strategien werden häufiger als andere repliziert und können daher einen wachsenden Anteil der Akteure auf sich ziehen.

Aus dynamischer Sicht kann ein System als evolutorisch stabil bezeichnet werden, wenn sich ein stabiler Zustand (Fixpunkt) einstellt, der auch durch einen exogenen Impuls nicht verlassen wird bzw. sich nach Absorption des Impulses wieder einstellt.

Die evolutorischen Ansätze verdeutlichen, daß sich eine bestimmte Strategie einstellt, wenn der Lösungsraum asymptotisch stabil ist. Mittels des evolutorischen Ansatzes läßt sich kooperatives Verhalten durch reziproke Anreize seitens der Akteure begründen. Reziprokes Verhalten erweist sich als evolutorisch stabil, wenn den Akteuren die von den Mitspielern erzeugten Anreize bekannt sind.

Die Bedingungen für egoistische Kooperationen in kleinen und großen Gruppen weisen hinsichtlich der Strategiewahl, der institutionellen Rahmengebung und der Durchsetzungsfähigkeit von Verhaltensweisen Unterschiede auf. Für kleine Gruppen, die sich durch hohe Transparenz und Interdependenz kennzeichnen, ist Tit-for-Tat als eine Strategie zu nennen, die reziproke Anreize setzt und zur spontanen Durchsetzung kooperativer Verhaltensweisen führen kann, wie das Beispiel des Grabenkrieges im Ersten Weltkrieg belegt. Als Problem ist allerdings auf die mangelnde Nachsichtigkeit dieser Strategie hinzuweisen, die über eine Eskalationsspirale zum Zerfall der Kooperation führen kann. Glaubwürdige Sanktionen sind zur Vermeindung von Defektionen unabdingbar, jedoch empfiehlt sich, Sanktionen nachsichtig zu gestalten, um einem Defekteur die Rückkehr in die Kooperationsgemeinschaft nicht zu verbauen.

Egoistische Kooperation in großen Gruppen ist weitaus problematischer, dieses gilt insbesondere für die Bereitstellung von öffentlichen Gütern. Sofern eine Sanktionierung durch Ausschluß möglich ist, es sich also um Kollektivgüter handelt, bieten sich bessere Kooperationsvoraussetzungen als bei reinen öffentlichen Güter. Die spontane Entstehung von sozialer Kooperation kann bei der Bereitstellung öffentlicher Güter nicht erwartet werden. Auch wenn die Kooperation mit gesellschaftlichen Vorteilen verbunden ist, so verhindern individuell rationale Entscheidungen das Zustandekommen der Kooperation. Vielmehr kann eine Kooperation nur dann auftreten wenn geeignete Sanktionierungs- und Überwachungsinstrumente das Auftreten defektiven und ausbeuterischen Verhaltens verhindern können. Insofern kommt es für die Bildung von Kooperationen in großen Gruppen zum Zweck der Bereitstellung öffentlicher Güter in entscheidendem Maße darauf an, ob die Anreize durch die zu erwartenden Kooperationsgewinne hinreichend stark sind, so daß sich die Akteure freiwillig einer übergeordneten Überwachungs- und Sanktionierungsinstanz unterwerfen.

Besonders problematisch sind Spielkonstellationen, bei denen sich die Verfolgung einer Ausbeutungsstrategie als dominante Strategie herauskristallisiert. Zur Stabilisierung der Kooperation bedarf es einer leistungsfähigen Überwachung und Sanktionierung, so daß Defektionen vollständig unrentabel werden.

Im nachfolgenden Kapitel werden nun die aus den spieltheoretischen Ansätzen gewonnenen Erkenntnisse verwendet, um ein Gerüst für einen Konversionsvertrag aus spieltheoretischer Sicht zu modellieren. Im Vordergrund steht dabei die Frage, wie internationale Konversion herbeigeführt und stabilisiert werden kann. Insofern kommt es nun darauf an, Konversion in ihren spieltheoretischen Facetten darzustellen, um darauf aufbauend zu zeigen, welche Konversionselemente in ein Verhandlungsgerüst einzubringen sind, um eine stabile Lösung herbeizuführen.

4. Spieltheoretische Analyse internationaler Konversion

4.1. Internationale Sicherheit in spieltheoretischer Sichtweise

4.1.1. Die Herstellung äußerer Sicherheit als Gefangenendilemma

Um einen spieltheoretischen Zugang zur Konversionsproblematik herzustellen, wird im Rahmen dieses Abschnittes zunächst gezeigt, daß die strategische Situation von Staaten bei der Herstellung der äußeren Sicherheit in einem hohen Maße zu spieltheoretischen Entscheidungssituationen affin ist. Es gilt somit, das realpolitische Phänomen der internationalen Konversion als ein Spiel aufzufassen, d. h. es ist zu untersuchen, inwiefern sich die für ein Spiel konstituierenden Elemente[1] auf die Herstellung der internationalen Sicherheit und somit auf die Konversionsproblematik übertragen lassen. Zu diesem Zweck erfolgt an dieser Stelle einer Skizzierung der Tatbestände internationaler Sicherheit sowie der Konversion in spieltheoretischer Terminologie.

Zunächst ist festzustellen, daß die Nationalstaaten als die Akteure des Spiels anzusehen sind. Diese verfolgen das Ziel der Herstellung äußerer Sicherheit, d. h. Sicherheit vor und Schutz bei gewalttätigen Übergriffen des Auslandes. Hinsichtlich der Handlungsweise der Akteure wird unterstellt, daß diese eigennützig und rational handeln.

Die Anwendbarkeit der Spieltheorie basiert auf der Interdependenzsituation, in der sich die Akteure bei der Wahl ihrer Strategien zur Herstellung eines Zustandes äußerer Sicherheit befinden. Die grundlegenden Zusammenhänge lassen sich anhand des folgenden Modells erläutern, welches die wechselseitige Abhängigkeit der Akteure veranschaulicht.

Das hier verwendete Modell zur Darstellung der Ressourcenallokation zur Erzeugung äußerer Sicherheit basiert auf den folgenden Annahmen und Definitionen:

- Betrachtet werden zwei Länder (A-Land und B-Land), die in spieltheoretischer Terminologie als Spieler oder Akteure bezeichnet werden.[2]

---

1 Elementarer Bestandteile eines Spieles sind die Akteure, die in einer interdependenten Entscheidungssituation versuchen, mittels geeigneter Strategien ihre jeweiligen Ziele zu verfolgen.

2 Die Begriffe Spieler, Akteure, Länder, Staaten und Nationen werden synonym verwendet.

- Jedes Land setzt zur Herstellung der äußeren Sicherheit Ressourcen zur militärischen Abschreckung und Verteidigung ein.

- Entscheidungen über den nationalen militärischen Ressourceneinsatz erfolgen in einzelstaatlich rationaler Weise, d. h. unter Beachtung des Wirtschaftlichkeitsprinzips.

- Die Länder treffen ihre Entscheidungen über die Höhe der nationalen Verteidigungsausgaben vor dem Hintergrund der militärischen Bedrohung durch das andere Land (Interdependenzannahme).

- Als stabiles militärisches Gleichgewicht wird ein Zustand bezeichnet, in dem die Länder aufgrund stabiler gegenseitiger Abschreckung nicht zu kriegerischen Übergriffen neigen.[3]

- Bei einem vermeintlichen militärischen Ungleichgewicht, das einen bestimmten Schwellenwert überschreitet, ist das unterlegene Land der Gefahr eines militärischen Übergriffs ausgesetzt. Um dieser Gefährdung zu begegnen, wird das unterlegenen Land seine Abschreckungsleistungen zur Wiederherstellung des militärischen Gleichgewichts sowie die Anstrengungen zur Landesverteidigung erhöhen. Folglich ist zu erwarten, daß die Verteidigungsausgaben im Zeitablauf um ein "militärisches Gleichgewicht" pendeln.[4]

- Informationskosten zur Feststellung der nationalen Bedrohung werden ausgeblendet.

Die nachfolgende Darstellung verdeutlicht, daß die Abschreckungsmaßnahmen des Landes A vom Land B als Bedrohung wahrgenommen werden und dort Verteidigungsanstrengungen auslösen. Zudem sind die Allokationsentscheidungen der Akteure in bezug auf die Allokation von Ressourcen zur militärischen Abschreckung interdependent, weil die Einhaltung eines militärischen Gleichgewichtes der Berücksichtigung des gegnerischen Abschreckungspotentials bedarf.

---

3 Zu den Zusammenhängen zwischen militärischem Gleichgewicht, Abschreckung und Stabilität siehe oben, Kapitel 2.1.2.1.4., S. 28 ff.

4 Dabei liegt implizit die Annahme zugrunde, daß die Verteidigungsausgaben nicht durch Haushaltsengpässe begrenzt sind.

Abbildung 17: Zwei-Länder-Modell zur Allokation von Abschreckungs- und Verteidigungsressourcen

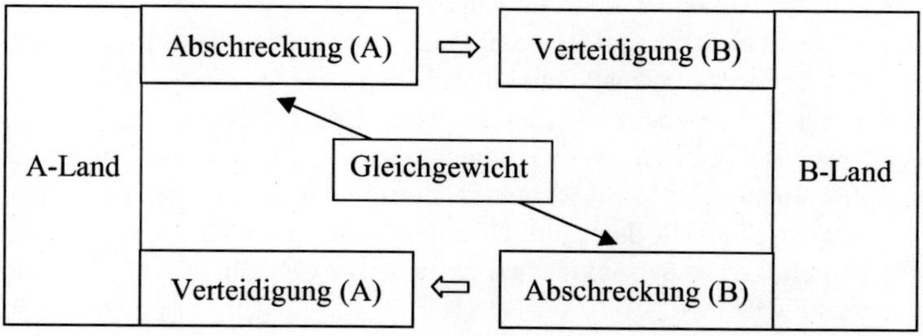

Quelle: Eigene Darstellung.

Prinzipiell lassen sich nun unterschiedliche Spielverläufe in Abhängigkeit davon aufzeigen, ob die Allokation der Militärpotentiale isoliert oder koordiniert vorgenommen wird. Entscheiden die Akteure isoliert, d. h. erfolgen keine koordinierenden Absprachen über die Intensität der gegenseitigen Bedrohung, so liegt eine nicht-kooperative Spielform vor. Dieses nicht-kooperative Handlungsprogramm wird nachfolgend als Rüstungsstrategie bezeichnet. Im Rahmen der Rüstungsstrategie erfolgen die nationalen Entscheidungen über die Allokation von Militärpotentialen auf der Grundlage der jeweils perzipierten Bedrohungen, wobei eine Verstärkung der Abschreckung des Landes A intensivere Verteidigungsbestrebungen des Landes B auslöst.[5] Zudem wird das Land B seinerseits die Maßnahmen zur Abschreckung verstärken, um die militärische Unterlegenheit abzubauen. Daraufhin ist wiederum Land A gefordert, seine Verteidigungsleistungen zu erhöhen. Diese wechselseitig rückkoppelnden Anpassungen der Militärpotentiale münden in einem Prozeß des Wettrüstens zwischen den Staaten.[6] Zudem läßt sich empirisch belegen, daß in einem Umfeld zahlreicher Akteure infolge im Zeitablauf wechselnder Interaktionen ständig neue Konflikt-

---

5 Vor dem Hintergrund, daß ein Aggressor militärische Überlegenheit anstrebt, sind Aufrüstung eines Landes als Indiz für eine derartige Aggression zu interpretieren. Folglich werden Gegenrüstungsmaßnahmen erforderlich. Vgl. Lemke [1996], S. 82.

6 Zur Entstehung des Wettrüstens siehe Kap.2.1.2.1.5., Zur Dynamik des militärischen Gleichgewichts, S. 31 ff.

und Bedrohungspotentiale entstehen,[7] und die allseitige Rüstung als Ausdruck einer isolierten Strategiewahl zu ständig steigenden Aufwendungen für die Herstellung der äußeren Sicherheit führt.[8]

Ein alternativer Spielverlauf kann im Fall einer koordinierten Strategiewahl der Akteure skizziert werden. Sofern verbindliche Absprachen eine Koordination der militärischen Ressourcenallokation zur Herstellung äußerer Sicherheit zwischen den Staaten erlauben, kann äußere Sicherheit auf einem niedrigen Abschreckungsniveau realisiert werden. Die kooperative Strategie zur Umsetzung dieser Spielvariante wird Konversion bezeichnet und verkörpert eben das Handlungsprogramm, daß sich durch die Handlungstatbestände der Abrüstung und der Transformation ehemals militärisch genutzter Ressourcen in zivile Verwendungen konstituiert.[9]

Vor dem Hintergrund, daß aufgrund der Interdependenz der Entscheidungssituation und Rationalität der Entscheidungsträger die Spieltheorie als eine geeignete Methode zur Untersuchung der Konversionsproblematik angesehen werden kann, erfolgt nun die Abbildung des Entscheidungsproblems der Herstellung äußerer Sicherheit in dem spieltheoretischen Modell des Zwei-Personen-Gefangenendilemmas.

Zur Darstellung des Dilemmas der Entscheidungssituation wird unterstellt, daß zwei Länder vor der isoliert zu treffenden Entscheidung stehen, das Ziel der äußeren Sicherheit durch eine Strategie der Rüstung oder der Konversion zu verfolgen. Zu diesem Zweck sind in der nachfolgenden Matrix die alternativen Strategien zur Herstellung der äußeren Sicherheit mit fiktiven Zahlungsströmen versehen worden.

---

7 Siehe oben, Kapitel 2.1.2.4., Das globale Konfliktpanorama, S. 53 ff.

8 Indem die Staaten ihre Militärbudgets unter der Prämisse aufstellen, ihre Streitkräfte auszubauen, um einen militärischen Vorteil zu gewinnen, stellt sich letztlich eine militärische Patt-Situation ein, wobei jedoch weniger Geld für andere Zwecke verfügbar ist. Vgl. Davis [1993], S. 197.

9 Siehe oben, Kapitel 2.2.2., Konstituierende Elemente einer Konversionsstrategie, S. 64 ff.

Abbildung 18: Äußere Sicherheit und Gefangenendilemma

		B-Land	
		Rüstung	Konversion
A-Land	Rüstung	-10 / -10	-10 + 100 / -100
	Konversion	-100 / -10 + 100	3 / 3

Quelle: Eigene Darstellung.

Die in der obigen Matrix mit der Strategiewahl (Rüstung oder Konversion) verbundenen Zahlungsströme weisen ein positives Vorzeichen auf, sofern es sich um Auszahlungen an das jeweilige Land handelt, Aufwendungen hingegen erscheinen mit einem negativen Vorzeichen. Die Matrix weist für den Zwei-Länder-Fall vier mögliche Strategiekombinationen mit voneinander abweichenden Auszahlungen auf:

(1) In der Kombination beidseitiger Rüstung stellt sich ein Zustand äußerer und internationaler Sicherheit aufgrund gegenseitiger stabiler Abschreckung ein. Jedem Land entstehen Rüstungsausgaben in Höhe von jeweils 10 Geldeinheiten.

(2) Sofern lediglich ein Land konvertiert,[10] tritt eine instabile Situation der einseitigen Abschreckung auf, so daß das abrüstende Land von dem hochgerüsteten Land angegriffen und annektiert werden kann. Im vorliegenden Beispiel wird unterstellt, daß das rüstende Land Aufwendungen in Höhe von 10 Geldeinheiten für Rüstungszwecke zu tragen hat. Jedoch kann infolge der Annexion des nicht rüstenden Landes, das hier mit einem fiktiven Betrag von 100 Geldeinheiten bewertet wird,[11] insgesamt einen Nettovor-

---

10 Streng genommen kann dieser Fall nicht auftreten, da einseitige Konversion mit der Anforderung der Aufrechterhaltung des militärischen Gleichgewichtes konfligiert.

11 Die Höhe dieses fiktiven Betrages spielt für das Ergebnis der strategischen Entscheidungssituation keine Rolle, solange davon ausgegangen werden kann, daß der um die Rüstungsausgaben geminderte Betrag größer ist als die Friedensdividende im Fall beidseitigen Rüstungsverzichts. Davon kann realistischerweise ausgegangen werden.

teil von 90 Geldeinheiten erzielt werden. Für das annektierte Land wird hingegen ein Totalverlust in Höhe von 100 Geldeinheiten angenommen.

(3) Der Fall beidseitiger Konversion stellt das militärische Gleichgewicht auf niedrigerem Rüstungsniveau ein. Die damit einhergehende Reduzierung der Militärausgaben führt zu reduzierten Ausgaben im Vergleich zum Fall der beidseitigen Rüstung. Im Extremfall, d. h. bei vollständigem Rüstungsverzicht, entfallen die Militärausgaben in Höhe von 10 Geldeinheiten. Zudem wird unterstellt, daß die alternative zivile Verwendung der Ressourcen einen vergleichsweise höheren Nutzen stiftet. Aus diesem Grund sieht die Matrix für den Fall der beidseitigen Konversion Auszahlungen (Friedensdividende) in Höhe von drei Geldeinheiten vor.

Anhand dieser sicherlich überzeichneten, jedoch im Prinzip stimmigen Matrix läßt sich zeigen, daß die einzelstaatlich rationale Handlungsweise darin besteht, das Staatsziel der äußeren Sicherheit mittels einer Rüstungsstrategie zu verfolgen. Wählt das Land B die Handlungsalternative "Rüstung", die dann als Umweltlage in das Entscheidungskalkül des Landes A eingeht, so ist es für das letztgenannte Land rational, ebenfalls zu rüsten, da die Auszahlung in diesem Fall geringer ist als bei Rüstungsverzicht. Sollte das Land B keine Rüstung betreiben, so kann das Land A seine Auszahlung durch Rüstung ebenfalls maximieren. Dieses gilt analog für das B-Land, so daß sich Rüstung letztlich als dominante Strategie herauskristallisiert. Die Strategiekombination beidseitiger Rüstung ergibt sich als Ergebnis isolierter einzelstaatlicher Optimierung und stellt ein stabiles Nash-Gleichgewicht in einer nicht-kooperativen Spielsituation dar.[12]

Treffen die Akteure eine bindende Vereinbarung auf der Grundlage eines internationalen Konversionsvertrages, so lassen sich Bedrohungspotentiale ebenso wie der militärische Ressourceneinsatz abbauen. In dem sich im Vergleich zur nicht kooperativen Lösung nunmehr ergebenden Mindereinsatz von Ressourcen für militärische Zwecke besteht der Kooperationsgewinn bzw. die Grundlage für eine Friedensdividende.

Die Darstellung der nationalen Entscheidungssituation bei der Strategiewahl zur Herstellung äußerer Sicherheit als Gefangenendilemma verdeutlicht, daß sich infolge der isoliert getroffenen Entscheidungen die beidseitige Rüstung das Nash-Gleichgewicht einstellt. Zugleich ist festzustellen, daß diese Lösung dem kooperativen Spielausgang wohlfahrtstechnisch unterlegen und somit nicht effi-

---

12 Zur spieltheoretischen Konstellation der Rüstung als Gefangenendilemma siehe Frey [1974], S. 60 sowie Welfens [1989], S. 363 f.

zient ist: Während im Fall beidseitiger Konversion die Herstellung äußerer Sicherheit mit der Vereinnahmung von insgesamt sechs Geldeinheiten verbunden ist, sind im nicht-kooperativen Fall beidseitiger Rüstung insgesamt 20 Geldeinheiten notwendig, um diese Aufgabe zu erfüllen. In der Differenz von 26 Geldeinheiten kommt die Suboptimalität der mangelnden Kooperation sowie letztendlich auch der Widerspruch zwischen individueller und kollektiver Rationalität zum Ausdruck. Insofern kann der Schluß gezogen werden, daß sich die Länder bei der Herstellung des Gutes der äußeren Sicherheit in einem Dilemma befinden. Infolge der Suboptimalität, die den isoliert getroffenen Entscheidungen in der vorliegenden Dilemmasituation anhaftet, werden letztlich zu viele Ressourcen in militärischen Verwendungsformen gebunden. Zur Herbeiführung einer effizienzorientierten Verbesserung des Spielergebnisses bedarf es einer koordinierten Strategiewahl in Form der internationalen Konversion.

Bei der Herstellung der äußeren Sicherheit lassen sich durch internationale Kooperation positive Wohlfahrtseffekte erzeugen. Insofern läßt sich aus ökonomischer Perspektive ein Handlungsbedarf konstatieren, der darin besteht, durch die Gestaltung geeigneter Rahmenbedingungen eine kooperative Spiellösung hervorzubringen. Insofern ist hier der Bereich der kooperativen Spiele einschlägig. Da es ferner nicht bereits durch Kommunikation zwischen den Akteuren zu einer koordinierten Strategiewahl kommt, sondern vielmehr bindende Abmachungen erforderlich sind, ist das Zustandekommen der Konversionsstrategie den Verhandlungsspielen zuzuordnen und hinsichtlich der Lösungsmöglichkeiten zu untersuchen.[13]

4.1.2. Kooperation auf der Basis eines internationalen Konversionsvertrags

Ausgehend von einem nicht-kooperativen Zustand mit der Strategiekombination allseitiger Rüstung kann eine kooperative Strategiekombination durch den Abschluß eines für alle Staaten verbindlichen internationalen Konversionsvertrages erreicht werden. Für das einem Konversionsvertrag zugrundeliegenden Verhandlungsspiel lassen sich im hier betrachteten Zwei-Länder-Modell die folgenden elementaren Bestandteile anführen:[14]

---

13 Siehe oben, Kapitel 3.2.1.1., Klassifikation der Spieltypen, S. 112 f.

14 Siehe oben, Kapitel 3.2.2.1., Spieltheoretische Aufbereitung von Verhandlungsproblemen, S. 121 ff.

- Die Menge der Spieler N beträgt zwei, wobei die Staaten jeweils als die Akteure aufzufassen sind, die über einen Konversionsvertrag verhandeln.

- Der Auszahlungsraum P umfaßt die Summe aller möglichen Zahlungsströme, die sich als Auszahlungsvektoren $u = (u_A, u_B)$ darstellen lassen. Der in der Gefangenendilemma-Matrix für die Kooperationslösung angeführte Auszahlungsvektor mit jeweils drei Geldeinheiten, u = (3, 3), stellt nur eine von vielen möglichen Auszahlungen innerhalb des Auszahlungsraumes dar. Diesbezüglich ist darauf zu verweisen, daß das Spielergebnis hinsichtlich der Höhe und der Verteilung des Kooperationsgewinns nicht determiniert ist.

- Der Auszahlungsvektor c, der die Auszahlungen im Konfliktpunkt repräsentiert, ist gemäß der obigen Auszahlungsmatrix mit c = (-10, -10) zu beziffern.

Der Umstand, daß nicht Individuen als nutzenmaximierende Spieler in Erscheinung treten, sondern Staaten über eine koordinierte Konversionsstrategie verhandeln, macht den Hinweis darauf erforderlich, daß zum einen die Entscheidungen über Vertragsinhalte im Konsens erfolgen[15] und zum anderen individuelle Rationalität in Form von einzelstaatlicher Rationalität[16] in Erscheinung tritt.

---

15 Die Aufnahme von Vertragsverhandlungen sowie der Abschluß eines internationalen Konversionsertrages erfolgen auf freiwilliger Basis, d. h. ohne Zwang. Jeder Akteur verfügt über ein Veto-Recht, das bei Verletzung der einzelstaatlichen Rationalitätsbedingung zum Einsatz kommen wird. Selbst wenn im Prinzip Einigkeit über die Zielsetzung eines Vertrages besteht, so ist anzunehmen, daß die Staaten zum einen unterschiedliche Interessen hinsichtlich des Umfangs und der Geschwindigkeit der Konversionsmaßnahmen verfolgen, zum anderen entstehen Disparitäten in bezug auf die Wohlfahrtsimplikationen der Konversion, um nur einige konfliktbeladene Sachthemen anzuschneiden. Da ein internationaler Konversionsvertrag ausschließlich durch eine freiwillige Übereinkunft der Akteure zustande kommen kann, muß die Entscheidung über diese Vertragsbestandteile zwingend im Konsens erfolgen, d. h. im Rahmen des Mechanismusdesigns sind entsprechende Regelungen zum Abstimmungsverfahren und zum Stimmengewicht der Akteure zu treffen.

16 Eine Zustimmung zu einer Vereinbarung setzt unabdingbar voraus, daß einzelstaatliche Vorteile aus dieser Zustimmung resultieren. Allein die Aussicht auf eine diffus verteilte Friedensdividende ist kein hinreichender Grund für die Einwilligung in einen internationalen Konversionsvertrag, da sich einzelne Staaten infolge des Vertrages schlechter stellen als im Status quo. Somit sind einzelstaatlich positive Wohlfahrtsimpulse eine conditio sine qua non, um etwaige Blockadehaltungen einzelner Staaten zu vermeiden. Nun ist es gerade ein Charakterzug der Konversion, daß die zunächst auftretenden Lasten regional ungleichmäßig

Ferner ist hinsichtlich des Auszahlungsraums festzustellen, daß die Spieler durch den Abschluß eines internationalen Konversionsvertrages zumindest eine Pareto-Verbesserung, d. h. einen Auszahlungsvektor oberhalb des Konfliktpunktes c realisieren können. Welcher Auszahlungsvektor des Auszahlungsraumes tatsächlich erreicht wird, kann ex-ante nicht vorausgesagt werden. Letztendlich hängen sowohl die Höhe als auch die Verteilung des Kooperationsgewinns von den konkreten Verhandlungsergebnissen ab.

Spezifizierende Aussagen zum Lösungsraum und zum Verhandlungsergebnis können unter Bezugnahme auf die axiomatischen Lösungsansätze getroffen werden. In diesem Zusammenhang kommt es zunächst darauf an, bestimmte Normen zu identifizieren, die dann als Axiome den Lösungsraum für einen internationalen Konversionsvertrag eingrenzen. Im Rahmen der axiomatischen Lösungsansätze sind bspw. Effizienz und Gerechtigkeit als relevante Normen dargestellt worden. Diese gilt es für einen internationalen Kooperationsvertrag zu interpretieren und zu operationalisieren.

Die Effizienznorm steht in eindeutiger Weise mit den positiven Wohlfahrtsimplikationen infolge der Abrüstung im Zusammenhang. Ein effizientes Spielergebnis, das einen maximalen kollektiven Wohlfahrtsgewinn beinhaltet, ist durch eine Verhandlungslösung zu realisieren, die zu einer Auszahlung auf der Nutzengrenze führt. Dieses ist der Fall, wenn die Rüstungsausgaben auf ein Minimum reduziert und die freien Ressourcen in eine friedensorientierte Produktionsfunktion transferiert werden.

Eine weitere Möglichkeit zur Interpretation der Effizienznorm besteht darin, auf Verbesserungen gegenüber der Ausgangssituation abzustellen. Insofern ist jede Pareto-Verbesserung als Ergebnis einer Kooperation mit einem Effizienzzuwachs im Vergleich zu den Auszahlungen im Konfliktpunkt verbunden.

Der Aspekt der Gerechtigkeit ist für die Verhandlungen um einen internationalen Konversionsvertrag in unterschiedlichen Facetten von Bedeutung. Mit Blick

---

verteilt sind, d. h. disparate Wohlfahrtsimpulse auftreten. Unterstellt man nun ferner, daß die Staaten geneigt sind, die eigenen Wohlfahrtsentwicklungen in Relation zu der Entwicklung in den anderen Staaten zu sehen, können Wohlfahrtsdisparitäten in Vorbehalten gegenüber einem internationalen Konversionsvertrag münden, sofern bestimmte Schwellenwerte überschritten werden. Somit gilt es, als ungerecht empfundene Wohlfahrtsimplikationen eines internationalen Konversionsvertrages zu nivellieren. Es spricht aus der Sicht der Überwindung von Blockadehaltungen einiges dafür, einer möglichst symmetrischen Lasten- und Nutzenverteilung Priorität gegenüber Effizienzüberlegungen einzuräumen. Im Rahmen des Mechanismusdesigns sind daher entsprechende Kompensationsmechanismen zu implementieren.

auf die ökonomischen Effekte der Konversion ist zunächst festzustellen, daß die Staaten ihre nationalen Anteile am gesamten Kooperationsgewinn mit den Anteilen der anderen Staaten vergleichen werden. Sofern die Verteilung des Kooperationsgewinns nicht als gerecht empfunden wird, droht der Rückfall auf die nicht-koordinierte Rüstungsstrategie. Daher sind die Verhandlungen hinsichtlich der Verteilung der Kooperationsgewinne derart zu führen, daß die Verhandlungsergebnisse von den Staaten als gerecht akzeptiert werden. Dieses Gerechtigkeitsanliegen kann insofern durch die Norm der symmetrischen Wohlfahrtsimplikationen operationalisiert werden, als ausgeprägte Asymmetrien infolge von Konversionsprozessen nicht konsensfähig sind.

Des weiteren ist das Verhandlungsergebnis unter dem Anspruch zu sehen, eine aus sicherheitspolitischer Perspektive gerechte Lösung darzustellen. Diesbezüglich ist unter Bezugnahme auf das im zweiten Kapitel vorgestellte Abrüstungsmodell darauf zu verweisen, daß der Korridor der wechselseitig stabilen Abschreckung nicht verlassen werden darf.[17] Militärische Instabilität steht somit im Widerspruch zur Gerechtigkeitsnorm.

Die angeführten Normen weisen insofern eine hierarchische Struktur auf, als der Gerechtigkeit im militärischen Sinne der Vorrang vor den übrigen Normen einzuräumen ist. Im Rahmen der Konversionsverhandlungen ist der Lösungsraum sind somit auf Resultate beschränkt, die mit der Aufrechterhaltung militärisch stabiler Verhältnisse einhergehen.

Innerhalb dieses durch militärische Stabilität gekennzeichneten Lösungsraums kommen dann die Axiome der Effizienzorientierung i. S. positiver Wohlfahrtsimplikationen sowie der Verteilungsgerechtigkeit i. S. symmetrischer Wohlfahrtsimplikationen zum Tragen.

Unter Bezugnahme auf die behavioristischen Ansätze können Aussagen zum Verhandlungsprozeß für einen internationalen Konversionsvertrag getroffen werden. Die behavioristischen Ansätze verdeutlichen, daß die Akteure in fortgesetzten Verhandlungsrunden über Vorschläge und Konzessionen, die zumindest marginalen Charakter aufweisen, eine sukzessive Ausweitung des Kooperationsgewinnes realisieren können. Alle Lösungen, die erhöhte Auszahlungen gegenüber dem Nash-Gleichgewicht beinhalten, stellen eine Pareto-Verbesserung dar. Erst im Falle inkompatibler Konzessionen droht ein Abbruch der Verhandlungen und ein Rückfall zur einzelstaatlichen Optimierung, d. h. die Akteure realisieren das wohlfahrtstechnisch suboptimale Nash-Gleichgewicht. Somit ist dem Nash-Gleichgewicht, das eine Strategiekombination des Wettrüstens reprä-

---

17 Siehe oben, Kapitel 2.2.2.1., Abrüstung, S. 64 ff., insb. Abbildung 11, S. 65.

sentiert, ein Drohpotential zur Aufrechthaltung und Fortführung der Verhandlung zuzurechnen.[18]

Wie sich ferner mit dem Hinweis auf die strategischen Lösungsansätze anführen läßt,[19] ist das institutionelle Gerüst für den Ausgang von Verhandlungen bedeutsam. Zudem ist die Diskontierung zukünftiger Zahlungsströme zu berücksichtigen: Die im Zuge von Konversionsmaßnahmen erst mittel- bis langfristig auftretenden positiven Nettoeffekte sind in Abhängigkeit von der Höhe der Diskontrate abzuwerten.

Eine kooperative Lösung auf der Basis eines internationalen Konversionsvertrages kann somit unter Beachtung der Normen der Effizienz und Gerechtigkeit erreicht werden. Darüber hinaus besteht die Notwendigkeit, eine internationale Konversionsvereinbarung verbindlich zu gestalten. Verhandlungsspielen liegt auf der einen Seite durch den Kooperationsgewinn ein Anreiz zu kooperativem Handeln zugrunde, auf der anderen Seite bestehen zwischen den Akteuren aufgrund von Interessengegensätzen Anreize zu Freifahrer- oder sogar Ausbeutungsverhalten. Damit wirken innerhalb eines internationalen Konversionsvertrages destabilisierende Kräfte, die durch entsprechende vertragliche Regelungen aufzufangen bzw. zu eliminieren sind.

Im Anschluß an die im vorangegangenen Kapitel zusammengestellten Ansätze zur Lösung von Verhandlungsspielen und zum Design von Rahmenbedingungen für evolutorisch stabile Konversionsprozesse sind nunmehr die wesentlichen Verhandlungsparameter zu extrahieren, die für den Abschluß und die Etablierung eines internationalen Konversionsvertrages relevant sind.

---

18 Siehe oben, Kapitel 3.2.2.2.2., Behavioristische Lösungsansätze, S. 127 ff.

19 Siehe oben, Kapitel 3.2.2.2.3., Strategische Lösungsansätze, S. 129 f.

4.2. Bestandteile eines internationalen Konversionsvertrags

4.2.1. Vorbemerkungen

4.2.1.1. Freiwilligkeit und Konsensorientierung als Verhandlungsbedingungen

Eine internationale Koordination der Sicherheitspolitik auf der Grundlage eines Konversionsvertrages kann nur im Konsens der Akteure zustande kommen. Diesbezüglich ist zu berücksichtigen, daß sich bereits bei der Aufnahme der Vertragsverhandlungen bestimmte Procedere herauskristallisieren, die hinsichtlich der Beitrittsanreize für eine Vielzahl von Akteuren von Bedeutung sind.

Ein Kernelement bei der Gestaltung von Verhandlungsprozessen betrifft die Auswahl der zur Anwendung kommenden Abstimmungsverfahren.[20] Da die Staaten die vertragliche Bindung freiwillig eingehen, ist es aus einzelstaatlicher Sicht rational, das Zustandekommen von Vertragsinhalten von der eigenen Zustimmung abhängig zu machen bzw. von einem Veto-Recht Gebrauch zu machen, um die Entscheidungen über Verhandlungsformen oder –inhalte, die den eigenen Interessen widersprechen, zu verhindern. Zudem ist deutlich herauszustellen, daß ein internationaler Konversionsvertrag für einen Akteur eine Bindung beinhaltet, die – wenn möglicherweise auch nicht sofort erkennbar – über die Zeitachse die Gefahr von Frustrationskosten in sich bergen kann. Da die Hinnahme derartiger Kosten aus einzelstaatlicher Sicht nicht rational ist, muß davon ausgegangen werden, daß bei grundlegenden Entscheidungen ausschließlich die Einstimmigkeitsregel, bei der die Gewichtung der Stimmenverhältnisse zwischen den Verhandlungspartnern keine Rolle spielt, zur Anwendung kommen kann. Die Einstimmigkeitsregel ist somit unter dem Aspekt der Frustrationskosten mit den höchsten Beitrittsanreizen verbunden. Jedoch besteht die Kehrseite dieses positiven Effektes darin, daß Einstimmigkeit im Vergleich zu alternativen Abstimmungsregeln mit hohen Verhandlungskosten und einem enormen Zeitbedarf verbunden ist. Folglich sind die Beitrittsanreize in dem Spannungsfeld zwischen einzelstaatlichen Frustrationskosten und kollektiven Verhandlungskosten zu bewerten.

Fraglich ist allerdings, ob sämtliche Details eines internationalen Konversionsvertrages im Einvernehmen zu verabschieden sind. Hierunter würde nicht zuletzt die Praktikabilität eines internationalen Konversionsvertrages Einbußen erleiden. Bei Sachverhalten, die für einzelne Akteure von geringerer Bedeutung

---

[20] Vgl. Blankart [1991], S. 35 ff. und S. 86 ff.

sind und nur ein marginales Frustrationspotential beinhalten, kann der Übergang zur Mehrheitsregel indiziert sein, weil sich hierdurch die Verhandlungskosten reduzieren lassen.

Problematischer ist der Sachverhalt, wenn es darum geht, Sachfragen gegen die vitalen Interessen einzelner Signatare durch einfache oder qualifizierte Mehrheiten zu entscheiden. Dieses ist beispielsweise der Fall, wenn eine Entscheidung über die Sanktionierung eines Defekteurs zu treffen ist. Da dem Defekteur durch die Sanktion ein Nachteil zugefügt wird, kann eine derartige Entscheidung nicht einvernehmlich mit dem Defekteur getroffen werden. Folglich besteht die Notwendigkeit, daß sich Akteure hinsichtlich der Abstimmungsregeln gewissen Einschränkungen unterwerfen. Denkbar ist beispielsweise die Übertragung gewisser Entscheidungskompetenzen an ein von allen Akteuren akzeptiertes Gremium, das durch die Mitglieder kontrolliert wird.

Sofern Mehrheitsregeln zur Anwendung gelangen, besteht die Notwendigkeit, über die Gewichtung der Stimmanteile zu verhandeln. Möglich wäre eine Verteilung der Stimmrechte, die vorsieht, daß jeder Signatarstaat mit einer Stimme ausgestattet ist. Wahrscheinlicher erscheint jedoch eine Verteilung der Stimmen nach bestimmten Kriterien, in denen sich z. B. die militärische und wirtschaftliche Potenz oder die repräsentierten Bevölkerungszahlen widerspiegeln.

Die zeitliche und inhaltliche Gliederung stellt einen weiteren Baustein bei der Gestaltung von Verhandlungsprozessen dar. Hier kann zwischen vorvertraglichen Verhandlungen und Verhandlungen im Rahmen eines internationalen Konversionsvertrages unterschieden werden. Bei den vorvertraglichen Verhandlungen ist auf der Grundlage eines Austausches der nationalen Vorstellungen über die verschiedenen Vertragselemente letztlich ein Vertragsentwurf für einen internationalen Konversionsvertrag anzufertigen. Die Vorverhandlungen sollten über mehrere Verhandlungsrunden stattfinden, um in einem Schneeball-Verfahren die Anzahl der Akteure sukzessive zu erhöhen. Eine derartige Vorgehensweise kann als konsensfördernd angesehen werden, da im Zeitablauf eine Sensibilisierung der verhandelnden Staaten für die jeweiligen Vorstellungen und Probleme der Vertragspartner zu erwarten ist. Eine derartige Vorgehensweise der "Politik der kleinen Schritte" kann analog zu den Verhandlungen auf dem Parkett der internationalen Umweltpolitik auch im Konversionsbereich weitergeführt werden, d. h. nach dem Abschluß einer Konversionskonvention sind in regelmäßigen Protokollen fortlaufende Konkretisierungen der Vertragsinhalte vorzunehmen. Auf diese Weise findet zwar eine zeitliche Streckung der Vertragsverhandlungen statt, dieses ist jedoch nicht unmittelbar nachteilig zu bewerten, da zum einen die Akteure ein Gespür für die unterschiedlichen nationalen

Problemlagen entwickeln und zum anderen die sehr komplexe Problemstellung internationaler Konversion in handhabbarere Teilprobleme zerlegt werden kann.

Ferner ist hinsichtlich des zeitlichen Geltungsbereichs eines internationalen Konversionsvertrages ein unbefristeter Zeithorizont zu unterstellen. Insofern ist erforderlich, eine Revision obsoleter Vertragsinhalte im Rahmen von Nachverhandlungen vornehmen zu können. Derartige Anpassungsmöglichkeiten eines internationalen Konversionsvertrages stellen ein wichtiges Element zum Abbau von Frustrationskosten dar.

Hinsichtlich der formalen Gestaltung des Verhandlungsprozesses ist anzunehmen, daß über die Abstimmungsverfahren, die Stimmengewichtung und die Gliederung der Verhandlungen eine einvernehmliche Regelung gefunden werden kann, wenn zu erkennen ist, daß ein internationaler Konversionsvertrag mit einem hinreichend hohen Kooperationsgewinn verbunden ist. Die diesbezüglich zu beachtenden Kriterien für die Gestaltung eines internationalen Konversionsvertrages werden nachfolgend dargestellt.

4.2.1.2. Beitrittsanreize und Vertragsstabilität als Gestaltungskriterien

Wie die Betrachtung der spieltheoretischen Lösungsansätze im vorausgegangenen Kapitel verdeutlicht, basiert ein erfolgreicher internationaler Konversionsvertrag auf zwei Kriterien: Das erste Kriterium besteht darin, daß der Abschluß eines internationalen Konversionsvertrages für die Akteure eine Besserstellung gegenüber dem nicht-kooperativen Status quo bedeutet. Bei der Aushandlung dieser Verbesserung, die sich spieltheoretisch als ein beliebiger Punkt des Verhandlungsraumes oberhalb des Konfliktpunktes darstellen läßt, sind die Normen der militärischen Stabilität, der Effizienz sowie der Verteilungsgerechtigkeit zu berücksichtigen. Alle Lösungen innerhalb des Verhandlungsraumes, die diese Kriterien erfüllen, erzeugen Anreize zum Beitritt zu einem internationalen Konversionsvertrag, da sich die Akteure infolge der Kooperation besserstellen als im Fall der einzelstaatlichen Optimierung. Mit anderen Worten sind die Vertragsparameter so auszuhandeln, daß positive Wohlfahrtseffekte auftreten.

In diesem Zusammenhang ist deutlich herauszustellen, daß es zu einem Abschluß eines internationalen Konversionsvertrages nicht bereits dann kommt, wenn sich auf globaler Ebene ein positiver Nettoeffekt einstellen. Zwar stellt ein auf Kooperation basierender sozialer Überschuß eine notwendige Bedingung für einen Konversionsvertrag dar, die für einen Vertragsabschluß erforderlichen Beitrittsanreize sind jedoch erst dann zu verzeichnen, wenn jeder einzelne Staat einen Vorteil aus dem Konversionsvertrag vereinnahmen kann. Vor diesem Hintergrund hat die Modellierung der zentralen Konversionsinhalte unter dem Aspekt der einzelstaatlichen Wohlfahrtsimplikationen zu geschehen. Unter der Nebenbedingung, daß ein internationaler Konversionsvertrag zu einem stabilen internationalen Sicherheitsgefüge führt, resultieren aus zunehmenden einzelstaatlichen Gewinnanteilen infolge einer konkreten Ausgestaltung der Vertragskomponenten steigende Anreize zum Vertragsbeitritt. Unter Beachtung des Effizienz- und des Gerechtigkeitsanliegens ist ferner darauf hinzuweisen, daß es unter ökonomischen Gesichtspunkten sinnvoll ist, den sozialen Überschuß zu maximieren und dann eine Umverteilung vorzunehmen. Auf diese Weise kann zum einen dem Anspruch der Verteilungsgerechtigkeit entsprochen werden, zum anderen stellt sich für jeden Staat anteilig ein höherer Kooperationsgewinn ein.[21]

Als zweites Gestaltungskriterium ist die Stabilität eines internationalen Konversionsvertrages anzuführen. Ein internationaler Konversionsvertrag kann als stabil bezeichnet werden kann, wenn sich die Staaten an die getroffenen Vereinbarungen halten. Die kooperative Lösung und die damit verbundenen Wohlfahrtseffekte haben nur dann Bestand, wenn die Akteure keinen Anreiz haben, zu defektieren, d. h. in einem kooperativ handelnden Milieu eine Freifahrer- oder sogar eine Ausbeuter-Strategie zu verfolgen.

Vor diesen Hintergrund ist zu untersuchen, welche Defektionstatbestände sich infolge eines Konversionsvertrages ergeben und mit welchen Auszahlungen sich diese verbinden. Sofern die mit Defektionen verbundenen Auszahlungen höher als die anteiligen Kooperationsgewinne bei kooperativem Verhalten ausfallen, ist in der Defektion eine aus einzelstaatlicher Sicht rationale Handlungsoption zu sehen. Eine derartige Konstellation mündet jedoch trotz kollektiv vorteilhafter Kooperation in der isolierten Optimierung der Einzelstaaten. Folglich bedarf es zusätzlicher Mechanismen, die die Akteure an die kooperative Strategie binden. Erst wenn diese Verbindlichkeit hergestellt ist, entsteht ein stabiler Vertrag.

Im Bereich der internationalen Konversion besteht das Problem darin, daß bestimmte Defektionstatbestände nicht hinzunehmen sind. Das gilt insbesondere für Verhaltensweisen, die auf eine Ausbeutung der kooperativen Staaten gerichtet sind: Wird offenkundig, daß sich ein Staat durch unterlassene Abrüstung einen militärischen Vorteil verschafft, um andere Staaten zu vereinnahmen, droht der Zerfall der Kooperation und die Rückkehr zur einzelstaatlichen Rüstungs-

---

21 In diesem Zusammenhang sei auf das im dritten Kapitel dargestellte Gleichheit-Effizienz-Dilemma verwiesen. Siehe oben, Kapitel 3.2.2.2.1., Axiomatische Lösungsansätze, S. 126.

strategie. Daher bedarf es zur Erzeugung eines stabilen Vertrages eines Instrumentariums zur Abschöpfung der Freifahrer- und Ausbeutungsgewinne.[22]

Ferner ist davon auszugehen, daß von der Vertragsstabilität eine Rückkoppelung auf die Betrittsanreize insofern stattfindet, als die Akteure einen begründeten Anlaß für die Erwartung haben müssen, daß der in Frage stehende Vertrag letztlich auch eingehalten wird und durchsetzungsfähig ist, andernfalls unterbleibt der Beitritt. Umgekehrt wirken sich erhöhte Beitrittsanreize auch positiv auf die Stabilität eines Vertrages aus: Bei zunehmenden Beitrittsanreizen infolge steigender einzelstaatlicher Kooperationsgewinne verliert c. p. die Handlungsalternative einzelstaatlicher Defektion an Attraktivität, wenn der kollektive Rückfall in das nicht-kooperative Nash-Gleichgewicht droht. Das Verhältnis zwischen Beitrittsanreizen und Stabilität ist jedoch insofern durch eine Ambivalenz gekennzeichnet, als bestimmte Vertragselemente, die stabilisierend wirken, zugleich mit negativen Betrittsanreizen verbunden sein können. Beispielsweise kann darauf verwiesen werden, daß die Herstellung stabiler Verhältnisse mit Kosten verbunden ist, die mit Kooperationsgewinnen zu verrechnen sind und somit zu verminderten Beitrittsanreizen führen.

Zusammenfassend ist hinsichtlich der Kriterien für einen internationalen Konversionsvertrages feststellen, daß die Gestaltung der Vertragsbestandteile danach zu beurteilen ist, welche einzelstaatlichen Anreize zum Beitritt zu einem internationalen Konversionsvertrag erzeugt werden und welche Auswirkung auf die Stabilität eines internationalen Konversionsvertrages festzustellen ist.

4.2.2. Vertragsbestandteile zur Erzielung positiver Wohlfahrtsimplikationen

4.2.2.1. Abrüstungsverpflichtungen

Die im Rahmen eines internationalen Konversionsvertrages zu treffenden Abrüstungsverpflichtungen sind als zentraler Konversionstatbestand in den Mittelpunkt der Betrachtung zu stellen. Zur Realisierung der sicherheitspolitischen Zielsetzung der Herstellung äußerer Sicherheit auf einem niedrigen militärischen Abschreckungsniveau bedarf es des Abbaus von Rüstungspotentialen. Folglich konzentriert sich der internationale Koordinations- und damit Verhandlungsbedarf auf internationaler Ebene auf den militärischen Bereich, da Veränderungen in der nationalen Allokation militärischer Ressourcen die Gefahr beinhalten, die nationale äußere Sicherheit herabzusetzen. Mit anderen Worten kommt in der

---

22 Siehe dazu die Ausführungen in Kapitel 3.2.3., Mechanismusdesign, S. 130 ff.

Aushandlung und Umsetzung von Abrüstungsverpflichtungen die Interdependenzproblematik zum Tragen.

Die Bedeutung der Abrüstungsverpflichtungen ist ferner darin zu sehen, daß erst infolge der Abrüstung Ressourcen frei werden und durch die Transformation in eine friedenswirtschaftliche Produktionsfunktion positive Wohlfahrtseffekte entstehen. Folglich sind hohe Beitrittsanreize gerade infolge weitreichender Abrüstungsmaßnahmen zu erwarten.

Vor dem Hintergrund der Kriterien der Betrittsanreize und der Stabilität lassen sich unter Bezugnahme auf die dargestellten spieltheoretischen Ansätze nunmehr die Konturen der Abrüstungsverpflichtungen skizzieren: Am Anfang der Abrüstungsverpflichtungen steht die Entscheidung der Akteure in bezug auf die zu implementierende Norm,[23] d. h. es muß für einen internationalen Konversionsvertrag festgelegt werden, auf welchem globalen Niveau sich künftig die militärische Ressourcenallokation befinden soll bzw. in welchem Umfang und in welchen Schritten Abrüstungsmaßnahmen zu ergreifen sind.

Unter Bezugnahme auf die axiomatischen Lösungsansätze ist zunächst festzustellen, daß die aus dem globalen Kooperationsgewinn resultierenden Beitrittsanreize zu einem internationalen Konversionsvertrag bei Orientierung an Effizienznorm zu erwarten sind. Die Umsetzung der Effizienznorm ist mit der Vorstellung verknüpft, die Abrüstungsmaßnahmen dort vorzunehmen, wo sie mit den geringsten Kosten verbunden sind. Ein derartiger Ansatz konfligiert jedoch mit den Gerechtigkeitsnormen der Aufrechterhaltung militärischer Stabilität und der symmetrischen Verteilung der Wohlfahrtseffekte. Daher ist die ausschließlich effizienzorientierte Umsetzung der Abrüstungsnorm nicht realisierbar ist.[24]

Die Anforderung, durch einen internationalen Konversionsvertrag einzelstaatliche Wohlfahrtszuwächse zu generieren, ließe sich theoretisch durch differenzierte Abrüstungsquoten realisieren. So könnte bei der Festlegung von Abrüstungsmaßnahmen durch die Verwendung länderspezifischer Abrüstungsquoten eine ansatzweise gleichmäßige Verteilung der Konversionslasten zwischen den abrüstenden Staaten herbeigeführt werden. Für die Verfolgung dieses Ansatzes, der differenzierte Abrüstungsquoten nach dem Kriterium der gerechten Kostenverteilung vorsieht, steht jedoch nur ein äußerst eng begrenzter Spielraum zur Verfügung, da differenzierte Abrüstungsquoten wiederum mit Verschiebungen im Gefüge des internationalen militärischen Gleichgewichts einhergehen und

23 Siehe oben, Kapitel 3.2.3, Mechanismusdesign, S. 130 ff.

24 Siehe oben, Kapitel 2.2.2.1., Abrüstung, S. 64 ff.

damit aus militärischer Sicht nicht konsensfähig sind. Zudem steht eine derartige Vorgehensweise auch im Widerspruch zur Effizienzanforderung, woraus eine Reduzierung der Beitrittsanreize resultiert.

Prinzipiell läßt sich in bezug auf den Beitritt zu einem internationalen Konversionsvertrag feststellen, daß unter der Bedingung, daß das internationale militärische Kräftegefüge in einem Gleichgewichtszustand gehalten werden kann (Gerechtigkeit im militärische Sinne), die Anreize zum Beitritt zu einem Konversionsvertrag darin zu sehen sind, daß einzelstaatlich positive Wohlfahrtsimplikationen realisiert werden können, wobei die Wohlfahrtseffekte – und dieses gilt für die Konversionslasten und die Friedensdividende gleichermaßen – zwischen den Ländern relativ symmetrisch verteilt sein müssen (Gerechtigkeit im pekuniären Sinne).

Vor diesem Hintergrund ist davon auszugehen, daß in der am Status quo der militärischen Potentiale orientierten Abrüstung durch länderübergreifend einheitliche Abrüstungsquoten die einzige Möglichkeit zur Konversion unter Aufrechterhaltung der militärischen Stabilität zu sehen ist. Infolge der in einem ersten Schritt implementierten einheitlichen Abrüstungsquoten stellt sich ein reduziertes Abschreckungsniveau ein, und es kommt zu einem globalen Kooperationsgewinn. Allerdings läßt der Ansatz länderübergreifender Abrüstungsquoten außer Acht, daß die Forderung nach einer gerechten Konversion vor allem an einer gleichmäßigen Verteilung der Konversionskosten ansetzt. Ein internationaler Konversionsvertrag ist hingegen nicht als gerecht anzusehen, wenn zunächst die auftretenden Abrüstungskosten und später die Friedensdividenden nicht gerecht verteilt sind. Da eine Abkehr von einheitlichen Abrüstungsquoten aus sicherheitspolitischen Gründen nicht möglich ist, sind in einem internationalen Konversionsvertrag Mechanismen zu entwickeln, die es erlauben, die mit einheitlichen Quoten verbundenen disparaten Wohlfahrtsimplikationen zu kompensieren, d. h. es werden Mechanismen zur Umverteilung der Abrüstungslasten benötigt, um die andernfalls auftretenden negativen Beitrittsanreize zu beseitigen.

Hingegen kann die Normierung des kollektiven Vertragsziels auf länderübergreifende einheitliche Abrüstungsquoten insofern als eine gerechte Lösung interpretiert werden, als die anteiligen Abrüstungsverpflichtungen zwischen den Ländern symmetrisch aufgeteilt sind. Mithin findet das Verursacherprinzip Anwendung, da das Rüstungsniveau zum Zeitpunkt des Vertragsabschlusses die

Bezugsgröße für den nominalen Umfang der Abrüstungsverpflichtungen darstellt.[25]

Zur Unterstützung der Konversionsentwicklung erscheint es ferner vor dem Hintergrund des regionalen Charakters vieler Rüstungsspiralen sinnvoll zu sein, die involvierten Länder in regionalen Konversionskonferenzen an einen Tisch zu bringen und von der Vorteilhaftigkeit eines internationalen Konversionsvertrages zu überzeugen und zum Beitritt zu bewegen. Die Einrichtung regionaler Konversionskonferenzen kann analog zu der Einrichtung regionaler Zentren zur Konfliktbekämpfung im Rahmen der zivilorientierten Sicherheitspolitik erfolgen.[26]

Bezüglich des Ansatzes der länderübergreifenden einheitlichen Abrüstungsquoten ist jedoch kritisch anzumerken, daß derartige Quoten aufgrund der Orientierung am Status quo des militärischen Rüstungsgefüges mit Problemen verbunden sind, da der Status quo eine Momentaufnahme innerhalb eines langfristigen Entwicklungsprozesses darstellt. Dabei wird der Status quo längst nicht von allen Staaten als ein Gleichgewicht der militärischen Kräfte angesehen, d. h. es gibt durchaus Länder, die derzeit versuchen, einer militärischen Unterlegenheit bzw. Gefährdung durch Aufrüstung zu begegnen. Zahlreiche bi- und multilaterale Rüstungswettläufe und Aufholbemühungen in der Welt verdeutlichen, daß ein militärisches Gleichgewicht in vielen Regionen als nicht existent angesehen werden muß.[27] Hingegen würden durch einheitliche Rüstungsquoten die gegenwärtigen Kräfteverhältnisse für die Zukunft festgeschrieben. Sofern Länder ihre Sicherheitsinteressen im Status quo nicht hinreichend repräsentiert sehen und einen militärischen Aufholbedarf proklamieren, werden sie den Betritt zu einem internationalen Konversionsvertrag aus militärischen Gründen verweigern.

Es ist jedoch auch deutlich zu machen, daß durch einheitliche Abrüstungsquoten im Zeitablauf eine Angleichung der absoluten Abschreckungspotentiale der Länder stattfindet. Insofern kann der Weg über einheitliche Abrüstungsquoten

---

25 Wer in der Vergangenheit in hohem Umfang aufgerüstet und damit das internationale Bedrohungsgefüge beeinflußt hat, soll nunmehr auch stärker in die Abrüstung eingebunden werden.

26 Zu den regionalen Zentren zur Konfliktbeilegung siehe oben, Kap. 2.2.2.4., Zivilorientierte Sicherheitspolitik, S. 93 ff., insbes. S. 96 f.

27 Hinzu kommt, daß aufgrund des militärtechnischen Fortschritts eine ständig zunehmende Reichweite militärischer Waffensysteme zu konstatieren ist, wodurch potentielle Aggressionen innerhalb eines größeren Radius zu berücksichtigen sind. Damit sind Bedrohungen und Anpassungsbedarfe zur Herstellung äußerer Sicherheit ständig neu zu bewerten. Vgl. Lemke [1996], S. 78 ff.

auch für ein unterlegenes Land eine rationale Alternative zur Nachrüstung darstellen: Da das höher gerüstete Land sein Militärpotential in größerem Umfang reduzieren muß, findet sukzessive eine Annäherung an einen militärischen Gleichgewichtszustand statt.

Des weiteren ist denkbar, militärische Ungleichgewichte in den Abrüstungsverpflichtungen innerhalb eines internationalen Konversionsvertrages zu berücksichtigen. So kann etwa im Zeitablauf auf eine Verringerung der Niveauunterschiede, die in den weltweiten Rüstungspotentialen bestehen, erwirkt werden, indem unterlegenen Ländern zeitlich begrenzte Abschläge auf die Abrüstungsquoten gewährt werden, welche letztlich mit fortschreitender Konversion an Bedeutung verlieren.

Insgesamt lassen sich die Überlegungen dahingehend zusammenfassen, daß im Rahmen eines internationalen Konversionsvertrages zunächst im Konsens der sicherheitspolitische Zielzustand zu definieren ist. Vor dem Hintergrund der tatsächlich verfügbaren Rüstungs- und Abschreckungspotentiale läßt sich der konkrete Abrüstungsbedarf ermitteln.

Sodann besteht die weitere Aufgabe in der Einigung auf bestimmte Quoten. Um beitrittsfreundliche Anreize zu erzeugen, sind die Ergebnisse der Evaluation der militärischen Kräfteverhältnisse in die Quoten einzubringen, wobei jedoch eine zunehmende Spreizung der Quoten mit einer verminderten Beitrittswilligkeit aus militärischen Gründen verbunden sein wird. Da eine Einigung lediglich im Konsens aller Staaten erfolgen kann, ist die Festlegung auf den Vorschlag der geringsten Quote plausibel. Eine Einigung über den kleinsten gemeinsamen Abrüstungsnenner hinaus ist vor dem Hintergrund einzelstaatlichen Rationalitätserwägungen nicht zu erwarten. Ein derart "weicher" Einstieg in einen internationalen Konversionsvertrag ist nun mit dem Problem behaftet, daß die positiven Wohlfahrtseffekte ebenfalls nur sehr schwach sein werden, wenn sie nicht sogar von den Anpassungskosten überkompensiert werden. Daher sind hier zunächst nur relativ schwache Beitrittsanreize zu konstatieren. Dem ist jedoch entgegenzuhalten, daß zugleich nur relativ geringfügige Konversionslasten zu erwarten sind. Zudem kann in den nachfolgenden Verhandlungsrunden durch mindestens marginale Konzessionen eine sukzessive Annäherungen an die Nutzengrenze erreicht werden, sofern die in der Vergangenheit gewonnenen Konversionserfahrungen dem nicht entgegenstehen. Die Beitrittsanreize sind somit bei fortgesetzten Verhandlungen und Verhandlungserfolgen aus langfristiger Sicht deutlich positiver zu bewerten als bei ausschließlicher Betrachtung der aus den ersten Runden resultierenden Initialgewinne. Das heißt letztendlich, daß in der Initialperiode überhaupt noch keine Gewinne entstehen müssen. Entscheidend ist einzig und allein der Gewinn, der in der Totalperiode zu erwarten ist. Diesbezüglich läßt die Höhe der jährlich weltweit anfallenden Militärausgaben hinreichend Raum für Erwartungen einer Friedensdividende als Resultat eines zeitlich unbefristeten internationalen Konversionsvertrages.[28]

Hinsichtlich der abzurüstenden Waffengattungen ist festzustellen, daß rein defensiv verwendbare Waffen eine geringe Rolle in den Verhandlungen spielen. Vielmehr sind offensive Waffensysteme entscheidend, vor allem diejenigen, die eine hohe Counterforce-Wirksamkeit aufweisen. Infolge der Abrüstung derartiger Waffensysteme kann der Bereich der gegenseitigen stabilen Abschreckung in Richtung auf geringere Abschreckungspotentiale erweitert werden.

Wenn man somit Überlegungen zur Partizipation an einem internationalen Konversionsvertrag hinsichtlich der aus Abrüstungsverpflichtungen resultierenden Beitrittsanreize anstellt, so spielt die Aufrechterhaltung der militärischen Stabilität eine übergeordnete Rolle. Globale positive Wohlfahrtseffekte treten langfristig infolge der Abrüstung und der Transformation auf, allerdings weist die Verteilung dieser Effekte ein asymmetrisches Muster auf. Auf der Grundlage einer Einigung über die Art und den Umfang von Abrüstungsverpflichtungen gilt es somit, die Wohlfahrtsasymmetrien zu beseitigen. Um einzelstaatlich positive Wohlfahrtsimplikationen sowie eine gerechte Belastung mit Konversionskosten zu erhalten[29], sind weitere Maßnahmen (Transfers und Paketlösungen) hinsichtlich der Beitrittsanreize zu einem internationalen Konversionsvertrag zu implementieren.

Wie bereits betont wurde, ist die Bedeutung der Abrüstungsverpflichtungen auch darin zu sehen, daß erst infolge der Abrüstung Ressourcen frei werden und durch die Transformation in eine friedenswirtschaftliche Produktionsfunktion positiver Wohlfahrtseffekte entstehen. Insofern bedarf es nunmehr einer Darstellung der Transformation als Verhandlungselement im Rahmen eines internationalen Konversionsvertrages.

---

28 Zu den weltweiten Militärausgaben siehe oben, Tabelle 4, S. 100.

29 Gerechte Konversion bedeutet in diesem Zusammenhang, daß die Konversionslasten symmetrisch zwischen den Staaten verteilt sind.

4.2.2.2. Transformationsvereinbarungen

Die Transformation stellt einen weiteren Kernbereich der Konversion dar. Auf der Grundlage der Umsetzung der beschlossenen Abrüstungsschritte werden Ressourcen frei, die infolge der Transformation in Richtung auf eine friedenswirtschaftliche Produktionsfunktion langfristig positive Wohlfahrtseffekte erzeugen. Kurz- und mittelfristig sind hingegen Anpassungslasten zu bewältigen. Zur Bewältigung der Transformationsprozesse sind die ehemals militärisch genutzten Ressourcen in geeigneter Weise in den volkswirtschaftlichen Produktionsprozeß zu integrieren, d. h. es ist eine Reallokation vorzunehmen.

Ein wesentlicher Unterschied zwischen der Abrüstung und der Transformation besteht darin, daß hinsichtlich der Transformation die Interdependenzproblematik zwischen den Staaten nicht zum Tragen kommt. Da die Umsetzung von Transformationszielen für die konvertierenden Ländern langfristig mit positiven Wohlfahrtseffekten verbunden ist, ist davon auszugehen, daß ein Staat die Folgen einer nicht sachgemäßen Transformation insofern selbst zu tragen hat, als sich die nationale Friedensdividende vermindert. In dieser Sichtweise erscheint die Transformation als eine rein nationale Aufgabe.

Vom Grundsatz her wird die Auffassung vertreten, daß zum einen der Markt die geeignete Institution zur Reallokation ehemals militärisch genutzter Ressourcen unter Effizienzgesichtspunkten darstellt und zum anderen die Organisation des geordneten Rückzugs aus der Rüstung eine nationale politische Aufgabe darstellt.[30]

Sofern jedoch aus der mangelhaften Umsetzung der Transformation reduzierte Beitrittsanreize resultieren, kann eine international koordinierte Transformationsförderung durchaus indiziert sein. Insofern ist der Abschluß koordinierter Transformationsvereinbarungen für zwei Bereiche sinnvoll: Zum Abbau von Transformationskosten können Hilfen zum Vollzug des Rückzugs aus dem Militärbereich angezeigt sein. Des weiteren lassen sich höhere Kooperationsgewinne erzielen, indem Transformationshilfen zur Reallokation der freien Ressourcen in zivilen Anwendungen gegeben werden.

Falls die Bewältigung der Transformation für ein konversionswilliges Land einen Flaschenhals darstellt, ist es aus der Sicht dieses Landes rational, nur geringfügige Abrüstungsverpflichtungen einzugehen. Indem durch entsprechende Vereinbarungen über Transformationshilfen der Flaschenhals ausgeweitet wird, können weitergehende Abrüstungsvereinbarungen getroffen werden, so daß die

30 Siehe oben, Kapitel 2.2.2.2., Transformation, S. 69 ff.

Transformationshilfen dazu beitragen, den Kooperationsgewinn insgesamt zu erhöhen. Aus ökonomischer Sicht rechtfertigt sich somit jeder Transformationsaufwand, dem mindestens ein Zuwachs des Kooperationsgewinns in gleicher Höhe gegenübersteht.

Sofern grenzüberschreitende Transformationshilfen geeignet sind, dem Konversionsprozeß Vorschub zu leisten, bspw. durch den Transfer von Know-how wie auch durch monetäre Transfers zur Bewältigung der Transformationsaufgaben, so werden diese im Rahmen des Vertragsbestandteils der internationalen Transfers im nachfolgenden Kapitel behandelt.

4.2.2.3. Internationale Transfers

Die Umsetzung von Abrüstungs- und Transformationsmaßnahmen führt global langfristig zu positiven Wohlfahrtseffekten. Hingegen werden rational agierende Nationalstaaten einem internationalen Konversionsvertrag nicht zustimmen, wenn nicht zugleich auch aus nationaler Sicht die Erzielung positiver Wohlfahrtseffekte in Aussicht steht. Darüber hinaus spielt auch der Blick auf die in anderen Ländern anfallenden Wohlfahrtsimplikationen eine Rolle, denn Nationalstaaten können ihre Zustimmung zu einem internationalen Konversionsvertrag auch aus strategischen Gründen verweigern, wenn sie bspw. bei stark variierenden Wohlfahrtseffekten unterrepräsentiert sind und mithin die Verteilung der Kosten- und Nutzeneffekte nicht als gerecht empfinden. Mit Hilfe eines internationales Transfersystems können derartige Konversionshemmnisse kompensiert werden.

Die Implementierung eines internationalen Transfersystems führt nicht nur unmittelbar zu erhöhten Beitrittsanreizen für die Nehmerländer, vielmehr profitieren letztlich auch die Transfergeberländer, wenn infolge der zu verzeichnenden Beitritte der zu erwartende Kooperationsgewinn steigt, bzw. überhaupt erst zustande kommt.

Grundsätzlich ist zwischen Realtransfers und monetären Transfers zu differenzieren, die hinsichtlich ihrer Anreizwirkungen und Mißbrauchsmöglichkeiten Unterschiede aufweisen. Monetäre Transfers weisen gegenüber Realtransfers Effizienzvorteile auf, die mit der höheren Fungibilität der Transferleistungen zusammenhängen. Zudem lassen monetäre Transfers eine Sanktionierung der Nehmerländer zu. Jedoch sind monetäre Transfers immer mit dem Problem behaftet, daß die Transfernehmer die empfangenen Mittel einer zweckentfremdeten Verwendung zuführen. Derartige Möglichkeiten des Mißbrauchs stehen bei Realtransfers nicht zur Verfügung. Insgesamt ist somit vor dem Hintergrund unterschiedlicher Effizienz- und Mißbrauchsaspekte abzuwägen, welche Transferart zweckmäßig ist.[31]

Wie im zweiten Kapitel dargestellt wurde, überwiegen kurz- und mittelfristig zunächst die konversionsbedingten Anpassungskosten, d. h. es sind Aufwendungen für Demobilisierung, Demilitarisierung und Abrüstung zu erbringen. Darüber hinaus ist auch der Prozeß der Transformation in Richtung auf eine zivile Ressourcenverwendung mit Kosten verbunden.[32] Die darauf basierende zeitliche Verteilung der konversionsbedingten Zahlungsströme wirkt sich negativ auf die Beitrittswilligkeit der Länder aus, wenn die Einzahlungsüberschüsse erst weit in der Zukunft zu erwarten sind. Durch internationale Transfers lassen sich insofern die Beitrittsanreize erhöhen, als durch die Bereitstellung von Entsorgungstechnologien Demilitarisierungsleistungen kostengünstiger erbracht werden können und der Break-even eher erreicht werden kann. Auch der Transfer von Know-how zur Bewältigung der im Zuge der Konversion auftretenden Anpassungslasten kann kostendämpfend zum Einsatz gebracht werden.

Als eine Schwierigkeit im Zusammenhang mit der Implementierung eines internationalen Transfersystems ist anzuführen, daß Transfers Anreize zu strategischen Verhaltensmustern erzeugen. Zum einen ist dieses zwischen den Nehmer- und Geberländern der Fall, zum anderen auch innerhalb der Gruppe der Geberländer. Transfernehmerländer sind bspw. mit einer Anreizstruktur konfrontiert, die es nahelegt, hinsichtlich der Konversionslasten zu aggravieren, um erhöhte Transferleistungen beanspruchen zu können.[33] In einem derartigen Umfeld ist es letztlich einzelstaatlich nicht rational, wahrheitsgemäße Angaben zu machen, da diese zu vergleichsweise geringeren Transferleistungen führen würden. Es ist somit ein Mechanismus zu implementieren, der Anreize für wahrheitsgemäße Informationsbereitstellung kreiert.

---

31 Zur den Grundlagen der Transfertheorie siehe Jarchow [1993], S. 118 f. Zur Analyse internationaler Transfers in bezug auf Verzerrungen durch Transferlobbyismus und Trittbrettfahrerverhalten siehe Brakman [1998], S. 71 ff. Im übrigen sind die Anreize und Probleme bei der Herstellung symmetrischer Wohlfahrtsimplikationen durch internationale Transfers analog zu den Ausgleichsmaßnahmen im Bereich der internationalen Umweltpolitik zu sehen. Vgl. bspw. Mäler [1990], S. 91 ff.

32 Siehe oben, Kapitel 2.2.2.3.2., Konversionskosten, S. 78 ff.

33 Die Regierungen in Transfernehmerländern sind dem Anreiz ausgesetzt, die Präferenzen und Lasten aus strategischen Gründen verzerrt zu äußern. Vgl. Mäler [1990], S. 97.

In der Gruppe der Transfergeberländer tritt ein Freifahrerproblem auf, denn selbst wenn unter den Geberländern Einigkeit über die Notwendigkeit von Transfers besteht, so ist es dennoch aus der Sicht jedes einzelnen Geberlandes rational, die eigene Zahlungslast möglichst gering zu halten. Das Freifahrerverhalten beruht demnach darauf, die Zahlungsverpflichtungen auf andere Länder abzuwälzen, zugleich jedoch von den positiven Effekten des höheren Kooperationsgewinnes infolge der beitretenden Nehmerländer zu profitieren.

Da ein Transfersystem nur eingeschränkt funktionsfähig ist oder sogar vollends scheitern kann, wenn infolge des Freifahrerverhaltens innerhalb der Geberländer nicht genügend Mittel für die Einebnung der Wohlfahrtsasymmetrien aufgebracht werden, ist zur Überwindung des Freifahrerproblems die Implementierung von Maßnahmen erforderlich, welche einzelstaatliche Rationalität in bezug auf die Erfüllung der Zahlungsverpflichtungen erzeugen. Dieses kann bedeuten, daß Freifahrerverhalten seitens der Transfergeberländer derart zu sanktionieren ist, daß die Erfüllung der Zahlungsverpflichtung einzelstaatlich vorteilhaft ist. Fehlt eine solches System zur Regelung von Zahlungsrückständen, droht unter Umständen der Rückfall auf das Nash-Gleichgewicht im Fall der isolierten Optimierung. Problematisch ist in diesem Zusammenhang, daß ein Mechanismus zur Feststellung und Durchsetzung der Zahlungsverpflichtungen mit einer Abgabe von Kompetenzen an eine zentrale Transferinstanz verbunden ist. Die Geberländer müßten sich dieser Instanz freiwillig unterwerfen, was aus einzelstaatlicher Sicht nicht rational erscheint, da es für ein Land ausschließlich mit Nachteilen verbunden ist, wenn es die erforderlichen Kompetenzen abgibt. Insofern sind negative Beitrittsanreize zu Lasten der Transfergeberländer zu erwarten. Für eine Zentralisierung des Transfereinzugs und der Transfervergabe ist jedoch zusätzlich anzuführen, daß die Transparenz eines derartigen Systems alternativen Regelungen überlegen ist, was im Hinblick auf die Beitrittsanreize und die Stabilität eines internationalen Konversionsvertrages positiv zu bewerten ist.

Zusammenfassend ist zu konstatieren, daß internationale Transfers zwischen den konvertierenden Staaten grundsätzlich geeignet sind, konversionsbedingte asymmetrische Wohlfahrtsentwicklungen zu kompensieren. Darüber hinaus können Transfers auch zur Förderung der Abrüstung eingesetzt werden, indem abrüstenden Ländern das Aggressionspotential aus dem Fonds eines internationales Versicherungssystems für den Frieden "abgekauft" wird.[34]

---

34 Zu dem Vorschlag, die Abrüstung durch positive Anreize in Form von Subventionen zu fördern, siehe Frey [1974], S. 62 ff.

Vor dem Hintergrund dieser Ansatzpunkte ist ein Transfersystem zwischen den Ländern auszuhandeln und in einem internationalen Konversionsvertrag zu implementieren. Die Schwierigkeiten im Rahmen eines internationalen Transfersystems bestehen darin, Anreize für die Äußerung eines wahrheitsgemäßen Transferbedarfs zu setzen, die zweckmäßige Verwendung der Transfers zu kontrollieren und das Problem des Freifahrerverhaltens innerhalb der Gruppe der Transfergeber zu bewältigen. Dieses kann letztlich nicht ohne Abgabe von Kompetenzen zur Feststellung und Sanktionierung von Zahlungsverzugstatbeständen an eine zentrale Instanz geschehen. Die daraus resultierenden negativen Beitrittseffekte für die Geberländer sind den positiven Beitrittsanreizen zugunsten der Nehmerländer gegenüberzustellen. Die Gegensätzlichkeit der Effekte verdeutlicht zum einen, daß es sich hier um ein Optimierungsproblem handelt, zum anderen offenbart sich der schmale Grad, auf dem Verhandlungen über Transfersysteme ausgetragen werden. Vor dem Hintergrund der fundamentalen militärischen Verpflichtungen und Rahmenbedingungen eines internationalen Konversionsvertrages, der kurzfristig spürbar asymmetrische Wohlfahrtsimplikationen generiert, muß ein Transfersystem jedoch als ein zwingend notwendiger Vertragsbestandteil angesehen werden.

4.2.2.4. Paketlösungen

Vor dem Hintergrund einer Einigung auf sicherheitspolitisch gebotene einheitliche Abrüstungsquoten besteht eine weitere Möglichkeit zur Kompensierung auftretender Wohlfahrtsasymmetrien in dem Rückgriff auf Paketlösungen. Bei den Paketlösungen erfolgt ein Ausgleich von asymmetrischen Wohlfahrtseffekten durch die Verknüpfung unterschiedlicher politischer Inhalte.[35]

Aus spieltheoretischer Sicht ist das Konstrukt der Paketlösung als eine Verknüpfung zweier Spiele zu interpretieren, wobei jeder Akteur als Gewinner aus jeweils einem Spiel hervorgeht. Da die beiden Spiele als Paket miteinander verknüpft werden, kann jeder Akteur einen positiven Nettoeffekt für sich verbuchen, obwohl er aus jeweils einem Spiel als Verlierer hervorgeht.[36] Entschei-

---

35 Vgl. McGinnis [1986], S. 148.

36 Defektiert ein Akteur sein "Verliererspiel", so verliert er damit zugleich sein "Gewinnerspiel". Umgekehrt erzeugt die Auszahlung der verbundenen Spiele hinreichende Anreize, um jeden Spieler zur Kooperation zu veranlassen, obwohl dieses bei isolierter Betrachtung der Spiele nicht der Fall wäre. Zur Darstellung anhand eines Zwei-Personen-Gefangenendilemmas siehe McGinnes [1986], S. 149 ff.

dend ist allein, daß sich durch die Verknüpfung der Spiele jeder Akteur besser stellt als im Fall der isolierten Optimierung.

Die Paketlösungen ermöglichen den Akteuren, durch Kooperationen in zwei Politikbereichen eine Synchronisation von Wohlfahrtseffekten zu erreichen, indem politische Sachfragen miteinander verknüpft, d. h. als ein Paket behandelt zu werden. Übertragen auf die Verhandlungen um einen internationalen Konversionsvertrag läßt sich festhalten, daß Paketlösungen prinzipiell geeignet sein können, eine kooperative Lösung herbeizuführen und Anreize zum Beitritt zu einem internationalen Konversionsvertrag zu setzen, indem jeder Akteur in einem Politikfeld als Verlierer hervorgeht, den Verlust jedoch durch den Gewinn in dem anderen Politikfeld überkompensieren kann.

Die Einbindung von Paketlösungen in einen internationalen Konversionsvertrag ist jedoch aus verschiedenen Gründen kritisch zu beurteilen. Zunächst ist es zur Erzeugung einer Paketlösung mit einem bestimmten Partner erforderlich, eine passende Sachfrage zu finden, die nach dem obigen Muster eine politische Tauschhandlung erlaubt. Eine zu einem internationalen Konversionsvertrag passende Sachfrage liegt hingegen nur dann vor, wenn die Zahlungsströme einen spiegelbildlichen Verlauf und identische Laufzeiten aufweisen. Hingegen droht bei unterschiedlichen Zeithorizonten der zugrundeliegenden Sachverhalte der Zerfall des Pakets. Da ein wirksamer internationaler Konversionsvertrag für einen unbegrenzten Zeithorizont abzuschließen ist, muß das Spektrum der möglichen Tauschinhalte als äußerst beschränkt angesehen werden.

Insgesamt ist den Paketlösungen als Instrument zur Angleichung der Wohlfahrtsimplikationen im Rahmen eines internationalen Konversionsvertrages mit Skepsis zu begegnen. Prinzipiell lassen sich zwar kompensierende Effekte erzielen, jedoch sind tauschbare Politikinhalte nicht leicht zu finden. Zudem impliziert die hohe Zahl der Akteure, daß das ohnehin bereits äußerst komplexe Verhandlungspaket nicht mehr handhabbar wäre. Denkbar ist allerdings, auf eine Paketlösung zurückzugreifen, wenn es darum geht, einen essentiellen Akteur ins Boot zu bekommen, d. h. erst die Mitgliedschaft dieses Akteurs ermöglicht überhaupt das Zustandekommen eines internationalen Konversionsvertrages und damit die Umwandlung der Verlierer- in eine Gewinnerkoalition.

Aber auch dann ist zu bedenken, daß die Vermischung artfremder Politikinhalte äußerst problematisch ist, weil hier Abhängigkeiten entstehen, die im Zeitablauf eine Eigendynamik entfalten können und den Weg zu einer sauberen, isolierten Verhandlungslösung vernebeln. Außerdem kann sich im Zeitablauf herausstellen, daß die ursprüngliche Zuordnung von Sachfragen nicht mehr adäquat und die Paketlösung in Frage zu stellen ist. Damit wäre aber letztlich die Stabilität eines internationalen Konversionsvertrages von zusätzlichen und überdies artfremden Politikinhalten abhängig. Hierin besteht m. E. das Hauptproblem von Paketlösungen. Während der Einsatz von Paketlösungen bei bilateralen Verhandlungen sinnvoll erscheint,[37] sollten Paketlösungen bei multinationalen Vertragsangelegenheiten nur im Ausnahmefall ins Spiel gebracht werden.

4.2.3. Vertragsbestandteile zur Herstellung von Verbindlichkeit

4.2.3.1. Das Vollzugsproblem

Als Ausgangspunkt für die Untersuchung der Bedingungen für die Herstellung eines verbindlichen Vollzugs eines internationalen Konversionsvertrags ist nun von einer Situation auszugehen, in der die umzusetzende Norm im Sinne eines konkreten Abrüstungszieles definiert ist, Transformationsvereinbarungen getroffen sind und ein internationales Transfersystem installiert ist. Sofern sich alle Akteure normgerecht verhalten, kann eine Friedensdividende als gemeinschaftlicher Kooperationsgewinn realisiert werden, wobei jeder Staat einen Kooperationsgewinn vereinnahmen kann.

Sind die Akteure jedoch in der Lage, durch Defektionen, d. h. durch Freifahrer- oder Ausbeutungsverhalten, Vorteile zu erzielen, ist der Vollzug des Konversionsvertrages nicht gewährleistet. Anhand des Gefangenendilemma-Modells läßt sich verdeutlichen, daß ein defektiv handelnder Staat in einem Umfeld kooperativ handelnder, d. h. konvertierenden Staaten einen Defektionsgewinn realisieren kann, der den einzelstaatlichen Anteil an dem gemeinsamen Kooperationsgewinn übersteigt.[38] In letzter Konsequenz zerbricht die Kooperation infolge der einzelstaatlichen Vorteilhaftigkeit der Defektion in einem kooperierenden Milieu.

Ein Defektionsgewinn kann bspw. darauf beruhen, daß ein Akteur seinen Abrüstungsverpflichtungen nicht hinreichend nachkommt und sich damit einen Vorteil durch eingesparte Abrüstungsaufwendungen verschafft. Zugleich profitiert dieser Akteur in gleicher Weise wie die nicht defektierenden Akteure von der rückläufigen Bedrohung infolge der voranschreitenden Konversion. In dieser Konstellation zerfällt die Kooperation.

---

[37] Zur politischen Relevanz von Paketlösungen in bilateralen Verhandlungen zwischen antagonistischen Staaten siehe McGinnis [1986], S. 148 f.

[38] Siehe oben, Abbildung 18, S. 157.

Als gravierend sind die Folgen defektiven Verhaltens zu beurteilen, sofern eine Akteur eine Ausbeutungsstrategie verfolgt, d. h. das kooperative Verhalten konvertierender Staaten ausnutzt, um bei Erreichen einer militärischen Überlegenheit mittels gewaltsamer Übergriffe abgerüstete Länder zu vereinnahmen. Dieser Fall ist aufgrund der existentiellen Bedeutung für die ausgebeuteten Länder von vornherein auszuschließen.

Insgesamt ist festzustellen, daß kein Automatismus zugunsten des Vollzugs der im Rahmen eines internationalen Konversionsvertrages beschlossenen Norm existiert. Der Vertrag ist nicht selbstdurchsetzend. Vielmehr sind Instrumente zu implementieren, die den Vollzug des Vertrages gewährleisten, da andernfalls der Rückfall in die suboptimale Strategiekombination der isolierten Optimierung zu erwarten ist.

Zur Sicherung des Vollzugs, d. h. zur Herstellung einer verbindlichen kooperativen Lösung, ist dafür zu sorgen, daß der einzelstaatliche Anteil am Kooperationsgewinn höher ausfällt als der Defektionsgewinn eines Akteurs in einer kooperativen Umgebung. Zu diesem Zweck bedarf es der Überwachung der Akteure und der Sanktionierung defektiven Verhaltens. Um weitergehende Aussagen zu den Vollzugsbedingungen für einen internationalen Konversionsvertrag treffen zu können, erfolgt zunächst die Skizzierung der theoretischen Grundlagen für einen rationalen Vollzug anhand der ökonomischen Theorie der Kriminalität. Darauf basierend werden Schlußfolgerungen hinsichtlich der Überwachung und Sanktionierung[39] für die Durchsetzung eines internationalen Konversionsvertrages getroffen.

4.2.3.2. Zum Vollzug von Normen aus theoretischer Sicht

Eine vertragliche Vereinbarung muß für die teilnehmenden Staaten in dem Sinne verbindlich sein, daß Defektionen, d. h. von der kooperativen Strategie abweichende Verhaltensweisen, aus einzelstaatlicher Sicht nicht rational sind. Mit anderen Worten bedeutet dieses, daß defektives Verhalten derart mit Kosten zu belasten ist, daß keine höhere Auszahlung als im Fall der Kooperation erwartet werden kann. Gelingt dieses nicht, droht der allseitige Rückfall in die aus gesamtwirtschaftlicher Sicht ineffiziente Rüstungsstrategie. Zur Überwindung dieser Defektionsproblematik bei der international koordinierten Allokation von

---

[39] Unter Sanktionen sind Strafen zu verstehen, die als erklärte Konsequenz von Verstößen angedroht oder auferlegt werden, um die als Norm formulierten Vorgaben eines internationalen Konversionsvertrages einzuhalten. Vgl. Doxey [1987], S. 4.

Militärressourcen ist es erforderlich, daß Maßnahmen zur Überwachung der Vertragseinhaltung ergriffen und Verstöße sanktioniert werden. Insofern erfolgt der Einstieg in die Diskussion der Überwachung und Sanktionierung vor dem Hintergrund der nachfolgenden Skizzierung der Grundzüge der ökonomischen Theorie der Kriminalität.

Das Fundament der ökonomischen Analyse der Kriminalität wurde von Cesare Beccaria und Jeremy Bentham im 18. und 19. Jahrhundert gelegt[40] und später von Gary Stanley Becker aufgegriffen und weiterentwickelt.[41]

Die Verwendung der Kriminalitätsökonomik bietet sich bei der vorliegenden Untersuchung defektiven Verhaltens im Rahmen eines internationalen Konversionsvertrages an, weil zum einen in der Kriminalitätsökonomik wie in der Spieltheorie die Prämissen des methodologischen Individualismus greifen und zum anderen Entdeckung und Sanktionierung die zentralen Parameter zur Steuerung von Verhaltensweisen darstellen. Zwar befaßt sich die Kriminalitätsökonomik mit kriminellen Verhaltensweisen, die Überlegungen und Schlußfolgerungen lassen sich jedoch auf defektives Verhaltens im Rahmen eines internationalen Konversionsvertrages übertragen, auch wenn die Defektionen nicht notwendigerweise als kriminelle Verhaltensweisen einzustufen sind.

In der einzelwirtschaftlichen Sichtweise der ökonomischen Theorie der Kriminalität werden die Vollzugsbedingungen aus der Perspektive individuell rational handelnder Individuen betrachtet. Mit anderen Worten werden die Entscheidungen für oder gegen defektive Handlungen nach einem rein ökonomischen Kalkül und unabhängig von Einflußgrößen wie bspw. Reputation getroffen. Da strafbare und legale Handlungen in der Absicht der Nutzenmaximierung durchgeführt werden, konkurrieren sie miteinander.[42] Die Entscheidung für eine legale oder kriminelle Handlungsalternative beruht auf der Abschätzung der jeweiligen Nettoerträge,[43] welche sowohl bei kriminellen als auch legalen Handlungsalternativen auf der Differenz aus erwartetem Ertrag und erwarteten Kosten beruhen.[44]

Der aus kriminellen Handlungsalternativen resultierende Nutzen ist dadurch gekennzeichnet, daß der Akteur die Sanktionierung in seinem Entscheidungskalkül als Produkt aus der Entdeckungswahrscheinlichkeit und dem zu erwarteten

---

40 Vgl. Kunz [1976], S. 2.

41 Vgl. Becker [1982].

42 Vgl. Stigler [1970], S. 530.

43 Vgl. Ehrlich [1973], S. 523.

44 Vgl. G.S. Becker [1982], S. 47.

Strafmaß berücksichtigt. Durch die Verteuerung krimineller Handlungen werden diese zurückgedrängt, weil sie im Vergleich zu legalen Handlungsalternativen unvorteilhafter werden. Das Ausmaß dieser Abschreckung läßt sich c. p. durch eine steigende Entdeckungswahrscheinlichkeit in Abhängigkeit von der Überwachungsqualität[45] sowie durch die Höhe der verhängten Strafen steuern.

Ein interessanter Zusammenhang zwischen Abschreckung, Überwachung und Sanktionierung besteht darin, daß die Akteure in ihrem Verhalten in stärkerem Maße auf Veränderungen der Sanktionswahrscheinlichkeit reagieren als auf Veränderungen des Strafmaßes.[46]

Des weiteren belegen Untersuchungen der Strafzumessungspraxis, daß eine Anhebung der Strafobergrenzen für die Höhe der tatsächlich verhängten Strafen weniger bedeutend ist als eine Anhebung von Strafuntergrenzen,[47] d. h. für die in der Praxis zu beobachtende Strafzumessung kommt es weniger darauf an, wie hoch die Maximalstrafe ausfällt. Vielmehr kommt es bei der Bemessung des Strafmaßes darauf an, ob Mindeststrafen als Ausdruck der Sozialschädlichkeit von Verhaltensweisen vorgeschrieben sind. Dieser Sachverhalt ist insofern für die Entscheidung eines Akteurs relevant, als dieser die zu beobachtende Strafzumessungspraxis bei der Ermittlung der zu erwartenden Sanktionshöhe kriminellen Handels heranzieht.

Werden auf der einen Seite durch zunehmende Entdeckungswahrscheinlichkeit und Sanktionshöhe Individuen von kriminellen Verhaltensweisen abgeschreckt, so ist auf der anderen Seite der Einsatz eines Überwachungs- und Sanktionsinstrumentariums mit Kosten verbunden. Durch die Gegenüberstellung der Vollzugskosten (für Überwachung und Sanktionierung) und dem Nutzen durch die Bekämpfung sozialschädlicher, krimineller Verhaltensweisen läßt sich die ge-

---

45 Eine Verbesserung der Überwachungsqualität muß nicht notwendigerweise mit einem höheren Ressourceneinsatz verbunden sein. Technischer Fortschritt erlaubt z. B. eine Verbesserung der relativen Überwachungskosten.

46 Die in diesem Zusammenhang von Becker eingeführte Elastizität in bezug auf Strafhöhe und Sanktionswahrscheinlichkeit gibt Auskunft darüber, wie sich eine 1%ige Veränderung des Strafmaßes bzw. der Sanktionswahrscheinlichkeit auf die Deliktzahl auswirkt. Interessanterweise läßt sich die Feststellung treffen, daß die Reaktionselastizität der Sanktionswahrscheinlichkeit größer ist als die der Strafhöhe. Das bedeutet, daß sich eine Erhöhung der Sanktionswahrscheinlichkeit um 1 % stärker auf die Straftaten auswirkt als eine 1%ige Erhöhung der Strafen. Vgl. G.S. Becker [1972], S. 54.

47 Vgl. K. Haag [1970], S. 431 ff.

samtwirtschaftliche Dimension der Kriminalitätsbekämpfung als Optimierungsproblem darstellen.[48]

In der gesamtwirtschaftlichen Perspektive des rationalen Vollzugs geht es zunächst darum, die gesamten Kosten der Kriminalität zu minimieren, d. h. es geht um die Summe aus Verbrechenskosten - den externen Schäden - und den Kosten der Verbrechensbekämpfung. Erstere beinhalten die Deliktsfolgen, die auf Seiten der Geschädigten festzustellen sind. Letztere lassen sich die im Zusammenhang mit der Entdeckung und Sanktionierung auftretenden Kosten zusammenfassen.[49]

Als Grenzfälle des Vollzugs lassen sich exemplarisch die völlige Unterlassung der Verbrechensbekämpfung sowie vollständige Vermeidung von illegalen Aktivitäten anführen. Im ersten Fall entstehen keine Vollzugskosten, jedoch erreichen die Verbrechenskosten aufgrund fehlender Abschreckung einen maximalen Wert. Im zweiten Fall sind enorm hohe Kosten der Verbrechensbekämpfung zu bewältigen, um kriminelle Aktivitäten vollständig zu vermeiden. In diesem Zusammenhang ist darauf hinzuweisen, daß sich mit zunehmendem Ressourceneinsatz der Verbrechensbekämpfung nur abnehmende Grenzerträge erzielen lassen. Das gesamtwirtschaftliche Optimum der Verbrechensbekämpfung bzw. des Gesetzesvollzugs liegt nun dort, wo die Grenzkosten der Verbrechensbekämpfung den Grenzkriminalitätskosten entsprechen bzw. die Summe aus Vollzugs- und Verbrechenskosten minimal ist. Eine darüber hinausgehende Verbrechensbekämpfung ist unwirtschaftlich, da die aus Delikten resultierenden Schadenskosten geringer ausfallen als der für die Bekämpfung der Kriminalität erforderliche Ressourceneinsatz. Insofern kann die Hinnahme eines gewissen Umfangs von Kriminalität aus Optimalitätserwägungen gerechtfertigt sein.[50]

Insgesamt lassen sich die Bedingungen des rationalen Vollzugs wie folgt zusammenfassen: Die rationale Gestaltung der Überwachungs- und Sanktionierungsinstrumente hat vor dem Hintergrund der Resultate der ökonomischen Theorie der Kriminalität unter Beachtung der einzel- und gesamtwirtschaftlichen Anforderungen zu erfolgen. Aus einzelwirtschaftlicher Perspektive ist zu berücksichtigen, daß die Strafen den Vorteil aus kriminellen Handlungen übersteigen müssen,[51] erst dann kann eine Modifikation der im Gefangenendilemma

---

48 Vgl. Ehrlich [1973], S. 521.

49 Vgl. Schulz [1972], S. 394 sowie McKenzie [1984], S. 179 und Neu [1971], S. 11.

50 Vgl. Claassen [1988], S 128 f.

51 Vgl. Bentham [1931], S. 325 und Stigler [1970], S. 531.

dargestellten Auszahlungsmatrix dahingehend stattfinden, daß kooperatives Verhalten im Vergleich zur Defektion vorteilhaft wird, indem ein potentieller Kriminalitätsgewinn durch Sanktionen abgeschöpft wird.[52]

Aus gesamtwirtschaftlicher Sicht liegt ein Optimierungsproblem vor, bei dem die Summe der Vollzugskosten und Verbrechenskosten zu minimieren ist. Ist bspw. die Entdeckung und Sanktionierung marginaler Deliktsfälle kostspieliger als die Hinnahme eines gewissen Niveaus defektiven Verhaltens, so ist die Justierung des Sanktionierungsinstrumentariums auf eine Entdeckungswahrscheinlichkeit unter 100 % gesamtwirtschaftlich rational. Demgegenüber ist bei der Verfolgung krimineller Verhaltensweisen, die mit hohen Schäden einhergehen, die Aufwendung relativ hoher Vollzugskosten für weitgehende Überwachung und Sanktionierung gerechtfertigt.

Ferner ist herauszustellen, daß nur glaubhaft angedrohte Sanktionen geeignet sind, von kriminellem Verhalten abzuschrecken. Insofern kommt der Qualität des Überwachungssystems eine bedeutsame Rolle zu, zumal eine relativ geringe Entdeckungswahrscheinlichkeit nicht ohne weiteres durch einen Anstieg des Strafmaßes kompensiert werden kann,[53] vielmehr hinterläßt eine geringe Entdeckungswahrscheinlichkeit deutliche Abschreckungs- und damit Vollzugsdefizite.

4.2.3.3. Überwachung und Sanktionierung innerhalb eines internationalen Konversionsvertrages

Um die Inhalte eines internationalen Konversionsvertrages verbindlich zu vollziehen, ist es erforderlich, die Entscheidungssituation derart zu modifizieren, daß es für jeden Akteur rational ist, der kooperativen Strategie zu folgen. Analog zu der im Rahmen der ökonomischen Theorie der Kriminalität dargestellten Verteuerung krimineller Handlungen ist eine Verteuerung von Defektionen erforderlich, was wiederum Instrumente der Überwachung und Sanktionierung erforderlich macht.

---

52 Erst wenn infolge der Sanktion das Nettoergebnis einer defektiven Handlung niedriger ausfällt als der anteilige Kooperationsgewinn bei allseitiger Kooperation, wird kooperatives Verhalten zur dominanten Strategie.

53 Ohnehin kann das Strafmaß nicht beliebig erhöht werden: Wenn bereits geringfügige Delikte mit sehr hohen Strafen belegt werden, stellt sich ein Verlust an marginaler Abschreckung ein. Marginale Abschreckung ist jedoch erforderlich, um Akteure davon abzuhalten, weitere oder schwerwiegendere Straftaten zu begehen.

Sofern die in internationalen Konversionsprozessen involvierten Staaten die zu erwartenden Sanktionen in ihre Entscheidung für oder gegen einen Vertragsbruch einbeziehen, sind bei der Modellierung der Vollzugsinstrumente die Bedingungen des rationalen Vollzuges zu berücksichtigen. Die im Rahmen der ökonomischen Theorie der Kriminalität abgeleiteten einzel- und gesamtwirtschaftlichen Bedingungen des rationalen Vollzug bilden somit den Ausgangspunkt für die Herstellung von Verbindlichkeit im Rahmen eines internationalen Konversionsvertrages:

- Aus einzelwirtschaftlicher Perspektive kann kooperatives Verhalten von rational handelnden Akteuren erwartet werden, wenn aufgrund von Sanktionsmaßnahmen die Defektionen einzelwirtschaftlich unrentabel im Vergleich zu kooperativem Verhalten sind.

- Aus gesamtwirtschaftlicher Perspektive ist zu berücksichtigen, daß die Summe der Kosten des Vollzugs und der Kosten der Defektionen zu minimieren sind. In diesem Kostenminimum stellt sich dann die optimale Anzahl an Defektionen ein. Ausgehend von diesem Optimum ist eine weitere Verminderung von Defektionen mit einem überproportionalen Anstieg der Vollzugskosten verbunden, hingegen führt ein höheres Defektionsniveau zu einem überproportionalen Anstieg der Defektionskosten.

Am Beispiel einer Defektion, die auf die Ausbeutung eines konvertierenden Staates gerichtet ist, lassen sich die einzelwirtschaftlichen Anforderungen, die sich an ein Sanktionssystem stellen, anhand der Gegenüberstellung einer Auszahlungsmatrix mit und ohne Sanktionssystem illustrieren. Zu diesem Zweck wird die zuvor in der Abbildung 18 verwendete Auszahlungsmatrix modifiziert:

Abbildung 19: Sanktionierung defektiven Verhaltens

Ohne Sanktionen:

		B-Land	
		Rüstung	Konversion
A-Land	Rüstung	-10 / -10	-10 + 100 / -100
	Konversion	-100 / -10 + 100	3 / 3

Mit Sanktionen:

		B-Land	
		Rüstung	Konversion
A-Land	Rüstung	-10 - 100 / -10 - 100	-10 + 100 - 100 / -100
	Konversion	-100 / -10 + 100 - 100	3 / 3

Quelle: Eigene Darstellung.

Als Tatbestand der Ausbeutung ist eine Handlungsweise zu verstehen, in der bspw. Land A zum Schein in die kooperative Strategie einwilligt, jedoch heimlich aufrüstet, um dann das konvertierende Land B zu vereinnahmen. Sofern keine Überwachungs- und Sanktionsmechanismen existieren, wie im oberen Teil der Abbildung dargestellt, kann das Land A durch die Ausbeutungsoption eine Auszahlung in Höhe von 90 Geldeinheiten erzielen.[54] Der Defektionsgewinn des ausbeutenden Landes liegt somit um 87 Geldeinheiten über dem Kooperationsgewinn. Somit stellt die Ausbeutungsoption aus einzelstaatlicher Sicht die Strategie mit der höchsten Auszahlung dar. Aus diesem Grund ist die internationale Kooperation instabil. Zur Herstellung eines stabilen Konversionsprozesses ist es erforderlich, die Ausbeutungsstrategie unrentabel werden zu lassen. Folglich muß dem Land A eine Sanktion auferlegt werden, die den Betrag von 87 Geldeinheiten übersteigt.

Wie im unteren Teil der Abbildung dargestellt ist, ist die Ausbeutungsstrategie der kooperativen Strategie unterlegen, wenn die Defektion mindestens mit einer Strafe in Höhe des potentiell erreichbaren Vorteils belegt wird, oder, wie im vor-

54 Der Betrag ergibt sich als Summe aus Rüstungsaufwendungen in Höhe von 10 Geldeinheiten und Vereinnahmungsgewinn in Höhe von 100 Geldeinheiten.

liegenden Beispiel, sogar eine höhere Strafe in Höhe von 100 Geldeinheiten erfolgt.

Im unteren Teil der obigen Auszahlungsmatrix sind zusätzlich die Sanktionsbeträge eingetragen worden. Die Fortführung der Rüstung ist mit Aufwendungen in Höhe von 10 Geldeinheiten verbunden, zusätzlich werden Sanktionen in Höhe von 100 Geldeinheiten auferlegt. Eine erfolgreich vollzogene Ausbeutungsstrategie ist aufgrund der Sanktionierung insgesamt mit einem Aufwand von 10 Geldeinheiten verbunden und somit unvorteilhafter als die kooperative Lösung, die die Vereinnahmung einer Friedensdividende in Höhe von 3 Geldeinheiten ermöglicht. Damit stellt nunmehr auch aus einzelstaatlicher Sicht die kooperative Strategie die überlegene Alternative dar.

Infolge der Sanktionierung ergibt sich eine strategische Entscheidungssituation, in der sich die internationale Konversion als einzelstaatlich dominante Strategie herauskristallisiert. Der Vollzug des Vertrages ist zuverlässig zu erwarten, und die Kooperation ist stabil.

Im Prinzip ist auf gleiche Weise zu verfahren, wenn eine weniger gravierende Defektion zu sanktionieren ist. Defektionen sind als weniger gravierend einzustufen, wenn ein Freifahrerverhalten vorliegt, etwa um einen wirtschaftlichen Vorteil zu erlangen, und das Handlungsmotiv für die Defektion nicht in der Ausbeutung eines konvertierenden Landes besteht. Diesbezüglich sind Tatbestände der unterlassenen Demilitarisierung und Demobilisierung sowie des unterlassenen Rüstungsabbaus, aber auch Freifahrerverhalten in bezug auf die Transfervergabe oder mißbräuchliche Transferverwendung anzuführen. Wird ein Freifahrerverhalten in bezug auf die Umsetzung einzelner Konversionsbestandteile festgestellt, so ist der dadurch erlangte Vorteil durch eine entsprechende Sanktionierung abzuschöpfen, um die Stabilität des Vertrages zu gewährleisten.

Bei der Modellierung eines Sanktionssystems, das den Vollzug eines internationalen Konversionsvertrages herbeiführen soll, ist insbesondere zu beachten, daß die Sanktionsandrohung dem potentiellen Defekteur bekannt ist und glaubwürdig erscheint. Nur dann wird dieser die Sanktion einkalkulieren und sich entsprechend verhalten.

Ein potentieller Defekteur kalkuliert die zu erwartende Strafe anhand des Erwartungswertes einer Sanktion, der sich als Produkt aus der Sanktionswahrscheinlichkeit und dem erwarteten Strafmaß ermitteln läßt. Insofern ist auf die Bedeutung der Überwachungsqualität als Determinante für die Sanktionswahrscheinlichkeit und des im Sanktionsprogramm vorgesehenen Strafrahmens hinzuweisen, wobei die Entdeckungswahrscheinlichkeit und Mindeststrafen eine hervorzuhebende Rolle spielen.[55] Somit sind die Qualitäten der Überwachung unterschiedlicher Defektionstatbestände von zentraler Bedeutung hinsichtlich der jeweiligen Entdeckungswahrscheinlichkeiten.

Vor dem Hintergrund der sanktionsbedingten Modifikation der Auszahlungsmatrix zugunsten der kooperativen Konversionsstrategie durch die Einführung von Überwachung und Sanktionierung wird nunmehr insofern auf die gesamtwirtschaftlichen Aspekte des rationalen Vollzugs Bezug genommen, als die Optimierung der Kosten und des Defektionsumfangs im Mittelpunkt der weiteren Ausführen stehen.

Als Ausgangspunkt für die nachfolgenden Überlegungen soll der Frage nachgegangen werden, ob im Rahmen eines Konversionsvertrages überhaupt ein Bodensatz an Defektionen zugelassen werden kann. Diesbezüglich scheint es zweckmäßig zu sein, zwischen Ausbeutungsverhalten und einfachen Defektionen im Sinne eines Freifahrerverhaltens zu unterscheiden. Während Ausbeutungsverhalten nicht akzeptabel und somit vollkommen zu verhindern ist, lassen Tatbestände des Freifahrerverhaltes durchaus einen Bodensatz an Defektionen zu, solange die Kooperation aufgrund dieser Defektionen nicht insgesamt scheitert.[56]

Bei der Modellierung eines Sanktionssystems, d. h. bei der Gestaltung von Überwachungs- und Sanktionierungsinstrumenten, kann eine Vorgehensweise gewählt werden, bei der zunächst eine Aufstellung und Bewertung der denkbaren Defektionstatbestände anzufertigen ist. Für diejenigen Defektionen, die nicht hinnehmbare Schäden verursachen, ist eine Entdeckungswahrscheinlichkeit von 100 % herbeizuführen, d. h. das Kostenoptimum muß sich dort befinden, wo ausschließlich Vollzugskosten anfallen und Defektionen vollkommen eliminiert werden. Damit kann Konversion in letzter Konsequenz nur dann zustande kommen, wenn die technischen Möglichkeiten zur Überwachung ausbeuterischer Verhaltensweisen vorhanden sind und darüber hinaus die damit verbundenen Kosten nicht prohibitiv hoch ausfallen.

---

55 Siehe oben, Kapitel 4.2.3.2., Zum Vollzug von Normen aus theoretischer Sicht, S. 181 ff.

56 Sofern die Einhaltung der Norm im Einzelfall mit extrem hohen Kosten verbunden ist und die Akteure dieses erkennen, kann einem Akteur durchaus eine Defektion zugebilligt werden, ohne daß dieses die Sanktionsfolge auslöst. Siehe oben, Kapitel 3.3.3., Egoistische Kooperation in großen Gruppen, S. 143 ff.

Im Gegensatz dazu sind hinsichtlich zahlreicher anderer Formen des Freifahrerverhaltens optimale Defektionszahlen oberhalb des Wertes von Null zulässig. So sind bspw. geringfügige "Umwidmungen" von monetären Transfers durch die Nehmerländer nur zu hohen Kosten vollständig aufzudecken. Zudem ist damit noch kein Zerfall der Kooperation zu erwarten. Ein interessanter Aspekt ist in diesem Zusammenhang in der verfügbaren Überwachungstechnik zu sehen. Sofern im Zuge des technischen Fortschritts mit verminderten Überwachungskosten zu rechnen ist, stellt sich ein neues Defektionsoptimum bei einer geringeren Defektionsrate ein.

Mit der Überwachungstechnik und -frequenz sind zwei wesentliche Determinanten für die Höhe der Überwachungskosten einerseits und die Zuverlässigkeit der Überwachung andererseits angesprochen. Das Spektrum der Überwachungsinstrumente reicht von der Eigenberichterstattung über Inaugenscheinnahme durch unabhängige Sachverständige bis hin zur satellitengestützten Aufklärung. Im Rahmen eines internationalen Konversionsvertrages haben die Akteure eine Entscheidung über die zu überwachenden Tatbestände, die Überwachungsmethode und die Überwachungshäufigkeit zu treffen. Hinsichtlich der Bandbreite der Überwachungsfrequenz sind in Abhängigkeit von der Bedeutung der zu überwachenden Tatbestände sowie der technischen Möglichkeiten regelmäßig angekündigte Kontrollen, unregelmäßige Stichproben und im Extremfall vollständige Überwachung, z. B. durch Aufklärungsflüge oder satellitengestützte Kontrolle, denkbar.

Im Anschluß an die Betrachtung der Defektionstatbestände und der Überwachung sind nunmehr die Sanktionsmöglichkeiten aus gesamtwirtschaftlicher Sicht zu untersuchen.

Von grundsätzlicher Bedeutung im Zusammenhang mit den Sanktionierungsmöglichkeiten im Rahmen eines internationalen Konversionsvertrags ist zunächst, sich Klarheit darüber zu verschaffen, ob eine Sanktionierung durch den Ausschluß eines Defekteurs aus dem Kreis der Signatare erfolgen kann. Der Ausgeschlossene müßte fortan auf die Vereinnahmung des Kooperationsgewinns verzichten und würde nur noch Auszahlungen im Nash-Gleichgewicht der isolierten Optimierung realisieren. Diese Sanktionierung durch Ausschluß ist (wie alle anderen Sanktionsarten) auch für die kooperativ handelnden Akteure mit Nachteilen verbunden, da der Ausschluß eines Akteurs eine Verminderung des verbleibenden Kooperationsgewinns mit sich bringt. Wie bereits im Rahmen der spieltheoretischen Ausführung dargelegt wurde, kann der Ausschluß eines Akteurs problemlos in kleinen Gruppen sowie in großen Gruppen erfolgen, sofern diese ein Kollektivgut nutzen, welches den Ausschluß einzelner Akteure zuläßt. Bei reinen öffentlichen Gütern ist ein Ausschluß definitionsgemäß nicht möglich.[57]

Übertragen auf die Konversionsproblematik ist hinsichtlich der Möglichkeit der Sanktionierung durch Ausschluß eines Defekteurs zunächst zu konstatieren, daß man es in der Tat mit einer großen Gruppe zu tun hat. Letztendlich macht ein internationaler Konversionsvertrag erst dann Sinn, wenn alle Staaten daran teilnehmen. Unter der Voraussetzung, daß dieses zutrifft, ist der Ausschluß eines nicht konvertierenden Akteurs schon deshalb problematisch, weil die Aufrechterhaltung der militärischen Stabilität auf einem niedrigen Abschreckungsniveau nicht aufrechterhalten werden kann. Insofern kann bereits der Ausschluß eines einzigen Akteurs den kollektiven Rückfall in die isolierte Optimierung bzw. die Rückkehr zum Wettrüsten bedeuten. Somit kann der Weg der Sanktionierung durch Ausschluß einzelner Akteure nicht beschritten werden.

Damit bleibt festzuhalten, daß die Möglichkeit des Ausschlusses von Akteuren nicht zur Verfügung steht, um über die Sanktionierung defektiven Verhalten die Stabilität eines internationalen Konversionsvertrages zu erhöhen. Vielmehr ist die Androhung des Ausschlusses eines Akteurs aus einem internationalen Konversionsvertrag in letzter Konsequenz gleichbedeutend mit der Androhung der Auflösung des gesamten Vertrages. Folglich sind alternative Sanktionierungsansätze erforderlich, um die Stabilität eines internationalen Konversionsvertrages herbeizuführen.

Hinsichtlich der alternativen Sanktionsarten zur Stabilisierung eines internationalen Konversionsvertrages kommen monetäre, wirtschaftliche sowie militärische Sanktionen in Betracht.[58] Sofern wirtschaftliche oder militärische Sanktionen eine Rolle spielen, bedarf es zur Aufrechterhaltung der spieltheoretischen Darstellung, wie sie zuvor im Rahmen des Gefangenendilemmas erfolgte, der Ermittlung eines monetären Äquivalentes der angedrohten oder verhängten Sanktionen. Bei wirtschaftlichen Sanktionen ist überdies zu berücksichtigen, daß deren Erfolg von der Intensität der bestehenden Handelsbeziehung abhängt und daß auch die sanktionsausübenden Staaten vergleichsweise hohe Sanktionierungskosten zu tragen haben.[59]

---

57 Siehe oben, Kapitel 3.3.3., Egoistische Kooperation in großen Gruppen, S. 143 ff.

58 Zu internationalen Sanktionen in Form von Handelsbeschränkungen siehe bspw. Kirchgässner [1995].

59 Vgl. Garoupa [2000], S. 22.

Die Ausübung von Sanktionen ist in der Praxis mit Hindernissen verbunden: Das theoretisch abgeleitete Sanktionsoptimum kann in der Realität nur schwerlich ermittelt werden. Insbesondere tritt bei wirtschaftlichen und militärischen Sanktionen noch stärker als bei monetären Sanktionen das Problem der Bestimmung des optimalen Strafmaßes auf. Zudem sind auch diese Sanktionsarten mit Kosten für die sich kooperativ verhaltenden Akteure verbunden.[60] Mitunter wird sogar die Auffassung vertreten, daß in internationalen Beziehungen ausgeübte Sanktionen regelmäßig ihr Ziel verfehlen und daher mehr kosten als sie nutzen.[61]

Des weiteren ist im Rahmen eines internationalen Konversionsvertrages zu verhandeln, welche Instanz mit der Durchführung von Sanktionen zu beauftragen ist. Unter diesem Aspekt der Glaubwürdigkeit einer Sanktionsandrohung ist einer unabhängigen supranationalen Instanz der Vorrang gegenüber einer dezentral organisierten Sanktionierung einzuräumen. Die Einrichtung einer zentralen Sanktionierungsinstanz ist jedoch nur möglich, wenn die Akteure die entsprechenden Kompetenzen übertragen. Dieses ist angesichts der Interessendivergenzen zwischen den Akteuren und den weitreichenden Konsequenzen einer derartigen Selbstentmachtung nicht zu erwarten.

Eine interessante Idee, die auch im Zusammenhang mit der Glaubwürdigkeit einer Sanktionsausübung bedeutsam ist, besteht darin, von den konvertierenden Akteuren ein Pfand bzw. eine Kaution für die Einhaltung der vertraglichen Pflichten einzuziehen, d. h. mit dem Vertragsbeitritt wird ein Betrag fällig, und der Pfandgeber hat formal einen Auszahlungsanspruch auf dieses Pfand. Im Fall einer Defektion kann das Pfand nun mit der Strafe verrechnet werden, so daß der Pfandgeber nur noch auf einen geringeren Betrag einen Anspruch auf Auszahlung erheben kann.[62]

Insgesamt stellen die Vollzugsbedingungen, die durch die Qualität der Überwachungs- und Sanktionsmechanismen determiniert werden, einen wesentlichen Faktor für den Vollzug eines internationalen Konversionsvertrages dar. Die Palette der zu sanktionierenden Tatbestände ist sehr vielfältig. Dem muß das Überwachungs- und Sanktionsinstrumentarium Rechnung tragen. Je glaubwür-

---

60 Zu den Kosten der Sanktionierung für den Sanktionierenden siehe bspw. Farmer [2000].

61 Beispiele für derartige Sanktionen finden sich bei Eaton [1999], S. 409.

62 Mit der Hinterlegung eines Pfandes bzw. einer Kaution gehen die Akteure im Prinzip eine Selbstbindung ein, die zu einer erhöhten Glaubwürdigkeit einer unmittelbar durchführbaren Sanktionierung führt. Zur Erhöhung der Glaubwürdigkeit durch Selbstbindungen siehe Dixit [1997], S. 139 ff.

diger und härter die angedrohten Strafen sind, desto eher kann Vertragsstabilität erreicht werden.

Eine derartige Sanktionierung kann jedoch hinsichtlich der Beitrittsanreize Probleme aufwerfen, denn aus einzelstaatlicher Sicht ist es nicht rational, sich einem verhältnismäßig harten Sanktionsregime zu unterwerfen.[63] Zudem vermindern hohe Überwachungsqualitäten die Beitrittsanreize aufgrund des reduzierten Kooperationsgewinns. Insofern ist bezüglich der Überwachung und Sanktionierung ein Zielkonflikt zwischen Vertragsstabilität und Beitrittsanreizen zu konstatieren. Es ist zu erwarten, daß die Findung eines Konsenses in bezug auf Überwachung und Sanktionierung eine erhebliche Herausforderung an die Akteure darstellt.

Die Kombination der einzel- und gesamtwirtschaftlichen Bedingungen des rationalen Vollzugs sowie die spieltheoretischen Kriterien der Vertragsstabilität und Beitrittsanreize lassen sich schlußfolgernd dahingehend zusammenfassen, daß die Sanktionen aus Stabilitätsgründen so hoch wie nötig, aus Beitrittsgründen so gering wie möglich anzusetzen sind.

Hinsichtlich der optimalen Sanktionierung von Defektionen zur verbindlichen Durchsetzung der Zielvorstellungen eines internationalen Konversionsvertrages kann kein Königsweg aufgezeigt werden, jedoch läßt sich das nachfolgend dargestellte Sanktionsmodell als Fundament für ein pragmatisches Sanktionsdesign zur Diskussion stellen: Wie zuvor dargestellt wurde, bietet sich die Verwendung von Mindeststrafen an, um eine wirksame Abschreckung zu erhalten. Da harte Strafen mitunter notwendig, jedoch zugleich mit negativen Beitrittsanreizen verbunden sind, kann die Kompromißlösung eines Sanktionssystem derart aussehen, daß zunächst relativ harte Strafen auf der Basis von Mindeststrafen angedroht und auch verhängt werden. Sodann kann in Abhängigkeit von der nunmehr eintretenden Verhaltensänderungen des Defekteurs die Strafe im Rahmen von Nachverhandlungen herabgesetzt werden. Diese Vorgehensweise der Strafzumessung "auf Bewährung" steht im Einklang mit dem Anspruch, daß sich Akteure bedingt nachgiebig im Umgang mit Defekteuren erweisen sollen, um diesen die Rückkehr in die Konversionsgemeinschaft nicht zu verbauen. Mit Hilfe dieses Kompromißvorschlages läßt sich sowohl eine hohe Abschreckungswirkung gegenüber Defekteuren und damit Vertragsstabilität erzeugen. Des weiteren resultieren aus der Nachverhandlung auch positivere Beitrittsanreize für Nicht-Defekteure, da die Folgen einer fälschlicherweise verhängten Sanktion durch kooperatives Verhalten kompensiert werden können. Zudem werden

[63] Schwache Sanktionssignale mit symbolischen Charakter stoßen diesbezüglich auf weniger Widerstand. Vgl. Martin [1993], S. 414.

wichtige Signale an Defekteure abgegeben, um diese zur Wiederaufnahme der Kooperation zu bewegen.[64]

4.2.4. Zusammenfassender Überblick über die Vertragsbestandteile

In den vorangegangenen Kapiteln zur Gestaltung der Vertragsbestandteile für einen internationalen Konversionsvertrag sind als Grundelemente, die für das Zustandekommen internationaler Kooperation konstituierend sind, die Freiwilligkeit und Konsensgebundenheit der Verhandlungen, die einzelstaatliche Rationalität und die Verbindlichkeit der Kooperation betrachtet worden. Als spieltheoretisch abgeleitete Erfolgsbedingungen, die ein internationaler Konversionsvertrag aufweisen muß, sind die Anreize zum Vertragsbeitritt und die Stabilität des Vertrages angeführt worden.

Die dargestellten Probleme und Anforderungen der internationalen Kooperation (positive einzelstaatliche Wohlfahrtsimplikationen und Vertragsstabilität) und die spezifischen Erfolgsbedingungen für einen internationalen Konversionsvertrag (militärische, wirtschaftliche und gesellschaftliche Stabilität) führen zu bestimmten Ausgestaltungsanforderungen an die zentralen Inhalte eines Konversionsvertrages (Abrüstungsverpflichtungen, Transformationsvereinbarungen, Transfers, Überwachung und Sanktionierung). Zur Verdeutlichung der herausgearbeiteten Zusammenhänge dient die Abbildung auf der nachfolgenden Seite, in der eine Zuordnung von Verhandlungselementen zu den Tatbeständen vorgenommen wurde, welche die internationale Kooperation kennzeichnen.

Als wesentliches Ergebnis der bisherigen Untersuchung lassen sich die nachfolgenden Aspekte zusammenfassen:

- Eine international koordinierte, auf Konversion ausgerichtete Sicherheitspolitik kann nur im Rahmen eines freiwilligen Konsenses souveräner Staaten zustande kommen. Insofern spielt die Gestaltung des Verhandlungsprozesses hinsichtlich der zur Anwendung kommenden Abstimmungsregeln eine Rolle. Die Einstimmigkeitsregel ist mit den stärksten Beitrittsanreizen verbunden, da jeder Akteur von eigenen Interessen abweichende Entscheidungen blockieren kann. Jedoch ist die Einstimmigkeitsregel mit hohen Verhandlungskosten behaftet, die das Fortkommen der Verhandlungen blockieren, wenn nicht sogar scheitern lassen. Insofern sind Entscheidungen nach der Mehrheitsregel unabdingbar. Dieses ist insbesondere dann der

64 Alternativ können niedrige Sanktionen mit Verhandlungen über eventuelle Strafverschärfungen kombiniert werden. Vgl. Doxey [1987], S. 147.

Abbildung 20: Verhandlungselemente zur Erzeugung internationaler Kooperation

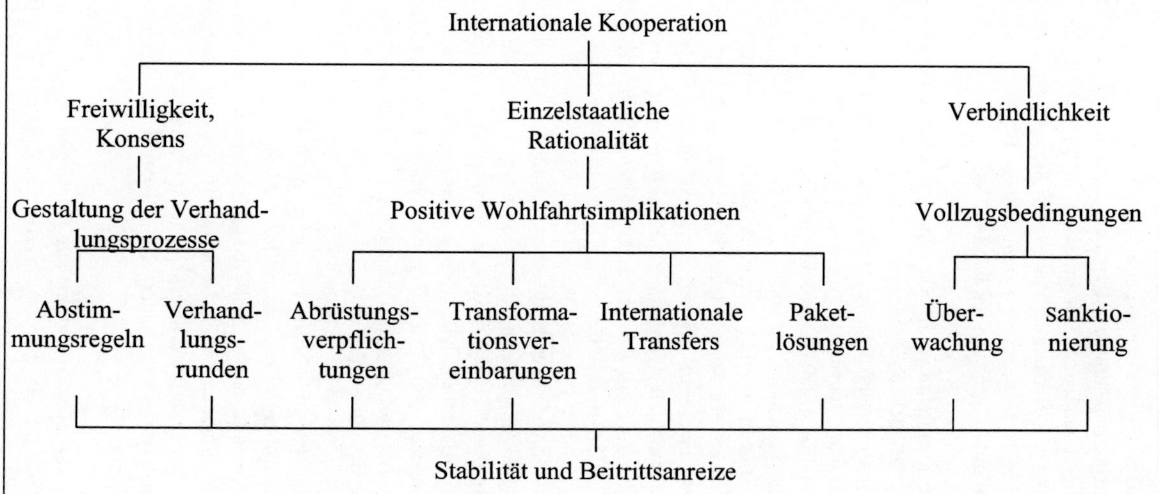

Quelle: Eigene Darstellung

Fall, wenn gegen defektiv handelnde Akteure Sanktionen zu verhängen sind, um die Stabilität des Vertrages zu gewährleisten. Sofern der durch den Kooperationsgewinn erzeugte Anreiz zum Beitritt zu einem internationalen Konversionsvertrag hinreichend stark ausfällt, kann der Verzicht auf bestimmte Kompetenzen aus einzelstaatlicher Sicht durchaus rational sein. Dieses setzt jedoch zugleich voraus, daß die Akteure darauf vertrauen können, daß Mehrheitsentscheidungen nicht zur Durchsetzung einzelstaatlicher Interessen mißbraucht werden können.

- Ferner erhöhen in kurzen Intervallen stattfindende Verhandlungsrunden die Chancen, daß sich über sukzessive Konzessionen ein Konsens zwischen den Akteuren herauskristallisiert. Zudem kann die Anzahl der sich beteiligenden Akteure schrittweise in den Verhandlungsrunden erhöht werden. Daraus resultieren höhere Beitrittsanreize, da der Kooperationsgewinn bei steigender Teilnehmerzahl zunimmt. Für einen stabilen Konversionsvertrag ist es ohnehin erforderlich, sämtliche Staaten einzubinden, die über ein militärisch relevantes Potential verfügen. Zwar ist eine Politik der kleinen Schritte mit einem erheblichen Zeitbedarf verbunden, jedoch erlaubt diese Vorgehensweise eine fortlaufende Konkretisierung und Revision der Vertragsinhalte. Insofern ist eine derartige Vorgehensweise als konsensfähig und beitrittsfördernd zu bewerten.

- Ein internationaler Konversionsvertrag muß der Anforderung einzelstaatlicher Rationalität genügen. Erst wenn jeder Staat an dem Kooperationsgewinn partizipiert, der Konversionsvertrag somit einzelstaatlich positive Wohlfahrtseffekte impliziert, werden hinreichende Beitrittsanreize erzeugt. Die Entstehung und Verteilung der Wohlfahrtseffekte kann maßgeblich durch die Abrüstungsverpflichtungen, die Transfers sowie durch Paketlösungen beeinflußt werden.

- Nur durch sukzessiv fortschreitende Abrüstungsverpflichtungen in der Form länderübergreifend einheitlicher Abrüstungsquoten läßt sich die internationale militärische Stabilität aufrechterhalten. Die dabei auftretenden Wohlfahrtsasymmetrien sind aufgrund der übergeordneten sicherheitspolitischen Anforderungen zunächst hinzunehmen. Jedoch bedarf es in einem weiteren Schritt einer Kompensation der unterschiedlichen Abrüstungslasten.

- Internationale Transformationsvereinbarungen tragen dazu bei, die Transformationslasten insgesamt zu vermindern, indem Transformationserfahrungen und –hilfen verfügbar gemacht werden. Obwohl die Friedensdividende ein nationales Gut darstellt und die Interdependenzproblematik nicht wie bei der Abrüstung auftritt, rechtfertigen sich internationale Transformationsvereinbarungen, weil von dem Erfolg des Transformationsprozesses der Erfolg der Konversion insgesamt abhängt: Zum einen erzeugen Transformationshilfen erhöhte Beitrittsanreize, zum anderen ermöglicht der Abbau von Transformationshemmnissen die Durchsetzung weitreichender Abrüstungsschritte. Zur Bewältigung der Aufgaben der Förderung der Transformation und der Beseitigung asymmetrischer Wohlfahrtsimplikationen ist im Rahmen eines internationalen Konversionsvertrages ein internationales Transfersystem zu implementieren.

- Durch monetäre und reale internationale Transfers lassen sich positive und symmetrische Wohlfahrtsimplikationen herstellen. Somit sind Seitenzahlungen, aber auch der Transfer von Know-how und Technologien geeignet, die Beitrittsanreize zu einem internationalen Konversionsvertrag sowie dessen Stabilität zu erhöhen. Die Schwierigkeiten im Zusammenhang mit einem internationalen Transfersystem sind vor allem darin zu sehen, Anreize für die Transfernehmerländer zur wahrheitsgemäßen Mitteilung ihrer Konversationslasten und zur zweckmäßigen Verwendung der transferierten Ressourcen zu setzen. Ferner ist dafür zu sorgen, daß die Transfergeber ihren Zahlungsverpflichtungen nachkommen.

- Durch Paketlösungen kann ein Ausgleich asymmetrischer Wohlfahrtsimplikationen durch die Verknüpfung unterschiedlicher Problembereiche bewirkt werden. Hingegen ist der Verwendung von Paketlösungen unter Einbeziehung eines internationalen Konversionsvertrages mit Skepsis zu begegnen, da der Fortbestand eines internationalen Konversionsvertrages von einem sachfremden Politikbereich abhängig ist und die Stabilität eines ohnehin komplexen Konversionsvertrages gefährdet ist, wenn das Politikpaket zerfällt.

- Sofern durch die Abrüstungsverpflichtungen in einer sicherheitspolitisch stabilen Welt ein globaler Wohlfahrtsgewinn entsteht und durch Transfers gewährleistet ist, daß einzelstaatlich gerechte Kooperationsgewinne zu verzeichnen sind, ist das Kriterium der positiven Beitrittsanreize erfüllt. Mit der Kenntnis einer derartigen Kooperationslösung ist allerdings erst der halbe Weg zu einem internationalen Konversionsvertrag beschritten. Im weiteren kommt es nun darauf an, daß diese Kooperationslösung auch von allen Akteuren eingehalten wird. Damit kommt als zweites Kriterium die Vertragsstabilität ins Spiel.

- Ein internationaler Konversionsvertrag muß verbindlich sein, d. h. die Akteure müssen davon ausgehen können, daß die im Rahmen des Vertrages getroffenen Vereinbarungen eingehalten werden. Sofern Defektionen einen höheren Gewinn in Aussicht stellen als kooperatives Verhalten, ist der zugrundeliegende Vertrag nicht stabil. Die Herstellung von Verbindlichkeit und damit von Stabilität ist durch die Gestaltung der Vollzugsbedingungen herbeizuführen. Diesbezüglich sind Instrumente der Überwachung und Sanktionierung zu implementieren, um durch eine Verteuerung defektiven Verhaltens der kooperativen Strategie einen Rentabilitätsvorteil zu verschaffen.

- Auf der einen Seite sind Überwachung und Sanktionierung mit Kosten verbunden (Vollzugskosten), auf der anderen Seite werden durch Überwachung und Sanktionierung Defektionen verhindert, also Defektionskosten gesenkt. Das Überwachungs- und Sanktionierungsoptimum ist dort zu finden, wo die Summe der Vollzugs- und Defektionskosten minimal ist. In Abhängigkeit von der Bösartigkeit verschiedener Defektionstatbestände sind Ressourcen zum Vollzug zu alloziieren. Der Ausbeutungstatbestand der heimlichen Aufrüstung zur gewaltsamen Vereinnahmung eines konvertierenden Landes muß durch entsprechende Überwachung und Sanktionierung ausgeschlossen werden können, da andernfalls ein internationaler Konversionsvertrag zerfällt. Weniger gravierende Defektionen müssen in einem gewissen Umfang hingenommen werden, wenn die marginalen Kosten der Entdeckung und Sanktionierung die marginalen Defektionskosten übersteigen.

- Da eine Sanktionierung durch Ausschluß eines Akteurs nicht möglich ist, sind alternative Sanktionierungsinstrumente erforderlich, um die Stabilität eines internationalen Konversionsvertrages zu gewährleisten, z. B. Geldstrafen, wirtschaftliche und militärische Sanktionen.

- Um einen stabilen Vertrag zu erhalten, ist für sicherheitspolitisch brisante Tatbestände eine vollständige Überwachung in Verbindung mit einem harten Bestrafungsrahmen erforderlich. Die damit verbundenen, relativ hohen Vollzugskosten sind zu Lasten des Kooperationsgewinns zu verrechnen und tragen damit zu einer Verminderung der Beitrittsanreize bei. Zudem ist es aus einzelstaatlicher Sicht nicht rational, sich einem harten Sanktionsregime zu unterwerfen. Insgesamt sind die Sanktionen aus Stabilitätsgründen so hoch wie nötig, aus Beitrittsgründen so mild wie möglich anzusetzen.

- Ein Sanktionssystem, das zunächst relativ harte Strafen verhängt und dann in Nachverhandlungen einen Spielraum für eine Herabsetzung des Strafmaßes eröffnet, steht im Einklang mit dem Anspruch, daß sich Akteure bedingt nachgiebig im Umgang mit Defekteuren erweisen sollen, um diesen die Rückkehr in die Konversionsgemeinschaft nicht zu verbauen. Mit Hilfe dieses Kompromißvorschlages läßt sich eine hohe Abschreckungswirkung gegenüber Defekteuren und damit Vertragsstabilität erzeugen. Des weiteren resultieren aus der Nachverhandlung auch positivere Beitrittsanreize für Nicht-Defekteure, da die Folgen einer fälschlicherweise verhängten Sanktion durch kooperatives Verhalten kompensiert werden können. Zudem werden wichtige Signale an Defekteure abgegeben, um diese zur Wiederaufnahme der Kooperation zu bewegen.

Die wesentlichen Anreize für einen Konversionsvertrag sind in der Realisierung einer Friedensdividende und in dem Abbau der mitunter gravierenden Abschreckungsexternalitäten zu sehen. In den weiteren Ausführungen werden flankierende Maßnahmen betrachtet, die zum einen geeignet sind, die Friedensdividende zu erhöhen. Zum anderen werden positive Nebeneffekte der sicherheitspolitischen Kooperation in die Überlegungen mit einbezogen.

4.3. Flankierende konversionsfördernde Maßnahmen

4.3.1. Vorbemerkung

Den bisherigen Ausführungen liegt die Überlegung zugrunde, daß sich die Akteure individuell – im vorliegenden Fall einzelstaatlich – rational verhalten, und diese Rationalität erscheint in einer engen, eigennutzorientierten Interpretation. Vor diesem Hintergrund ist nunmehr zu untersuchen, durch welche flankierenden Maßnahmen die Anreize zugunsten eines Konversionsvertrages verstärkt bzw. die Konversionshindernisse abgebaut werden können.

Im folgenden erfolgt eine Ausweitung des Blickwinkels, der es erlaubt, weitere Bereiche, welche die Randbedingungen internationaler Konversion tangieren, in die Analyse einzubeziehen. Zunächst wird untersucht, welche Effekte zu erwarten sind, wenn ein Staat eine Vorreiterrolle einnimmt und mit guten Beispiel vorangeht, um durch sein Handeln andere Akteure von der Vorteilhaftigkeit des Konversionsanliegens zu überzeugen. Danach werden Überlegungen angestellt, wie sich Maßnahmen zur Erhöhung der politischen Stabilität auf das Zustandekommen internationaler Konversionsprozesse auswirken. Anschließend erfolgt eine Ausweitung des Analysespektrums, indem eine Nutzenkomponente ins Spiel gebracht wird, die darauf beruht, daß ein im Konversionsgeschehen kooperativ handelnder Akteur einen Reputationsgewinn realisiert, der sich möglicherweise langfristig auszahlt, weil es einem nachweislich kooperativen Akteur i. d. R. leichter fallen wird, als Kooperationspartner in konversionsfremden Politikfeldern akzeptiert zu werden und einen Kooperationsgewinn zu realisieren. In diesem Zusammenhang lassen sich die im Rahmen der evolutorischen Spieltheorie angestellten Überlegungen zur langfristigen Durchsetzung kooperativen Verhaltens einbringen.

4.3.2. Vorreiterverhalten

Ein Staat, der freiwillig isolierte Konversionsschritte einleitet und umsetzt, verhält sich als Vorreiter. Aus spieltheoretischer Perspektive kann zur Begründung eines Vorreiterverhaltes auf die evolutorische Spieltheorie verwiesen werden, wonach sich kooperative Lösungen in einer reziprok handelnden Umgebung einstellen, wenn sich infolge der Imitation der überlegenen kooperativen Strategie letztendlich die internationale Konversion als eine dominante Verhaltensweise herauskristallisiert.[65]

Da ein Vorreiterverhalten insofern mit spezifischen Kosten verbunden ist, als der Vorreiter einseitig Abrüstungslasten übernimmt, stellt sich zum einen die Frage, wie sich Vorreiterverhalten aus der Perspektive des handelnden Staates begründen läßt. Zum anderen ist zu untersuchen, welche Reaktionen seitens der übrigen Akteure – sozusagen der Empfänger der einzelstaatlichen Vorleistungen – als Folge des Vorreiterverhaltens zu erwarten sind.

Zur Begründung der Übernahme einer einzelstaatlichen Vorreiterrolle läßt sich als erste Alternative anführen, daß der Vorreiter die Absicht verfolgt, durch seine Initiative Anreize zur Aufnahme kooperativer Beziehungen zu erzeugen. Ein Einzelstaat ergreift die Initiative, d. h. er folgt der kooperativen Spielstrategie in der Hoffnung, daß andere Akteure dieses Verhalten nachahmen. Sofern die anderen Akteure dem Beispiel des Vorreiters tatsächlich folgen, kann das dominante Verhaltensmuster einzelstaatlicher Optimierung durchbrochen werden, und es entsteht eine Kooperation, die mit einem Kooperationsgewinn verbunden ist, der die einzelstaatlichen Aufwendungen im Zusammenhang mit dem Vorreiterverhalten rechtfertigt.

Hinsichtlich der Initiierung kooperativer Strukturen durch einzelstaatliches Vorreiterverhalten ist festzustellen, daß dieses als rational angesehen werden kann, wenn eine Kooperationslösung ohne Vorleistungen des Vorreiters nicht zustande käme bzw. das Vorreiterverhalten den gewünschten Kooperationserfolg herbeiführen würde. Eine derartige Bewertung des Vorreiterverhaltens ist jedoch mit

---

65 Siehe oben, Kapitel 3.2.4.2., Spieltheoretisch relevante Erkenntnisse des evolutorischen Ansatzes, S. 136 ff., insb. S. 137 f.

erheblicher Skepsis zu betrachten. Daher ist in einem ersten Schritt ist zunächst zu eruieren, ob ein Vorreiterverhalten die unterstellte Initiativwirkung tatsächlich entfachen kann.

Selbst wenn einem Vorreiterverhalten eine Initiativwirkung zuzuschreiben ist, ist in einem zweiten Schritt zu hinterfragen, ob einzelstaatliches Vorreiterverhalten eine effiziente Methode zur Herstellung kooperativer Handlungsmuster darstellt. Erst wenn kein alternatives Instrument auszumachen ist, unter dessen Anwendung das Ziel der Aufnahme kooperativer Beziehungen kostengünstiger bewerkstelligt werden kann, ist der Rückgriff auf das Instrument einzelstaatlicher Vorleistungen im Konversionsbereich aus ökonomischer Sicht legitim.

Eine weitere Alternative des Vorreiterverhaltens setzt im Rahmen bestehender Kooperationsverhandlungen ein und besteht darin, daß der Vorreiter über das im Rahmen eines internationalen Konversionsvertrages beschlossene Maß hinaus Konversionshandlungen vornimmt, um eine aus seiner Sicht vorteilhafte Entwicklung voranzutreiben und damit letztlich auch Anreize für weitergehende Abrüstungsschritte für die übrigen Akteure zu erzeugen.

Auch die zweite Alternative des Vorreiterverhaltens im Rahmen bestehender Konversionsverhandlungen zugunsten weitergehender Abrüstungsschritte kann sich als rational erweisen, wenn infolge des früheren Erreichens der Gewinnschwelle der Konversion Zinsvorteile realisiert werden können, die die zusätzlichen Konversionskosten überkompensieren.

In beiden Alternativen des Vorreiterverhaltens hat der Vorreiter zunächst, d. h. kurz- bis mittelfristig, höhere Konversionskosten als die übrigen Akteure zu tragen. Der erwartete Nutzen des Vorreiterverhaltens besteht darin, der Gemeinschaft aller Akteure einen Kooperationsgewinn überhaupt bzw. zu einem früheren Zeitpunkt zu ermöglichen. Sofern die erwünschten Effekte in der Zukunft tatsächlich eintreten und die zusätzlichen Kosten des Vorreiters durch seinen Anteil am Kooperationsgewinn tatsächlich überkompensiert werden, steht Vorreiterverhalten nicht in einem Widerspruch zum Rationalitätskalkül.

Nunmehr stellt sich die Frage, ob durch ein Vorreiterverhalten die intendierten Effekte tatsächlich ausgelöst werden können. Zur kritischen Bewertung eines Vorreiterverhaltens kann zunächst auf sicherheitspolitische Kriterien zurückgegriffen werden, um die zuvor dargestellten Alternativen des Vorreiterverhaltens vor und nach der Aufnahme der Vertragsverhandlungen zu untersuchen.

Zunächst ist festzustellen, daß von einem Vorreiterverhalten nur dann Anreizwirkungen erwartet werden können, wenn dieses tatsächlich zu einem spürbaren

Bedrohungsabbau beiträgt. Andernfalls haben die übrigen Akteure keinen Anlaß, den Status quo zu verlassen. Die erwarteten Nachahmungseffekte eines Vorreiterverhaltens können somit nur dann eintreten, wenn die Bedrohungen durch den Vorreiter spürbar, d. h. unter einen bestimmten Schwellenwert abgebaut werden. Damit geht der Vorreiter jedoch zugleich ein erhebliches Sicherheitsrisiko ein. Wenn hingegen die vorreitenden Konversionsschritte nicht mit Einschnitten in das nationale Sicherheitsrisiko verbunden sind, so fallen die daraus resultierenden Signale marginal aus und den Anreizwirkungen kann keine Initialwirkung zugeschrieben werden.

Selbst wenn der Vorreiter durch seine Handlungen die von ihm ausgehenden militärischen Bedrohungen spürbar reduziert, wozu längst nicht alle Länder in der Lage sind, bedeutet dieses nicht zwangsläufig, daß die übrigen Akteure darauf ihrerseits mit Abrüstungsmaßnahmen reagieren. Infolge des Vorreiterverhaltens tritt nämlich eine Verschiebung innerhalb des internationalen Bedrohungsgefüges auf, was die Akteure zu entgegengesetztem Verhalten, nämlich zu Nachrüstungen veranlassen kann.

Daß spürbare einzelstaatliche Abrüstungsschritte, die mit einem tiefgehenden Abbau militärischen Potentials eines Landes einhergehen, gegenläufige Reaktionen seitens der übrigen Akteure auslösen können, läßt sich anhand eines drei Länder umfassenden Modells darstellen:[66]

Ausgangspunkt der Betrachtung sei der im oberen Teil der Abbildung 21 dargestellte Zustand militärischer Stabilität (Zustand I), in dem drei Länder (A, B und C) jeweils 10 Geldeinheiten (GE) für ihre äußere Sicherheit verausgaben. Nunmehr reduziert das Vorreiterland A sein Budget auf 8 GE. Die Veränderung der militärischen Landschaft kann nun von Land B derart interpretiert werden, daß im Fall einer Aggression durch das Land C die gemeinsam verfügbare Schlagkraft der Länder A und B geringer ausfällt. Das Land C kann einen Zugewinn relativer Stärke aufgrund der Abrüstung des Landes A verbuchen, und gelangt somit möglicherweise aufgrund der Counterforce-Wirksamkeit in den Bereich, der einen erfolgreichen Entwaffnungserstschlag erlaubt. Somit gerät die internationale Sicherheit in einen instabilen Zustand. Um die Sicherheitslücke zu schließen, wird das Land B sein Militärbudget erhöhen. Wenn das Land C aus demselben Grund eine Erhöhung der Militärausgaben durchführt, kann sich im Ergebnis – wie im unteren Teil der Abbildung 21 dargestellt – ein Anstieg des globalen militärischen Ressourceneinsatzes einstellen (Zustand II).

---

66 Siehe Abbildung 21, Vorreiterverhalten und Militärausgaben, S. 203.

Abbildung 21: Vorreiterverhalten und Militärausgaben

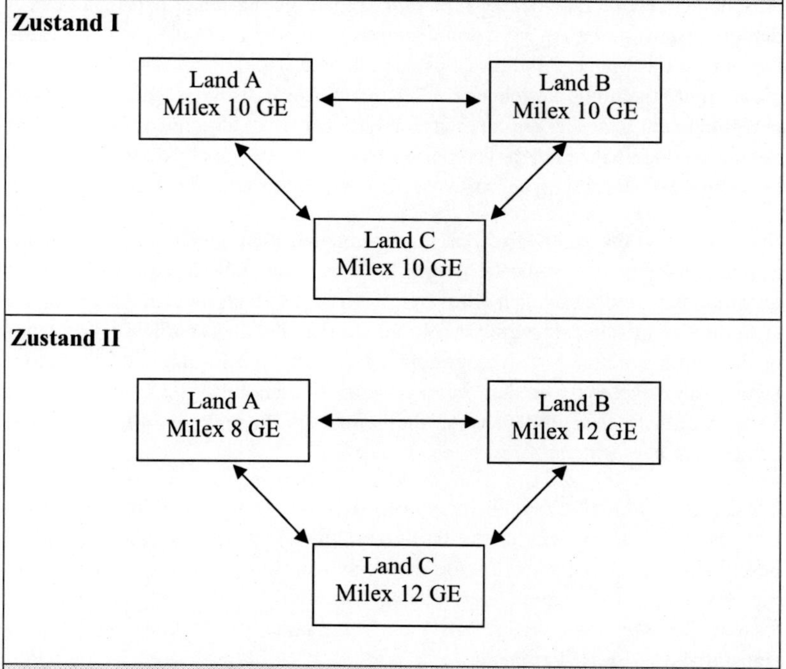

Quelle: Eigene Darstellung.

Daß derartige Entwicklungen empirische Evidenz besitzen, zeigt das Beispiel der Abrüstung in der SU infolge ihres wirtschaftlichen Zusammenbruchs. Infolge der Abrüstung eines Landes treten strukturelle militärische Veränderungen auf, die neue Bedrohungspotentiale hervorbringen und Aufrüstungstendenzen auslösen.[67] Damit läßt sich die Einnahme einer Vorreiterposition mit dem Hinweis auf die Aspekte der militärischen Stabilität als kontraproduktiv darstellen.

Vielmehr steht ein einzelstaatliches Vorreiterverhalten gerade im Widerspruch zu der Prämisse der Aufrechterhaltung militärischer Stabilität. Anders als bspw. bei den Verhandlungen um die Reduktion der Treibhausgase zum Klimaschutz

67 Siehe oben, Kapitel 2.1.2.2.2., Zur Entwicklung der Bündnisstrukturen seit der Beendigung des Ost-West-Konfliktes, S. 40 ff.

ist die Problematik im Militärbereich so gelagert, daß isolierte einzelstaatliche Konversionsschritte keine positiven Effekte, sondern Instabilität erzeugen. Der entscheidende Unterschied, der hier zum Tragen kommt, liegt darin, daß es bei der Emissionsminderung von Treibhausgasen nicht darauf ankommt, wo diese Reduktion stattfindet. Folglich ist es ein Charakteristikum der Konversion, daß diese unter Beachtung bestehender Gleichgewichte stattfinden muß, was auf der einen Seite ein Vorreiterverhalten grundsätzlich ausschließt, und auf der anderen Seite zur Folge hat, daß Konversionsbestrebungen als gleichmäßige Niveauabsenkung unter Beachtung der militärischen Stabilität stattfinden müssen.

Insgesamt sind die zu erwartenden internationalen Reaktionen auf isolierte einzelstaatliche Konversionsbestrebungen nicht geeignet, eine Initiativwirkung zugunsten eines internationalen Konversionsvertrages zu entfachen. Aufgrund der sicherheitspolitischen Instabilität infolge spürbarer einzelstaatlicher Konversionsbestrebungen muß letztlich der einzig gangbare Weg für internationale Konversion darin gesehen werden, internationale Verhandlungen zu betreiben und Vereinbarungen abzuschließen, um die Grundlage für eine von allen Akteuren gemeinsam beschrittene Konversion zu schaffen.

Die zweite Alternative des Vorreiterverhaltens, bei der ein Staat im Rahmen einer bestehenden Kooperation freiwillig zusätzliche, d. h. über die im Konsens beschlossenen Ziele hinausgehende Konversionsleistungen erbringt, kann durch die Intention des Vorreiters begründet sein, die übrigen Signatarstaaten zu weitergehenden Konversionsschritten zu animieren und somit letztlich den Konversionsprozeß zu beschleunigen.

Zunächst ist zu konstatieren, daß die für die erste Alternative festgestellten Vorbehalte auch gegenüber einem Vorreiterverhalten greifen, welches im Rahmen eines internationalen Konversionsvertrages einsetzt, so daß bereits aus diesem Grunde Vorreiterverhalten als konversionsförderliches Instrument zurückzuweisen ist. Darüber hinaus ist noch ein weiterer interessanter Aspekt anzuführen, der damit zusammenhängt, daß die Einigung auf normierte Vertragsziele im Konsens der Akteure zustande kommt. Das Vorreiterverhalten eines Staates als Ausdruck von dessen Vorstellung von einer zügigeren und weiterreichenden Konversion steht somit offenbar nicht im Einklang mit dem Konsensbeschluß der konvertierenden Staaten. Dennoch kann kein souveräner Staat daran gehindert werden, als Vorreiter in der beschriebenen Weise aktiv zu werden. Jedoch ist in diesem Zusammenhang zu berücksichtigen, daß die Mißachtung einer im Konsens getroffenen Vereinbarung sowohl aus militärischer Sicht als auch hinsichtlich der ökonomischen Implikationen Probleme aufwirft.

Die Einigung auf bestimmte Konversionsziele ist nicht zuletzt als Bereitschaft und Fähigkeit der Staaten zu interpretieren, die v. a. kurzfristig auftretenden Konversionskosten zu tragen. Die durch ein Vorreiterverhalten intendierte Forcierung des Konversionsprozesses ist mit zusätzlichen Kosten verbunden. Hinsichtlich dieser in vielfältiger Gestalt auftretenden zusätzlichen Kosten gibt es in der Gemeinschaft der konvertierenden Staaten offensichtlich keinen Konsens, was letztlich auch als Hinweis auf eine Überforderung einzelner Staaten interpretiert werden kann. Vorreiterverhalten bedeutet somit sowohl eine Verletzung der sicherheitspolitischen Stabilität als auch eine Verletzung des Konsenses, der hinsichtlich der auftretenden Konversionslasten besteht. Damit steht ein Vorreiterverhalten im Widerspruch zu den Vereinbarungen im Rahmen eines internationalen Konversionsvertrages und ist folglich weder geeignet, Beitrittsanreize zu verstärken, noch die Vertragsstabilität zu erhöhen. Vielmehr ist infolge der Umsetzung einer Vorreiterrolle zu erwarten, daß für die in der Zukunft zu treffenden Vereinbarungen die Herstellung eines Konsenses ungleich schwieriger sein wird.

Hinsichtlich der Konsensfindung für einen internationalen Konversionsvertrag kann auf eine interessante Analogie zur Forderung nach der Durchsetzung des Nachhaltigkeitsanliegens im Rahmen der Umweltpolitik hingewiesen werden.[68] In der umweltpolitischen Diskussion dominierte zunächst die Auffassung, daß umweltpolitische Maßnahmen allein an einer Entlastung der Umwelt auszurichten seien. Dabei wurde jedoch außer Acht gelassen, daß durch die dann notwendig werdenden Anpassungen und die damit verbundenen Belastungen die wirtschaftliche und soziale Stabilität gefährdet würde. Vor diesem Hintergrund ist von einer nachhaltigen Umweltpolitik dann zu sprechen, wenn keine der drei Säulen Umwelt, Wirtschaft und Gesellschaft durch umweltpolitisches Handeln übermäßig beansprucht wird.[69]

Übertragen auf die internationale Konversionspolitik sind als die drei Säulen das Militär, die Wirtschaft und die Gesellschaft zu nennen. In Analogie zum Nachhaltigkeitsbegriff, der in der Klimapolitik eine Renaissance erfahren hat, ist im

---

68 Das Ziel des Nachhaltigkeitsanliegens besteht in der Maximierung der Nettowohlfahrt über mehrere Generationen hinweg. Vgl. Klemmer [1999 b], S. 436. Die Berücksichtigung und Umsetzung der Nachhaltigkeit führt zu intergenerationeller Verteilungsgerechtigkeit. Da Entscheidungen in der Gegenwart die Wohlfahrtspositionen und Entwicklungsmöglichkeiten zukünftiger Generationen beeinflussen, legitimiert sich das Nachhaltigkeitspostulat, indem die Voraussetzung einer dauerhafte Entwicklung geschaffen werden. Vgl. Klemmer [1996], S. 14.

69 Zur Gleichrangigkeit ökologischer, wirtschaftlicher und sozialer Belange als den drei Säulen einer nachhaltigen Umweltpolitik siehe Klemmer [1998], S. 16.

Rahmen der Konversionspolitik die Belastbarkeit dieser drei Säulen zu berücksichtigen. Neben der Säule der Aufrechterhaltung der internationalen Sicherheit müssen als weitere Säulen Belastungen der Wirtschaft und Gesellschaft ins Kalkül gezogen werden. Es geht also nicht allein darum, die Konversion des Militärapparates, sondern auch die Konversion der Wirtschaft und der gesellschaftlichen Vorstellungen zur Erzeugung und Erhaltung internationaler Sicherheit in der Art und Weise zu steuern, daß weder ein sicherheitspolitischer, noch ein wirtschaftlicher oder gesellschaftlicher Kollaps droht.

Eine diskursive und konsensuale Findung eines Verhandlungsziels bedarf somit eines Konsenses hinsichtlich der drei genannten Säulen. Infolge der unterschiedlichen Anpassungsfähigkeiten, die für militärische, wirtschaftliche und gesellschaftliche Bereiche in verschiedenen Ländern festzustellen sind, ist darauf zu verweisen, daß das Fortkommen in der internationalen Konversion durch den Bereich mit der geringsten Anpassungsfähigkeit determiniert wird. Eine Mißachtung dieser Tatbestände – und als solche ist ein einzelstaatliches Vorreiterverhalten von den übrigen Signataren des Vertrages aufzufassen – kann sich destabilisierend auf einen internationalen Konversionsvertrag auswirken. Insbesondere ist eine Gefahr darin zu sehen, daß forcierte Konversionsbestrebungen die Anpassungsfähigkeit von Staaten überfordern und zu einem Abbruch der Konversionsverhandlungen führen. Insofern sind die Überlegungen dahingehend zusammenzufassen, daß Konversion aufgrund der vielfältigen Implikationen mit Augenmaß zu betreiben ist. Ein Vorreiterverhalten verläßt den Pfad des Konsenses und ist daher als Störgröße zu Lasten und nicht als Katalysator zugunsten internationaler Konversion zu bewerten.

Die Ausführungen zu den Alternativen des Vorreiterverhaltens lassen sich dahingehend zusammenfassen, daß die Einnahme einer Vorreiterrolle nicht rational erscheint. Hinsichtlich der Auswirkungen eines Vorreiterverhaltens ist zu konstatieren, daß die Erzeugung eines Initialeffektes in Form einer Aufwertung der Beitrittsanreize in Zweifel gezogen werden muß. Ebenso kritisch zu beurteilen sind die möglichen destabilisierenden Effekte zusätzlicher Konversionsschritte im Rahmen eines bestehenden internationalen Konversionsvertrages. Insgesamt ist deutlich zu erkennen, daß sich ein Vorreiterverhalten kontraproduktiv in bezug auf den Konversionserfolg darstellen läßt. Als flankierende Maßnahme ist Vorreiterverhalten somit ungeeignet.

Eine dritte Alternative des Vorreiterverhaltens ist in Betracht zu ziehen, wenn berücksichtigt wird, daß die Entscheidung eines Staates zur Ergreifung von Vorreitermaßnahmen auf einem Wissensstand basiert, über den die übrigen Akteure nicht verfügen.[70] Im Rahmen der zuvor dargestellten Vorreiteralternativen verfolgt der Vorreiter mit seiner Handlungsweise die Absicht, positive Signale hinsichtlich der Machbarkeit und Vorteilhaftigkeit von Konversion unter Beweis zu stellen. In der Erwartung, daß die übrigen Staaten eine Revision ihrer vermeintlichen Informationslücken oder Bewertungsirrtümer vornehmen, können verbesserte Beitrittsanreize aus der Handlungsweise des Vorreiters resultieren. Diese Vorgehensweise muß allerdings aufgrund der zuvor aufgezeigten Probleme scheitern. Folgt man allerdings der Annahme, daß in den Informationslücken und Bewertungsirrtümern die Ursache für das Ausbleiben des internationalen Konversionsprozesses zu sehen ist, besteht für einen einzelnen Staat die Möglichkeit, in dem Bereich der Erzeugung und Verbreitung konversionsrelevanten Wissens als Vorreiter tätig zu werden. Sofern nämlich durch den Abbau von Informationslücken bei weiteren Staaten die klare Vorstellung von konversionsbedingten Kooperationsgewinnen eine ständig weitere Verbreitung findet, folglich also die Beitritts- und Kooperationsanreize bei einer zunehmenden Anzahl von Akteuren erhöht werden, kann der Weg zu einem Konversionskonsens eingeebnet werden. In der Wissensgenerierung und -verbreitung sollte daher m. E. die Hauptstoßrichtung derjenigen Staaten liegen, die als Vorreiter zugunsten internationaler Konversion tätig werden wollen. Zudem lassen sich zur Überwindung der Wissensdefizite auch im Rahmen eines internationalen Konversionsvertrages Anreize für die Generierung und Ausbreitung konversionsrelevanten Wissens implementieren. Des weiteren wird aufgrund der Langfristorientierung der internationalen Konversion die Erzielung eines Konsenses durch politisch stabile Verhältnisse begünstigt. Mit diesem Aspekt beschäftigt sich der folgende Abschnitt.

4.3.3. Abbau politischer Risiken

Ein weiteres politisches Handlungsfeld, das sich auf das Zustandekommen eines internationalen Konversionsvertrages auswirkt, umfaßt den Set derjenigen politischen Maßnahmen, die geeignet sind, die internationale politische Stabilität zu erhöhen bzw. die internationalen politischen Risiken zu reduzieren. Um die Zusammenhänge zum Abschluß eines internationalen Konversionsvertrages zu verdeutlichen, wird die Transmission von politischen Risiken auf die Konversion anhand der Diskontierung von Zahlungsströmen erläutert. Zu diesem Zweck

[70] Es besteht zum einen die Möglichkeit, daß den Akteuren bestimmte Informationen nicht vorliegen, zum anderen ist denkbar, daß die relevanten Informationen zwar vorliegen, diese aber anders, d. h. aus der Sicht des Vorreiters falsch, bewertet werden.

wird zunächst Bezug auf die Determinanten der Diskontierung genommen. Sodann wird die Relevanz der Diskontierung für internationale Konversion dargestellt. Abschließend werden Maßnahmen zur Beeinflussung der Diskontrate zugunsten der Konversion behandelt.

Den Ausführungen ist voranzustellen, daß der Prozeß der internationalen Konversion gegenüber einer Situation des Wettrüstens mit einer Veränderung von Zahlungsströmen verbunden ist, wobei die internationale Konversion das Erscheinungsbild einer Investition aufweist: Den zu Beginn entstehenden Auszahlungen folgt eine Einzahlungsreihe (Friedensdividende).

Um die Vorteilhaftigkeit einer Investition zu ermitteln, sind sämtliche Ein- und Auszahlungen, aber auch die Zahlungszeitpunkte sowie die Ungewißheit der Zahlungen als Determinanten für die Vorteilhaftigkeit einer Investitionsentscheidung zu berücksichtigen. Sowohl der Zukunftsbezug als auch die Unsicherheitstatbestände bedingen die Diskontierung von Zahlungsströmen, um durch die Ermittlung des Gegenwartswertes eine Vergleichbarkeit unterschiedlicher Zahlungsreihen herstellen zu können.

Insofern als Einzahlungen, die erst in der Zukunft zu erwarten sind, mit einem Konsumverzicht in der Gegenwart verbunden sind, ist als erster Diskontierungsbestandteil eine Pure Rate anzusetzen, welche die Zeitpräferenzen der Wirtschaftssubjekte widerspiegelt. Unter den Bedingungen eines vollkommenen Kapitalmarktes, d. h. unter Ausblendung jedweder Unsicherheit, entspricht die Pure Rate dem Kapitalmarktzins.[71]

Darüber hinaus sind zur Ermittlung der Diskontierungsrate Risiken, die eine Verminderung künftiger Auszahlungen bewirken können, in einem Zuschlag auf die Pure Rate zu berücksichtigen.[72] Beispielhaft kann angeführt werden, daß c. p. ein höherer Risikozuschlag bei Investitionsentscheidungen zu berücksichtigen ist, die eine langfristige zeitliche Bindung verlangen oder die mit einer Vielzahl von Akteuren zugleich zu treffen sind, insbesondere wenn hinsichtlich der Zuverlässigkeit der Vertragspartner Zweifel bestehen.

Somit kann hinsichtlich der Diskontierungsrate festgestellt werden, daß diese um so höher ausfällt, je stärker die Zeitpräferenz, d. h. die Neigung zum Konsum in der Gegenwart ausgeprägt ist, und je größer die Risiken sind, mit denen die zukünftigen Auszahlungen behaftet sind.

---

71 Vgl. Süchting [1984], S. 236.

72 Vgl. Süchting [1984], S. 307.

Die Relevanz der Diskontierung für die Konversionsproblematik ist nun darin begründet, daß die alternativen Strategien der Akteure mit Zahlungsreihen verbunden sind, für die ein unendlicher Zeithorizont zu unterstellen ist. Die Auswirkungen auf die Konversionsentscheidung eines Akteurs kann verdeutlicht werden, indem die Zahlungen in der Auszahlungsmatrix des Zwei-Länder-Gefangenendilemmas[73] als Barwerte einer unendlichen Zahlungsreihe aufgefaßt werden. Für die im Zuge internationaler Konversion zu erwartende zeitliche Verteilung der Zahlungsströme ist diesbezüglich festzustellen, daß am Anfang erhöhte Auszahlungen stehen und erst in der Zukunft spürbar verminderte Auszahlungen oder gar Einzahlungen zu verzeichnen sein werden. Folglich wirkt sich die Berücksichtigung der zeitlichen Dimension der konversionsbedingten Zahlungsströme derart aus, daß die ökonomischen Konversionsvorteile abzuwerten sind. Wenn zugleich die in der Zukunft steigenden Kosten eines fortgesetzten Wettrüstens abzuzinsen sind, schmilzt die wertmäßige Differenz zwischen kooperativer und nicht-kooperativer Strategie ab. Damit fallen letztlich die Wohlfahrtsimplikationen wie auch die Beitrittsanreize zu einem internationalen Konversionsvertrag geringer aus.

Je niedriger hingegen die zugrundegelegte Diskontierungsrate ist, desto höher fällt c. p. der aus den Zahlungsströmen resultierende Barwert der Konversion aus und es stellen sich verstärkte Beitrittsanreize ein. Somit läßt sich die grundsätzliche Bedeutung der Diskontierung für einen internationalen Konversionsvertrag dadurch beschreiben, daß eine inverse Beziehung zwischen der Diskontierungsrate und den Beitrittsanreizen besteht.

Die beschriebene Auswirkung alternativer Diskontierungsraten auf den Beitrittsanreiz zu einem internationalen Konversionsvertrag läßt sich anhand des folgenden Beispieles verdeutlichen: Ausgangspunkt sei eine Zahlungsreihe, die vereinfachend durch eine Auszahlung 15 GE in der ersten Periode und konstante Einzahlungen in Höhe von 2 GE in allen folgenden Perioden bei unendlichem Zeithorizont abgebildet wird.

Die Auszahlungen können als eine ewige Rente aufgefaßt werden, wenn auch bereits in t_0 eine entsprechenden Einzahlung erfolgen würde. Die Einzahlungen ließen sich dann als eine vorschüssige ewige Rente[74] interpretieren, deren Barwert sich aus dem Quotienten der konstanten jährlichen Einzahlungen (b) und

73 Siehe oben, Abbildung 18, S. 157.

74 Vorschüssige Renten werden zu Beginn der jeweiligen Zeitperioden ausgezahlt.

dem Diskontierungssatz (i) berechnen läßt. Folglich ließe sich der Barwert einer derartigen Zahlungsreihe nach folgender Formel ermitteln:[75]

$$B_0 = a_0 + [\ b/i * (1 + i)\ ].$$

B_0 bezeichnet den Barwert der Zahlungsreihe, a_0 die Auszahlung in t_0, b die konstanten Einzahlungen. Das Produkt b/i * (1+i) steht für den Barwert der vorschüssigen ewigen Rente. Da in t_0 keine Einzahlung erfolgt, muß für die hier unterstellte Zahlungsreihe b in Abzug gebracht werden, so daß die obige Formel in folgender Weise zur Ermittlung des Barwertes für die Konversionsüberschüsse verwendet werden kann:

$$B_0 = a_0 + [\ b/i * (1 + i) - b].$$

Nunmehr lassen sich die unterschiedlichen Barwerte der Konversionszahlungsreihe in Abhängigkeit von alternativen Diskontierungssätzen ermitteln:

Tabelle 5: Barwert der Konversion in Abhängigkeit von der Diskontierung

Diskontsatz [v.H.]	1	2	3	4	5	10	20	50	100	∞
Barwert [GE]	185	85	52	35	25	5,0	-5,0	-11	-13	-15

Quelle: Eigene Darstellung.

Die Entwicklung der Barwerte weist bei steigendem Diskontierungssatz einen asymptotischen Verlauf gegen der Wert a_0 auf. Die grafische Darstellung der Zinsabhängigkeit des Barwertes in der nachfolgenden Abbildung 22 läßt erkennen, daß sich bei sinkenden Diskontierungsraten steigende Zuwächse bei den Barwerten realisieren lassen.

75 Vgl. Busse von Colbe [1986], S. 39.

Abbildung 22: Grafische Darstellung der Zinsabhängigkeit des Barwertes am Beispiel der Funktion B_0 (i) = -15 + [2/i * (1 + i) - 2]

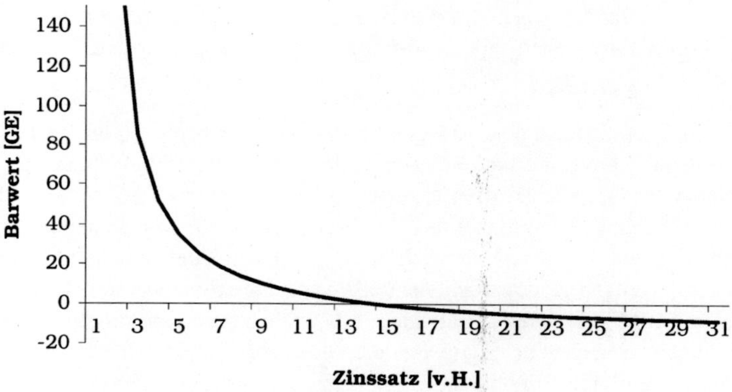

Quelle: Eigene Darstellung.

Insgesamt läßt sich feststellen, daß mit der Höhe des Diskontierungssatzes ein wichtiges und hinsichtlich der politischen Gestaltungsmöglichkeiten auch ein interessantes Gestaltungselement zur Beeinflussung der ökonomischen Vorteilhaftigkeit internationalen Konversionsvertrages und der damit verbundenen Beitrittsanreize zur Verfügung steht.

Wenn eine wesentliche Determinante für die Abdiskontierung der Zahlungsreihe "Konversion" in den internationalen Unwägbarkeiten zu sehen ist, dann besteht in den Maßnahmen zur Begrenzung dieser Risiken ein Ansatzpunkt zur Erzeugung erhöhter Beitrittsanreize zu einem internationalen Konversionsvertrag.

Bei genauer Betrachtung der Risikokomponente sind im Konversionsprozeß vor allem politische Unsicherheiten anzuführen. Insbesondere die Vielzahl und Heterogenität der involvierten Länder sowie der unendliche Zeithorizont eines internationalen Konversionsvertrages tragen zu einer Einstufung in eine hohe Risikoklasse bei. An den Merkmalen der Ländervielzahl und -heterogenität führt jedoch kein Weg vorbei, selbiges trifft für den unbegrenzten Zeithorizont zu. In Betracht zu ziehen sind jedoch die Möglichkeiten zur Förderung der politischen

Berechenbarkeit, zur Intensivierung der Beziehungen zwischen den Ländern und zur Schaffung einer gegenseitigen Vertrauensbasis.[76] Diesbezüglich sind auf politischer Ebene unterschiedliche Ansatzpunkte und Plattformen vorstellbar. Ein wesentlicher Schritt in die Richtung auf stabile internationale Verhältnisse ist in der Demokratisierung politischer Führungen zu sehen. Demokratien haben sich als berechenbarer, stabiler und friedfertiger als alternative Gesellschaftsformen erwiesen.[77] Offenbar neigen demokratisch gewählte Regierungen innen- wie außenpolitisch dazu, Verhandlungslösungen gegenüber gewaltsamen Optionen vorzuziehen.[78]

Ein Beitrag zum Abbau gegenseitigen Mißtrauens kann bspw. durch regelmäßig stattfindende Konversionskonferenzen, in denen die Akteure Verständnis für die Probleme der Gesprächspartner erlangen, geleistet werden. Des weiteren kann auch die Öffnung der Märkte einen Beitrag leisten, durch globale ökonomische Vernetzung und Arbeitsteilung wechselseitige Abhängigkeiten und Verbundenheiten zu erzeugen, die letztlich ebenfalls dazu führen können, das Risiko von Defektionen zu reduzieren. Zwar sind diesbezüglich auch konfliktträchtige Entwicklungen zu beobachten, da bspw. die Globalisierung der Märkte mit asymmetrischen Wohlfahrtsimplikationen verknüpft ist. Insofern ist wiederum darauf zu verweisen, daß auch wirtschaftspolitische Maßnahmen nicht allein an ökonomischen Prinzipen auszurichten sind: Eine liberale Wirtschaftsordnung ist nicht als Allheilmittel zur Herstellung friedensorientierter Strukturen anzusehen.[79] Grundsätzlich intensivieren Verflechtungen jeglicher Art die sozialen Interaktionen und erhöhen damit auch das Konfliktpotential, allerdings werden diese Auseinandersetzungen gewaltfrei geführt.[80] Grundsätzlich sind die Länder mit intensiven Handelsbeziehungen am wenigsten in Feindseligkeiten verwickelt. Dieser Zusammenhang erweist sich nicht zuletzt deshalb als robust, weil die im Falle eines Konfliktes auftretenden Kosten mit zunehmender wirtschaftlicher Verflechtung steigen.[81]

---

[76] Vertrauen ist ein Basiselement für das Zustandekommen sozialer Interaktion. Auch ein institutioneller Rahmen kann nur dann Verhaltensstabilität erzeugen, wenn die in diesem Rahmen handelnden Akteure sich auf die Regeleinhaltung verlassen können. Vgl. Grünärml [1998], S. 279 f.

[77] Vgl. Czempiel [1991], S. 613 f. und Gantzel [1990], S. 230.

[78] Vgl. Busse [2000], S. 3.

[79] Vgl. Brock [1999], S. 84 und Brenner [1997], S. 11.

[80] Vgl. Brock [1990], S. 75.

[81] Eine aufschlußreiche empirische Untersuchung über die negative Korrelation zwischen Handelsbeziehungen und Feindseligkeiten im Rahmen einer 30 Länder umfassenden Studie ist nachzulesen bei Polachek [1980], S. 55 ff.

Zudem ist deutlich darauf hinzuweisen, daß sich eine auf nationale Abschottung gerichtete, restriktive Handelspolitik grade zu Lasten des Wohlstands der Entwicklungsländer und damit tendenziell konfliktkonservierend oder sogar konfliktsteigernd auswirkt. Insofern ist die Implementierung einer liberale Wirtschaftsordnung unerläßlich, um das weltweite Entwicklungsgefälle herabzusetzen und damit eine Voraussetzung für ein Zusammenwachsen der Nationen zu schaffen.[82]

Zur Förderung eines Zustandes, in dem ungeachtet unterschiedlicher Lebensweisen und divergierender Interessenlagen wechselseitig tolerante Grundeinstellungen vorherrschen, bedarf es allerdings erheblicher Anstrengungen über eine lange Frist, d. h. über mehrere Generationen hinaus. Als eine wesentliche Grundlage für eine derartige Entwicklung bedarf es der Zuwendung zu einer zivilorientierten Sicherheitspolitik.

Sofern sich diese exemplarisch angeführten Maßnahmen zur Risikoeindämmung in verminderten Diskontierungsraten niederschlagen, wird im Ergebnis die Auszahlungsmatrix der Konversion zugunsten der kooperativen Lösung verändert. Als Folge sind erhöhte Beitrittsanreize sowie eine verbesserte Stabilität eines internationalen Konversionsvertrages zu erwarten. Insofern stellen die angeführten flankierenden Maßnahmen wichtige Ansatzpunkte zur Initiierung und Aufrechterhaltung eines internationalen Konversionsvertrages dar.

4.3.4. Weitere konversionsförderliche Aspekte

4.3.4.1. Reputation, Solidarität, Altruismus und öffentlicher Druck

Mit Reputation, Altruismus, Solidarität und öffentlichem Druck sind weitere Aspekte angesprochen, die sich konversionsförderlich auswirken können, bislang aber in der spieltheoretisch ausgerichteten Analyse der internationalen Konversion keine Rolle gespielt haben. Der Grund dafür ist darin zu sehen, daß durch die angeführten Aspekte keine unmittelbare Veränderung der Auszahlungsmatrix des Konversionsdilemmas herbeigeführt werden kann. Jedoch sind diese Aspekte ungeachtet der mangelnden monetären Spürbarkeit sehr wohl bei der Bewertung des Nutzens der Konversion zu berücksichtigen.

Hinsichtlich der Reputation kann festgestellt werden, daß eine hohe politische Wertschätzung der Konversion dazu führen kann, daß das internationale Ansehen eines Staates allein aufgrund der Zugehörigkeit zur Gemeinschaft der Signa-

---

[82] Vgl. Piazolo [1998], S. 57, Wilke [1987], S. 167 und Nitz [1987], S. 175.

tarstaaten eine Aufwertung erfährt.[83] Umgekehrt kann ein Reputationsverlust oder sogar eine Stigmatisierung einsetzen, wenn ein Staat einem internationalen Konversionsvertrag nicht beitritt oder diesen verläßt. Es ist davon auszugehen, daß für Staaten der Reputationsgewinn durchaus als ein flankierender Beitrittsanreiz eine Rolle spielt.

Eine weitere, eher langfristig ausgerichtete Aufgabe der Politik besteht in der Förderung konversionsfreundlicher Rahmenbedingungen durch die Vermittlung von Werten wie Solidarität und Altruismus.[84] Vor dem Hintergrund, daß die Entwicklungschancen unterentwickelter Länder – und damit die Lebensbedingungen der dort lebenden Menschen – durch hohe Rüstungsausgaben begrenzt werden und zugleich die Welt aus sicherheitspolitischer Sicht ständig enger zusammenrückt, liegen hinreichende Gründe für das Herunterfahren des internationalen Rüstungsdrucks vor.[85]

Die Gruppe der Länder, die mit der Aufrechterhaltung von Rüstungsstandards überfordert sind, umfaßt praktisch sämtliche Entwicklungsländer.[86] Aber gerade für diese Länder erfolgt mitunter der Hinweis, daß die Rüstungsausgaben als Wachstumsmotor für die industrielle Entwicklung in Entwicklungsländern anzusehen sind, weil bei der Waffenproduktion Erfahrungen im Umgang mit industriellen Fertigungstechnologien gewonnen werden können.[87] Dem ist jedoch entgegenzuhalten, daß in Entwicklungsländern nur einfachste Waffen hergestellt werden, die praktisch aufgrund der minderwertigen Qualität kein Exportpotential aufweisen. Somit entsteht lediglich ein Produktionsapparat zur Herstellung von Waffen ohne jegliche Vernetzungen zu Absatzmärkten, worin letztlich kein

---

83 Die Anerkennung und das Ansehen in der Welt ist von grundsätzlichem Interesse für die außenpolitische Ausrichtung eines Staates. Vgl. Kindermann [1997], S. 1.

84 Die Bedeutung der internationalen Solidarität kann daran abgeleitet werden, daß sowohl im Völkerrecht als auch in internationalen Beziehungen das Prinzip der globalen Solidarität zunehmend an Akzeptanz und Anerkennung gewinnt. Vgl. Spieker [1997], S. 318.

85 In vielen Entwicklungsländern besteht der Preis für militärische Sicherheit in wachsendem humanen Elend. Bereits vor nahezu zwei Dekaden reichte der Preis eines einzelnen modernen Kampfflugzeuges aus, um drei Millionen Kinder gegen die wesentlichen Kinderkrankheiten zu impfen. Vgl. Palme [1982], S. 5 f.

86 Diese Länder können lediglich Waffen weit unterhalb der Spitzentechnologie herstellen und sind bei hochentwickelten Waffensystemen von kostspieligen Importen abhängig, um sich gegen kriegerische Auseinandersetzungen zu wappnen. Vgl. Krause [1992], S. 153 und S. 180 f.

87 Vgl. Weede [1983], S. 68.

sinnvoller Beitrag zur industriellen Entfaltung gesehen werden kann.[88] Hingegen können Konversionsbestrebungen neue Spielräume eröffnen, die es erlauben, aufgrund verminderter Aufwendungen für die Produktion der nationalen Sicherheit die freiwerdenden Mittel zugunsten entwicklungsfördernder Verwendungen zu verausgaben, die den Menschen unmittelbar zugute kommen würden.

Da in der inzwischen erreichten Höhe der Rüstungsausgaben selbst für entwickelte Industrieländer eine deutliche Belastung zu sehen ist, ist leicht vorstellbar, welche ungleich größeren Anstrengungen die Entwicklungsländer zu erbringen haben, um die äußere Sicherheit für ihr Land herzustellen.[89] Mit der Abkehr vom Wettrüsten würden sich sowohl den Entwicklungsländern als auch den entwickelten Industrieländern verbesserte zivile Entwicklungschancen eröffnen. Insofern ist in der Berücksichtigung der Solidarität mit diesen Ländern eine Nutzenkomponente zu sehen, die die Entscheidung der Hauptrüstungsländer zugunsten eines internationalen Konversionsvertrages positiv beeinflussen kann.[90]

Sofern sich ein steigendes Interesse der Bevölkerung an sicherheitspolitischen Fragen in einem zunehmenden Kontrollbedürfnis niederschlägt, kann in der öffentlichen Diskussion Druck auf Politiker ausgeübt werden. Je engmaschiger die Kontrolle angelegt ist, desto geringer wird der Spielraum für eine Sicherheitspolitik, die nicht demokratisch legitimiert ist.[91] Daß öffentlicher Druck in der internationalen Sicherheitspolitik relevant sein kann, zeigt das Beispiel der 1997 zum Abschluß geführten Aushandlung der Konvention zur Ächtung von Landminen, die letztlich nur zustande kam, weil zunächst beharrlich dem Vertragabschluß widerstrebende Länder durch massiven öffentlichen Druck umgestimmt werden konnten.[92]

Das Beispiel der Konvention zur Ächtung der Landminen verdeutlicht ferner, daß in dem Zusammenwirken der Faktoren öffentlicher Druck, Reputation und Solidarität ein wirksamer Mechanismus zur Ingangsetzung von Konventionsbestrebungen gesehen werden muß, der über die ökonomischen Anreize des spieltheoretischen Modells hinausgeht. Gleichermaßen läßt sich das Inkrafttreten der Chemiewaffenkonvention am 29.04.1997 erklären. Nach langwierigen Verhand-

---

88 Vgl. Krause [1992], S. 181.

89 Entwicklungsländer sind von den negativen Auswirkungen der steigenden Verteidigungsausgaben ungleich härter betroffen als die Industrieländer. Vgl. Cusack [1983], S. 92.

90 Vgl. Vogler [1990], S. 236.

91 Vgl. Bald [1989], S. 95 ff.

92 Vgl. BICC [1998], o. S.

lungen haben letztlich bis zum Ende des Jahre 1997 bereits über 100 Staaten die Konvention ratifiziert.[93]

Insgesamt spricht einiges dafür, daß sich durch die dargestellten flankierenden Maßnahmen Synergiepotentiale zugunsten eines internationalen Konversionsvertrages freisetzen lassen. Insofern sind die flankierenden Maßnahmen, die wegen der Beeinflussung der Randbedingungen des eng angelegten spieltheoretischen Modells diese Bezeichnung tragen, aufgrund ihrer Tragweite durchaus als essentielle Maßnahmen zu berücksichtigen.

4.3.4.2. Das Kooperationsmilieu: Internationale Verflechtungen und Konversion

Löst man sich von der bislang isolierten Betrachtungsweise der Konversion als eine spezielle Form kooperativen Verhaltens und betrachtet Konversion als ein Mosaikstein in einem Gefüge zahlreicher internationaler Kooperationen, so ist in Abhängigkeit vom Umfang und der Intensität der Kooperationen eine erweiterte Bewertung der Konversion als Kooperationsstrategie seitens der Akteure vorzunehmen.

Am Beispiel der wirtschaftlichen Integration, in der eine intensive Form der Kooperation zwischen Staaten zu sehen ist, wird nachfolgend der Zusammenhang zwischen Konversion und einer auf internationale Verflechtung der Volkswirtschaften ausgerichtete Wirtschaftspolitik erläutert.

Allgemein ist der Begriff der Integration zu verstehen als der Zusammenschluß einzelner Teile zu einem übergeordneten Ganzen, wobei dieser Zusammenschluß als Prozeß mit offenem Ausgang zu verstehen ist.[94] Wirtschaftliche Integration beinhaltet die Herstellung eines gemeinsamen Wirtschaftsraumes durch die Öffnung nationaler Märkte für die an der Integration beteiligten Staaten. Integration ist somit als eine spezielle Form der Kooperation zwischen Staaten aufzufassen,[95] wobei die beteiligten Staaten das Ziel verfolgen, die komparativen Vorteile des Handels zu nutzen. Insofern besteht ein gemeinsames Interesse an stabilen und berechenbaren Wirtschaftsbeziehungen.[96] Ein grundlegender

---

[93] Vgl. BICC [1998], o. S.

[94] Vgl. Kasten [1978], S. 11 und Witte [1985], S. 18. Zum prozessualen Charakter der Integration siehe Elsner [1978], S. 116.

[95] Vgl. Kasten [1978], S. 11.

[96] Vgl. Wilke [1987], S. 157.

Sachverhalt, der sowohl im Rahmen der Konversion als auch bei der wirtschaftlichen Integration zum Tragen kommt, besteht in der Anerkennung einer auf divergierenden Präferenzen basierenden pluralistischen Grundstruktur.[97] Ein erfolgreich verlaufender Integrationsprozeß ist für alle Staaten mit Wohlfahrtsgewinnen verbunden,[98] d. h. das neu entstandene Integrationsgebilde eröffnet sowohl Konsumenten und Unternehmen als auch Politikern neue Möglichkeiten zur Steigerung ihres individuellen Nutzens bzw. Gewinns.[99]

Wie der Blick auf den Integrationsprozeß in der EU verdeutlicht, ist die Integration nicht auf den Bereich Wirtschaft zu beschränken. Der Weg zu einem gemeinsamen Markt vollzieht sich vielmehr in aufeinander aufbauenden Phasen, die dann auch sozial- und währungspolitische Bereiche erfassen und damit zu Bestandteilen des Integrationsprozesses werden. Wesentlich ist in diesem Zusammenhang, daß mit der wirtschaftlichen Integration die Voraussetzung für weitergehende Integrationsschritte gelegt wurde. Mit anderen Worten können positive Erfahrungen mit der Kooperationspolitik in einem Politikbereich als Anreiz zur fortgesetzten Kooperation in weiteren Politikbereichen aufgefaßt werden, um die dort vorhandenen Kooperationsvorteile zu realisieren. Der konversionsförderliche Effekt besteht demnach in der allgemeinen Stärkung der Kooperationsneigung, d. h. es besteht eine Wechselwirkung zwischen sicherheitspolitischen und wirtschaftlichen Kooperationsbeziehungen.[100] Zudem kann ein einzelstaatlicher Kooperationsnutzen in der Option gesehen werden, daß ein Land, welches sich bereits auf verschiedenen Politikfeldern als kooperativ erwiesen hat, von anderen Akteuren leichter als Kooperationspartner akzeptiert wird. Das positive Kooperationsimage zahlt sich dann langfristig aus. Je mehr

---

97 Jeder Versuch, divergierende Präferenzen politisch "einzuebnen" muß zwangsläufig scheitern. Spätestens bei der ersten Krise im Integrationsraum werden die nationalen Interessen wieder in den Vordergrund rücken und es findet eine Abkoppelung von der nicht an nationalen Interessen ausgerichteten gemeinsamen Politik statt. Somit ist eine falsch verstandene Harmonisierungspolitik als eine Gefährdung für den Integrationsprozeß anzusehen. Vgl. Lepsius [1991], S. 27 ff.

98 Die Wohlfahrtsgewinne basieren auf den durch die Integration beschaffenen Möglichkeiten für die involvierten Staaten, ihre spezifischen Fähigkeiten und Potentiale besser und rationeller nutzen zu können. Es stellen sich Synergieeffekte ein, die einen Anstieg des gemeinsamen Sozialproduktes auslösen. Vgl. Kasten [1978], S. 14 f.

99 Vgl. Caesar [1988], S. 4 f. und Wulf [1987], S. 107.

100 Vgl. Nötzold [1987], S. 111 und Wulf [1987], S. 107 ff.

Staaten schließlich Vorteile durch Kooperationen erlangen, desto stärker wird die Kohäsion.[101]

Im Rahmen der evolutorischen Spieltheorie, die den Akteur als Repräsentant eines bestimmten Verhaltensstandards auffaßt, kann Kooperation bzw. Konversion dann als eine fitte Strategie angesehen werden, wenn sich der Erfolg der Strategie in einem Zugewinn an Populationsanteilen niederschlägt.[102] Im Anschluß an die zuvor dargestellte Argumentation ist durchaus zu erwarten, daß kooperative Strategien sich selbstverstärkend als fit erweisen können. Zur Erreichung eines Fixpunktes, bei dem die Populationsstruktur keiner Änderung mehr unterworfen ist, muß allerdings aufgrund der hohen Anzahl und Heterogenität der Akteure ein beträchtlicher Zeitbedarf vorausgesetzt werden.[103]

Ein weiterer durch wirtschaftliche Integration hervorgerufener Effekt, der auch dem Anliegen internationaler Konversion zuträglich sein kann, beruht auf der Interdependenz, die zwischen der Wirtschaftspolitik und anderen Politikbereichen besteht.[104] Eine konversionsförderliche Nebenwirkung einer auf Integration ausgerichteten Wirtschaftspolitik ist darin zu sehen, daß durch die Wirtschaftspolitik die ordnungsrechtlichen Voraussetzungen für Freizügigkeit und Faktormobilität geschaffen werden und damit auf lange Sicht ökonomische und soziale Verflechtungen entstehen, welche die Kosten defektiven Verhaltens aufgrund der multidimensionalen internationalen Verflechtungen erhöhen.

Umgekehrt gibt es Anlaß zu der Erwartung, daß ein einzelner Staat, der hartnäckig die internationalen Konversionsbestrebungen behindert, dann auch negative Konsequenzen hinsichtlich seiner wirtschaftlichen und sozialen Integration in Kauf nehmen muß. Mit anderen Worten kann sich eine Situation einstellen, in

---

101 Zudem erlaubt der Abbau von Unsicherheit, die Zukunft mit einer gemäßigteren Rate zu diskontieren, woraus unmittelbar verstärkte Beitritts- und Stabilitätsanreize resultieren.

102 Siehe oben, Kapitel 3.2.4.1., Konzeptionelle Ansatzpunkte, S. 133 ff.

103 Die Errichtung und Umsetzung eines internationalen Konversionsvertrages ist eine Langfristaufgabe, die u. U. mehrere Generationen beanspruchen wird, was sich u. a. damit erklären läßt, daß Konversion einhergeht mit weiteren komplexen Kooperationsvorgängen. Um den Erfolg dieser Vorhaben nicht zu gefährden, ist der sorgfältigen Gestaltung der relevanten Institutionen der Vorrang vor deren zügigen Einführung einzuräumen.

104 So ist bspw. in der einschlägigen Literatur zu den Integrationsbestrebungen der EU der Hinweis auf Interdependenzen zwischen Entscheidungen zur Wirtschafts- und Sozialpolitik zu finden. Vgl. z. B. Markmann [1991], S. 271 und Berthold [1993], S. 414.

der das Nicht-Kooperieren im Politikfeld Konversion zur Folge hat, daß die kooperierenden Staaten in konversionsfremden Politikbereichen dem nichtkooperativen Staat zurückhaltend gegenübertreten. Damit hat dieser Staat Wohlfahrtseinbußen hinzunehmen, weil er nicht in dem Maße wie die Staaten mit kooperativer Grundhaltung an den ökonomischen Vorteilen internationaler Kooperation partizipieren kann.

Zusammenfassend lassen sich aus der fortschreitenden wirtschaftspolitischen Integration zwei konversionsförderliche Ansatzpunkte ableiten. Zum einen sind Integrationsbestrebungen schon deshalb als konversionsförderlich anzusehen, weil diese Ausdruck einer auf Kooperation ausgerichteten Grundhaltung der Staaten sind. Zum anderen werden aufgrund der zunehmenden wechselseitigen Abhängigkeiten infolge der wirtschaftlichen Verflechtung Blockadehaltungen und defektive Verhaltensweisen für den Defekteur unattraktiver. Infolgedessen kommt politischen Initiativen zur Förderung der Wirtschaftsbeziehungen auch eine sicherheitspolitische Bedeutung zu.[105]

4.3.5. Zusammenfassung der konversionsfördernden Maßnahmen

Als flankierende konversionsfördernde Maßnahmen sind Vorreiterverhalten und Abbau politischer Risiken sowie als weitere konversionsförderliche Aspekte Reputation, Solidarität, Altruismus, öffentlicher Druck und das allgemein herrschende Kooperationsmilieu betrachtet worden. Hinsichtlich der Beitrittsanreize und Vertragsstabilität sind die flankierenden Maßnahmen unterschiedlich zu beurteilen.

Die Einnahme einer Vorreiterposition i. S. isoliert eingeleiteter Konversionsschritte eines einzelnen Staates ist sowohl aus militärischer als auch aus ökonomischer Sicht als kontraproduktiv für einen internationalen Konversionsvertrag anzusehen. Konstruktive Vorarbeit zur Förderung eines internationalen Konversionsprozesses kann jedoch durch die Gewinnung und Verbreitung konversionsrelevanten Wissens, bspw. zur Abrüstung, Transformation und Bewältigung der sozioökonomischen Implikationen, geleistet werden.

Eine konversionsfördernde Wirkung kann ferner durch Maßnahmen zur Erhöhung der politischen Stabilität und der damit verbunden Senkung der Diskontierungsrate erzielt werden, weil sich hierdurch der Barwert der Konversionsstrategie erhöht und somit erhöhte Beitrittsanreize entstehen.

---

105 Vgl. Wilke [1987], S. 168.

Des weiteren resultieren Anreize zum Beitritt sowie zur Erhöhung der Vertragsstabilität aus Werten wie Reputation, Solidarität, Altruismus. Zudem ist der öffentliche Druck geeignet, die politischen Kosten unterlassener internationaler Kooperation zu erhöhen. Ferner spielen die bestehenden internationalen Kooperationsstrukturen für die Entstehung eines internationalen Konversionsvertrages eine Rolle, da das globale Kooperationsmilieu ein Spiegel der grundsätzlichen Einstellung der Akteure zu kooperativem Verhalten darstellt. Darüber hinaus entstehen im Zuge fortschreitender internationaler Verflechtungen zunehmende Kooperationsgewinne. Die auftretenden Kooperationssynergien erzeugen nicht nur verstärkte Beitrittsanreize, sondern wirken sich auch stabilisierend aus, da defektive Verhaltensweisen unrentabel sind, wenn der Entzug der synergetisch gewachsenen Kooperationsgewinne droht.

Insgesamt kommt dem Zusammenspiel der vorgestellten flankierenden Maßnahmen ein bedeutsamer Stellenwert zur Unterstützung der Entstehung und Aufrechterhaltung internationaler Konversionsprozesse zu. Allerdings sind derartige Maßnahmen der Konversionsförderung mit einem erheblichen, d. h. generationenübergreifenden Zeitbedarf verbunden, was insbesondere für die Anpassung in Richtung auf zivilorientierte Wertvorstellungen, aber auch für das Vorankommen internationaler Verflechtungen insgesamt festzustellen ist.

Zusammenfassend ist festzustellen, daß die Verhandlungen um einen internationalen Konversionsvertrag aus spieltheoretischer Sicht als ein anspruchsvolles Vorhaben darstellen. Bei der Aushandlung der für das Zustandekommen eines internationalen Vertrages erforderlichern Vertragselemente sind die nationalen Anforderungen der äußeren Sicherheit und das Auftreten positiver Wohlfahrtsimplikationen zu berücksichtigen. In der spieltheoretischen Analyse erfolgt die Untersuchung unter der Annahme rational handelnder Akteure, wobei jeder Nationalstaat als ein Akteur mit dem Ziel der Durchsetzung des nationalen Interesses auftritt. In der Realität treten Nationalstaaten jedoch nicht als einheitliche Akteure in Erscheinung, vielmehr sind heterogene Interessenlagen und Betroffenheiten zu beobachten.[106] Eine nationale Konsensfindung ist somit den Verhandlungen auf internationaler Ebene vorgeschaltet, wobei die internationalen Verhandlungsführer ein mehr oder weniger an nationalen Partikularinteressen orientiertes Mandat vertreten. Die in diesem Zusammenhang auftretenden Konsequenzen für einen internationalen Konversionsvertrag bzw. für das Kernproblem der international koordinierten Abrüstung werden nachfolgend im Rahmen der Neuen Politischen Ökonomie dargestellt, um die Ergebnisse der spieltheoretischen Analyse um einzelstaatliche Interessenkonstellationen zu ergänzen.

106 Vgl. Mayer [1992], S. 794 f.

5. Politökonomische Betrachtung von Konversion

5.1. Theoretische Grundlagen

5.1.1. Der Akteursbezug im Rahmen der Neuen Politischen Ökonomie

Äußere Sicherheit als ein Zustand, in dem sich die Bevölkerung einer Nation vor militärischen Übergriffen sicher wägen kann, ist das Ergebnis der Verknüpfung von knappen Produktionsfaktoren. Insofern ist die äußere Sicherheit ein wirtschaftliches Gut, das zudem die Charakteristika eines öffentlichen Gutes aufweist: Innerhalb des Gebietes der Landesverteidigung kann keinem Individuum der militärische Schutz versagt werden (Nichtausschlußprinzip), und bei der Inanspruchnahme der Schutzwirkung der Landesverteidigung stehen die Konsumenten nicht in einer Konkurrenzbeziehung zueinander (Nichtrivalität im Konsum). Daraus folgt, daß äußere Sicherheit nicht über den Markt bereitgestellt werden kann, weil es wegen der fehlenden Ausschlußmöglichkeit für den einzelnen Bürger rational ist, die Zahlungsbereitschaft nicht zu offenbaren und äußere Sicherheit als Freifahrer zu konsumieren.[1] Die Herstellung der äußeren Sicherheit fällt somit in den Zuständigkeitsbereich des Staates.

Aus nationaler Sicht stellt sich die Frage, in welchem Umfang ein Land Ressourcen zur Herstellung äußerer Sicherheit einsetzen soll. Diesbezüglich ist zunächst davon auszugehen, daß bei steigenden Militärausgaben die nationale äußere Sicherheit zunimmt. Da aber die für die Landesverteidigung eingesetzten Mittel nicht mehr für alternative Verwendungen zur Verfügung stehen, treten progressiv steigende Opportunitätskosten auf.[2] Somit ist es erforderlich, den optimalen Umfang der Militärausgaben zu bestimmen, der mit den Präferenzen einer Nation in bezug auf die äußere Sicherheit korrespondiert.

Wohlfahrtstheoretisch läßt sich das optimale Angebot für ein öffentliches Gut aus dem Schnittpunkt der vertikal aggregierten Nachfragekurve und der Grenzkostenkurve der Bereitstellung ableiten.[3] In der Praxis besteht hingegen für die politischen Entscheidungsträger das Problem, daß keine hinreichenden Informa-

---

1 Vgl. Boyer [1993], S. 47.

2 Der progressive Verlauf der Opportunitätskosten läßt sich damit erklären, daß die Verwendung knapper Haushaltsmittel für militärische Zwecke grundsätzlich einen Mittelentzug für alternative Verwendungen bedeutet. Dabei ist es rational, die Mittel zunächst solchen Verwendungen zu entziehen, die mit geringeren Opportunitätskosten verbunden sind. Mit steigenden Militärausgaben werden dann Verwendungen verdrängt, die höhere Opportunitätskosten aufweisen.

3 Vgl. Neumann [1982], S. 263.

tionen über die Lage dieser Kurven verfügbar sind, die einen Rückschluß auf das optimale Niveau der Rüstungsausgaben zulassen würden.

Da die Allokation von Ressourcen zur Herstellung äußerer Sicherheit nicht über den Markt als Koordinationsinstanz vorgenommen werden kann, muß der Staat für die Herstellung äußerer Sicherheit sorgen, um die andernfalls auftretende Versorgungslücke zu beseitigen. Insofern ist äußere Sicherheit als ein politisches Gut zu betrachten, das von Politikern angeboten, von der Bevölkerung nachgefragt und durch Steuern finanziert wird.[4] Zudem ist ein bürokratischer Verwaltungsapparat, das Militär, mit der Umsetzung der sicherheitspolitischen Vorgaben beauftragt. Die materielle Ausstattung des Militärs wird von der Rüstungsindustrie erbracht. Somit lassen sich auf nationaler Ebene unterschiedliche Akteure benennen, die in den Prozeß von Produktion und Konsum äußerer Sicherheit eingebunden sind.

Abweichend von der im Rahmen der spieltheoretischen Analyse unterstellten Annahme, daß die Einzelstaaten in Verhandlungen als jeweils ein Akteur auftreten, der eine spezifische homogene Interessenlage vertritt, ist nunmehr davon auszugehen, daß auch innerhalb einer Nation verschiedene Interessen in bezug auf die Herstellung und den Konsum äußerer Sicherheit aufeinandertreffen. Wenn also hinsichtlich der in internationalen Verhandlungen auftretenden nationalen Verhandlungsführer zu berücksichtigen ist, daß diese eine Verhandlungsposition vor dem Hintergrund heterogener nationaler Interessen vertreten, dann ist zu untersuchen, welche nationalen Positionen festzustellen sind und welche Bedeutung diesen hinsichtlich der Herstellung äußerer Sicherheit zukommt.[5]

Die Neue Politische Ökonomie stellt einen Ansatz zur Untersuchung des staatlichen Angebots öffentlicher Güter dar, der explizit auf die involvierten Interessen Bezug nimmt. Allgemein untersucht die Neue Politische Ökonomie das Zustandekommen von Entscheidungen und Handlungen in Kollektiven. Indem die Denkweise der Wirtschaftstheorie auf die Politik übertragen wird, kann ein tieferes Verständnis kollektiver Entscheidungsprozesse im politischen Bereich erreicht werden.[6] Die wohlfahrtsökonomischen Ansätze lassen sich durch die Neue Politische Ökonomie ergänzen, weil letztere auf die Analyse des Nicht-Markt-Bereiches mittels wirtschaftswissenschaftlicher Methoden gerichtet ist.[7]

---

4 Vgl. Feser [1996], S. 4.

5 Vgl. Mayer [1992], S. 793 f.

6 Vgl. Persson [1998], S. 310.

7 Vgl. Hansmeyer [1972], S. 1291 ff.

Grundlegend für die Neue Politische Ökonomie ist das Denkgebäude des methodologischen Individualismus. Als Entscheidungsträger treten ausschließlich Individuen auf, die Entscheidungen für sich oder für ein Kollektiv treffen. Dabei wird die Prämisse zugrundegelegt, daß die Individuen einzelwirtschaftlich rationale Entscheidungen treffen und Handlungen durchführen.[8] Somit verfolgt die Neue Politische Ökonomie einen individualistischen Ansatz, welcher Kollektiventscheidungen nicht als Entscheidungen von Kollektiven, sondern als Entscheidungen von rational handelnden Individuen in Kollektiven interpretiert. Da die Entscheidungsträger jeweils die aus ihrer individuellen Sicht beste Alternative auswählen,[9] kommt den zugrundeliegenden Entscheidungsregeln eine wesentliche Bedeutung im Hinblick auf die Vorteilhaftigkeit der von Individuen getroffenen Entscheidungen für das Kollektiv zu.

Im Rahmen dieses Kapitels werden zunächst die relevanten theoretischen Aspekte der Neuen Politischen Ökonomie dargestellt, um darauf aufbauend eine Einschätzung des Zustandekommens äußerer Sicherheit im Rahmen eines Konversionsvertrages aus politikwissenschaftlicher Sicht vorzunehmen.

5.1.2. Akteure

5.1.2.1. Politiker

An der politischen Willensbildung sowie an dem Zustandekommen und der Durchführung politischer Entscheidungen sind als Akteure Politiker, Verwaltung, Wähler sowie Interessengruppen beteiligt.[10] Nachfolgend werden zunächst die spezifischen Ziele und Handlungsmöglichkeiten der Akteure herausgearbeitet, um vor dem Hintergrund dieser Ergebnisse die wechselseitigen Einflüsse innerhalb des Beziehungsgeflechts der Akteure ableiten zu können.

Innerhalb des Geflechtes der verschiedenen Akteure sind zunächst die Politiker anzuführen, die mit einem Mandat zur wohlfahrtsfördernden Steuerung des Gemeinwesens beauftragt sind.[11] Den Politikern wird in der Neuen Politischen Ökonomie eigennütziges Verhalten unterstellt.[12] Diese Sichtweise steht im Gegensatz zur neoklassischen Wohlfahrtsökonomie, die von der Annahme selbstlo-

---

8 Vgl. Kirsch [1997], S. 5 ff.

9 Vgl. Kirsch [1997], S. 37.

10 Vgl. Wittmann [1976], S. 2.

11 Vgl. Krupp [1999], S. 139 und Hartwig [1997], S. 660.

12 Vgl. Woll [1991], S. 523 ff.

ser Politiker ausgeht, die ihre Handlungen ausschließlich an der wirtschaftlichen und sozialen Wohlfahrt der Bürger ausrichten.

Politiker werden in der Neuen Politischen Ökonomie als politische Unternehmer bezeichnet.[13] Analog zu den Unternehmern, deren Handeln auf privaten Märkten auf das Ziel der Gewinnmaximierung gerichtet ist, verfolgen auch politische Unternehmer das Ziel, ihren persönlichen Nutzen zu maximieren. So sind Politiker bestrebt, politische Ämter zu bekleiden, weil sie auf diese Weise ihre persönlichen Einkommens-, Prestige- und Machtvorstellungen verwirklichen können.[14] Diese Ziele können von Politikern jedoch nur dann erreicht werden, wenn sie von den Wählern ein Mandat erhalten. Die Analogie zu den privatwirtschaftlich tätigen Unternehmern läßt sich nun insofern fortführen, als Politiker auf politischen Märkten als Anbieter politischer Programme auftreten und im Gegenzug Wählerstimmen in dem Umfang erhalten, wie die Programme mit den Präferenzen der Bürger in Einklang stehen.[15] Somit läßt sich das Angebot politischer Programme als Mittel zur Erreichung der individuellen Einkommens-, Prestige- und Machtziele der Politiker interpretieren.

Für den politischen Unternehmer, der individuelle Maximierungsziele verfolgt, indem er ein Programm anbietet, von dem er sich die (Wieder-)Wahl erhofft, stellt sich nun die Aufgabe der adäquaten, d. h. stimmenmaximierenden Gestaltung seines Programms. Grundsätzlich besteht die Notwendigkeit, politische Programme an den Präferenzen der Wähler auszurichten. Dabei tritt aus der Sicht des Politikers das Problem auf, daß eine pluralistische Gesellschaft über eine heterogene Präferenzstruktur verfügt. Die konsequente Verfolgung des Zieles der Stimmenmaximierung verlangt hingegen, die Programmbestandteile an den Präferenzen des Medianwählers auszurichten. Da politische Programme jedoch zahlreiche gesellschaftlich relevante Bereiche umfassen und zudem die jeweiligen Präferenzen den Politikern nicht bekannt sind, gestalten Politiker ihre politischen Programme unter Unsicherheit.

Diese Unsicherheit läßt sich in dem Maße reduzieren, wie Informationen über die Präferenzen der Wähler vorliegen. All jene Möglichkeiten, die sich von Politikern zur Gewinnung von Informationen über die Präferenzen der Wähler nutzen lassen, können über Programmanpassungen zur verbesserten Einkommens-

---

13 Vgl. Tiedemann [1994], S. 31.

14 Vgl. Kirsch [1997], S. 232 ff.

15 Vgl. Kirsch [1997], S. 188 f.

erwartung auf Seiten der Politiker führen, sind jedoch zugleich auch mit Kosten verbunden.[16]

Ferner bedarf es zur Gewinnung von Wählerstimmen der Bekanntmachung der Programminhalte in der Öffentlichkeit sowie der Werbung für die Programme.[17] In diesem Zusammenhang besteht ein weiteres Problem darin, daß durch finanzielle und personelle Restriktionen der Spielraum für Öffentlichkeitsarbeit begrenzt ist. Sofern es nun gelingt, den Spielraum auszudehnen, der durch finanzielle und personelle Restriktionen determiniert ist, kann ein höherer Bekanntheitsgrad erreicht sowie ein größerer Wählerpool mobilisiert werden.

Zusammenfassend ist zu konstatieren, daß eigennützig handelnde Politiker zur Realisierung ihrer persönlichen Ziele Informationen über die Präferenzen der Wähler benötigen, um durch die entsprechende Gestaltung von Programmen ihrem Wahlerfolg Vorschub zu leisten. Ferner sind Politiker auf die Wahrnehmung ihrer Programme in der Öffentlichkeit angewiesen. Da die Bewältigung dieser Aufgaben mit Kosten verbunden ist, ist die finanzielle Ausstattung für den politischen Erfolg von grundlegender Bedeutung.

5.1.2.2. Verwaltung

Die Aufgabe der Verwaltung besteht neben der Mithilfe bei der Vorbereitung von Gesetzen vor allem in der Umsetzung normativer Vorgaben nach den Anweisungen der Regierung.[18] Die Verwaltung ist somit sowohl als ausführendes Organ, bspw. durch die Erlasse von Verwaltungsakten, wie auch aufgrund der Mitarbeit bei der Vorbereitung von Gesetzesvorlagen von großer Bedeutung für politisches Handeln.[19]

In der Sichtweise Max Webers kommt der Verwaltung ausschließlich ein instrumenteller Charakter im Hinblick auf die Erfüllung ihrer Aufgaben zu. Ein Spielraum für autonomes Verwaltungshandeln, das die Möglichkeit der Verfolgung eigener Ziele bietet, läßt sich mit dieser Sichtweise nicht in Verbindung bringen.[20]

---

16 Vgl. Tiedemann [1994], S. 31.

17 Vgl. Krupp [1999], S. 140.

18 Vgl. Blankart [1991], S. 107.

19 Vgl. Tiedemann [1994], S. 33.

20 Vgl. Gusy [1990], S. 354.

Tatsächlich ist jedoch zu beobachten, daß für die Vollzugsaktivitäten von Verwaltungsbehörden in einem Spannungsfeld von Zweckmäßigkeit und Gesetzmäßigkeit Ermessenspielräume bestehen, die den Verwaltungen letztlich autonome Entfaltungsmöglichkeiten einräumen. Derartige Ermessensspielräume lassen sich dadurch rechtfertigen, daß das in den Verwaltungen dezentral verteilte Wissen zugunsten sachgerechter Entscheidungen eingesetzt werden kann. In dem Maße jedoch, in dem die Ermessenspielräume der Verwaltung ausgebaut werden und ihre Autonomie zunimmt, entziehen sich Verwaltungen politischer Kontrollmöglichkeiten.[21] Damit verfügt die Verwaltung über die grundlegenden Voraussetzungen für eine Abkoppelung von ihrem rein instrumentell aufzufassenden Aufgabenspektrum: Die Bürokraten können mit zunehmender Autonomie in steigendem Maße Eigeninteressen verfolgen.

Einen Ansatz zur Erklärung der auf Autonomie gerichteten Handlungsweise der Verwaltungsbehörden liefert die ökonomische Theorie der Bürokratie. Den Ausgangspunkt der Betrachtung stellen eigennützig handelnde Bürokraten dar, die durch den Aufstieg in der Verwaltungshierarchie ihre persönlichen Einkommensziele verfolgen.[22] Sofern die Verwaltungshierarchie keinen Aufstieg ermöglicht, können Bürokraten ihre persönlichen Prestige- und Machtziele verfolgen, indem sie größere Budgets für ihre Büros durchsetzen.[23]

Für die Verfolgung des Zieles der Budgetmaximierung spielt nun eine wesentliche Rolle, daß seitens der Verwaltung ein Informationsvorsprung in bezug auf den Vollzug von Verwaltungsaufgaben sowie hinsichtlich der auftretenden Kosten und Ressourcenbedarfe besteht. Zudem ist die Überwindung des Informationsrückstandes seitens der politischen Kontrollinstanzen mit Kosten verbunden.[24] Indem es der Verwaltung gelingt, die Kontrollkosten heraufzusetzen, kann sie ihre autonomen Tätigkeitsbereiche absichern und erweitern. Und sofern die Ausweitung der Tätigkeitsbereiche in Form von ständig komplizierter werdenden Regulierungen und Interventionen stattfindet, verbindet sich damit eine zunehmende Ausweitung des Informationsvorsprungs der Bürokraten.[25]

In diesem Kreislauf der inkrementellen Ausdehnung von Budgetanträgen und der zunehmenden Informationsvorsprünge kann die Verwaltung ihren autonomen Handlungsspielraum sukzessive ausbauen und Kontrollmöglichkeiten zu-

---

21 Vgl. Cattepoel [1980], S. 142.

22 Vgl. Schäfer [1987], S. 44 und Behrens [1986], S. 198.

23 Vgl. Blankart [1991], S. 397.

24 Vgl. Blankart [1991], S. 399 f.

25 Vgl. Tiedemann [1994], S. 34.

nehmend abblocken.[26] Zudem profitiert die Verwaltung davon, daß sie nicht durch Wahlzyklen in ihrer Stabilität gefährdet ist. Selbst durch einen Regierungswechsel wird die stabile Ordnung staatlicher Bürokratien nicht tangiert.[27]

Ein Problem besteht für die Verwaltungen nun darin, daß verschiedene Verwaltungseinheiten untereinander im Wettbewerb um insgesamt knappe Finanzmittel stehen.[28] Aus diesem Grund müssen die Chefbürokraten in den Budgetverhandlungen deutlich machen können, warum gerade in ihrem Verwaltungsbereich das Budget erhöht oder verwaltungsintensive Instrumente zum Einsatz kommen sollten bzw. welchen Schaden die Gesellschaft im Falle einer Budgetkürzung davontragen würde.

Zusammenfassend ist die instrumentelle Sichtweise einer ausschließlich auf die Erfüllung ihrer Aufgaben gerichteten Verwaltung dahingehend zu modifizieren, daß die Einkommens-, Macht- und Prestigevorstellungen eigennützig handelnder Bürokraten Handlungen implizieren, die auf die Ausweitung der Verwaltungsautonomie zugunsten wachsender Budgets und höherer Verwaltungsstabilität im Sinne verminderter Kontrollmöglichkeiten gerichtet sind.

5.1.2.3. Wähler

Die Bürger einer Nation sind die Empfänger bzw. Konsumenten der Leistungen von Politik und Verwaltung. Zugleich erteilen oder entziehen die wahlberechtigten Bürger den Politikern den Auftrag zur Verfolgung ihres politischen Mandates, d. h. sie treten als Auftraggeber mit ihrem Stimmzettel bei politischen Wahlen in Erscheinung. Da die Wähler als individuell rational handelnde Nutzenmaximierer zu betrachten sind, ist zu erwarten, daß sie sich für ein politisches Programm entscheiden, das die größtmögliche Übereinstimmung mit ihren persönlichen Präferenzen aufweist.[29] Die auf diese Weise von der Mehrheit herbeigeführte Entwicklung basiert nicht notwendigerweise auf richtigen Entscheidungen, wesentlich ist vielmehr die Tatsache, daß eine demokratische Legitimation vorliegt.[30]

---

26 Vgl. Blankart [1991], S. 138 f.

27 Vgl. Franke [1989], S. 158.

28 Vgl. Blankart [1991], S. 400.

29 Vgl. Wittmann [1976], S. 2.

30 Vgl. Krupp [1999], S. 139.

Aus der Sicht der Wähler stellt sich die Situation so dar, daß die Wahl auf der einen Seite mit Transaktionskosten verbunden ist, z. B. in Form von Informationskosten bei der Wahrnehmung politischer Programme. Auf der anderen Seite besteht der Nutzen in der Beeinflussung des Wahlergebnisses durch die eigene Stimmabgabe. Das Wahlverhalten der Bürger ist nun davon abhängig, wie diese Kosten- und Nutzenelemente bewertet werden. Kommt der einzelne Wähler zu dem Schluß, daß den Informationskosten nur ein marginaler Nutzen gegenübersteht, da mit der eigenen Stimmabgabe kein spürbarer Einfluß auf das Wahlergebnis genommen werden kann, resultiert daraus möglicherweise eine Position der rationalen Wahlenthaltung.[31]

Ist darüber hinaus ein mangelndes Vertrauen in die Problemlösungsfähigkeit von Politikern festzustellen, kann sich eine Stimmung der Politikverdrossenheit einstellen, die möglicherweise dazu führt, daß die Bereitschaft zur Aufwendung von Informationskosten bei der Wahrnehmung politischer Programme einbricht. Die Kosten der Wahl werden somit höher als der Nutzen eingeschätzt. Indes sind die Wahlbeteiligungen deutlich höher, als dieses infolge des Nutzen-Kosten-Kalküls zu erwarten ist.[32]

Der Standpunkt der rationalen Wahlenthaltung und die fehlende Bereitschaft zur Informationsbeschaffung sind zu relativieren, wenn die Kosten der Informationsbeschaffung durch die Präsenz politischer Themen in den Medien weniger gravierend ausfallen.[33] Zudem greifen auch hier Mechanismen zur Senkung der Informationskosten. Beispielsweise können durch selektive Informationsaufnahme die Kosten reduziert und die Informationsbemühungen in die Richtung gelenkt werden, die den Bürger in höherem Maße betreffen.[34]

Zudem werden die Positionen der rationalen Wahlenthaltung und der rationalen Ignoranz um so mehr an Bedeutung verlieren, je stärker den Bürgern bewußt ist, daß ein Wahlergebnis das Resultat der registrierten individuellen Wahlentscheidungen darstellt und eine Wahlenthaltung als ein Gewinn für das den eigenen Interessen entgegenlaufende politische Programm darstellt. Im Fall zahlreicher

---

31 Vgl. Tiedemann [1994], S. 31 f.

32 Diesbezüglich kann von einem Wahlparadoxon gesprochen werden, weil sich die Wähler wider besseren Wissens an der Wahl beteiligen. Vgl. Söllner [1998], S. 14.

33 Die Massenmedien spielen für die Informationsgewinnung der Bürger eine überragende Rolle. Dieses trifft in erster Linie für das Fernsehen und in leicht abgeschwächter Form auch für Tageszeitungen zu. Vgl. o. V. [1999 a], S. 8.

34 Auf Grund der höheren Betroffenheit hat die Information dann auch einen höheren Wert für den Wähler. Vgl. Kirsch [1997], S. 218 ff.

Wahlenthaltungen könnte dann eine Situation auftreten, in der Programme in Wahlen eine Legitimierung erfahren, obwohl diese nicht den Präferenzen der Mehrheit der Bürger entsprechen. Je größer nun der Vorteil der präferierten gegenüber der abgelehnten Alternative ist, desto höher ist zwar der Nutzen des präferierten Wahlergebnisses zu bewerten, jedoch besteht nach wie vor das Problem der großen Wählerzahl der rationalen Wahlbeteiligung entgegen.[35]

Eine weitere Möglichkeit besteht darin, dem Wahlenthaltungsdilemma durch die Sanktionierung der Wahlenthaltung zu begegnen. Insofern der Staat den Nichtwählern monetäre Lasten auferlegt, ist die Wahlenthaltung mit direkten Kosten verbunden. Derartige negative selektive Anreize werden bspw. in Italien, Luxemburg und Belgien eingesetzt, um den Umfang der Wahlenthaltung zu reduzieren.[36] Ferner kann auch in einem sozialen Druck gegenüber Nichtwählern und die Anerkennung des Wählens eine Motivation zur Wahlbeteiligung liegen. Darüber hinaus ist eine Nutzenkomponente der Wahl, die über die marginale Beeinflussung des Wahlergebnisses hinausgeht, darin zu sehen, daß für den Wähler bereits die Stimmabgabe mit einem Nutzen verbunden ist, weil darin die Möglichkeit besteht, die politische Meinung zum Ausdruck zu bringen.[37]

Zusammenfassend läßt sich konstatieren, daß die wahlberechtigten Bürger über unterschiedliche Präferenzen verfügen und die Kosten- und Nutzenkomponenten in bezug auf politische Wahlen unterschiedlich beurteilen. Sowohl das Informationsverhalten als auch die Wahlbeteiligung der Bürger sind von der Bewertung dieser Komponenten abhängig. Aus einzelwirtschaftlicher Sicht der Bürger können Unwissenheit und Wahlenthaltung ebenso rationale Verhaltensweisen wie Informationserwerb und Wahlbeteiligung darstellen.

Aus gesellschaftlicher Perspektive stellt sich eine spezifische Konstellation von mehr und weniger informierten Wählern und Nichtwählern ein. Je größer der Anteil der informierten Wähler ausfällt, desto mehr müssen Politiker bestrebt sein, ihre Programme an den Präferenzen der Wählermehrheit auszurichten, um eine Sanktionierung durch Stimmentzug zu vermeiden. Hingegen entstehen bei abnehmenden Informationsgraden und zunehmenden Wahlenthaltungen diskretionäre Handlungsspielräume für amtierende Politiker, da diese in geringerem Umfang mit einem Stimmenentzug seitens der Wähler rechnen müssen.[38]

35 Vgl. Söllner [1998], S. 14 f.

36 Vgl. Kirsch [1997], S. 227.

37 Vgl. Söllner [1998], S. 17 f.

38 Vgl. Tiedemann [1994], S. 32.

5.1.2.4. Interessengruppen

Eine Interessengruppe oder ein Verband ist ein dauerhafter Zusammenschluß von Individuen mit gleichen Interessen zu einer Organisation, die das Ziel der Durchsetzung dieses gemeinsamen Verbandsinteresses auf politischer Ebene verfolgt.[39]

Die Voraussetzung für das Entstehen einer Interessengruppe besteht darin, daß sich Individuen mit gleichen Interessen finden und der individuelle Nutzen der Verbandsbildung die damit verbundenen Kosten übersteigt. Der individuelle Nutzen für ein Verbandsmitglied, der sich infolge der Durchsetzung des gemeinsamen Interesses auf politischer Ebene ergibt, kann neben Transfers und Subventionen auch in geldwerten Regulierungen von Märkten (z. B. Preisregulierungen, Marktzugangsbeschränkungen und Produktvorschriften) sowie in protektionistischen Maßnahmen zum Schutz gegenüber ausländischen Wettbewerbern bestehen.[40] Um die daraus resultierenden Vorteile realisieren zu können, bedarf es der Aufwendung von Organisationskosten und des Einsatzes von Ressourcen zur Unterstützung des Verbandsinteresses.

Generell sind rational handelnde Mitglieder einer Interessengruppe nur dann bereit, die Kosten der Interessenvertretung zu tragen, wenn der erwartete individuelle Nutzen die individuellen Kosten der Gruppenbildung überwiegt. Mit anderen Worten erwarten die Verbandsmitglieder, daß die von ihnen eingesetzten Ressourcen zur Beeinflussung staatlicher Institutionen und Personen eine Rente in Form übermarktlicher Erträge abwerfen.[41] Das Streben nach derartigen Renten in politischen Prozessen wird als rent-seeking bezeichnet und steht im Gegensatz zum Streben nach Gewinnen auf Märkten (profit-seeking).

Die Höhe einer politischen Rente stellt die Schlüsselgröße im Hinblick auf die Bildung von Interessengruppen dar. In diesem Zusammenhang ist hinsichtlich der Kosten festzustellen, daß auf der einen Seite die Summe der Organisationskosten bei steigender Mitgliederzahl höher ausfällt, was c. p. zu verminderten Anreizen zur Interessenvertretung führt. Auf der anderen Seite verfügen mitgliederstarke Verbände über umfangreiche Ressourcen zur Durchsetzung ihres Interesses und sind zudem aufgrund ihrer Mitgliederzahl mit einem höheren politischen Konfliktpotential ausgestattet, so daß den Forderungen großer Interes-

---

39 Vgl. Tiedemann [1994], S. 17.

40 Vgl. Tiedemann [1994], S. 34 ff.

41 Vgl. Hartwig [1997], S. 660.

senverbände in politischen Prozessen ein höheres Gewicht zukommt und vergleichsweise höhere Renten erzielt werden können.

Kann nun bspw. ein Wirtschaftsverband protektionistische Maßnahmen zum Schutz vor ausländischer Konkurrenz durchsetzen und können infolgedessen die inländischen Anbieter höhere Preise am Markt erzielen, so profitieren nicht nur die Verbandsmitglieder von dieser politischen Rente, sondern sämtliche Anbieter der geschützten Branche. Interessengruppen produzieren somit Kollektivgüter, da niemand von der Nutzung der Verbandsleistungen ausgeschlossen werden kann. Mithin besteht in Verbänden das Problem des Freifahrerverhaltens, da es aus einzelwirtschaftlicher Sicht rational ist, die Präferenzen und die Zahlungsbereitschaft im Hinblick auf die Bereitstellung eines Kollektivgutes nicht zu offenbaren und statt dessen als Freifahrer kostenlos das Kollektivgut zu nutzen.[42] Das Freifahrerverhalten wird bei anwachsender Gruppengröße stärker ausgeprägt sein, da der Zusammenhang zwischen dem eigenen Beitrag zur Interessenvertretung und der Inanspruchnahme der Gruppenleistung zunehmend marginaler ausfällt.[43] Somit benötigen große Gruppen stärkere selektive Anreize zum Verbandsbeitritt.[44]

Insgesamt kann somit der Schluß gezogen werden, daß nicht alle Interessen in gleichem Maße organisierbar sind. Hinsichtlich der Gruppengröße ist festzustellen, daß sich kleinere Gruppen aufgrund der geringeren Organisationskosten eher zu Verbänden zusammenschließen als größere Gruppen.[45] Darüber hinaus sind die verfügbaren Verbandsressourcen für die Durchsetzung eines bestimmten Interesses von Bedeutung. So haben große Gruppen eine stärkere Durchsetzungskraft, weil sie zum einen über ein größeres Potential an einsetzbaren Ressourcen in personeller und finanzieller Hinsicht verfügen und zum anderen bei ausgedehnter räumlicher Verbreitung eine größere Anzahl lokaler staatlicher Institutionen und Repräsentanten beeinflussen können.[46] Zudem lassen sich in großen Gruppen die Gesamtkosten zur Finanzierung des Kollektivgutes auf eine größere Mitgliederzahl verteilen, so daß sinkende individuelle Belastungen festzustellen sind.[47]

---

42 Vgl. Kirsch [1997], S. 149.

43 Vgl. Bombach [1977], S. 73 f.

44 Vgl. Kirsch [1997], S. 160.

45 Vgl. Kirsch [1997], S. 150 ff.

46 Vgl. Potters [1996], S. 415 ff.

47 Vgl. Kirsch [1997], S. 172 f.

Gleichwohl bedarf es in großen Gruppen zur Überwindung des Freifahrerproblems zusätzlicher individueller Anreize zum Beitritt zu einem Verband. Vor dem Hintergrund der auftretenden Asymmetrie zwischen Gruppengröße und Organisationsfähigkeit stellt sich häufig eine Situation ein, in der große, nicht organisierte Bevölkerungsteile von kleinen, straff organisierten Gruppen mit homogener Interessenlage ausgebeutet werden.[48]

Da die Zusammenschlüsse zu Verbänden freiwillig vorgenommen werden, läßt das Bild der traditionsreichen und ausdifferenzierten Verbandslandschaft[49] erkennen, daß die politischen Renten hinreichende Anreize zur Bildung von Interessengruppen erzeugen. So sind heute vielfältige gesellschaftliche Bereiche organisiert: Neben zahlreichen Interessengruppen der Wirtschaft sind auch Interessen der Bereiche Kultur, Umwelt, Religion und Freizeit in Verbänden repräsentiert.[50]

Vielfach existiert für Verbände ein ökonomischer Druck zur Organisation der eigenen Interessen innerhalb eines Verbandes. Dieser Druck beruht darauf, daß bei einem Verzicht auf eine aktive Interessenvertretung eine Verschlechterung der Wohlfahrtsposition zu erwarten ist, weil der Weg für Umverteilungen zugunsten konkurrierender Interessengruppen frei wird. Vor dem Hintergrund dieser Konkurrenz zwischen den Verbänden kann sich im Grunde keine Interessengruppe ohne die Hinnahme von Nachteilen der Verbandstätigkeit entziehen.[51]

Im Anschluß an die Darstellung der spezifischen Motivationen der Akteure erfolgt nun die Untersuchung des Einflußpotentials und der Einflußkanäle von Interessengruppen. Wesentlich für die Erläuterung des Einflußpotentials der Interessengruppen ist die Tatsache, daß die Akteure aufgrund ihrer spezifischen Ziele und Probleme miteinander in Tauschbeziehungen treten, sofern sich daraus Vorteile für den jeweiligen Akteur ergeben.

---

48 Der politische Prozeß erlaubt vor allem kleinen Gruppen, Vorteile auf Kosten der Allgemeinheit durchzusetzen. Vgl. Persson [1998], S. 310.

49 Vgl. Hartwig [1997], S. 654 ff.

50 Vgl. Tiedemann [1994], S. 17 f.

51 Vgl. Kirsch [1997], S. 296 ff. und S. 301 f.

5.1.3. Tauschbeziehungen zwischen den Akteuren

5.1.3.1. Interessengruppen und Politiker

Das Zusammenspiel von Interessengruppen und Politikern vollzieht sich in Tauschbeziehungen, wobei von den Akteuren wechselseitig spezifische Güter angeboten werden, die dem Tauschpartner bei der Verfolgung seiner Ziele hilfreich sind. Die nachfolgenden Ausführungen erläutern, welche Mittel den Verbänden dabei zur Verfügung stehen und auf welche Weise diese eingesetzt werden können.

Als Ausgangspunkt der Betrachtung sind zum einen die auf eine Erzielung von politischen Renten gerichteten Aktivitäten von Interessengruppen anzuführen, auf der anderen Seite bedarf es seitens der Politiker zur Realisierung der individuellen Einkommens-, Prestige- und Machtziele der Stimmenmaximierung. Für die Einflußnahme auf politische Entscheidungsträger ist nun von Bedeutung, daß Politiker bei der Verfolgung des Zieles der Stimmenmaximierung Informationsdefizite und finanzielle Restriktionen überwinden müssen. Interessengruppen sind jedoch in der Lage, die von den Politikern nachgefragten Güter im Tausch gegen die Beeinflussung politischer Programme im Interesse ihrer Mitglieder anzubieten. Konkret können seitens der Verbände als Tauschgüter Informationen über Mitgliederpräferenzen, finanzielle Mittel (Spenden) und Wählerstimmen angeboten werden.[52]

Zunächst ist somit darauf hinzuweisen, daß die Verbände über Informationen zu der sozioökonomischen Lage ihrer Mitglieder sowie über deren Präferenzen in bezug auf die durch den Verband vertretenen Interessen verfügen. Unter Einbeziehung dieser Informationen und des verbandsspezifischen Sachverstandes und Expertenwissens werden von Verbänden Studien angefertigt, welche für Politiker von Interesse sind, weil sie Aussagen über die Akzeptanz und die Wirkung bestimmter politischer Maßnahmen erlauben.[53] Insofern dienen die von Verbänden bereitgestellten Informationen, die eine wichtige Ressource zum Abbau von Informationsdefiziten seitens der Politiker darstellen, als Instrument zur Gestaltung politischer Programme. Dabei ist allerdings zu erwarten, daß von Verbänden systematisch zugunsten des jeweiligen Gruppeninteresses verzerrte Informa-

---

52 Vgl. o. V. [1999 b], S. 37.

53 Politiker informieren sich über die Vorstellung von Interessengruppen, da ein Verstoß gegen die Anliegen wichtiger Interessengruppen die Wiederwahl gefährdet. Vgl. Schatz [1999], S. 147.

tionen zur Verfügung gestellt, bzw. dem Verbandsinteresse widersprechende Informationen zurückgehalten werden.[54]

Des weiteren verfügen Verbände über finanzielle Mittel, die bspw. als Spenden zur Förderung des Verbandsinteresses eingesetzt werden können. Zudem vertreten Verbände ein für Politiker interessantes Potential an Wählerstimmen, so daß auch relativ kleine Verbände mit einem gewissen Einflußpotential ausgestattet sind, wenn für einzelne Politiker bereits eine relativ geringe zusätzliche Anzahl von Stimmen für den Ausgang der Wahl ausschlaggebend ist oder der medienwirksam vorgetragen Protest einer relativ kleinen Interessengruppe erhebliche Stimmenverluste erwarten läßt.[55]

Die Politikbeeinflussung durch Interessengruppen kann sich durch unterschiedliche Einflußkanäle vollziehen. So können Interessengruppen durch Spenden bestimmte politische Programme finanziell fördern, oder die Wahlwerbung favorisierter Kandidaten unterstützen. Politikbeeinflussung kann aber auch durch die Beeinflussung der Position von Politikern, d. h. durch Lobbying stattfinden.[56] In diesem Zusammenhang können zwei unterschiedliche Lobbying-Strategien unterschieden werden: Auf der einen Seite kann die Politikbeeinflussung durch die Lobbyisten dadurch erfolgen, daß diejenigen Politiker unterstützt werden, die eine ähnliche Position wie die Interessengruppe vertreten. Studien belegen allerdings, daß die bevorzugte Lobbying-Strategie darin besteht, diejenigen Politiker zu gewinnen, die eine vom Verbandsinteresse abweichende Position vertreten.[57]

Eine weitere Einwirkungsmöglichkeit der Verbände besteht darin, daß diese ihr Expertenwissen auch in Anhörungen bei der Ausarbeitung von Gesetzesentwürfen und -vorlagen einbringen. Zudem ist die politische Willensbildung auf direktem Wege zu beeinflussen, sofern es gelingt, Verbandsvertreter in die Politik einzuschleusen und somit die Entscheidungen in Ausschüssen aktiv und unmittelbar zu gestalten.[58]

Insgesamt können Verbände durch das Angebot von Wählerstimmen, Informationen, Geld und Sachverstand auf die Gestaltung politischer Programme Einfluß nehmen und Politiker bei der Verfolgung des Zieles der Stimmenmaximierung

54 Vgl. Groser [1989], S. 264 f.

55 Vgl. Tiedemann [1994], S. 29 f.

56 Vgl. Potters [1996], S. 407 ff.

57 Vgl. Potters [1996], S. 413 ff.

58 Vgl. Wittmann [1976], S. 3, Tiedemann [1994], S. 30 und Potters [1996], S. 407.

unterstützen. Da die Einflußnahme vor dem Hintergrund der jeweiligen spezifischen Verbandsinteressen zu sehen ist, findet eine Verzerrung der politischen Programme zugunsten konfliktfähiger Verbandsinteressen statt. Die aus der Umverteilung resultierenden Lasten werden von der Allgemeinheit getragen, weil diese die Lasten nicht erkennt oder die Abwehr der Belastung unwirtschaftlich ist.[59]

5.1.3.2. Interessengruppen und Verwaltung

In der Verwaltung, die mit der Umsetzung politischer Vorgaben betraut ist, ist ein weiterer wichtiger Akteur zu sehen, mit dem Interessengruppen in Tauschbeziehungen treten können. Wie bereits dargestellt wurde, bestehen die für Tauschbeziehungen relevanten Ziele der Verwaltung im Wachstum der Budgets sowie in der Stabilisierung der Verwaltung gegenüber Einflüssen von außen, d. h. es sind Kontrollmöglichkeiten abzubauen und die Autonomie der Behörde zu erhöhen.

Allgemein formuliert basieren die Tauschbeziehungen zwischen Interessengruppen und der Verwaltung darauf, daß Verbände über Sachverstand verfügen, der von Verwaltungen zur Verfolgung ihrer Wachstums- und Stabilitätsziele verwendet werden kann. Im Gegenzug erwarten die Verbände ein Entgegenkommen der Verwaltung, indem sowohl bei der Umsetzung politischer Vorgaben als auch bei der Ausarbeitung von Gesetzesvorlagen die Verbandsinteressen berücksichtigt werden.[60]

Das für Verwaltungen bedeutsame Leistungsangebot der Interessengruppen besteht im wesentlichen in der Bereitstellung von sachbezogenen Informationen. Da Verbände hinsichtlich des von ihnen vertretenen Sachgebietes über ein hohes Maß an Expertenwissen verfügen und die Verwaltung bei der Umsetzung der politischen Vorgaben auf derartige Informationen angewiesen ist,[61] stellen Verbände für die Verwaltung interessante Austauschpartner dar.[62]

---

[59] Vgl. Hartwig [1997], S. 660.

[60] Vgl. Kirsch [1997], S. 319 f.

[61] Diesbezüglich kann darauf hingewiesen werden, daß bspw. die Umweltbehörden den Vollzug einschlägiger Umweltvorschriften unter Berücksichtigung des aktuellen "Stands der Technik" zu erbringen haben. Informationen über den Stand der Technik bekommen die Behörden von Unternehmen und Verbänden, d. h. der Vollzug der Vorschriften verlangt die Einbeziehung der Normenempfänger.

[62] Vgl. Kirsch [1997], S. 320.

Von grundlegender Bedeutung ist in diesem Zusammenhang, daß Verwaltungsbehörden und Interessengruppen dem Einsatz interventionistischer Instrumente zum Vollzug der Verwaltungsaufgaben eine hohe Priorität einräumen.[63] Die Favorisierung des Einsatzes regulierender Instrumente seitens der Verwaltung erklärt sich dadurch, daß der Politik erhöhte Informations- und Kontrollkosten auferlegt werden.[64] Mit zunehmender Komplexität und Kompliziertheit der Regulierungsmaterie kann die Verwaltung in steigendem Maße Kontrollen abblocken sowie Stabilität und Wachstum herbeiführen. Seitens der Verwaltung sind dann fortlaufende Interventionen bei gleichzeitig abnehmenden Kontrollmöglichkeiten verhältnismäßig leicht zu begründen, bis sich der Regulierungsdschungel letztendlich einer politischen Steuerung vollends entzieht. Verbände unterstützen diesbezüglich die Verwaltung durch die Bereitstellung von Expertenwissen, mit dem sich die interventionistische Verwaltungsarbeit gegenüber Politikern begründen läßt. Damit beeinflussen Verbände zugleich die Vollzugsbedingungen im Interesse ihrer Verbandsmitglieder.

Hinsichtlich der Einflußkanäle ist festzustellen, daß die Verbände versuchen, auf den Vollzug politischer Vorgaben Einfluß zu nehmen, indem sie ständige Kontakte zur Verwaltung unterhalten und darüber hinaus versuchen, ihre Vertreter in die Verwaltung hineinzubringen bzw. Verwaltungsbeamte als Verbandsmitglieder zu gewinnen.[65] Konkret vollzieht sich die Unterstützung von Bürokraten seitens der Interessengruppen, indem Einzelheiten von Regulierungen zwischen der Verwaltung und den Verbänden abgestimmt werden. Ein Schwerpunkt der Verbandstätigkeit auf der Verwaltungsebene liegt dabei in der Mitarbeit bei der Detailgestaltung von Normen.[66]

Die obigen Ausführungen verdeutlichen, daß in der Einflußnahme auf die Verwaltung ein wichtiger Aktionsparameter der Verbände zu sehen ist. Die hier für Interessengruppen vorfindbaren Einflußmöglichkeiten sind nicht zu unterschätzen, da sie sich in stärkerem Maße einer Kontrolle entziehen als die Einflußnahme auf politische Entscheidungsträger. Und sofern die Politik dazu neigt, Konflikte nicht auszutragen, sondern durch leerformelhafte gesetzliche Vorgaben sowie durch die Verwendung unbestimmter Rechtsbegriffe die Lösung von

---

63 Vgl. Brinkmann [1984], S. 124.

64 Diese Austauschbeziehung wird auch als Klientelismus bezeichnet. Eine derartige Verselbständigung der Verwaltung bietet ständig zunehmende Ansatzpunkte für Interessenverbände. Vgl. Lehmbruch [1987], S. 12 f.

65 Vgl. Wittmann [1976], S. 3.

66 Vgl. Tiedemann [1994], S. 34.

Konflikten letztlich der Verwaltung überträgt,[67] entstehen dort Ermessensspielräume, die von Interessengruppen zur weiteren Ausdehnung und dauerhaften Stabilisierung ihrer Einflußmöglichkeiten genutzt werden können.

Zusammenfassend läßt sich die Feststellung treffen, daß die Zielsetzungen von Interessenverbänden und der Verwaltung derart korrespondieren, daß durch Tauschbeziehungen und Kooperationen beide Akteure Vorteile erzielt können, wobei der Vollzug der Verwaltungsaufgaben zugunsten der einflußnehmenden Interessengruppen verzerrt wird.

5.1.3.3. Interessengruppen und Wähler

Die Handlungen der Bürger sind auf die Maximierung ihres individuellen Nutzens gerichtet. In politischen Prozessen treten sie auf der einen Seite als Konsumenten der Leistungen von Politik und Verwaltung auf, auf der anderen Seite erteilen oder entziehen die wahlberechtigten Bürger unter Berücksichtung ihrer persönlichen Präferenzen den Politikern in Wahlen ein politisches Mandat zu Steuerung eines Gemeinwesens.

Sofern durch die Interessengruppen eine Beeinflussung von politischen Programmen und Verwaltungshandeln zugunsten des Verbandsinteresses bewirkt werden kann, haben die Bürger die aus diesen Verzerrungen resultierenden Lasten zu tragen. Diese Belastungen stehen im Widerspruch zur individuellen Nutzenmaximierung der Wähler, und sofern bestimmte Spürbarkeitsgrenzen überschritten werden, ist zu erwarten, daß die Wähler ihre Wahlentscheidungen revidieren. Infolge der Sanktionierung einer verbandsnahen Politik, die der Allgemeinheit Kosten aufbürdet, ist das Ziel der Stimmenmaximierung der verantwortlichen Politiker gefährdet. Somit ist die demokratische Kontrolle der Politik mit dem Stimmzettel geeignet, eine ungehemmte klientelorientierte Politik zu verhindern. Zugleich werden den Verbänden hinsichtlich der Durchsetzung von Partikularinteressen und der Erzielung politischer Renten Grenzen gesetzt.

Vor dem Hintergrund der skizzierten Interessenkonstellation der Akteure besteht für Interessengruppen die Notwendigkeit, die Wähler von der Vorteilhaftigkeit oder zumindest von der Notwendigkeit der Verbandsziele zu überzeugen. Daher sind Verbände bemüht, durch Öffentlichkeitsarbeit derart Einfluß auf die politischen Willensbildungsprozesse zu nehmen, daß die Wähler eine verbandsnahe Politik befürworten bzw. dulden. Erst wenn Politiker Stimmenverluste als Konsequenz ihrer verbandsnahen Politik ausschießen können, entsteht ein Spielraum

---

67 Vgl. Blankenburg [1977], S. 45 und Derlin [1984], S. 269.

für die politische Umsetzung von Verbandszielen und die Erzielung einer politischen Rente.

Um diesen Spielraum auszuweiten, nehmen Interessengruppen mitunter eine Vermittlerrolle zwischen Bürgern und Politikern ein.[68] Der Einfluß der Interessengruppen auf die Wähler beruht auf der Verbreitung von Informationen, die zu einem verbandsfreundlichen Meinungsbild in der Öffentlichkeit führt. Zu diesem Zweck stellen Verbände den gesamtwirtschaftlichen oder gesellschaftlichen Nutzen ihrer Tätigkeit in den Vordergrund. Nicht das Sonderinteresse des Verbandes, sondern das Allgemeinwohl der Gesellschaft wird seitens der Interessenverbände in der öffentlichen Diskussion betont.

Des weiteren soll der an die Politiker gerichtete Vorwurf der Bevorzugung von Partikularinteressen entkräftet werden, indem in der Öffentlichkeit durch die Darstellung der besonderen Problemlage einer bestimmten Klientel für Verständnis geworben wird. Dieses geschieht oftmals mit dem Hinweis auf die negativen gesellschaftlichen Konsequenzen im Falle einer unterlassenen politischen Hilfestellung. In diesem Zusammenhang spielt insbesondere der von Wirtschaftsverbänden vorgetragene Hinweis auf die vermeintlich drohenden Arbeitsplatzverluste eine herausragende Rolle. Ferner versuchen Interessengruppen, die Öffentlichkeit für ihre Ziele zu mobilisieren, indem sie Appelle, (Wahl-)Empfehlungen und (Streik-)Drohungen aussprechen.[69]

Die Beeinflussung der öffentlichen Meinung durch Verbände kann auf unterschiedlichen Wegen stattfinden. Als wichtigster Einflußkanal der Öffentlichkeitsarbeit durch die Verbände ist die Aussendung von Botschaften durch die Massenmedien anzuführen. Mitunter verfügen Verbände zudem über eigene Presseorgane, die entsprechend eingesetzt werden können.[70] Auf diesem Weg kann eine große Anzahl von Wählern erreicht werden. Insofern als tiefgreifende und komplizierte Analysen von medienwirksamen Aktionen der Interessengruppen verdrängt werden können, nimmt die Wahrscheinlichkeit zu, daß es den Verbänden gelingt, die politische Willensbildung zu beeinflussen und den Spiel-

---

68 Vgl. Potters [1996], S. 404.

69 Vgl. Wittmann [1976], S. 4.

70 Vgl. Wittmann [1976], S. 4.

raum für Umverteilungen zu erhöhen.[71] Dieses ist um so mehr der Fall, je unpolitischer sich die wahlberechtigte Bevölkerung verhält.[72]

Der Einsatz dieser Instrumente ist darauf gerichtet, die Aufmerksamkeit der Öffentlichkeit zu gewinnen und im Interesse der Verbände zu mobilisieren. Je nach Intensität der Einflußnahme können Vorbehalte und Widerstände gegen politische Verbandsförderungen abgebaut werden (passive Zustimmung), es kann sich aber auch ein Zustand einstellen, in dem sich die Öffentlichkeit mit den Verbandszielen identifiziert, und die Umsetzung von der Allgemeinheit gefordert wird (aktive Zustimmung).

Zusammenfassend ist herauszustellen, daß für Interessengruppen die Möglichkeit besteht, auf die Präferenzen und damit letztlich auf die Wahlentscheidung der Wähler in ihrem Interesse Einfluß zu nehmen. Zu diesem Zweck verweisen die Interessengruppen auf die Gemeinnützigkeit und die positiven Wohlfahrtseffekte, die sich infolge der Realisierung ihrer politischen Forderungen einstellen. Eine derartige Verbandstätigkeit ist für Politiker insofern von Bedeutung, als sich ein stimmenmaximierender Politiker eine offenkundige Präferenzlage in der Bevölkerung zunutze machen kann, indem er die Argumentation und Forderungen eines Verbandes aufgreift und letztlich ein entsprechendes Politikprogramm anbietet.

5.1.4. Determinanten erfolgreicher Einflußnahme durch Interessengruppen

Interessengruppen verfolgen das Ziel, politische Renten zu vereinnahmen. Zu diesem Zweck versuchen sie über die oben dargestellten Aktionsparameter Einfluß auf die Politik, die Verwaltung und die Öffentlichkeit zu nehmen. In diesem Zusammenhang ist festzustellen, daß für die Beeinflussung politischer Programme neben den Politikern auch die Verwaltung und die Wähler von Bedeutung sind. Da die Leistungsverflechtungen, die jeweils mit bestimmten Möglichkeiten der Einflußnahmen verbunden sind, im Kern auf Tauschbeziehungen zwischen Politik, Verwaltung und Interessengruppen beruhen, bezieht sich die nachfolgende Abbildung auf diese Akteure, wobei in den Spalten die von dem jeweiligen Akteur angebotenen und in den Zeilen die jeweils nachgefragten Leistungen erscheinen:

---

[71] Vgl. Tiedemann [1994], S. 30 und S. 32.

[72] Zur Wahlenthaltung und zur politischen Uninformiertheit siehe oben, Kapitel 5.1.2.3., Wähler, S. 227 ff.

Abbildung 23: Verflechtungen zwischen Politik, Verwaltung und Interessengruppen

LEISTUNGSEMPFÄNGER \ LEISTUNGSGEBER	Politiker	Verwaltung	Interessengruppen
Politiker	-	Umsetzung politischer Vorgaben, Mithilfe bei der Vorbereitung von Gesetzesvorlagen	Informationen, Geld, Wählerstimmen
Verwaltung	Haushaltsmittel	-	Informationen
Interessengruppen	politische Renten (Gestaltung politischer Programme)	politische Renten (Vollzug von Normen)	-

Quelle: Eigene Darstellung.

Die oben dargestellten Austauschbeziehungen, die auf der einen Seite durch das Angebot von Informationen, Geld und Wählerstimmen seitens der Interessengruppen, auf der anderen Seite durch die Realisierung politischer Renten gekennzeichnet sind, hat insofern einen symbiotischen Charakter, als die Akteure wechselseitig von der Leistungsverflechtung profitieren.

Für eine Einflußnahme zur Erzielung einer politischen Rente bieten sich den Interessengruppen zahlreiche Möglichkeiten. Als Determinante für eine erfolgreiche Einflußnahme sind vom Standpunkt einer Interessengruppe zunächst die Größe und der Organisationsgrad von herausragender Bedeutung. So ist zum einen bei einer größeren Mitgliederzahl ein höheres Konfliktpotential eines Verbandes festzustellen, da eine größere Anzahl von Wählern repräsentiert wird, mehr finanzielle Mittel zur Verfügung stehen und eine regional aufgefächerte Verbandsstruktur eine dezentrale Einflußnahme ermöglicht. Mit zunehmenden Ansatzpunkten zur Einflußnahme weist eine Interessengruppe letztlich auch eine größere Durchsetzungskraft auf.[73] Zum anderen spielt hinsichtlich der politischen Aktivitäten eines Verbandes eine Rolle, in welchem Umfang das verbandsinterne Trittbrettfahrerproblem gelöst werden kann. Ferner sind im Organisationsgrad eines Verbandes wie auch in der Anzahl der Mitglieder sowie in der Homogenität der Interessen weitere Indizien für das Ausmaß der Einflußnahme zu sehen.[74]

Eine weitere Erfolgsbedingung für die Einflußnahme durch Interessengruppen liegt in der Präsenz der Verbandsleute in Informations-, Beratungs- und Entscheidungsgremien von Politik und Verwaltung sowie in deren Fähigkeit, die Verbandsziele in diesen Gremien durchzusetzen.[75] Die Erfolgsaussichten der Einflußnahme sind dann besonders günstig, wenn die Einflußnahme in einem möglichst frühen Stadium erfolgt. Besteht bereits ein Gesetzesentwurf, sind Veränderungen kaum mehr durchzusetzen.[76]

Die Machtposition einer einflußnehmenden Interessengruppe ist u. a. dadurch bestimmt, mit welchem Drohpotential diese aufwarten kann.[77] In diesem Zusammenhang können beispielsweise Produzentengruppen ihren Forderungen Nachdruck verleihen, indem sie auf hohe (drohende) Arbeitslosigkeit oder auf Sonderlasten der Branche hinweisen.[78] Insgesamt hat sich herausgestellt, daß für das Durchsetzungsvermögen einer Interessengruppe neben der personellen Vernetzung mit Politik und Verwaltung auch von Bedeutung ist, ob es sich um einen wirtschaftsnahen Verband handelt.[79]

Darüber hinaus lassen sich politische Faktoren nennen, die zu einer erfolgreichen Verbandstätigkeit beitragen können. Eine verbandsfreundliche Politik kann sich auf Kosten der Allgemeinheit herausbilden, wenn die Politiker über diskretionäre Handlungsspielräume verfügen und die "Verbandsdemokratie" nur eine geringe Wahrnehmbarkeit aufweist. Dabei spielt das Informations- und Wahlverhalten der Bürger als Sanktionsinstanz eine Rolle. Je stärker der Druck der Wähler auf die Politik ausfällt, desto geringere Spielräume bestehen für die Poli-

---

73 Vgl. Potters [1996], S. 418 und Wittmann [1976], S. 4.

74 Vgl. Potters [1996], S. 416 f.

75 Daß die hier stattfindende Einflußnahme nicht gering einzuschätzen ist, kann dadurch belegt werden, daß etwa 2/3 aller deutschen Bundestagsabgeordneten zugleich Verbandsvertreter sind. Vgl. Tiedemann [1994], S. 19.

76 Vgl. Sebald [1996], S. 680 f.

77 Vgl. Tiedemann [1994], S. 29.

78 Vgl. Potters [1996], S. 419 f.

79 Vgl. Uchiyama [1985], S. 401.

tiker, den Ansprüchen von Partialinteressen nachzugeben.[80] Eine vergleichbare Wirkung geht auch von einem intensiv geführten Wettbewerb der Parteien aus. Hingegen können diskretionäre Handlungsspielräume auch auf einen ungenügenden Sanktionsdruck zurückgeführt werden.[81]

Ferner kann eine Interessengruppe ihren Einfluß durch den effizienten Einsatz informationspolitischer Instrumente erhöhen,[82] wenn es im Rahmen der Informationspolitik gelingt, die Öffentlichkeit von der gesellschaftlichen Vorteilhaftigkeit der Verbandsziele zu überzeugen sowie Politiker und Verwaltungschefs für die Verbandsziele zu gewinnen.

Des weiteren ist von Bedeutung, daß die zur Lösung gesellschaftlicher Probleme erforderlichen Zeitbedarfe unterschiedlich ausfallen. Ein hohes Potential an Einflußmöglichkeiten können Verbände in bezug auf solche Problemlagen für sich verbuchen, bei denen die Zeithorizonte der Politiker kürzer ausfallen als der zur Bewältigung einer bestimmter Problemlage erforderliche Zeitbedarf.[83] Da die Handlungen von Politikern tendenziell auf den nächsten Wahltermin ausgerichtet sind, kommen längerfristig angelegte, ordnungspolitische Konzeptionen in geringerem Umfang zum Tragen. Hingegen erfordert gerade eine Politik, die auf kurzfristig wahrnehmbare Erfolge ausgerichtet ist, den Einsatz interventionistischer Instrumente. Ein politischer Interventionismus bietet zugleich den Interessengruppen verbesserte Möglichkeiten zur Einflußnahme, bspw. aufgrund von Ermessensspielräumen seitens der Verwaltung.[84]

Für das Einflußpotential von Interessengruppen ist des weiteren von Bedeutung, in welchem Autonomie-Zustand sich die Verwaltung befindet. Je größer die autonomen Handlungsmöglichkeiten der Verwaltung ausfallen, d. h. je mehr Freiheitsgrade eine etablierte Verwaltung der Politik bereits abgerungen hat, desto eher befindet sich diese in der Lage, ihre Ziele in Zusammenarbeit mit Verbänden zu verfolgen.

Schließlich stellen die Wähler eine Instanz zur Sanktionierung einer an Partikularinteressen ausgerichteten Politik dar. Die Politiker müssen mit dem Verlust von Wählerstimmen rechnen, wenn eine übermäßig verbandsfreundliche Politik bestimmte Spürbarkeitsgrenzen zu Lasten der Allgemeinheit überschreitet. In-

---

80 Vgl. Potters [1996], S. 421.

81 Vgl. Potters [1996], S. 432.

82 Vgl. Wittmann [1976], S. 5.

83 Vgl. Wittmann [1976], S. 4.

84 Vgl. Kirsch [1997], S. 300 ff.

dem nun ein Verband in der Lage ist, die "öffentliche Meinung" in seinem Interesse zu manipulieren, kann das Sanktionsrisiko für Politiker herabgesetzt und die Einflußnahme erfolgreich weitergeführt werden. Hingegen setzt eine gut informierte Wählerschaft die Einflußmöglichkeiten partikularer Interessen herab.[85]

Zusammenfassend kann festgestellt werden, daß die erfolgreiche Vertretung organisierter Interessen als das Ergebnis des Zusammenwirkens vielfältiger Faktoren zu interpretieren ist. Problematisch ist in diesem Zusammenhang, daß das zur Identifizierung des Einflusses einer bestimmten Interessengruppe notwendige Wissen nicht vollständig verfügbar ist. Dieses Problem tritt insbesondere deshalb auf, weil es im Interesse der Akteure liegt, die Tauschbeziehung hinter verschlossenen Türen abzuwickeln. Aber auch wenn in einem konkreten Fall Daten hinsichtlich der Einflußnahme über die zuvor dargestellten Kanäle schwer zu bekommen sind und somit die Aktivitäten von Interessengruppen nicht unmittelbar entdeckt werden können, so besteht dennoch die Möglichkeit, das Einflußpotential eines Verbandes anhand der Analyse von Politikergebnissen aufzudecken.[86]

5.2. Nationale Interessen und Konversion

5.2.1. Überblick über die konversionsrelevanten Akteure

Nachfolgend werden die theoretischen Überlegungen der Neuen Politischen Ökonomie auf die Interessenlandschaft im Konversions- und Abrüstungsprozeß übertragen, um auf diese Weise Aussagen zur Stoßrichtung und Intensität interessengeleiteter Einflüsse treffen zu können. Einleitend wird zunächst in einem kurzen Abriß ein Überblick über die relevanten Akteursgruppen im Konversionsprozeß gegeben.

Konversion im Sinne der Abrüstung und Transformation ehemals militärisch genutzter Ressourcen in Richtung auf zivile Nutzungen ist ein multidimensionaler Prozeß, in den verschiedenartige Akteure mit unterschiedlichen Interessen und Organisationsstrukturen eingebunden sind.[87] Insofern als in der äußeren Sicherheit einer Nation ein öffentliches Gut zu sehen ist, müssen Entscheidungen über die Höhe und die Entwicklung der Militärausgaben von Politikern getroffen

---

85 Vgl. Potters [1996], S. 433 f.

86 Vgl. Potters [1996], S. 406 f.

87 Vgl. Feser [1996], S. 1.

werden.[88] Die Bereiche der Rüstung und der Konversion stellen somit politische Aktionsfelder dar, wobei Konversion aus sicherheitspolitischer Sicht gleichbedeutend ist mit der Entscheidung über die Kürzung von Militärausgaben und somit der Freigabe militärisch genutzter Ressourcen. Beachtenswert ist der Querschnittscharakter der Konversionspolitik, der dadurch zum Ausdruck kommt, daß auf nationaler Ebene unterschiedliche Politikbereiche, wie z. B. die wirtschafts-, regional- und sicherheitspolitischen Problemstellungen durch Konversionsentscheidungen tangiert werden. Darüber hinaus wird auf internationaler Ebene der sicherheitspolitische Rahmen für Konversionsentscheidungen durch die internationale Entspannungs- und Abrüstungspolitik ebenso abgesteckt wie durch außerstaatliche Vorkommnisse.[89] In der Optik der Neuen Politischen Ökonomie stellt sich nun einem stimmenmaximierenden Politiker die Frage, ob er in seinem politischen Programm zur Herstellung der äußeren Sicherheit die Strategie der Rüstung oder der Konversion propagieren soll, d. h. ob sich Wählerstimmen mobilisieren lassen, indem er sich für den Fortbestand bzw. die Expansion von Militärausgaben oder für einen internationalen Konversionsprozeß engagiert.

Die Verwaltung, die als ausführendes Organ mit der Umsetzung der sicherheitspolitischen Vorgaben beauftragt ist, umfaßt das Verteidigungsministerium, die Wehrbereichs- und Standortverwaltungen sowie die dort tätigen Soldaten. Dieser gesamte Komplex wird als Militär bezeichnet.[90] Die zur Wahrnehmung des Auftrags der Landesverteidigung konkreten Aufgaben des Militärs bestehen in der Bewertung von Gefährdungen, in der Entwicklung von Verteidigungsszenarien und in dem rechtzeitigen Aufbau der Verteidigungs- und Abschreckungsfähigkeit.[91] Zu diesem Zweck wird dem Militär ein Budget aus allgemeinen Haushaltsmitteln zur Verfügung gestellt.

Die Bestrebungen des Militärs sind vor dem Hintergrund ihrer individuellen Einkommens-, Prestige- und Machtziele darauf gerichtet, das Verteidigungsbudget sukzessive zu erhöhen.[92] Hingegen sehen sich die im Verteidigungsbereich beschäftigten Soldaten und Zivilpersonen der Gefahr ausgesetzt, daß im Zuge der Konversion ein sinkendes Budgets mit einer Verminderung der Trup-

---

88 Formell erfüllt die Landesverteidigung die Kriterien eines öffentlichen Gutes, denn der Schutz ist unteilbar, d. h. es gibt keine Rivalität im Konsum, und niemand kann ausgeschlossen werden. Vgl. Mendez [1997], S. 307 und S. 312.

89 Vgl. Feser [1996], S. 3 f.

90 Vgl. Brömmelhörster [1994], S. 171.

91 Vgl. Lemke [1996], S. 78 ff.

92 Vgl. Scholz [1996], S. 210.

penstärke sowie einer Reduzierung der Standorte einhergeht.[93] Insofern ist eine auf Konversion ausgerichtete Sicherheitspolitik mit einem Einkommens-, Prestige- und Machtverlust sowie mit verminderter Stabilität der Behörde verbunden.

Als weitere, unmittelbar von verteidigungspolitischen Entscheidungen betroffene Gruppe ist die Rüstungsindustrie zu nennen, die für die materielle Versorgung der Streitkräfte sorgt.[94] Alternativ wird die Rüstungsindustrie auch als Verteidigungsindustrie, Militärindustrie oder wehrtechnische Industrie bezeichnet. Hierunter sind sämtliche industriellen Aktivitäten zur Produktion von Rüstungsgütern zusammenzufassen. Die Aktivitäten der Rüstungsindustrie umfassen neben dem Kernbereich der Herstellung von Waffen und wehrtechnischer Ausrüstung auch die Forschung und die Entwicklung innovativer Rüstungsgüter sowie Herstellungsverfahren.[95]

Der Industriebereich zur Herstellung von militärischen Gütern erweist sich als ausgesprochen heterogen. Der Querschnittscharakter der Rüstungsindustrie kommt insbesondere darin zum Ausdruck, daß die Rüstungsproduzenten in sämtlichen Wirtschaftszweigen vorzufinden sind.[96] Zudem sind vielfältige Verflechtungen mit vor- und nachgelagerten Unternehmen anzutreffen, beispielsweise mit Unternehmen der Metallverarbeitung, der Eisen- und Stahlgewinnung, der Schwerindustrie, des Maschinenbaus, des Transportwesens und der Elektroindustrie.[97]

Das von der Rüstungsindustrie verfolgte Ziel besteht in der Maximierung des Unternehmensgewinns. Offenkundig erlaubt ein umfassender Verteidigungshaushalt nicht nur höhere Unternehmensumsätze, sondern eröffnet aufgrund der in Rüstungsunternehmen gebräuchlichen Preiskalkulation[98] auch größere Spiel-

---

93 Vgl. Feser [1996], S. 11.

94 Vgl. Rohde [1996], S. 159.

95 Vgl. Kapstein [1992], S. 92.

96 Vgl. Brömmelhörster [1994], S. 26.

97 Vgl. Krause [1992], S. 14.

98 Die Preisfindung des überwiegenden Teils der Rüstungsgüter basiert nicht auf Marktpreisen, sondern auf Selbstkostenpreisen, die erhebliche Spielräume für Kostenüberwälzungen und "verdeckte" Gewinne bieten. Vgl. Zukunft [1993], S. 77 f.

räume für Unternehmensgewinne.[99] Trifft hingegen die Rüstungsindustrie im Zuge eines politischen Konversionsprozesses auf sinkende Rüstungsausgaben, so lösen die Auftragsrückgänge und Absatzprobleme einen Anpassungsbedarf in Richtung auf die Beseitigung der dann auftretenden rüstungsindustriellen Überkapazitäten aus.[100]

Schließlich ist die Konversion mit Auswirkungen für die Gesellschaft insgesamt verbunden, da die im Zuge der Konversion stattfindende Verminderung der Rüstungsausgaben zu einer Friedensdividende führt. Dahinter steht der Gedanke, daß in einer befriedeten Welt das öffentliche Gut der äußeren Sicherheit mit kleineren nationalen Verteidigungshaushalten produziert werden kann. Ein zu hohes Verteidigungsbudget, das nicht mit dem Zustand der globalen Sicherheit korrespondiert, muß dann als Fehlallokation bewertet werden. In einem ressourcenintensiven Militärapparat ist somit ein ineffizienter Einsatz finanzieller Mittel zu sehen, wenn die äußere Sicherheit bereits mit einem geringeren Budget erzeugt werden kann. Da die zuviel aufgewendeten Verteidigungsmittel als unproduktiv bezeichnet werden müssen und für alternative produktive Verwendungen nicht zur Verfügung stehen, treten erhöhte Opportunitätskosten auf. Erst durch die Konversion, die mit einer Verminderung der Verteidigungshaushalte verbunden ist, können diese Opportunitätskosten abgebaut und eine Friedensdividende durch den zivilen Einsatz der freigewordenen Mittel erzielt werden.

Ein weiterer "gesellschaftlicher" Nutzensaspekt verbindet sich mit der Konversion dadurch, daß die mit der Präsenz von Militär einhergehenden Belastungen der Allgemeinheit abgebaut werden können. Der Wohlfahrtsgewinn durch Konversion besteht in diesem Zusammenhang darin, daß sich als negative Externatitäten auftretende Begleiterscheinungen wie z. B. Fluglärm, Umweltbelastungen, Prostitution und Angst reduzieren lassen.[101]

Zusammenfassend läßt sich feststellen, daß die Implikationen der Rüstungskonversion vielfältige Interessen tangieren. Insofern als wirtschaftliche, militärische und politische wie auch gesellschaftliche Interessen insgesamt betroffen sind, zeigt sich der Querschnittscharakter dieser Thematik. Da die Akteure zudem in

---

99 Im Rahmen der Preiskalkulation für Rüstungsgüter lassen sich Alternativen implementieren, die den Rüstungsunternehmen Anreize zur effizienten Produktion von Rüstungsgütern setzen. In diesem Zusammenhang sind bspw. die linearen Anreizverträge anzuführen. Mittels linearer Anreizverträge lassen sich Unternehmerrenten zu Lasten der Auftraggeber abschöpfen. Siehe zur Gestaltung optimaler Beschaffungsverträge Streb [1998], S. 275 ff.

100 Vgl. Feser [1996], S. 10, Baaken [1997], S. 55 und Wulf [1997], S. 206 f.

101 Vgl. Mendez [1997], S. 313.

unterschiedlichem Maße von den Vor- und Nachteilen der Abrüstung betroffen sind, spielen die jeweiligen Möglichkeiten der Akteure zur interessengeleiteten Einflußnahme in den Prozeß der politischen Willensbildung eine erhebliche Rolle für das Zustandekommen eines Konversionsprozesses.

Nachfolgend werden nun vor dem Hintergrund der zuvor dargestellten Interessenlandschaft die Einflüsse der Rüstungsindustrie auf die konversionspolitische Willensbildung dargestellt. Diesbezüglich wird insbesondere auf die Argumentationsmuster Bezug genommen, die die gesellschaftliche Vorteilhaftigkeit der Rüstungsstrategie gegenüber der Konversion belegen sollen.

5.2.2. Einflußnahme der Rüstungsindustrie

5.2.2.1. Zur Zielsetzung der Rüstungsindustrie

Um die Position der Rüstungsindustrie zur verdeutlichen, ist es zweckmäßig, zunächst die Strukturmerkmale des Rüstungsmarktes darzustellen. Auf der Angebotsseite befindet sich die Gruppe der Rüstungsproduzenten, die als heterogen zu bezeichnen ist, da die Unternehmen in verschiedenen Branchen angesiedelt sind. Ferner ist darauf hinzuweisen, daß die Rüstungsunternehmen sich nicht in einem Verband zur offiziellen Vertretung ihrer Interessen organisiert haben.[102]

Im Hinblick auf die Betriebsgrößen der Rüstungsunternehmen ist bedeutsam, daß die Rüstungswirtschaft eine bemerkenswerte Konzentration auf Großunternehmen aufweist.[103] Diese Unternehmen sind nicht ausschließlich im Rüstungsbereich tätig, vielmehr ist die Rüstungsproduktion oftmals nur ein Standbein im Rahmen eines umfassenden und diversifizierten Produktionsprogramms. Reine Rüstungsunternehmen sind verhältnismäßig selten zu finden. Zudem umfaßt die Produktpalette der Rüstungsindustrie auch sogenannte Dual-use-Produkte, d. h. Produkte, die sowohl eine militärische als auch eine zivile Verwendungen erlauben.[104]

---

102 Vgl. Brömmelhörster [1994], S. 167.

103 Für die Bundesrepublik Deutschland kann z. B. festgestellt werden, daß allein mehr als die Hälfte der inländischen Rüstungsaufträge den Unternehmen des Daimler-Chrylser-Konzerns erteilt werden und daß zudem fast sämtliche Rüstungsunternehmen zu den 50 größten Industrieunternehmen Deutschlands zählen. Vgl. Huffschmid [1995], S. 105.

104 Vgl. Baaken [1997], S. 56.

Die Nachfrageseite des Rüstungsmarktes ist in erster Linie durch die Militärausgaben der heimischen Regierung determiniert.[105] In zweiter Linie sind aber auch ausländische Regierungen anzuführen, die mit Rüstungsexporten bedient werden. Insgesamt weist der Markt für Rüstungsgüter eine teilmonopsonistische Struktur auf, wobei die Entwicklung der Rüstungsgüternachfrage in hohem Maße durch politische Entscheidungen determiniert ist.[106]

Ausgehend von diesen Strukturmerkmalen des Marktes für Rüstungsgüter hat die Rüstungsindustrie gegenüber auf zivilen Märkten tätigen Unternehmen einige Privilegien aufzuweisen. Zunächst bescheren die staatlicherseits langfristig angelegten Rüstungsprojekte stabile Absatzaussichten. Somit entfällt für die Unternehmen der Rüstungsindustrie die Unsicherheit in bezug auf die zu produzierenden Gütermengen und das damit einhergehende Absatzrisiko für etwaige Überproduktionen. Hinzu kommt, daß die Rüstungsunternehmen aufgrund des Abschlusses von Festpreisverträgen mit sicheren Umsatzgrößen kalkulieren können. Diese Absatz- und Preis- bzw. Umsatzgarantie wird durch die Vereinbarung von hohen Konventionalstrafen flankiert, die im Fall einer Auftragskürzung seitens des Staates den entstehenden Umsatzeinbruch kompensieren. Vor dem Hintergrund dieser ökonomischen Vorteile für die Rüstungsunternehmen avanciert der Rüstungssektor insgesamt - entgegen anderslautenden Beteuerungen der Rüstungswirtschaft - zu einem lukrativen Geschäftsfeld,[107] in dem sich auch für die Beschäftigten überdurchschnittliche Verdienstmöglichkeiten bieten.[108]

Die hohen Profitraten der Rüstungsindustrie, die als Anreize für eine gesteigerte Rüstungsproduktion zu interpretieren sind, treten u. a. in einer überdurchschnittlichen Eigenkapitalrentabilität zu Tage. Diese ist darauf zurückzuführen, daß die Rüstungsindustrie aufgrund zinsloser staatlicher Anzahlungen und Vorauszahlungen mit einer verhältnismäßig niedrigen Eigenkapitalbasis auskommt.[109]

---

105 Auf nationaler Ebene tritt der Staat als alleiniger Nachfrager auf dem Rüstungsmarkt auf. Vgl. Wöckener [1996], S. 155.

106 So läßt sich beispielsweise für die die USA feststellen, daß das Verteidigungsministerium über 90 % der Aufträge an die Rüstungsindustrie erteilt und der Anteil der Exporte weniger als 10 % beträgt. Vgl. Kapstein [1992], S. 95.

107 Vgl. Huffschmid [1995], S. 105 ff. Da die Preisbildung für Militärgüter von den großen Rüstungskonzernen diktiert wird, stellt bspw. die Rüstungsgüterproduktion in den USA den profitabelsten Bereich der amerikanischen Wirtschaft dar. Vgl. Judin [1990], S. 75.

108 Vgl. Zukunft [1993], S. 78.

109 Vgl. Zukunft [1993], S. 77.

Überdies ist für die Rüstungsunternehmen ein verhältnismäßig geringer Kostendruck zu konstatieren. Diesbezüglich ist zum einen auf die in der Rüstungsindustrie gängigen Kalkulationspraxis eines prozentualen Gewinnaufschlages auf die vollständig überwälzbaren Kosten hinzuweisen. Ferner läßt sich durch Preiszugeständnisse nicht auf erhöhte Absatzzahlen hinwirken, da die Anzahl der bestellten Panzer, Flugzeuge oder Fregatten von der Anzahl der zu versorgenden Einheiten abhängt.[110] Folglich sind in der Rüstungsindustrie kaum Anreize in Richtung auf ein kostenorientiertes Verhalten vorhanden.[111] Zum anderen ist der Bestand der nationalen rüstungsindustriellen Basis durch protektionistischer Maßnahmen gegen ausländische Konkurrenz geschützt.[112]

Ferner profitieren die Rüstungsunternehmen über den Verkauf der Rüstungsgüter hinaus auch in dem sich anschließenden Betreuungsgeschäft. Diesbezüglich ist insbesondere auf die Auslieferung von Ersatzteilen für ausschließlich militärisch verwendbares Gerät hinzuweisen, wobei die einzelnen Rüstungsproduzenten auf diesem Marktsegment jeweils als Monopolist auftreten und entsprechende Gewinne realisieren können.[113]

Zusammenfassend läßt sich daher feststellen, daß durch die staatlichen Preis- und Absatzgarantien attraktive Anreize für Unternehmen geschaffen werden, Kapazitäten für die Produktion von Rüstungsgütern einzurichten. Die Regulierungen des Rüstungsmarktes heben die Rüstungsindustrie in einen privilegierten Stand und ermöglichen den Rüstungsunternehmen die Vereinnahmung überdurchschnittlich hoher Gewinne.[114]

Vor diesem Hintergrund wird deutlich, daß Konversionsentwicklungen mit weitreichenden Konsequenzen für die Gewinnsituation und die Existenz der Rüstungsindustrie verbunden sind. Als Folge von Konversionsbestrebungen sieht sich die Rüstungsindustrie einem massiven Anpassungsdruck ausgesetzt, um nicht bei langfristig rückläufigen Rüstungsaufträgen in eine Absatzkrise zu geraten. Die Anpassung der konvertierenden Unternehmen macht nicht nur eine Neuausrichtung ihrer Geschäftsfelder in Richtung auf zivile Marktsegmente er-

---

110 Vgl. Gansler [1984], S. 59.

111 Vgl. Baaken [1997], S. 58 f.

112 Vgl. Kurth [1992], S. 209 f. Das Argument des Schutzes der rüstungsindustriellen Basis wird häufig für die Durchsetzung und Aufrechterhaltung von Privilegien der Rüstungsindustrie eingesetzt. Vgl. Inacker [1994], S. 196, Sommer [1990 a], S. 111 und Gläser [1994], S. 56.

113 Vgl. Zukunft [1993], S. 78.

114 Vgl. Breitschwerdt [1988], S. 66.

forderlich, vielmehr ist die gesamte Unternehmensorganisation in Frage zu stellen, um durch konsequente Ausrichtung auf kundenorientierte sowie kosteneinsparende Prozesse den Anschluß an den Wettbewerb herzustellen. Insofern als der Druck der Marktorientierung die Zerstörung bestehender Unternehmensstrukturen erforderlich macht, stößt die Konversion der Rüstungsindustrie auch innerhalb der Betriebe auf den Widerstand der betroffenen Mitarbeiter.[115]

Damit stellen sich für Rüstungsunternehmen im Zusammenhang mit der Konversion zwei Probleme: Erstens ist eine Verschlechterung der Umsatz- und Gewinnsituation zu erwarten, und zweitens haben die Rüstungsunternehmen die im Zuge des innerbetrieblichen Wandels anfallenden Anpassungskosten zu tragen. Folglich ist im Kreis der betroffen Unternehmen nur eine geringe Bereitschaft festzustellen, das lukrative Rüstungsgeschäft aufzugeben und sich konversionspolitisch induzierten Anpassungserfordernissen zu stellen. Vielmehr sind Verhaltensweisen eines gewinnmaximierenden Rüstungsunternehmens als rational zu bezeichnen, die dem Rückzug aus dem Rüstungsgeschäft einen Widerstand entgegensetzen, um den Verlust von Privilegien und politischen Renten zu verhindern.[116]

Die Rüstungsindustrie ist bestrebt, ihre gegenwärtige Position und die bestehenden Strukturen im Rüstungsgeschäft zu verteidigen. Nachfolgend wird erläutert, auf welche Weise die Rüstungsindustrie ihren Einfluß geltend macht und welche Begründungsansätze zur Rechtfertigung der Aufrechterhaltung und Stabilisierung der wehrtechnischen Güterproduktion vorgetragen werden.

5.2.2.2. Politikbeeinflussung

Als Zielgruppen für einen Rüstungslobbyismus zur Beeinflussung rüstungspolitischer Entscheidungen zugunsten rüstungsindustrieller Interessen lassen sich die Politik, die Verwaltung sowie die Beeinflussung der Öffentlichkeit anzuführen. Die Beeinflussung dieser Akteure findet jeweils im Rahmen einer Tauschbeziehung statt, von der beide Tauschpartner profitieren.

Die Rüstungsunternehmen in der Bundesrepublik Deutschland haben sich nicht zu einem rüstungsindustriellen Verband zusammengeschlossen, um ihre rüstungspolitischen Interessen zu verfolgen. Aufgrund der Konzentration der Rüstungsindustrie auf eine geringe Anzahl von Konzernen, kann die Einflußnahme

---

115 Dem Verhalten der betrieblichen Akteure kommt eine zentrale Rolle in betrieblichen Konversionsprozessen zu. Siehe dazu Grundmann [1997], S. 18 ff.

116 Vgl. Moravcsik [1992], S. 40 f. und Huffschmid [1995], S. 102 ff.

allerdings von den Unternehmen ohne einen organisatorischen Überbau erbracht werden. Der konkrete Nachweis dieser Einflußnahme gestaltet sich jedoch nicht leicht, da sich die Geheimhaltung als Bestandteil der militärischen Strategie auch auf die rüstungspolitischen Bereiche erstreckt. Daher konnte der Nachweis der Existenz eines sogenannten politisch-industriellen Komplexes bislang nicht erbracht werden.[117]

Dieses bedeutet jedoch nicht, daß eine polit-industrielle Interessenverquickung tatsächlich nicht existiert. Vielmehr lassen sich zahlreiche Einflußkanäle darstellen, über die die Rüstungsindustrie versucht, ihren Interessen ein politisches Gewicht zu verleihen. Diesbezüglich ist auf entsprechende Äußerungen der Rüstungsunternehmen über drohende Arbeitsplatzverluste bei Kürzungen der Rüstungsausgaben auf der einen Seite und auf übertrieben positiv dargestellte Arbeitsplatzeffekte bei Vergabe eines Rüstungsauftrags an einen inländischen Rüstungsproduzenten auf der anderen Seite zu verweisen.[118] Derartige Darstellungen seitens der Rüstungsindustrie sind geeignet, durch die Mobilisierung der Öffentlichkeit auf die Politik Druck auszuüben. Bereits vor diesem Hintergrund erscheint die Annahme geradezu absurd, daß zwischen Industrievertretern der Rüstungselite und Politikern kein Lobbyismus betrieben werden soll.[119] Vielmehr weisen illegale Bestechungsversuche sowie Schmiergeldaffären im Zusammenhang mit Rüstungsexporten deutlich darauf hin, daß im Rüstungsgeschäft polit-industrielle Kontakte bestehen und daß darüber hinaus bei der Interessenvertretung auch Geld im Spiel ist.[120]

Des weiteren unterhält die Rüstungsindustrie Verbindungsbüros, die zumeist mit ehemaligen Angehörigen der Streitkräfte oder ehemaligen Mitarbeitern des Bundesministeriums für Verteidigung besetzt sind und deren Aufgabe darin besteht, als Lobbyisten im Interesse der Rüstungswirtschaft tätig zu werden. Der Umfang der Lobbytätigkeit läßt sich erahnen, wenn man berücksichtigt, daß allein in den Jahren von 1967 bis 1978 über 700 ehemalige Soldaten die Zulassung als Lobbyisten beantragt haben und immerhin 520 Anträgen stattgegeben wurde.[121]

---

117 Vgl. Wöckener [1996], S. 166 f.

118 Vgl. o. V. [1999], S. 4 und Zukunft [1993], S. 80.

119 Direkte personelle Verflechtungen zwischen Staat und Rüstungswirtschaft lassen sich in Einzelfällen belegen. Siehe dazu Zukunft [1993], S. 80.

120 Vgl. Zukunft [1993], S. 80.

121 Vgl. Zukunft [1993], S. 79 f.

Insgesamt lassen sich zur Einflußnahme der Rüstungsindustrie auf die Politik personelle Verflechtungen, Instrumentalisierung der Öffentlichkeit zur Ausübung politischen Drucks, monetäre Zuwendungen sowie allgemeine Lobbytätigkeit durch die Verbindungsbüros anführen. Infolge dieser Einflußnahme ist davon auszugehen, daß rüstungspolitischen Entscheidungen zugunsten rüstungsindustrieller Interessen verzerrt sind und folglich im Widerspruch zu den rüstungspolitischen Implikationen einer Konversionspolitik stehen.

Die Einflußnahme auf Politiker spielt sich überwiegend hinter verschlossenen Türen ab, so daß hier keine Aussage zu den Darlegungen der Rüstungsindustrie getroffen werden kann. Jedoch ergeben sich Anhaltspunkte über die Richtung dieser Einflußnahme aus der öffentlich dargelegten Legitimation von Rüstungsausgaben zur Beeinflussung der Wähler sowie aus den real vorfindbaren Politikergebnissen.

5.2.2.3. Beeinflussung der Verwaltung

Der Darstellung des Zusammenspieles der Rüstungsindustrie und des Militärs ist vorauszuschicken, daß das Militär zum Vollzug des sicherheitspolitischen Auftrages personelle und materielle Bedarfsplanungen vor dem Hintergrund des eruierten Bedrohungspotentials vornimmt.[122] Die darauf aufbauende Beschaffung von Rüstungsgütern findet in Koordination zwischen dem Militär und der Rüstungsindustrie im Rahmen eines "Rüstungswirtschaftlichen Arbeitskreises" statt. Der Rüstungswirtschaftliche Arbeitskreis umfaßt die führenden Vertreter der Rüstungsindustrie sowie des Militärs und ist somit als ein besonderer Einflußkanal für die Rüstungsindustrie zu bewerten.[123] In regelmäßigen stattfindenden Tagungen werden Informationen über militärische Anforderungen sowie militärtechnische Entwicklungslinien ausgetauscht und festgelegt. Ferner findet im Rüstungswirtschaftlichen Arbeitskreis bereits eine Vorentscheidung über die Höhe der Rüstungsausgaben und eine kartellartige Verteilung auf einzelne Unternehmen statt.[124]

Aber auch zu den Beschaffungsämtern der verschiedenen Teilstreitkräfte unterhält die Rüstungsindustrie enge Kontakte und leistet dort in vielfacher Weise

---

122 Zur Bewertung militärischer Gefährdungen durch das Militär siehe Lemke [1996], S. 78 ff.

123 Ein detaillierter Katalog der Mitglieder des Rüstungswirtschaftlichen Arbeitskreises findet sich bei Huffschmid [1986], S. 130 ff.

124 Vgl. Zukunft [1993], S. 79.

Überzeugungsarbeit für neue Produkte. Oftmals stellen die von den Betrieben erstellten Produktanforderungen den Ausgangspunkt für Anforderungsbeschreibungen der Beschaffungsämter dar. In der Folge erhält dann der Rüstungsbetrieb, der das entsprechende Angebot auf die von dem Betrieb selbst erstellte Anforderungsbeschreibung vorlegt, den Auftrag. Dieses Beziehungsgefüge und die damit verbundene Vorgehensweise, die langjährig gewachsen und inzwischen zu einer Routine geworden ist, unterstreicht nochmals den kartellartigen Charakter des Rüstungsgütermarktes.[125]

Da das Militär über das Expertenwissen hinsichtlich der Bewertung und Abwehr militärischer Bedrohungspotentiale und die Rüstungsindustrie über das Expertenwissen zu militärtechnischen Entwicklungspotentialen verfügt, kann auf dem oben skizzierten Weg eine gemeinsame und unanfechtbare Bedarfsplanung aufgestellt werden, die sich einer politischen Kontrolle weitgehend entzieht. Aufgrund dieser Entkoppelung ist die Vorgehensweise der Bedarfsplanung im Rüstungswirtschaftlichen Arbeitskreis geeignet, den Verwaltungszielen der Stabilität und des Wachstums Vorschub zu leisten. Darüber hinaus kann die Rüstungsindustrie aufgrund ihrer Teilnahme an der militärischen Bedarfsplanung das Militär über neu entwickelte Rüstungsgüter in Kenntnis setzten und dort Begehrlichkeiten erwecken, die über den Bedarf hinausgehen, der sich infolge der militärischen Bedrohung ergibt. Insofern verfügt die Rüstungsindustrie auf Verwaltungsebene über einen Einflußkanal, welcher der Umsetzung der rüstungsindustriellen Absatzvorstellungen dienlich ist.

Vor dem Hintergrund der dargestellten symbiotischen Verquickung rüstungswirtschaftlicher, politischer und militärischer Interessen, die unter der Bezeichnung "Militärisch-Industrieller-Komplexes" (MIK) in die Literatur eingegangen ist, läßt sich eine nicht-militärische, national orientierte Beeinflussung der Rüstungspolitik feststellen. Aus dieser Perspektive kann von einer innengeleiteten Rüstungspolitik gesprochen werden. Während außengeleitete Rüstungspolitik ausschließlich an dem militärischen Bedrohungspotential orientiert ist und folglich dem Militär gerade so viele Ressourcen zur Verfügung gestellt werden, wie zu Herstellung der äußeren Sicherheit erforderlich ist, bedeutet innengeleitete Rüstung, daß die Herstellung äußerer Sicherheit von den Akteuren instrumentalisiert und Aufrüstung propagiert wird, um die individuellen Sonderinteressen auf Kosten der Allgemeinheit verfolgen.[126]

---

125 Zu der Abwicklung der Auftragsvergabe im Detail siehe Grundmann [1997], S. 22 ff.

126 Vgl. Breitschwerdt [1988], S. 66 f.

Auch wenn der MIK-These mitunter mit Zurückhaltung begegnet wird,[127] so die Existenz der innengeleiteten Rüstung nicht von der Hand zu weisen. Vielmehr läßt sich die für den MIK unterstellte Interessenverschmelzung rüstungswirtschaftlicher, militärischer und politischer Interessen anhand der Biographie einzelner Rüstungsentscheidungen nachweisen.[128] Insgesamt ist festzustellen, daß auch auf der Verwaltungsebene eine Verzerrung zugunsten rüstungsindustrieller Interessen und zulasten einer konversionsorientierten Entwicklung stattfindet. Und in der Tat legt die Untersuchung einzelner Beschaffungsprojekte die Vermutung nahe, daß weniger militär-strategische Gründe als ein erfolgreicher industrieller Lobbyismus zu bestimmten Beschaffungsentscheidungen führen.[129]

5.2.2.4. Beeinflussung der Öffentlichkeit

5.2.2.4.1. Vorbemerkungen

Hinsichtlich der politischen Zielvorstellung rational handelnder und nutzenmaximierender Bürger wird unterstellt, daß sich diese als Wähler für diejenige Alternative entscheiden, welche die Herstellung äußerer Sicherheit zu möglichst geringen Kosten ermöglicht.

Da internationale Konversionsprozesse, die geeignet sind, den außengeleiteten Militäraufwand herabzusetzen, einer noch zu entwickelnden zivilorientierten Sicherheitspolitik bedürfen, steht diese Alternative derzeit nicht zur Disposition. Folglich ist davon auszugehen, daß die äußere Sicherheit im Rahmen einer Rüstungsstrategie herzustellen ist. Dabei entspricht eine außengeleitete Rüstungspolitik insofern den Präferenzen nutzenmaximierender Bürger, als die äußere Sicherheit mit geringeren Militärausgaben hergestellt werden kann als im Fall einer zusätzlich innengeleiteten Rüstungspolitik. Damit stellt sich für Politiker das Problem, daß politische Programme, die eine innengeleitete Rüstungspolitik propagieren, nicht mit den Präferenzen der Bürger übereinstimmen und mit der Gefahr des Stimmenentzugs in Wahlen verbunden sind. In dem Maße, wie die Wähler den Wunsch nach Informationen über die und Kontrolle der sicherheits-

---

[127] Die Rüstung ist für weitere Akteure, insbesondere in den betroffenen Regionen, von Bedeutung. Insofern basiert die Rüstungspolitik auf einem wesentlich breiteren Fundament als dem MIK. Vgl. Breitschwerdt [1988], S. 66. Palme spricht daher von einem Militärisch-Kommunalen-Komplex, um den regionalen Bezug der rüstungspolitischen Implikationen einzubringen. Vgl. Palme [1982], S. 8.

[128] Vgl. Müller [1990], S. 386 f.

[129] Einige Beispiele für nicht durch die Bedrohungsanalyse gedeckte Beschaffung der Streitkräfte finden sich bei Wilke [1986], S. 33 f.

politischen Entscheidungen äußern, wird eine Öffentlichkeitsarbeit zur Verbreitung sicherheitspolitischer Botschaften erforderlich.[130]

Vor diesem Hintergrund bedarf eine innengeleitete Rüstungspolitik einer öffentlichen Legitimation, die den "gesellschaftlichen Nutzen" und die positiven Wohlfahrtseffekte innengeleiteter Rüstungspolitik in den Vordergrund stellt. Durch die Verbreitung entsprechender Informationen können die Präferenzen der Bürger derart beeinflußt werden, daß der Widerstand gegen eine innengeleitete Rüstungspolitik soweit abgebaut wird, daß keine Stimmenverluste in Wahlen zu erwarten sind. Somit wird der Weg frei zur Realisierung der Stimmenmaximierungs-, Gewinnmaximierungs-, Stabilitäts- und Wachstumsziele infolge der Tauschbeziehungen zwischen Politik, Rüstungsindustrie und Militär.

Nachfolgend wird ein wachstumsbezogenes Argumentationsmuster als Beispiel für die Legitimation innengeleiteter Rüstungspolitik in der Öffentlichkeit dargestellt und gewürdigt.

5.2.2.4.2. Zur Legitimation innengeleiteter Rüstungspolitik

Der nachfolgende Ansatz zur Legitimation einer innengeleiteten Rüstungspolitik basiert im Kern darauf, daß die Produktion wehrtechnischer Güter und Waffen zu Einkommens- und Beschäftigungseffekten führt, die sich letztlich über Multiplikatoreffekte in einer erhöhten Investitionsgüter- und Konsumgüternachfrage niederschlagen und damit Steigerungen des Sozialprodukts herbeiführen. In diesem Zusammenhang erfolgt des weiteren der Hinweis auf den Umfang der rüstungsindustriellen Beschäftigungseffekte, wobei zahlreiche Verbindungen zu vorgelagerten Unternehmen in unterschiedlichen Branchen zu berücksichtigen sind, da auch dort zahlreiche Arbeitsplätze für hochqualifizierte Mitarbeiter aufgrund der Nachfrage der Rüstungsindustrie entstehen. Somit erschließt sich die Bedeutung der Produktion von Rüstungsgütern erst vor dem Hintergrund der globalen Ausdehnung der Rüstungsindustrie, die weltweit als ein wichtiger Faktor für die Entwicklung der nationalen Volkswirtschaften anzusehen ist.[131]

Ein weiterer Argumentationsstrang zur Begründung innengeleiteter Rüstungspolitik besteht darin, daß die von der Rüstungsindustrie erbrachten Forschungs- und Entwicklungsleistungen Produkt- und Prozeßinnovationen hervorbringen, die letztlich auch kommerziell nutzbar sind und somit langfristig sowohl die

130 Zur sicherheitspolitischen Öffentlichkeitsarbeit der Bundesregierung siehe Arndt [1988], S. 128 ff.

131 Vgl. Krause [1992], S. 13 f.

technologische Entfaltung wie auch das Wachstum eines Landes vorantreiben. Diesbezüglich wird darauf verwiesen, daß gerade in der Wehrtechnik Spitzentechnologien zum Einsatz kommen und hochqualifizierte Mitarbeiter mit der Forschung und Entwicklung innovativer und komplexer Technologien und Produkte betraut sind.[132] Folglich tritt die Transformation eines im Rüstungsbereich erzeugten technischen Fortschritts in den zivilen Produkt- und Produktionsbereich als ein Nebeneffekt der wehrtechnischen FuE-Tätigkeit in Form eines positiven externen Effektes auf, der als Spin-off bezeichnet wird:[133] Sofern das in der Rüstungsindustrie generierte Wissen einer kommerziellen Nutzung zugänglich gemacht wird, profitiert davon die Volkswirtschaft insgesamt. Somit ist die Förderung der militärtechnischen FuE mit positiven Implikationen für die nationale Wettbewerbsfähigkeit der Wirtschaft insgesamt verbunden.[134] Diesbezüglich wird bspw. von politischer Seite vorgetragen, daß die volkswirtschaftliche Beurteilung etwa der Luft- und Raumfahrtindustrie nicht anhand des Umsatzes und der Beschäftigtenzahlen, sondern vor allem anhand ihrer technologischen Leistungsfähigkeit vorzunehmen sei.[135] Zivile Unternehmen seien hingegen nicht bereit, die anfallenden hohen Kosten für die Entwicklung technischen Fortschritts aufzuwenden und die technologische Entwicklung würde stagnieren.[136]

Die Begründung einer innengeleiteten Rüstungspolitik basiert somit auf einer wachstumsorientierten Argumentation, wobei die mit der Produktion von Rüstungsgütern verbundenen Multiplikator- und Spin-off-Effekte von grundlegender Bedeutung für das wirtschaftliche Wachstum sind und überdies als ein bedeutsamer Katalysator für die technologische Entwicklung eines Landes erscheinen.

Eine derartige Beurteilung der mit der Produktion von Rüstungsgütern verbundenen Wachstumsimpulse muß jedoch in einer differenzierten Betrachtung der waffenproduzierenden Staaten erfolgen. Die Unterscheidung der nationalen Rüstungsindustrien nach der jeweiligen landesspezifischen makroökonomischen

132 Vgl. Deger [1990], S. 151 und DeGrasse [1983], S. 77.

133 Vgl. Glismann [1992], S. 3, Bebermeyer [1990], S. 343 und Seiler [1990], S. 648.

134 Vgl. Rohde [1996], S. 177.

135 Vgl. Wittmann [1993], S. 368. In ähnlicher Form argumentiert Hogrebe für den Erhalt des Marineschiffbaus in den deutschen Küstenländern. Vgl. Hogrebe [1993], S. 506 ff.

136 Vgl. DeGrasse [1983], S. 77 f.

Bedeutung läßt eine Einteilung in drei Ländergruppen zu, nämlich in die führenden Rüstungsländer, die Verfolgerländer und die Anschlußländer.

Die Rüstungsindustrie in den führenden Rüstungsländern ist dadurch gekennzeichnet, daß das vollständige Programm moderner Waffen unter Anwendung militärtechnischer Spitzentechnologien gefertigt wird und daß relativ hohe FuE-Investitionen im Rüstungssektor erbracht werden. Diese Kriterien erfüllen insbesondere die USA und Rußland. Die Rüstungsindustrien in diesen Ländern versorgen jeweils einen großen inländischen Markt und spielen überdies die dominante Rolle im weltweiten Waffenexportgeschäft.[137]

Die Rüstungsindustrien in den Verfolgerländern, dazu zählen beispielsweise Deutschland, Frankreich, Großbritannien, Italien, Japan, Kanada, Polen, Schweden und Spanien,[138] sind nicht in der Lage, das vollständige Programm der Waffensysteme unter Verwendung von Spitzentechnologien herzustellen. Der Rüstungssektor in den Verfolgerländern weist einen geringeren Kapitalstock auf, und die FuE-Ausgaben fallen deutlich geringer aus. Zudem ist die Rüstungsproduktion von staatlichen Subventionen abhängig, nicht zuletzt weil die Exportmöglichkeiten aufgrund der unzureichenden Fähigkeit zur Herstellung von Waffen mit Spitzentechnologien begrenzt sind.[139]

Schließlich sind die Anschlußländer anzuführen, zu denen bspw. alle Entwicklungsländer zählen, weil diese nicht über die entwickelte Produktion der Verfolgerländer verfügen.[140] Die Rüstungsindustrien in den Anschlußländern weisen wehrtechnische Fähigkeiten auf, die lediglich geeignet sind, einfache Waffen zu produzieren, die auf einem Niveau weit unterhalb der Spitzentechnologie anzusiedeln sind und die sich in erkennbarer Nähe zum Ende ihrer Produktlebenszyklen befinden.[141] Im Gegensatz zu den Verfolgerländern können in den Anschlußländern selbst vereinzelte Waffensysteme mit Spitzentechnologie nicht

---

137 Vgl. Krause [1992], S. 32 und S. 99 ff.

138 Vgl. Krause [1992], S. 127.

139 Als eine Ausnahmeerscheinung ist hier Japan anzuführen, wo zwar sechs der größten 100 Waffenproduzenten zu finden sind, allerdings ist die japanische Waffenproduktion nicht mit einer hohen Präsenz an den Exportmärkten verbunden. Dahinter steht der Wunsch, Japan nicht als eine militaristische Nation erscheinen zu lassen, die Profit aus Kriegen zieht. Vgl. Krause [1992], S. 129 und S. 142.

140 Vgl. Krause [1992], S. 180.

141 Vgl. Kapstein [1992], S. 111.

gefertigt werden. Die Rüstungsindustrie in den Anschlußländern ist in noch höherem Maße als in den Verfolgerländern von Exporten abhängig, da der heimische Markt i. d. R. zu klein ist, um kostengünstig produzieren zu können. Daher sind die Rüstungsbetriebe in den Anschlußländern bestrebt, ihre komparativen Vorteile in Marktnischen für Niedrigkosten-Waffen zu nutzen. Der Anteil am Welt-Export ist allerdings sehr begrenzt, und überdies ist das Überleben der Rüstungsindustrie in den Anschlußländern anfällig gegenüber den Wechselfällen des globalen Marktes. Dennoch kann die Rüstungsindustrie in den Anschlußländern die Funktion eines Wachstumsmotors einnehmen, sofern hier erste Erfahrungen im Zusammenhang mit industriellen Tätigkeiten gewonnen werden können. Allerdings ist in diesem Zusammenhang auf die fehlende Verbindung der Rüstungsindustrie zu zivilen Absatzmärkten hinzuweisen.[142]

Die Wachstumseffekte, die mit der Rüstungsindustrie in Verbindung gebracht werden, sind somit in erster Linie den führenden Ländern und den Verfolgerländern zuzuordnen. Dort fallen die Einkommens- und Beschäftigungseffekte der Produktion von Rüstungsgütern signifikant höher als in den Anschlußländern aus, wo allenfalls der Transfer der in der Rüstungsproduktion gewonnen Erfahrungen im Umgang mit industrieller Technologie auf zivile Produktionstechniken eine positive Wirkung für die Volkswirtschaft entfachen kann.

Indem rüstungspolitische Entscheidungen zugunsten der Aufrüstung in den führenden Rüstungsländern mit dem Hinweis auf einkommens- und beschäftigungsfördernde Multiplikatoreffekte sowie technologische Spin-off-Effekte verbunden werden, erfolgt die Argumentation zur Legitimation innengeleiteter Rüstungspolitik unter Rückgriff auf die gesamtwirtschaftliche Vorteilhaftigkeit des wirtschaftlichen Wachstums und der technologischen Entfaltung eines Landes. Diese Begründungslinie des Wachstumsargumentes ist nachfolgend kritisch zu durchleuchten.

Hinsichtlich des Multiplikatoreffektes ist nicht zu bestreiten, daß in der Rüstungsindustrie eine Vielzahl von Personen Beschäftigung findet, die zudem überdurchschnittliche Einkommen erzielen. Unbestritten profitieren darüber hinaus auch vorgelagerte Branchen von der Nachfrage der Rüstungsindustrie. Jedoch läßt sich daraus keine vermeintliche Schlüsselstellung der Rüstungsindustrie für das Wirtschaftswachstum insgesamt ableiten. Vielmehr widerspricht es geradezu dem marktwirtschaftlichen Grundgedanken, wenn ausgerechnet ein in entscheidender Weise durch politische Entscheidungen in ineffizienter Weise determinierter Wirtschaftsbereich der Motor der wirtschaftlichen Entfaltung sein

---

142 Vgl. Krause [1992], S. 32, S. 153 und S. 181.

soll.[143] Ein marktwirtschaftlicher Ausnahmebereich, in dem politische Entscheidungsträger auf zentraler Ebene die Ressourcenallokation steuern, kann gerade nicht das Innovations- und Wachstumspotential entfalten, das auf einem dezentral gesteuerten Wettbewerbsmarkt für eine effiziente Allokation von Ressourcen sorgt.[144]

Zudem ist der Hinweis auf das Wirtschaftswachstum durch Multiplikatoreffekte infolge der Rüstungsausgaben zu relativieren, weil die Militärausgaben mit Opportunitätskosten verbunden sind. Somit würden durch unterlassene innengeleitete Rüstungsausgaben – und vor allem durch Konversion – Ressourcen frei werden, die dann für alternative Zwecke zu Verfügung stünden und ihrerseits Einkommens- und Beschäftigungswirkungen entfalten könnten. Positive Wachstumseffekte sind gerade dann zu erwarten, wenn ein geringerer Ressourcenaufwand für Rüstung und Militär mit einem Zuwachs an marktwirtschaftskonformer Ressourcenallokation verbunden ist.[145] Vor dem Hintergrund, daß der Markt die effizienteste Methode zur Allokation knapper Ressourcen darstellt,[146] muß gerade in der Verminderung der Rüstungsausgaben ein Weg zur Förderung des Wirtschaftswachstum gesehen werden,[147] zumal aufgrund des geringen Kostendrucks in der Rüstungsindustrie nur geringfügige Anreize für eine effiziente Produktion vorzufinden sind.[148] Insgesamt ist die makroökonomische Bedeutung der Rüstungsindustrie nicht als gravierend einzustufen, so daß letztendlich auch die konversionsbedingte Abrüstung keine unlösbaren Konsequenzen aufwerfen wird.[149]

Zur Begründung von rüstungsbedingten Wachstumseffekten durch die Spin-off-Effekte ist anzuführen, daß unzweifelhaft infolge der militärtechnischen Forschung die wehrtechnische Entwicklung vorangetrieben wird,[150] und dieses nicht zuletzt aufgrund der erheblichen staatlichen Förderung wehrtechnischer Innovationen. So Verausgaben die USA und Großbritannien immerhin 50 % ihrer öffentlichen Forschungsgelder in den militärischen Bereichen, in Frankreich flie-

---

143 Vgl. Gansler [1984], S. 59.

144 Ein schlüssiger Beweis dafür, daß Rüstungsausgaben das Wirtschaftswachstum fördern, kann jedenfalls nicht erbracht werden. Vgl. Cusack [1983], S. 82.

145 Vgl. Feser [1996], S. 6.

146 Vgl. Kapstein [1992], S. 86.

147 Vgl. Garret [1997], S. 370.

148 Vgl. Baaken [1997], S. 58.

149 Vgl. Maneval [1990 b], S. 231.

150 Vgl. Welfens [1993], S. 257.

ßen immerhin noch 33 % der Forschungsmittel in militärische Programme.[151] Und tatsächlich sind in der Vergangenheit von der Lichttelegraphie bis zur Computertechnik Innovationen aus den verschiedenen wehrtechnischen Forschungsbereichen hervorgegangen.[152] Insofern kann als sicher angesehen werden, daß sich die Rüstungsindustrie in der Lage befindet, Produkt- und Prozeßinnovationen hervorzubringen.[153]

Indes stellt sich die Frage, ob die Spin-off-Effekte für die technologische Entfaltung einer Volkswirtschaft eine relevante Größe darstellen. Diesbezüglich treten erhebliche Zweifel auf. Zunächst ist auf die mangelnde Übertragbarkeit der Innovationen hinzuweisen. Aufgrund der spezifischen und mitunter extremen Anforderungen, die sich an militärische Geräte stellen, sind die in der Rüstungsindustrie entwickelten Produkte erheblich umzugestalten, um für eine kommerzielle Nutzung auf zivilen Märkten tauglich zu sein. Untersuchungen zeigen, daß nur 20 % der Resultate der militärischen Forschung überhaupt in irgendeiner Form zivil nutzbar sind. Dieses ist u. a. darauf zurückzuführen, daß die technologische Entwicklung fast ausschließlich performance-orientiert stattfindet. Für die Entwicklung von kostensenkenden Technologien bestehen praktisch keine Anreize.[154] Folglich wird die Spezialisierung der Militärtechnik in kostspieliger Weise vorangetrieben,[155] wobei sich die Resultate des technisches Fortschritts fortlaufend von den zivilen Vermarktungserfordernissen entfernen.[156]

Ferner liegt es in der Natur der Sache, daß es in der Rüstungsindustrie sowohl aus der Sicht des einzelnen Unternehmens wie auch vor dem Hintergrund des nationalen Verteidigungsanliegens rational ist, innovative Produkte und Verfahren möglichst nicht der Öffentlichkeit zugänglich zu machen, um den damit verbundenen sicherheitspolitischen Vorteil nicht einzubüßen.[157] Sofern aber keine

---

151 Vgl. Prisching [1986], S. 535.

152 Vgl. Welfens [1993], S. 257.

153 Als populäre und kommerziell vermarktete Produktinnovationen, die der wehrtechnischen FuE entstammen, sind bspw. die Materialien Nylon und Teflon zu nennen.

154 Vgl. DeGrasse [1983], S. 84.

155 Die Kosten einer neuen Geräte- oder Waffengeneration liegen im Vergleich zur veralteten Technologie doppelt bis dreimal so hoch, wobei die höheren Kosten nur teilweise durch verbesserte Leistungen ausgeglichen werden. Der größte Kostenblock liegt im Bereich der Investitionen für Forschung und Entwicklung. Vgl. Galvin [1988], S. 20.

156 Vgl. Prisching [1986], S. 536 und Petri [1990], S. 518.

157 Vgl. Brömmelhörster [1994], S. 228 ff.

Diffusion des erzeugten Wissen stattfindet, können auch keine Spin-off-Effekte auftreten.[158] Tatsächlich findet ein Technologietransfer vom zivilen in den militärischen Industriebereich statt,[159] wobei der Rüstungsindustrie Bestrebungen nachgewiesen werden könnten, zivil entwickelte Innovationen zugunsten eines ausschließlich wehrtechnischen Einsatzes der kommerziellen Verwendung zu entziehen.[160] Die daraus resultierenden Konsequenzen für die wirtschaftliche und technologische Entwicklung müssen als kontraproduktiv eingestuft werden.

Zudem ist festzustellen, daß die militärische FuE weniger effizient als zivilorientierte FuE arbeitet, was u. a. mit der Vergabepraxis der militärischen Forschungsaufträge an Großunternehmen zusammenhängt. Innovationen werden hingegen vor allem von kleinen und mittleren Unternehmen hervorgebracht. Insofern spricht einiges dafür, daß bei direktem Mitteleinsatz in die zivile FuE aufgrund der durch den Wettbewerb gesetzten Anreize ein höherer und konsumentenorientierter Innovationsoutput zu erwarten ist.[161] Demgegenüber entstehen im Zuge der massiven Förderung der wehrtechnischen FuE Crowding-out-Effekte, die darin bestehen, daß umfangreiche Ressourcen und hochqualifizierte Arbeitskräfte für zivile Forschungsaufgaben nicht zur Verfügung stehen,[162] sondern zur Entwicklung und Produktion exotischer und kostspieliger Rüstungsgüter angereizt werden.[163]

Insgesamt ist hinsichtlich der Spin-off-Effekte der wehrtechnischen Forschung festzustellen, daß aufgrund der begrenzten Übertragbarkeit der Forschungsergebnisse, der Geheimhaltungsanforderungen und der tendenziell ineffizienten Forschung die Spin-off-Effekte gering ausfallen[164] und folglich nicht geeignet sind, die technologische Entfaltung und wirtschaftliche Entwicklung spürbar voranzubringen. Vor diesem Hintergrund spricht einiges dafür, dem Beispiel Japans zu folgen und zivile anstelle militärischer Forschungsprogramme zu fördern und die Ergebnisse gegebenenfalls auf den Militärbereich zu übertragen.[165]

---

158 Für das Auftreten von Spin-off-Effekten ist es erforderlich, daß die Innovationen den Markt durchdringen. Vgl. Seiler [1990], S. 653.

159 Vgl. Umbach [1998], S. 33.

160 Vgl. Prisching [1986], S. 537.

161 Vgl. Welfens [1993], S. 257.

162 Vgl. Seiler [1990], S. 81.

163 Somit stellen sich Drain-offs anstelle der militärischen Spin-offs ein. Vgl. Kurth [1992], S. 215.

164 Vgl. Deger [1990], S. 151 und Rodejohann [1985], S. 140.

165 Vgl. DeGrasse [1983], S. 96.

Zusammenfassend läßt sich feststellen, daß die kritische Durchleuchtung des Legitimationsansatzes einer innengeleiteten Rüstungspolitik mit Hilfe des Wachstumsargumentes belegt, daß dieser Ansatz nicht stichhaltig ist. Weder die Multiplikator- noch die Spin-off-Effekte sind geeignet, wirtschaftliches Wachstum auszulösen. Tatsächlich stellen sich gegenteilige Effekte ein, da eine Stärkung marktwirtschaftlicher und wettbewerblicher Strukturen das geeignete Mittel zur Erzielung wirtschaftlichen Wachstums und gesellschaftlicher Prosperität darstellen. Hingegen sind infolge der Umlenkung von Ressourcen und Humankapital aus dem Bereich der zivilen Produktion in die Rüstungsgüterproduktion negative Auswirkungen auf das Wirtschaftswachstum zu erwarten. Da in der Erhöhung von Rüstungsausgaben kein effizienter Weg zur Erhöhung ökonomischer Aktivitäten zu sehen ist, treten im Zuge einer übermäßigen Allokation von Ressourcen im Militärbereich Opportunitätskosten auf, die von der Gesellschaft insgesamt zu tragen sind.[166] Insofern ist der wachstumsorientierten Argumentation zur Legitimierung innenorientierter Rüstungsausgaben nicht nur mit Skepsis zu begegnen, vielmehr hat es den Anschein, daß die Legitimation innengeleiteter Rüstung vor dem Hintergrund der Durchsetzung individueller Interessen in politischen, rüstungswirtschaftlichen und militärischen Bereichen zu interpretieren ist.[167]

5.2.2.5. Konversionsrelevanz rüstungsindustrieller Einflußnahme

Vor dem Hintergrund der unterschiedlichen akteursbezogenen Zielsetzungen läßt sich dem Interessengeflecht eine Form geben, die durch eine enge Verbindung der Rüstungsindustrie vor allem zum Militär, aber auch zur Politik gekennzeichnet ist. Die Verflechtungen zwischen den Akteuren lassen sich dahingehend auf den Punkt bringen, daß die profitmaximierende Rüstungsindustrie bestrebt ist, durch Einflußnahme auf den politischen Entscheidungsprozeß politische Renten zu erzielen. Unterstützung erfährt die Rüstungsindustrie durch das Militär, das Stabilitäts- und Wachstumsziele verfolgt und überdies an einer guten und modernen Ausrüstung interessiert ist. Der Verzicht auf die Nutzbarmachung der bestehenden Einflußkanäle seitens der Rüstungsindustrie würde im Widerspruch zur Zielsetzung der Gewinnmaximierung stehen, so daß hier davon auszugehen ist, daß die Rüstungsindustrie versucht, auf den oben beschriebenen

---

166 Vgl. Mendez [1997], S. 313 und Cusack [1983], S. 92 f.

167 Insofern kann auch hinter der Kritik der Rüstungsindustrie an dem Konversionskonzept die Absicht gesehen werden, dem Anpassungsdruck des dynamischen Weltgeschehens auszuweichen und etablierte Interessen und Privilegien zu verteidigen. Vgl. von Weizsäcker [1997], S. 15.

Pfaden ihren Einfluß zugunsten der Durchsetzung ihrer rüstungswirtschaftlichen Interessen zu nutzen.

Hinsichtlich der Erfolgsdeterminanten für eine erfolgreiche Umsetzung der rüstungspolitischen Vorstellungen ist zunächst festzustellen, daß die Unternehmen der Rüstungswirtschaft nur eine relativ kleine Gruppe darstellen. Indes ist dieses aber nicht zu Lasten der Konfliktfähigkeit ihrer Interessenwahrnehmung zu werten. Vielmehr ist davon auszugehen, daß aufgrund der homogenen Interessenlage bezüglich rüstungspolitischer Vorstellungen das Trittbrettfahrerproblem nur eine untergeordnete Rolle spielt. Schließlich sind vor allem die über den Rüstungswirtschaftlichen Arbeitskreis bestehenden Verbindungen zum Militär und die umfangreiche Präsens in den Verbindungsbüros anzuführen, da diese Kontakte für die Durchsetzung der Vorstellungen der Rüstungsindustrie von vorrangiger Bedeutung sind. Des weiteren ist die finanzielle Ausstattung der Rüstungsindustrie als Determinante der erfolgreichen Einflußnahme anzuführen. Zu berücksichtigen ist auch, daß das Militär in Verteidigungs- und Ausstattungsfragen gegenüber der Politik einen Informationsvorsprung besitzt, den es gemeinsam mit der Rüstungsindustrie zugunsten spezifischer Beschaffungsforderungen nutzen kann.

Sofern infolge der rüstungswirtschaftlichen Einflußnahme Verlagerungen zugunsten von Rüstungsprojekten zustande kommen, treffen diese kaum auf den Widerstand der Wähler, weil zum einen ein zivilorientiertes internationales Sicherheitskonzept nicht existiert, und zum anderen informationspolitische Instrumente zur Rechtfertigung der innengeleiteten Rüstungspolitik vertreten werden.

Eine derartige Interessenverflechtung, die eine Allokation militärischer und wehrtechnischer Ressourcen über das durch die äußere Bedrohung hinaus erforderliche Maß bewirken kann, führt letztlich dazu, daß durch Aufrüstungen Bedrohungssignale in die internationale Sicherheitslandschaft ausgesendet werden, die zu fortgesetztem Wettrüsten anreizen und damit in diametralem Widerspruch zu konversionspolitischen Vorstellungen stehen.

Nochmals ist deutlich herauszustellen, daß eine zivilorientierte Sicherheitspolitik eine conditio sine qua non für das Einlenken in einen Konversionspfad darstellt. Ferner ist in diesem Zusammenhang auf die Bedeutung eines Wertewandels in der Bevölkerung zugunsten zivilorientierter Konfliktlösungsmuster zu verweisen. Erst wenn sich eine derartige Präferenzänderung in einem öffentlichen Druck auf Politiker zugunsten konversionspolitischer Vorstellungen manifestiert und infolgedessen eine innengeleitete Förderung von Rüstungsprojekten in Wahlen mit Stimmenentzug sanktioniert wird, kann die oben beschriebene

Triade aufgebrochen werden, indem die Politiker der Rüstungsindustrie und dem Militär mit mehr kritischer Distanz begegnen.

Wenn nun in der Verfügbarkeit einer zivilorientierten Sicherheitspolitik und in der Einstellung der Öffentlichkeit zu sicherheitspolitischen Strategien ein Schlüssel für die künftige Entwicklung der internationalen Sicherheitspolitik zu sehen ist, dann ist eine interessante Frage darin zu sehen, ob es für Politiker Sinn macht, die Aufgabe der politischen Willensbildung dahingehend wahrzunehmen, auf eine derartige Präferenzänderung einzuwirken. Mit diesem Aspekt beschäftigt sich der nachfolgende Abschnitt.

5.2.3. Politikversagen

5.2.3.1. Tatbestandsmerkmale des Politikversagens

Vor dem Hintergrund, daß die Einflußnahme der Rüstungsindustrie auf die Förderung rüstungsfreundlicher und auf die Ablehnung konversionsförderlicher Zustände gerichtet ist, und dieses für das Militär in gleicher Weise unterstellt werden kann, ist die Rolle der Politik einer näheren Betrachtung zu unterziehen.

Nachfolgend wird daher untersucht, ob Konversion bestimmte Merkmale aufweist, die eine Umsetzung von Konversion für politische Entscheidungsträger unvorteilhaft werden läßt. Insofern könnten die Gründe für das Ausbleiben der sicherheitspolitischen Ausrichtung zugunsten der Konversion auf nationaler Ebene in den Tatbeständen des Politikversagens zu finden sein.

Eine grundlegende Botschaft der Neuen Politischen Ökonomie besteht darin, die Stimmenmaximierung für Politiker als Mittel zum Zweck der persönlichen Nutzenmaximierung anzusehen.[168] Folglich werden solche politischen Themen, die zwar der gesellschaftlichen Entwicklung, nicht aber dem Ziel der Stimmenmaximierung förderlich sind, nicht von Politikern propagiert. Für stimmenmaximierende Politiker ist es vielmehr rational, derartige gesellschaftliche Problemstellungen aufzuschieben. Letztendlich ist das Auftreten eines politischen Reformstaus immer dann zu erwarten, wenn ein Dissens zwischen politischer Rationalität und gesellschaftlicher Vorteilhaftigkeit besteht.

Sofern für ein gesellschaftliches Problem ein politischer Handlungsbedarf festgestellt wird, dieser jedoch aufgrund politischer Rationalität nicht zum Anlaß für politische Reformen genommen wird, kann von Politikversagen gesprochen

168 Vgl. Kirsch [1993], S. 31 f.

werden. In diesem Zusammenhang ist herauszustellen, daß es nicht die Politiker sind, denen ein Versagen vorzuwerfen wäre. Vielmehr sind die Regeln, unter denen Politiker ihre Entscheidungen treffen, für das Politikversagen verantwortlich zu machen.

Im Mittelpunkt der weiteren Betrachtung stehen nun die Merkmale solcher gesellschaftlicher Problemlagen, für die ein Politikversagen festzustellen ist, d. h. die von Politikern nicht zugunsten der gesellschaftlichen Wohlfahrt behandelt werden.

Grundsätzlich besteht aus der Sicht eines rational handelnden Politikers kein Anlaß, solche Programmpunkte anzubieten, die ihm keinen unmittelbar zurechenbaren Vorteil einbringen. Aus diesem Grund ist die Denkweise von Politikern kurzfristig, d. h. an den Zeitraum einer Wahlperiode ausgerichtet. Programmpunkte, die erst nach der Dauer eines Wahlzyklusses die gesellschaftliche Entwicklung positiv beeinflussen, sind tendenziell für politische Programme nicht geeignet, da die Meriten unter Umständen dem politischen Gegner zugerechnet werden. Für die zunächst auftretenden Kosten trägt hingegen der Initiator des Programms die Verantwortung. Ein stimmenmaximierender Politiker wird daher nur für solche Programme eintreten, bei denen bereits innerhalb einer Wahlperiode ein politisch zurechenbarer Nutzen zu erwarten ist. Als beobachtbares Resultat des Tatbestandes der kurzfristigen Denkweise in der Politik treten Reformstaus bei solchen gesellschaftlichen Problemstellungen auf, die nur im Rahmen eines langfristig angelegten Programms zu bewältigen sind.

Ferner ist von einer Selektivität politischer Denkweisen auszugehen. Hinsichtlich der Gestaltung eines Programmangebots kann es aus der Sicht eines Politikers rational sein, zugunsten bestimmter Wählergruppen und auf Kosten der Allgemeinheit zu denken und zu handeln. Eine gesamtwirtschaftlich vorteilhafte Politik, die jedem einzelnen Bürger nur einen marginalen Vorteil verschafft, kann an dem Widerstand kleiner Verlierergruppen scheitern, wenn sich diese zu geringen Kosten organisieren können und als konfliktfähig erweisen. Für einen stimmenmaximierenden Politiker ist es rational, die Interessen organisations- und konfliktfähiger Interessengruppen bei der Programmgestaltung zu berücksichtigen und die in diesem Zusammenhang auftretenden Kosten der Allgemeinheit aufzuerlegen, sofern medienwirksam vorgetragener Protest von Interessengruppen einen größeren Stimmenverlust impliziert als die letztlich marginale Einzelbelastung der Allgemeinheit infolge selektiver Interventionen durch die Politik.[169] Somit weisen gesellschaftliche Problemlagen, für die keine kon-

---

169 Wahrnehmbar ist die Selektivität der Politik beispielsweise bei der ökologischen Steuerreform, die unter dem Druck von Interessengruppen letztlich nur eine Be-

fliktfähige Interessenvertretungen besteht, eine verhältnismäßig geringe Präsenz in politischen Programmen auf.

Insgesamt kann ein Politikversagen konstatiert werden, wenn die Politik trotz offensichtlicher und konfliktträchtiger Problemlage nicht tätig wird oder wenn die Politik Eingriffe vornimmt, die nicht durch den politischen Auftrag gedeckt sind. Die Tatbestände der Kurzfristigkeit und der Selektivität der Politik verursachen politische "Fehlallokationen" zu Lasten langfristig angelegter und gesellschaftsorientierter Politikelemente.

Vor dem Hintergrund der aufgezeigten Tatbestände des Politikversagens ist nun zu untersuchen, ob die Konversionsproblematik diejenigen Merkmale aufweist, die einen Reformstau erwarten lassen.

5.2.3.2. Konversion und Politikversagen

5.2.3.2.1. Zur Langfristigkeit der Konversion

Um der Frage nachzugehen, ob Konversion möglicherweise aufgrund von Politikversagen nicht zustande kommt, ist ein Zusammenhang zwischen den Merkmalen der Konversion und den Tatbeständen des Politikversagens herzustellen.

Konversionsbedingte nationale Abrüstungs- und Transformationsprozesse sind zunächst mit erheblichen Kosten verbunden. Abgesehen davon, daß die Verkleinerung des Verteidigungsapparates mit Anpassungskosten verbunden ist,[170] kann im Zuge der Demobilisierung militärischen Personals (Soldaten und Zivilbeschäftigte) die Arbeitslosigkeit zunehmen.[171] Weiterhin sind Umschulungen

---

steuerung des Privatkonsums darstellt, da für viele Unternehmensbereiche Ausnahmeregelungen eingeführt wurden, die deren Nettobelastung bagatellisiert. Vgl. Klemmer [1999], S. 136 f.

170 Vgl. Clement [1992], S. 639.

171 Der Abbau von Truppenstärken und die Reduzierung von Standorten ziehen kurzfristig friktionelle und langfristig strukturelle Arbeitslosigkeit nach sich. Vgl. Feser [1996], S. 11 und Köllner [1990 a], S. 185. Die deutsche Rüstungsindustrie hat seit Mitte der 80er Jahre bis 1997 220.000 von 340.000 Arbeitsplätzen abgebaut. Zudem verlieren viele Soldaten und Zivilbeschäftigte infolge der Demobilisierung ihren Arbeitsplatz. Vgl. Wulf [1997], S. 206 f. Das ist insbesondere dann ein Problem, wenn die Militärstandorte in strukturschwachen Räumen die wichtigste Beschäftigungsquelle darstellen. Vgl. Range [1994], S. 453; Brömmelhörster [1993], S. 187; Huffschmid [1991 b], S. 640; Kiy [1990], S. 345.

durchzuführen, die Rüstungsindustrie muß Produktionsanlagen abschreiben,[172] und es entstehen Kosten für die Unbrauchbarmachung und Entsorgung von militärischen Geräten und Waffensystemen. Die Dimension Verschrottungskosten läßt sich erahnen, wenn man zugrunde legt, daß nach dem Vertrag über Konventionelle Streitkräfte in Europa (VKSE) allein in Deutschland 2.834 Kampfpanzer, 5.474 gepanzerte Fahrzeuge, 1.897 Artilleriesysteme, 118 Kampfflugzeuge sowie die Hinterlassenschaften an Munition und Gerät der abgezogenen Truppen der ehemaligen Sowjetunion zu demontieren und zu vernichten sind.[173] Berücksichtigt man zudem die wirtschaftlichen und sozialen Probleme, die mit den Einschnitten in die Personaldecke des Verteidigungssektors, aber auch der Rüstungsindustrie und der Zulieferer auftreten,[174] sowie die Kosten der Implementierung eines internationalen Steuerungsmechanismus für den Rückzug aus der Hochrüstung,[175] so ist der Schluß zu ziehen, daß mit einer alternativ zu verwendenden Friedensdividende in der Zeit der Anpassung nicht zu rechnen ist. Während die Kosten kurz- und mittelfristig anfallen, ist mit einem Nutzenüberschuß erst langfristig zu rechnen.[176] Für die Umstrukturierung der Produktion auf zivile Produkte ist mit einem Zeitbedarf von acht bis zwölf Jahren zu rechnen,[177] erst danach wird die Konversion beginnen, eine Dividende abzuwerfen.

Zusammenfassend läßt sich daher feststellen, daß Konversion aufgrund der zeitlichen Verteilung von Kosten und Nutzen eine langfristige Orientierung verlangt. Damit steht Konversion jedoch Widerspruch zur den Bedingungen rationaler politischer Entscheidungen, und ein Angebot einer Konversionspolitik durch kurzfristig denkende Politiker kann nicht erwartet werden.[178] Vielmehr ist aufgrund der zeitlichen Verteilung von Kosten und Nutzen von einem Reformstau hinsichtlich der nationalen Konversionspolitik auszugehen.

---

172 Vgl. Wulf [1997], S. 206.

173 Vgl. Frodl [1995], S. 3 f.

174 Vgl. Huffschmid [1995], S. 102 ff.; Huffschmid [1991 b], S. 639 ff.

175 Vgl. Deger [1990], S. 151.

176 Vgl. Wulf [1997], S. 206 und S. 210. Kurz- und mittelfristig kann nicht mit einer Friedensdividende gerechnet werden, da diese von noch nicht abzuschätzenden Konversionskosten überlagert wird. Vgl. Brömmelhörster [1993], S. 187.

177 Vgl. Krause-Brewer [1991], S. 347 und Köllner [1990 b], S. 195.

178 Vgl. Garret [1997], S. 357.

5.2.3.2.2. Selektivität und Konversion

Die Relevanz des Tatbestandsmerkmals der Selektivität läßt sich skizzieren, indem zunächst darauf abgestellt wird, daß die Verminderung von Staatsausgaben für Militär und Rüstung ein Bestandteil von Konversion darstellt. Dieser Entzug von Ressourcen ist als ein politisch initiierter Prozeß des Strukturwandels anzusehen, welcher durch sicherheitspolitische Entscheidungen ausgelöst wird.[179] Der Blick auf die von der Konversion betroffenen gesellschaftlichen Gruppen zeigt, daß, wie bei jedem strukturellen Wandel, Gewinner und Verlierer zu verzeichnen sind. Von den negativen Folgen der Konversion sind in besonderer Weise die Rüstungsgüterproduzenten und das Militär betroffen.[180] Des weiteren zählen aufgrund der räumlichen Konzentration militärischer Einrichtungen und der Rüstungsindustrie verschiedene regionale Akteure zu den Verlierern eines Konversionsprozesses.[181] Aus der Betroffenheit dieser Gruppen heraus kann sich ein Widerstand entfalten, der möglicherweise geeignet ist, den für eine internationale Konversion erforderlichen politischen Konsens zu behindern.

Die Einflußnahme der Rüstungsindustrie auf die Politik zugunsten einer innengeleiteten Rüstungspolitik wurde bereits dargestellt. Zur Abwehr von Konversionsbestrebungen lassen sich weitere Druckmittel mobilisieren, indem beispielsweise auf die auf dem Spiel stehenden Arbeitsplätze verwiesen wird.[182] Dabei finden Rüstungsunternehmen die Unterstützung der in der Wehrtechnik beschäftigten Arbeitnehmer. Ein Betriebsratsmitglied des Rüstungsunternehmens Krupp-Atlas-Elektronik teilt über die gängige Praxis im Umgang mit der Konversionsproblematik mit: "Wenn wir von politischen Entscheidungen erfahren, durch die Bundeswehraufträge gestoppt werden, machen wir uns selber auf den Weg nach Bonn, um mit den Parlamentariern darüber zu diskutieren [...], daß diese im Interesse der Sicherheit unserer Arbeitsplätze [..] Entscheidungen än-

---

179 Vgl. Bielfeld [1990], S. 272 und S. 276 sowie Wilke [1990], S. 292 f.

180 Die Rüstungskonversion findet branchenorientiert statt: Umsatzeinbußen sind vor allem in der Luft- und Raumfahrtindustrie, in der Elektroindustrie sowie im Maschinenbau zu erwarten. Vgl. Range [1994], S. 453.

181 Vgl. Brömmelhörster [1994], S. 166 ff. Sofern Rüstungs- und Militärabbau (Arbeitslosigkeit, Umsatzeinbrüche, verminderte Steuereinnahmen) ungleich im Raum verteilt sind, haben die betoffenen Gemeinden besondere Lasten zu tragen. Vgl. Jörg [1996], S. 67.

182 Vgl. Potters [1996], S. 419 f.

dern."[183] Wenn auch durch derartige Praktiken nicht ein Mehr an Rüstung erzielt wird, so wird dennoch Rüstungsminderung verhindert.[184]

Ähnliche Einflußnahmen sind seitens des Militärs festzustellen. So setzen sich beispielsweise örtliche Kommandeure für den Erhalt ihrer Standorte oder Verbände ein.[185] Da sowohl Rüstungsunternehmen als auch Militärstandorte regionale Konzentrationen aufweisen, ist es plausibel, daß deren Interessen von ansässigen Regionalpolitikern aufgegriffen werden, die sich aus dem Stimmenmaximierungskalkül zum Vertreter der Forderungen dieser Klientel erheben.

Sofern eine konversionsbefürwortende Allgemeinheit keine entsprechende Vertretung ihrer Interessen dagegensetzen kann, weil etwa die Organisationskosten zu hoch sind, ist eine selektive Übergewichtung der strukturkonservativen Elemente auf Kosten der Allgemeinheit zu erwarten.[186] Insofern greift das Merkmal der Selektivität zur Begründung eines Politikversagens auch im Bereich der Konversion.

Es ist in aller Deutlichkeit darauf hinzuweisen, daß eine beschäftigungs- und bestandsneutrale Konversion,[187] wie sie zu Beginn der Konversionsdiskussion eingefordert wurde, nicht denkbar ist. Konversion kann nur dann gelingen, wenn sich sämtliche Akteure auf sämtlichen politischen Ebenen als handlungs- und kooperationsbereit erweisen.[188] Daher besteht m. E. eine der wesentlichen konversionspolitischen Herausforderungen darin, Wege zu finden, um in dem ohne Zweifel steuerungsbedürftigen Konversionsprozeß einen kompensierenden Interessenausgleich herzustellen.[189] Da die Folgen der Konversion regional oder lo-

---

183 Breitschwerdt [1988], S. 129.

184 Vgl. Breitschwerdt [1988], S. 129 f.

185 Vgl. Wöckener [1996], S. 91.

186 Allgemein sind politische Instanzen tendenziell als konservativ und strukturkonservierend zu bezeichnen. Aus dem Einfluß Status-quo-orientierter Interessengruppen resultiert seitens der Politik eine selektive Problemwahrnehmung zu Lasten progressiver Veränderungen. Vgl. von Weizsäcker [1999], S. 144 ff. Speziell für Konversion stellt Wellmann fest, daß eine strukturkonservative Sichtweise von Konversion insofern festzustellen ist, als beschäftigungspolitische Aspekte im Mittelpunkt des Interesses stehen. Die Politik wünscht möglichst wenig abrüstungsbedingten Strukturwandel. Vgl. Wellmann [1991], S. 199 f.

187 Vgl. Wellmann [1991], S. 198.

188 Vgl. Jörg [1996], S. 71.

189 Vgl. Wellmann [1991], S. 205 und S. 207.

kal anfallen, d. h. regional unterschiedlicher Handlungsbedarf auftritt, wird eine regionale Organisationsstruktur zur Bewältigung der Probleme benötigt.[190]

Die Affinität der Konversionsproblematik zu allgemeinen Strukturwandelprozessen macht ein Weiteres deutlich: Die Erfahrungen mit Prozessen des strukturellen Wandels verdeutlichen, daß die Umstellungskosten – und damit der gesellschaftliche Widerstand – in einem prosperierenden und wachsenden Wirtschaftsumfeld leichter zu bewältigen sind.[191] In einer dementsprechenden Wirtschaftspolitik liegt somit eine weitere Voraussetzung für eine friktionsarme Bewältigung der Konversion.

Zusammenfassend läßt sich feststellen, daß Konversion ohne die Handlungs- und Kooperationsbereitschaft der Akteure auf kommunaler, nationaler und internationaler Ebene nicht stattfinden kann.[192] Die aktive, friedensfördernde Gestaltung der Sicherheitspolitik in Richtung auf entmilitarisierte internationale Beziehungen ist kein Selbstläufer, vielmehr sind vielfältige politische Herausforderungen zu bewältigen, die sich auf allen politischen Ebenen wiederfinden. Tatsächlich sind zunächst scharfe Verhandlungen und Auseinandersetzungen auf nationaler Ebene zu erwarten, bevor der Eintritt in zwischenstaatliche Verhandlungen möglich wird. Erfahrene Verhandlungsführer verweisen darauf, daß der schwierigste Teil ihrer Aufgabe im Umgang mit Interessengruppen, Verwaltungen und nationalen Politikern besteht.[193]

5.3. Konversion zwischen Rüstungslobbyismus und Politikversagen

Die politökonomische Betrachtung der Konversionsthematik auf der nationalen Ebene hat hervorgebracht, daß die Akteurstriade bestehend aus Politik, Militär und Rüstungsindustrie konvergente Interessen in bezug auf eine rüstungslastige Sicherheitspolitik aufweist. Sofern eine innengeleitete Rüstungspolitik zu einer Allokation von Militärressourcen über das durch das Bedrohungspotential objektiv erforderliche Maß führt, wird zum einen dem Prozeß des internationalen Wettrüstens Vorschub geleistet, wodurch sich letztendlich kein sicherheitspolitischer Fortschritt erzielen läßt. Zum anderen ist eine forcierte Rüstung aus nationalen Gründen gerade nicht als Wachstumsmotor einer Volkswirtschaft anzusehen und somit auch nicht aus wirtschaftlichen Gründen legitimierbar.

---

190 Vgl. Wilke [1990], S. 477.

191 Vgl. Wilke [1990], S. 298.

192 Vgl. Jörg [1996], S. 71.

193 Vgl. Mayer [1992], S.792.

Die weder sicherheitspolitisch noch wirtschaftspolitisch überzeugende Favorisierung einer rüstungsfördernden nationalen Sicherheitspolitik muß somit als Resultat der Dominanz von Akteuren gesehen werden, die Rüstungsinteressen vertreten. Hingegen sind Konversionsinteressen nicht organisiert bzw. nicht politisch konfliktfähig. Insofern stellt die auf nationaler Ebene stattfindende Vertretung von Rüstungsinteressen ein beachtliches Konversionshemmnis dar.

Zudem läßt sich mit dem Hinweis auf den erst langfristig auftretenden Konversionsnutzen und die Verteilung der Konversionskosten auf konfliktfähige Akteure begründen, daß Konversion die Tatbestandsmerkmale aufweist, die zu einem Politikversagen führen. Folglich können für Politiker keine Anreize festgestellt werden, das Thema Konversion in dem Prozeß der politischen Willensbildung zu propagieren.

Die beiden Aspekte – Rüstungslobbyismus und Politikversagen – lassen erkennen, daß von den betrachteten nationalen Akteure eine Förderung eines internationalen Konversionsprozesses nicht zu erwarten ist. Zur Bewältigung des diesbezüglich bestehende Handlungsbedarfs lassen sich zwei Ansatzpunkte anführen:

Als erster Ansatzpunkt ist darauf zu verweisen, daß eine Ursache für das Auftreten von Reformstaus darin zu sehen ist, daß die Entscheidungshorizonte der Politiker aus zeitlicher Sicht nicht mit dem Konversionsanliegen übereinstimmen. Damit ist die grundsätzliche Frage angesprochen, wie Politiker dazu bewegt werden können, langfristige Problemstellungen aufzugreifen, obwohl sich der Nutzen für die Gesellschaft erst in ferner Zukunft entfalten wird. In diesem Zusammenhang ist zunächst festzustellen, daß die Politiker nicht durch irrationale Verhaltensweisen unbefriedigende Politikergebnisse herbeiführen. Vielmehr verhalten sich die Politiker hinsichtlich ihres Entscheidungskalküls rational.[194] Für das Ausbleiben gesellschaftlich vorteilhafter Entwicklungen sind demnach die Entscheidungsregeln, innerhalb derer die Politiker Entscheidungen treffen, verantwortlich zu machen. Diese Regeln führen dazu, daß es aus der Sicht von Politikern nicht rational ist, die erforderlichen, langfristig orientierten Maßnahmen einzuleiten bzw. erst dann aktiv zu werden, wenn der Reformstau einen kurzfristigen Handlungsbedarf auftreten läßt. Um eine Langfristorientierung in der Politik zugunsten einer konversionsorientierten Sicherheitspolitik zu lancieren, bedarf es einer entsprechenden Anpassung der politischen Entscheidungsregeln, sozusagen einer Ordnungspolitik für die Politik, die eine Synchronisation

---

194 Vgl. Priddat [1999], S. 152.

der Zeithorizonte von gesellschaftlichen Problemen und politischen Entscheidungskalkülen herbeiführt.[195]

Zweitens ist es erforderlich, die Triade zwischen Rüstungsindustrie, Militär und Politik aufzubrechen, um zumindest der innengeleiteten Rüstungspolitik zu begegnen. Erst indem es gelingt, das Akteursdreieck zwischen Politik, Militär und Rüstungspolitik aufzubrechen, können nationale Barrieren überwunden werden, die andernfalls einen Konversionsprozeß sowie die Implementierung eines internationalen Konversionsvertrages verhindern. Insofern bedarf es zum einen einer informierten Öffentlichkeit, die in der Lage ist, in einem öffentlich geführten Diskurs einen Druck auf Politiker auszuüben, um den politischen Spielraum für eine selektive Verbandspolitik einzuengen. Zum anderen kann durch ordnungspolitische Begrenzungen der Politik darauf hingewirkt werden, daß der Staat sich auf seine eigentliche Arbeit beschränkt und auf diese Weise die Politik einer Instrumentalisierung für Partikularinteressen entzogen wird.[196]

Diesen Aspekten kommt eine zentrale Bedeutung zu, wenn sich die nationalen politischen Rationalitäten zugunsten von Konversionsbestrebungen verändern sollen.

---

195 Zur Förderung politischer Langzeitorientierung durch die Bildung längerer bzw. variabler Wahlperioden siehe Köllner [1990 c], S. 402 f.

196 Vgl. Hartwig [1997], S. 671.

6. Abschließende Zusammenfassung und Bewertung der Ergebnisse

Die Modellierung von Verhandlungselementen für einen internationalen Konversionsvertrag stand als zentrale Aufgabe im Mittelpunkt der spieltheoretischen Untersuchung. Als weiterer, die spieltheoretische Analyse ergänzender Aufgabenkomplex war eine politökonomische Untersuchung der Konversion unter Bezugnahme auf nationale Akteure indiziert.

Um einen fundierten Einstieg in die spieltheoretische und die politökonomische Analyse der Konversion zu ermöglichen, bedurfte es zunächst der Darstellung alternativer sicherheitspolitischer Strategien: Äußere Sicherheit durch nationale Abschreckung und internationale Sicherheit im Rahmen eines internationalen Konversionsvertrags.

Die Ergebnisse der Untersuchung des Zusammenhangs zwischen internationaler Sicherheit und Konversion lassen sich wie folgt zusammenfassen: Die Herstellung äußerer Sicherheit als nationale Aufgabe kann durch eine Strategie der Abschreckung und Verteidigung mittels des Einsatzes militärischer Ressourcen bewerkstelligt werden. Indem einem Gegner die Zufügung eines unannehmbaren Schadens glaubhaft angedroht wird, kann dieser von einem militärischen Übergriff abgehalten und das eigene Land geschützt werden. Kommt es dennoch zu einem Übergriff, werden die verfügbaren Ressourcen zur Verteidigung eingesetzt.

Wird nun eine Vielzahl von Ländern betrachtet, so kommt der Begriff der internationalen Sicherheit ins Spiel, wobei auf das zwischen den Ländern bestehende, wechselseitige Abschreckungs- und Bedrohungsgeflecht abgestellt wird. Anhand eines Zwei-Länder-Modells zur Allokation von Abschreckungsressourcen läßt sich zeigen, daß infolge der nationalen Anhäufung von Abschreckungspotentialen auf internationaler Ebene sowohl stabile als auch instabile Zustände hervorgerufen werden können. Instabilitäten treten insbesondere bei einseitiger Abschreckung durch Counterforce-Fähigkeiten sowie an den Randbereichen der gegenseitigen stabilen Abschreckung und im Fall der doppelt instabilen Abschreckung bei hohen Counterforce-Fähigkeiten auf. Stabile Abschreckung, die mit einem Zustand internationaler Sicherheit einhergeht, tritt im Fall der gegenseitigen Abschreckung nur dann auf, wenn bei gegebenen nationalen Counterforce-Reserven und –Wirksamkeiten kein erfolgreicher Entwaffnungserstschlag durchgeführt werden kann. Dieses ist der Fall, wenn das angegriffene Land nach der Hinnahme eines Erstschlages noch über ein hinreichendes Militärpotential verfügt, um dem angreifenden Land einen unannehmbaren Schaden zuzufügen.

Von einem militärischen Gleichgewicht ist aus nationaler Sicht zu sprechen, wenn sich die militärischen Abschreckungspotentiale entsprechen. Abweichungen von dieser Parität führen im unterlegenen Land zu Aufrüstungen. Auf internationaler Ebene hingegen ist der Begriff des militärischen Gleichgewichtes weiter zu fassen: Solange der Bereich der stabilen gegenseitigen Abschreckung nicht verlassen wird, befinden sich die Länder insofern in einem Gleichgewicht, als von keinem Land die Durchführung eines Erstschlages zu erwarten ist. Paritätische Abschreckungskonstellationen sind in dieser Sicht nicht erforderlich, um die internationale Sicherheit zu gewährleisten. Jedoch sind die Länder in einem Umfeld, daß durch gegenseitiges Mißtrauen und unvollständige Information über die gegnerischen Abschreckungspotentiale gekennzeichnet ist, einem Druck in Richtung auf die fortgesetzte Entwicklung und Installierung innovativer Waffensysteme ausgesetzt. Diese Entwicklung erfolgt auf nationaler Ebene mit dem Hinweis auf die Aufrechterhaltung des militärischen Gleichgewichtes i. S. der militärischen Parität. Da sich die nationalen Aufrüstungsmaßnahmen negativ auf die äußere Sicherheit des Gegners auswirken, werden entsprechende Nachrüstungen notwendig. Infolge der durch fortlaufende Revisionen der nationalen Verteidigungspolitiken in Richtung auf eine höhere militärische Schlagkraft gekennzeichneten Entwicklung entsteht ein Prozeß des Wettrüstens, dem sich kein Staat entziehen kann, ohne die nationale Sicherheit zu gefährden.

Vor dem Hintergrund der zunehmenden Belastungen der Volkswirtschaften durch steigende Verteidigungskosten sowie aus militärischen Gründen infolge der Bündelung militärischer Potentiale lassen sich deutliche Anreize zur gemeinsamen Produktion von Abschreckungsleistungen innerhalb von Bündnissen ausmachen. In der Zeit nach dem Zweiten Weltkrieg haben die Bündnisstrukturen – und damit hat die internationale Sicherheitslandschaft einen weitreichenden Wandel erfahren. Mit der einstigen Blockkonfrontation zwischen der NATO und dem Warschauer Pakt war die internationale Sicherheitslandschaft lange Zeit durch eine Bipolarität gekennzeichnet, die auf der einen Seite sowohl mit einer Kanalisierung massiver gegenseitiger Bedrohungen verbunden war, als auch den Prozeß des Wettrüstens maßgeblich vorangetrieben hat. Auf der anderen Seite wirkte die Bipolarität der Bündnisstrukturen insofern stabilisierend, als die Bündnisse disziplinierend auf die Mitgliedsstaaten wirkten. Mit dem Zusammenbruch der ehemaligen Sowjetunion zerfiel letztlich auch das Bündnis des Warschauer Paktes. Die nunmehr unangefochtene Dominanz der NATO wurde zunächst als ein Sicherheitszuwachs verbucht. In der ersten Phase der Neuorientierung in den späten achtziger und frühen neunziger Jahren standen folgerichtig politische Optionen zur Konfliktlösung im Vordergrund. Schon bald stellte sich jedoch heraus, daß der Zusammenbruch der ehemaligen Sowjetunion und der Zerfall des Warschauer Paktes in den ehemaligen Mitgliedsländern ein

Sicherheitsvakuum hinterlassen hat. Der Wegfall des disziplinierenden Überbaus der bipolaren Bündnisstruktur führte zu instabilen Verhältnissen, und mit dem Aufkommen der ersten gewaltsamen Konflikte erfuhr die militärischen Prinzipien folgende NATO eine Aufwertung, so daß sie heute das einzige bedeutsame Bündnis darstellt, daß aufgrund seiner militärischen Potenz international einsatzfähig ist. Neuere Bestrebungen innerhalb der EU, die Gemeinsame Europäische Sicherheits- und Verteidigungspolitik in den Stand eines international relevanten sicherheitspolitischen Akteurs zu heben, stecken derzeit auch nach der Erklärung von Saint Malo noch in den Kinderschuhen. Insgesamt weist die derzeitige Bündnisstruktur und die darauf basierende internationale Sicherheitslandschaft eine unilaterale Ausrichtung auf die NATO auf, wobei gleichzeitig eine Fragmentierung der Sicherheitsrisiken festzustellen ist. Im Hinblick auf die Fortentwicklung ziviler Konfliktlösungsmechanismen ist in erster Linie auf die OSZE zu verweisen. Seit den Ereignissen in der ersten Hälfte der neunziger Jahre ist die OSZE in den Schatten der wieder erstarkenden NATO getreten.

Zahlreiche rüstungsbegrenzende Abkommen haben in der Vergangenheit zu einem verlangsamten Anwachsen der Abschreckungspotentiale und des Prozesses des Wettrüstens geführt. Jedoch ist aufgrund des Festhaltens an militärischen Prinzipien keine Umkehr des Abschreckungspfades festzustellen. Ferner ist nicht auszuschließen, daß Rüstungsbegrenzungen in obsoleten Militärbereichen stattfinden, und zugleich eine Kompensation durch den Aufbau innovativer Waffen erfolgt. Insofern ist die Rüstungskontrolle lediglich als ein Bestandteil der Rationalisierung der Streitkräfte zu interpretieren. Auch anhand des Zwei-Länder-Modells der Abschreckung läßt sich zeigen, daß Rüstungskontrollabkommen zwar geeignet sind, den Prozeß des Wettrüstens zu dämpfen, jedoch stellen sich keine systematischen und nachhaltigen Abrüstungsprozesse ein.

Vor dem Hintergrund der skizzierten einzelstaatlichen Abschreckungsstrategie zur Herstellung der äußeren Sicherheit, der internationalen Bündnisbildung und der Abkommen zur Rüstungskontrolle weist das internationale Konfliktpanorama inhaltliche und regionale Schwerpunkte auf. Der größte Teil der gewaltsam geführten Konflikte findet zwischen wenigen Nachbarstaaten oder unter Beteiligung einer Großmacht statt. Als Konfliktursachen läßt sich auf territoriale Ansprüche, machtorientierte Ambitionen, ideologischen Differenzen, ökologische Schäden, knappe Ressourcen, Migration und Terrorismus verweisen. Eine militärorientierte Strategie der Abschreckung kann zwar bewirken, daß ein hinreichend starkes Land nicht von einem anderen Land angegriffen wird, jedoch muß die Abschreckungsstrategie als symptomorientiert bewertet werden, da das Symptom Krieg durch die Androhung von Gegengewalt lediglich unterdrückt wird. Dieses gelingt jedoch nicht in jedem Fall, wie die Beispiele des internationalen Terrorismus belegen. Eine Abschreckungsstrategie kann eben nur unter der Voraussetzung wirksam sein, daß der Adressat bekannt ist, gegen den sich die Abschreckungsdrohung richtet, und daß sich der Adressat überhaupt durch Androhung von Gewalt abschrecken läßt, was insbesondere bei Terroristen bezweifelt werden muß, die als Selbstmordattentäter aktiv werden. Erst recht ist der Einsatz von Vergeltungsschlägen als kontraproduktiv anzusehen, wenn Terroristen durch gezielte Provokationen eine Eskalationsspirale auslösen wollen, bei der es keinen Gewinner geben kann. Abschreckungsdrohungen sind somit nur in gewissen Grenzen, nämlich bei zwischenstaatlichen Konflikten traditionellen Zuschnitts, geeignet, die gewaltsame Austragung von Konflikten zu unterdrücken. Vielmehr legt die weltweite Konfliktsituation nahe, die Konfliktursachen stärker in den Mittelpunkt der Konfliktbekämpfung zu stellen. Erforderlich ist eine Therapie, die kausalorientiert Mißstände bekämpft, die zu gewaltsamen Konflikten führen können. In der vorgestellten zivilorientierten Sicherheitspolitik ist m. E. ein geeigneter Ansatz zu sehen.

Folgt man diesem Gedanken, ist eine Lösung von den militärischen Pfeilern der Sicherheitspolitik erforderlich, und Konversion ist das Handlungsprogramm, das dann zu ergreifen ist.

Konversion bedeutet die Umkehr vom falschen zum richtigen Glauben bzw. Handeln. In der sicherheitspolitischen Auslegung ist Konversion als ein durch Abrüstungs- und Transformationstatbestände zusammengesetztes Handlungsprogramm zu sehen, das auf die Herstellung einer koordinierten internationalen Sicherheit auf einem niedrigen Abschreckungsniveau gerichtet ist.

Unter Bezugnahme auf das Zwei-Länder-Modell der Abschreckung läßt sich hinsichtlich der Abrüstungstatbestände der Konversion feststellen, daß die Umkehr des Abschreckungspfades über eine Mehrzahl von Abrüstungsrunden und in kleinen Schritten stattfinden muß, um nicht der Gefahr zu unterliegen, den Bereich der stabilen gegenseitigen Abschreckung zu verlassen. Ferner sind v. a. die Waffensysteme mit hohen Counterforce-Wirksamkeiten abzurüsten, um den Bereich der stabilen gegenseitigen Abschreckung in Richtung auf den Punkt der Minimalabschreckung zu öffnen und damit Spielräume für weitere Abrüstungsschritte zu gewinnen. Eine Schwierigkeit liegt in diesem Zusammenhang darin, die Abschreckungspotentiale von qualitativ und quantitativ unterschiedlichen Waffensystemen zu ermitteln. Sofern jedoch eine zivilorientierte Sicherheitspolitik verfügbar ist, sind Militärpotentiale eher entbehrlich als bei Verfolgung einer abschreckungsorientierten Sicherheitspolitik. Infolgedessen ist anzunehmen, daß die interessengeleiteten Bewertungen der Abschreckungspotentiale weniger stark differieren und ein Konsens erzielt werden kann.

Als zweites Element der Konversion sind die Transformationstatbestände behandelt worden, die mit der Freisetzung und Umwidmung ehemals militärisch genutzter Ressourcen verbunden sind. Sofern die freiwerdenden Ressourcen dem Militärbereich entstammen, findet eine Standortkonversion in Form von Flächen- oder Beschäftigungskonversion statt. Die freiwerdenden Ressourcen der Rüstungsindustrie und der Zulieferbetriebe werden im Rahmen der Rüstungskonversion transformiert. Da die Transformation mit Friktionen und Anpassungslasten verbunden ist und der Erfolg der Konversion von dem Gelingen des Transformationsprozesses abhängt, kann ein wirtschafts- und sicherheitspolitisch motivierter Handlungsbedarf zur Steuerung der Transformationsprozesse festgestellt werden. Darüber hinaus ist die politische Transformationssteuerung auch den betroffenen Gruppen gegenüber sozialpolitisch legitimiert, wenn sich bspw. Standortschließungen regional verdichten. Zugleich ist zu beachten, daß einer Steuerung der Transformationsprozesse über den Markt aus Effizienzgesichtspunkten der Vorzug einzuräumen ist. Vor dem Hintergrund dieses Spannungsfelds unterschiedlicher sicherheits-, wirtschafts- und sozialpolitischer Ansprüche an die politische Steuerung umfangreicher Transformationsprozesse ist festzustellen, daß den betroffenen Arbeitskräften, Unternehmen und Regionen eine Perspektive zum geordneten Rückzug aus dem Militärbereich und der Rüstungsindustrie in Richtung auf eine Friedenswirtschaft zu ermöglichen ist.

Als Resultat des erfolgreichen Vollzugs internationaler Konversionsprozesse können das Wettrüsten überwunden und die internationale Sicherheit mit geringerem Ressourcenaufwand produziert werden. Infolge der geringeren Belastung der Verteidigungshaushalte und der zivilorientierten Transformation freiwerdender Ressourcen entsteht somit eine Friedensdividende. Da in der Vereinnahmung der Friedensdividende ein wichtiger wirtschaftlicher Anreiz zur Beteiligung an internationalen Konversionsprozessen zu sehen ist, kommt der politischen Steuerung der internationalen Verteilung der Friedensdividende ebenfalls Bedeutung zu. Die letztendliche Entscheidung hinsichtlich der Verwendung der Friedensdividende in einer der zahlreichen privaten oder öffentlichen Optionen stellt eine nationale Angelegenheit dar.

Die im Zuge der Konversion stattfindenden Prozesse der Abrüstung und Transformation sind auch mit negativen Implikationen, nämlich sozialen und wirtschaftlichen Lasten verbunden. In diesem Zusammenhang sind zunächst die Demilitarisierungskosten anzuführen. Zu diesen Kosten zählen die Aufwendungen für den Transport, die Demontage und Entsorgung von Rüstungsgütern, für die Verwaltung und die Aufbereitung von Liegenschaften. Anhand einzelner, beispielhaft angeführter Demilitarisierungskosten läßt sich zeigen, daß der Aufwand für diese Kostenart ein erhebliches Ausmaß erreicht.

Des weiteren treten im Zuge von Standortschließungen und –verkleinerungen Kosten der Demobilisierung auf. Neben Arbeitslosigkeit sind auch negative Einkommens- und Fiskaleffekte anzuführen, die sich letztlich in Sekundäreffekten niederschlagen. Mit anderen Worten werden durch Multiplikatoreffekte auf indirektem Weg die Arbeitslosigkeit verstärkt. Diese im Zusammenhang mit der Demobilisierung auftretenden Effekte stellen weniger aus makroökonomischer als aus regionalökonomischer Sicht ein Problem dar, was auf die bevorzugte Ansiedlung militärischer Einrichtungen in strukturschwachen Regionen zurückzuführen ist. Die von der Demobilisierung betroffenen Räume weisen aber oftmals nur eine sehr begrenzte Fähigkeit zur Absorption derartiger Schocks auf. Letztlich ist dann eine Zunahme regionaler Einkommensdisparitäten zu Lasten der vom Militärabbau betroffenen Gebiete zu erwartenden, worin ein ernstzunehmender sozialpolitischer Handlungsbedarf begründet liegt.

Konversion führt zu verminderter Nachfrage nach Rüstungsgütern. Damit werden Anpassungen in der Rüstungsindustrie und den Zulieferbetrieben erforderlich, es treten die Kosten des Rüstungsabbaus auf. Die Rüstungskonversion ist qualitativ mit den gleichen Effekten wie die Demobilisierung verbunden, jedoch sind die Anpassungsbedarfe aus makroökonomischer Sicht weniger gravierend als im Fall der Demobilisierung. Vor dem Hintergrund des rüstungsindustriellen Konzentrationsmusters und der unterschiedlichen Organisation der nationalen Rüstungsindustrien läßt sich allerdings eine international differenzierte Verteilung der Abrüstungskosten konstatieren. In Abhängigkeit von nationalen und regionalen Merkmalen kann der Abbau der Rüstungsindustrie erhebliche Konsequenzen haben, so daß Widerstände gegen Konversion zu erwarten sind. Des weiteren darf nicht übersehen werden, daß die Rüstungsindustrie in der vergangenen Dekade bereits einen deutlichen Schrumpfungsprozeß durchschritten hat.

Es zeigt sich, daß die Konversion zunächst mit einem hohen Ressourcen- und Finanzmittelbedarf verbunden ist und überdies Anforderungen an die Anpassungsfähigkeit der betroffenen Arbeitnehmer stellt. Diesbezüglich ist auf die Bedeutung der Kostenverteilung auf internationaler Ebene für das Zustandekommen der Konversion hinzuweisen. Mit fortschreitender Konversion ist zu erwarten, daß die Konversionskosten allmählich zurückgehen, so daß nach einem Zeitraum von acht bis zwölf Jahren eine Netto-Friedensdividende vereinnahmt werden kann.

Da in der Vereinnahmung der Friedensdividende ein wichtiger wirtschaftlicher Anreiz zur Beteiligung an internationalen Konversionsprozessen zu sehen ist, kommt der politischen Steuerung der internationalen Verteilung der Friedensdividende ebenfalls eine Bedeutung zu.

Vor dem Hintergrund der umfangreichen Konversionsbereiche und der weitreichenden Implikationen, insbesondere der Konversionskosten, kann insgesamt festgestellt werden, daß über die militärische Stabilität hinaus auch die wirtschaftliche und die gesellschaftliche Stabilität für die Steuerung von Konversionsprozessen relevant ist.

Des weiteren ist in der Errichtung einer zivilen Grundlage zur Konfliktprävention und –bearbeitung und deren Institutionalisierung eine wesentliche Voraussetzung für die Etablierung eines dauerhaften Konversionsprozesses zu sehen. Je mehr es gelingt, im Rahmen einer zivilorientierten Sicherheitspolitik auf eine nicht mit militärischen Bedrohungen verbundene Art und Weise mit Konflikten umzugehen, desto eher kann auf eine militärische Konfliktlösungsoption verzichtet werden. Zur Ausweitung der gewaltfreien Konfliktlösung lassen sich als Ansatzpunkte die Verrechtlichung internationaler Beziehungen, insbesondere zur Schaffung von Rechtssicherheit in bezug auf bekannte Konfliktgegenstände, sowie die Demokratisierung politischer Entscheidungsprozesse anführen. Ferner ist auf den verstärkten Einsatz von Diplomaten und Vermittlern zur Fortführung eines Dialogs im Konfliktfall zu verweisen. Auch Maßnahmen, die zu einer Stärkung der Vertrauensbasis zwischen Ländern führen, sind geeignet, die Belastbarkeit in Krisen heraufzusetzen. Selbiges gilt für wirtschaftliche wie auch für gesellschaftliche Verflechtungen zwischen Nationen. Sofern besondere Problemlagen die Einrichtung von Konfliktlösungszentren zur Förderung der Konfliktbeilegung nahelegen, sind diese regional auszurichten, um den Denkweisen, Mentalitäten und Bedürfnissen der betreffenden Nationen entgegenzukommen.

Eine derartige zivilorientierte Sicherheitspolitik setzt an den Konfliktursachen an und ist bereits aus diesem Grund einer militärorientierten Sicherheitspolitik überlegen. Letztere kann die gewaltsame Austragung von Konflikten unterdrücken, jedoch nicht zur Lösung des Konfliktes beitragen.

Während Konversion sich mit der Art und Weise der Abrüstung und Transformation beschäftigt, steht die zivilorientierte Sicherheitspolitik vor der Aufgabe, Sicherheit durch den Einsatz nicht-militärischer Mittel, d. h. durch Konfliktprävention und friedliche Streitbeilegung zu bewerkstelligen. Erst durch das Zusammentreffen dieser sich ergänzenden Elemente entsteht eine Strategie im Sinne eines vollständigen Aktionsprogramms, das der Strategie der Sicherheit durch militärische Abschreckung gegenübergestellt werden bzw. an dessen Stelle treten kann.

Hingegen belegen die sicherheitspolitischen Entwicklungen seit der Beendigung des Ost-West-Konfliktes, daß zwar ein deutliches Absinken der weltweiten Militärausgaben festzustellen ist und sich eine Friedensdividende eingestellt hat, jedoch kann die Entwicklung nicht als Konversion bezeichnet werden. Vielmehr sind Abrüstungen nur partiell erfolgt und in vielen Bereichen von rationalisierenden Umrüstungen begleitet. Auch eine systematische politische Steuerung der Transformationsprozesse ist nicht zu verzeichnen.

Daher ist der Schluß zu ziehen, daß in der historisch einmaligen Konstellation der Beendigung des Ost-West-Konfliktes lediglich ein Bruch im Rüstungswettlauf zu sehen ist, nicht aber ein Übergang zu einer neuen und auf Demilitarisierung gerichteten Weltordnung. Insofern muß konstatiert werden, daß die aus der Beendigung des Ost-West-Konfliktes resultierenden Konversionsanreize unterdessen verpufft sind, und die Abrüstungsdiskussion nicht zu einer sicherheitspolitischen Weichenstellung in Richtung auf Konversion geführt hat. Auch ist der Weg in Richtung auf eine zivilorientierte internationale Sicherheitsordnung zur Überwindung der gegenseitigen militärischen Abschreckung nicht beschritten worden. Abschreckung ist nach wie vor die dominierende Sicherheitsstrategie. Da die für eine nachhaltige Konversion erforderliche Änderung der militärischen und politischen Prioritäten bislang nicht stattgefunden hat, lassen sich für die Zukunft eine Rückkehr zu Rüstungswettläufen und infolgedessen steigende Militärausgaben prognostizieren.

Vor diesem Hintergrund ist nach den Ursachen für das Ausbleiben von Konversionsprozessen zu fragen. Diesbezüglich sind als technische Konversionsprobleme die Komplexität und die Interdependenz der Entscheidungssituation anzuführen. Ferner ist der Einfluß von Interessengruppen und das Vorliegen eines Politikversagens zu untersuchen.

Zur Modellierung von Verhandlungselementen für einen internationalen Konversionsvertrag und zur Analyse der technischen Konversionsprobleme bedarf es zunächst der Darstellung der spieltheoretischen Grundzüge.

Bereits nach dem ersten Eintauchen in die methodischen Ansatzpunkte der Spieltheorie konnte anhand des Gefangenendilemmas gezeigt werden, daß nichtkooperative Spiele als Lösung das Nash-Gleichgewicht hervorbringen. Dieser Spielausgang des Gefangenendilemma ist zwar stabil, aber ineffizient, da er im Widerspruch zur kollektiven Rationalität steht. Durch Kooperation läßt sich zwar ein effizientes oder zumindest verbessertes Spielergebnis erzielen, jedoch sind die Spielergebnisse – mit Ausnahme der Koordinationsspiele – nicht stabil, d. h. es droht ein Rückfall auf den Konfliktpunkt. Um die Kooperation aufrechtzuerhalten, bedarf es einer Bindung, die entweder auf einer Selbstverpflichtung oder – und dieses stellt die zweckmäßigere Variante dar – auf einer vertraglichen Vereinbarung beruhen kann.

Damit richtet sich der Blick auf die Verhandlungsspiele zur Herstellung stabiler und nutzenerhöhender Kooperation. Den Verhandlungsspielen liegen nicht-kooperative Spielsituationen zugrunde, die durch Verhandlungen zu bindenden Vereinbarungen über Kooperationen führen sollen. Die Verhandlungen der Akteure beeinflussen sowohl die Höhe des Kooperationsgewinns als auch dessen Verteilung auf die Akteure. Der Verhandlungsausgang und die damit verbundenen Auszahlungen sind prinzipiell indeterminiert. Um jedoch Aussagen zu Verhandlungsausgängen, d. h. den Spiellösungen treffen zu können, bedarf es einer Einengung der Lösungsräume. An diesem Punkt setzen die spieltheoretischen Lösungsansätze für Verhandlungsspiele an.

Im Rahmen der axiomatischen Lösungsansätze werden an die Lösung bestimmte Anforderungen (Axiome) gestellt, die zu einer Verengung des Lösungsraumes führen. So sieht bspw. die Nash-Lösung vor, daß das Spielergebnis zugleich den Axiomen der Effizienz und der Fairneß genügen muß. Die Effizienzanforderung schränkt den Lösungsraum auf die Nutzengrenze ein, die Fairneßanforderung ist in Abhängigkeit von den diesbezüglichen Vorstellungen der Akteure bspw. dann erfüllt, wenn der Kooperationsgewinn symmetrisch aufgeteilt wird. Infolge der Berücksichtigung dieser beiden Axiome wird der Lösungsraum auf einen Punkt beschränkt und somit eindeutig. Die proportionale Lösung hingegen beschränkt sich auf das Axiom der Fairneß: Lösungen unterhalb der Nutzengrenze werden akzeptiert, solange die infolge der Verhandlungen zu verzeichnenden Auszahlungszuwächse proportional aufgeteilt werden.

Im Rahmen der behavioristischen Lösungsansätze werden die Verhandlungsprozesse betrachtet. Anhand der behavioristischen Ansätze läßt sich zeigen, daß Verhandlungsprozesse, in denen über mehrere Runden Vorschläge und Konzessionen abgegeben werden, in kleinen Schritte zu pareto-verbessernden Verhandlungslösungen führen können, wenn zumindest kompatible Vorschläge unterbreitet werden. Ein konkretes Spielergebnis kann nicht prognostiziert werden, sofern jedoch die Spieler über identische Konzessionsbereitschaften verfügen, mündet ein Verhandlungsprozeß über marginale Konzessionen in die Nash-Lösung.

Sofern den Verhandlungsspielen keine verbindlichen Abmachungen zugrunde liegen, verweisen strategische Lösungsansätze auf die Bedeutung von Spielregeln. Durch Spielregeln geleitete nicht-kooperative Spiele können die gleiche Lösung hervorbringen wie kooperative Spiele. Beispielsweise führt die Kuchenteilungsregel zur Umsetzung der Nash-Lösung. Insofern lassen sich die Axiome der Effizienz und Fairneß durch die institutionellen Vorgaben der Kuchenteilungsregel substituieren. Unter Hinweis auf den Rubinstein-Ansatz kann festgestellt werden, daß auch die Zeitpräferenz für die Aufteilung des Kooperationsgewinns eine Rolle spielt: Für den Spieler mit der höheren Zeitpräferenz kann es rational sein, auf einen Teil des Kooperationsgewinns zu verzichten, wenn die Kosten der Weiterführung des Verhandlungsprozesses höher ausfallen als der zu erwartende Gewinn.

Vor diesem Hintergrund untersucht das Mechanismusdesign, wie Regeln, d. h. Mechanismen zu modellieren sind, um ein gewünschtes Ergebnis hervorzubringen. In einem ersten Schritt ist unter Berücksichtigung von Präferenzen und Werten zunächst die Norm zu definieren, die durch den Mechanismus umgesetzt werden soll. Im zweiten Schritt ist dann das Regelwerk zu entwerfen, das unter Berücksichtigung der Spielerpräferenzen zur Umsetzung der Norm führt. In diesem Zusammenhang ist vor allem das Problem zu lösen, daß kein Spieler infolge der Verschleierung seiner Präferenzen einen Vorteil erzielen darf. Dieses Problem ist insbesondere bei der Bereitstellung öffentlicher Güter evident.

Die Analyse einer sich im Zeitablauf entwickelnden Abfolge von Spielergebnissen erfolgt im Rahmen der evolutorischen Spieltheorie. Da mit fortschreitender Spieldauer eine Selektion von Strategien stattfindet, kommt ein dynamischer Prozeß zur Entfaltung. Sofern neu auftretende Strategien (Mutationen) eine zunehmende Zahl von Akteuren (Populationsanteile) auf sich vereinen können, diese Strategie somit fit ist, stellt sich ein destabilisierender Effekt in bezug auf das bislang etablierte Spielergebnis ein. Hingegen erweist sich eine Strategie als evolutorisch dominant, wenn sie gegen beliebige Mutationen resistent ist. Wenn folglich die Populationsstruktur keine Veränderungen mehr aufweist, nähern sich die Spielergebnisse sukzessive einem Fixpunkt an.

Zur Begründung der evolutorischen Entwicklung kooperativen Verhaltes zu einer dominanten Strategie ist auf reziprokes Verhalten hinzuweisen. Zwar erweisen sich reziproke Verhaltensweisen als langfristig stabil, jedoch kann reziprokes Verhalten sich in kooperativem wie auch in nicht-kooperativem Verhalten äußern. Um in einem nicht-kooperativ handelnden Milieu zu einem kooperativen Fixpunkt zu gelangen bedarf es somit eines externen Impulses.

Die Bedingungen für egoistische Kooperationen in kleinen und großen Gruppen weisen hinsichtlich der Strategiewahl, der institutionellen Rahmengebung und der Durchsetzungsfähigkeit von Verhaltensweisen Unterschiede auf. Für kleine Gruppen, die sich durch hohe Transparenz und Interdependenz kennzeichnen, ist Tit-for-Tat als eine Strategie zu nennen, die reziproke Anreize setzt und zur spontanen Durchsetzung kooperativer Verhaltensweisen führen kann, wie das Beispiel des Grabenkrieges im Ersten Weltkrieg belegt. Als Problem ist allerdings auf die mangelnde Nachsichtigkeit dieser Strategie hinzuweisen, die über eine Eskalationsspirale zum Zerfall der Kooperation führen kann. Glaubwürdige Sanktionen sind zur Vermeindung von Defektionen unabdingbar, jedoch empfiehlt sich, Sanktionen nachsichtig zu gestalten, um einem Defekteur die Rückkehr in die Kooperationsgemeinschaft nicht zu verschließen.

Egoistische Kooperation in großen Gruppen ist weitaus problematischer. Dieses gilt insbesondere für die Bereitstellung von öffentlichen Gütern. Sofern eine Sanktionierung durch Ausschluß möglich ist, es sich also um Kollektivgüter handelt, bieten sich bessere Kooperationsvoraussetzungen als bei reinen öffentlichen Güter. Die spontane Entstehung sozialer Kooperation kann bei der Bereitstellung öffentlicher Güter nicht erwartet werden. Auch wenn die Kooperation mit gesellschaftlichen Vorteilen verbunden ist, so verhindern individuell rationale Entscheidungen das Zustandekommen der Kooperation. Vielmehr kann eine Kooperation nur dann auftreten, wenn geeignete Sanktionierungs- und Überwachungsinstrumente das Auftreten defektiven und ausbeuterischen Verhaltens verhindern können. Insofern kommt es für die Bildung von Kooperationen in großen Gruppen zum Zweck der Bereitstellung öffentlicher Güter in entscheidendem Maße darauf an, ob die Anreize durch die zu erwartenden Kooperationsgewinne hinreichend stark sind, so daß sich die Akteure freiwillig einer übergeordneten Überwachungs- und Sanktionierungsinstanz unterwerfen.

Besonders problematisch sind Spielkonstellationen, bei denen sich die Verfolgung einer Ausbeutungsstrategie als dominante Strategie herauskristallisiert. Zur Stabilisierung der Kooperation bedarf es einer leistungsfähigen Überwachung und Sanktionierung, so daß Defektionen vollständig unrentabel werden.

Zum Einstieg in die spieltheoretische Untersuchung der internationalen Konversion wird zunächst die Problematik der Herstellung internationaler Sicherheit als eine Gefangenendilemmasituation dargestellt, wobei allseitige Rüstung als dominante Strategie erscheint. Internationale Konversion kommt ungeachtet der kollektiven Vorteilhaftigkeit dieser Strategiekombination nicht zustande, vielmehr bedarf es zur Herstellung einer kooperativen Lösung eines Vertrages.

Für das Zustandekommen eines internationalen Konversionsvertrages sind auf der einen Seite die Freiwilligkeit und Konsensgebundenheit der Verhandlungen konstituierend, auf der anderen Seite sind die Anreize zum Vertragsbeitritt und die Stabilität des Vertrages als Kriterien für die Gestaltung der Vertragsbestandteile zu berücksichtigen.

Vor dem Hintergrund der dargestellten Anforderungen an eine internationale Kooperation (positive einzelstaatliche Wohlfahrtsimplikationen und Vertragsstabilität) sowie der spezifischen Erfolgsbedingungen für einen internationalen

Konversionsvertrag (militärische, wirtschaftliche und gesellschaftliche Stabilität) lassen sich bestimmte Ausgestaltungsanforderungen an die zentralen Inhalte eines Konversionsvertrages (Abrüstungsverpflichtungen, Transformationsvereinbarungen, Transfers, Überwachung und Sanktionierung) ableiten:

Eine international koordinierte, auf Konversion ausgerichtete Sicherheitspolitik kann nur im Rahmen eines freiwilligen Konsenses souveräner Staaten zustande kommen. Insofern spielt die Gestaltung des Verhandlungsprozesses hinsichtlich der zur Anwendung kommenden Abstimmungsregeln eine Rolle. Die Einstimmigkeitsregel ist mit den stärksten Beitrittsanreizen verbunden, da jeder Akteur von eigenen Interessen abweichende Entscheidungen blockieren kann. Jedoch ist die Einstimmigkeitsregel mit hohen Verhandlungskosten behaftet, die das Fortkommen der Verhandlungen blockieren, wenn nicht sogar scheitern lassen. Insofern sind Entscheidungen nach der Mehrheitsregel unabdingbar. Dieses ist insbesondere dann der Fall, wenn gegen defektiv handelnde Akteure Sanktionen zu verhängen sind, um die Stabilität des Vertrages zu gewährleisten. Sofern der durch den Kooperationsgewinn erzeugte Anreiz zum Beitritt zu einem internationalen Konversionsvertrag hinreichend stark ausfällt, kann der Verzicht auf bestimmte Kompetenzen aus einzelstaatlicher Sicht durchaus rational sein. Dieses setzt jedoch zugleich voraus, daß die Akteure darauf vertrauen können, daß Mehrheitsentscheidungen nicht zur Durchsetzung einzelstaatlicher Interessen mißbraucht werden.

Ferner erhöhen in kurzen Intervallen stattfindende Verhandlungsrunden die Chancen, daß sich über sukzessive Konzessionen ein Konsens zwischen den Akteuren herauskristallisiert. Zudem kann die Anzahl der sich beteiligenden Akteure schrittweise in den Verhandlungsrunden erhöht werden. Daraus resultieren höhere Beitrittsanreize, da der Kooperationsgewinn bei steigender Teilnehmerzahl zunimmt. Für einen stabilen Konversionsvertrag ist es ohnehin erforderlich, sämtliche Staaten einzubinden, die über ein militärisch relevantes Potential verfügen. Zwar ist eine Politik der kleinen Schritte mit einem erheblichen Zeitbedarf verbunden, jedoch erlaubt diese Vorgehensweise eine fortlaufende Konkretisierung und Revision der Vertragsinhalte. Insofern ist eine derartige Vorgehensweise als konsensfähig und beitrittsfördernd zu bewerten.

Ein internationaler Konversionsvertrag muß der Anforderung einzelstaatlicher Rationalität genügen. Erst wenn jeder Staat an dem Kooperationsgewinn partizipiert, der Konversionsvertrag somit einzelstaatlich positive Wohlfahrtseffekte impliziert, werden hinreichende Beitrittsanreize erzeugt. Die Entstehung und Verteilung der Wohlfahrtseffekte kann maßgeblich durch die Abrüstungsverpflichtungen, die Transfers sowie durch Paketlösungen beeinflußt werden.

Nur durch sukzessiv fortschreitende Abrüstungsverpflichtungen in der Form länderübergreifend einheitlicher Abrüstungsquoten läßt sich die internationale militärische Stabilität aufrechterhalten. Die dabei auftretendenden Wohlfahrtsasymmetrien sind aufgrund der übergeordneten sicherheitspolitischen Anforderungen zunächst hinzunehmen. Jedoch bedarf es in einem weiteren Schritt einer Kompensation der unterschiedlichen Abrüstungslasten.

Internationale Transformationsvereinbarungen tragen dazu bei, die Transformationslasten insgesamt zu vermindern, indem Transformationserfahrungen und -hilfen verfügbar gemacht werden. Obwohl die Friedensdividende ein nationales Gut darstellt und die Interdependenzproblematik nicht wie bei der Abrüstung auftritt, rechtfertigen sich internationale Transformationsvereinbarungen, weil von dem Erfolg des Transformationsprozesses der Erfolg der Konversion insgesamt abhängt: Zum einen erzeugen Transformationshilfen erhöhte Beitrittsanreize, zum anderen ermöglicht der Abbau von Transformationshemmnissen die Durchsetzung weitreichender Abrüstungsschritte. Zur Bewältigung der Aufgaben der Förderung der Transformation und der Beseitigung asymmetrischer Wohlfahrtsimplikationen ist im Rahmen eines internationalen Konversionsvertrages ein internationales Transfersystem zu implementieren.

Durch monetäre und reale internationale Transfers lassen sich positive und symmetrische Wohlfahrtsimplikationen herstellen. Somit sind Seitenzahlungen, aber auch der Transfer von Know-how und Technologien geeignet, die Beitrittsanreize zu einem internationalen Konversionsvertrag sowie dessen Stabilität zu erhöhen. Die Schwierigkeiten im Zusammenhang mit einem internationalen Transfersystem sind vor allem darin zu sehen, Anreize für die Transfernehmerländer zur wahrheitsgemäßen Mitteilung ihrer Konversationslasten und zur zweckmäßigen Verwendung der transferierten Ressourcen zu setzen. Ferner ist dafür zu sorgen, daß die Transfergeber ihren Zahlungsverpflichtungen nachkommen.

Durch Paketlösungen kann ein Ausgleich asymmetrischer Wohlfahrtsimplikationen durch die Verknüpfung unterschiedlicher Problembereiche bewirkt werden. Hingegen ist der Verwendung von Paketlösungen unter Einbeziehung eines internationalen Konversionsvertrages mit Skepsis zu begegnen, da der Fortbestand eines internationalen Konversionsvertrages von einem sachfremden Politikbereich abhängig und die Stabilität eines ohnehin komplexen Konversionsvertrages gefährdet ist, wenn das Politikpaket zerfällt.

Sofern durch die Abrüstungsverpflichtungen in einer sicherheitspolitisch stabilen Welt ein globaler Wohlfahrtsgewinn entsteht und durch Transfers gewährleistet ist, daß einzelstaatlich gerechte Kooperationsgewinne zu verzeichnen sind, ist das Kriterium der positiven Beitrittsanreize erfüllt. Mit der Kenntnis einer derartigen Kooperationslösung ist allerdings erst der halbe Weg zu einem internationalen Konversionsvertrag beschritten. Im weiteren kommt es nun darauf an, daß diese Kooperationslösung auch von allen Akteuren eingehalten wird. Damit kommt als zweites Kriterium die Vertragsstabilität ins Spiel.

Ein internationaler Konversionsvertrag muß verbindlich sein, d. h. die Akteure müssen davon ausgehen können, daß die im Rahmen des Vertrages getroffenen Vereinbarungen eingehalten werden. Sofern Defektionen einen höheren Gewinn in Aussicht stellen als kooperatives Verhalten, ist der zugrundeliegende Vertrag nicht stabil. Die Herstellung von Verbindlichkeit und damit von Stabilität ist durch die Gestaltung der Vollzugsbedingungen herbeizuführen. Diesbezüglich sind Instrumente der Überwachung und Sanktionierung zu implementieren, um durch eine Verteuerung defektiven Verhaltens der kooperativen Strategie einen Rentabilitätsvorteil zu verschaffen.

Auf der einen Seite sind Überwachung und Sanktionierung mit Kosten verbunden (Vollzugskosten), auf der anderen Seite werden durch Überwachung und Sanktionierung Defektionen verhindert, also Defektionskosten gesenkt. Das Überwachungs- und Sanktionierungsoptimum ist dort zu finden, wo die Summe der Vollzugs- und Defektionskosten minimal ist. In Abhängigkeit von der Bösartigkeit verschiedener Defektionstatbestände sind Ressourcen zum Vollzug zu alloziieren. Der Ausbeutungstatbestand der heimlichen Aufrüstung zur gewaltsamen Vereinnahmung eines konvertierenden Landes muß durch entsprechende Überwachung und Sanktionierung ausgeschlossen werden können, da andernfalls ein internationaler Konversionsvertrag zerfällt. Weniger gravierende Defektionen müssen in einem gewissen Umfang hingenommen werden, wenn die marginalen Kosten der Entdeckung und Sanktionierung die marginalen Defektionskosten übersteigen.

Da eine Sanktionierung durch Ausschluß eines Akteurs nicht möglich ist, sind alternative Sanktionierungsinstrumente erforderlich, um die Stabilität eines internationalen Konversionsvertrages zu gewährleisten, z. B. Geldstrafen, wirtschaftliche und militärische Sanktionen.

Um einen stabilen Vertrag zu erhalten, ist für sicherheitspolitisch brisante Tatbestände eine vollständige Überwachung in Verbindung mit einem harten Bestrafungsrahmen erforderlich. Die damit verbundenen, relativ hohen Vollzugskosten sind zu Lasten des Kooperationsgewinns zu verrechnen und tragen damit zu einer Verminderung der Beitrittsanreize bei. Zudem ist es aus einzelstaatlicher Sicht nicht rational, sich einem harten Sanktionsregime zu unterwerfen.

Insgesamt sind die Sanktionen aus Stabilitätsgründen so hoch wie nötig, aus Beitrittsgründen so mild wie möglich anzusetzen.

Ein Sanktionssystem, das zunächst relativ harte Strafen verhängt und dann in Nachverhandlungen einen Spielraum für eine Herabsetzung des Strafmaßes eröffnet, steht im Einklang mit dem Anspruch, daß sich Akteure bedingt nachgiebig im Umgang mit Defekteuren erweisen sollen, um diesen die Rückkehr in die Konversionsgemeinschaft nicht zu verschließen. Mit Hilfe dieses Kompromißvorschlages läßt sich sowohl eine hohe Abschreckungswirkung gegenüber Defekteuren und damit Vertragsstabilität erzeugen. Des weiteren resultieren aus der Nachverhandlung auch positivere Beitrittsanreize gegenüber der Alternative eines generell harten Sanktionsregimes. Zudem werden wichtige Signale an Defekteure abgegeben, um diese zur Wiederaufnahme der Kooperation zu bewegen

Die wesentlichen Anreize für einen Konversionsvertrag sind in der Realisierung einer Friedensdividende und in dem Abbau der mitunter gravierenden Abschreckungsexternalitäten zu sehen. Im weiteren wurden flankierende Maßnahmen im Hinblick auf eine Erhöhung der Friedensdividende untersucht. Zudem sind positive Nebeneffekte der sicherheitspolitischen Kooperation in die Überlegungen einbezogen worden.

Als flankierende konversionsfördernde Maßnahmen sind Vorreiterverhalten und Abbau politischer Risiken sowie als weitere konversionsförderliche Aspekte Reputation, Solidarität, Altruismus, öffentlicher Druck und das allgemein herrschende Kooperationsmilieu betrachtet worden. Hinsichtlich der Auswirkungen auf Beitrittsanreize und Vertragsstabilität sind die flankierenden Maßnahmen unterschiedlich zu beurteilen.

Die Einnahme einer Vorreiterposition im Sinne isoliert eingeleiteter Konversionsschritte eines einzelnen Staates ist sowohl aus militärischer als auch aus ökonomischer Sicht als kontraproduktiv für einen internationalen Konversionsvertrag anzusehen. Konstruktive Vorarbeit zur Förderung eines internationalen Konversionsprozesses kann jedoch durch die Gewinnung und Verbreitung konversionsrelevanten Wissens geleistet werden. Indem Möglichkeiten zur Abrüstung, Transformation und Bewältigung der sozioökonomischen Implikationen aufgezeigt werden, lassen sich positive Beitrittsanreize zu einem internationalen Konversionsvertrag erzeugen.

Eine konversionsfördernde Wirkung kann ferner denjenigen Maßnahmen zugeschrieben werden, die die internationale politische Stabilität erhöhen und infolgedessen zu einer Senkung der Diskontierungsrate führen. Hierdurch kann eine

Erhöhung des Barwertes der Konversionsstrategie bewirkt werden, woraus ebenfalls erhöhte Beitrittsanreize resultieren.

Des weiteren resultieren Anreize zum Beitritt sowie zur Erhöhung der Vertragsstabilität aus Werten wie Reputation, Solidarität, Altruismus. Zudem ist der öffentliche Druck geeignet, die politischen Kosten unterlassener internationaler Kooperation zu erhöhen. Ferner spielen die bestehenden internationalen Kooperationsstrukturen für die Entstehung eines internationalen Konversionsvertrages eine Rolle, da das globale Kooperationsmilieu ein Spiegel der grundsätzlichen Einstellung der Akteure zu kooperativem Verhalten darstellt. Darüber hinaus entstehen im Zuge fortschreitender internationaler Verflechtungen zunehmende Kooperationsgewinne. Die auftretenden Kooperationssynergien erzeugen nicht nur verstärkte Beitrittsanreize, sondern wirken sich auch stabilisierend aus, da defektive Verhaltensweisen unrentabel sind, wenn der Entzug der synergetisch gewachsenen Kooperationsgewinne droht.

Insgesamt kommt dem Zusammenspiel der vorgestellten flankierenden Maßnahmen ein bedeutsamer Stellenwert zur Unterstützung der Entstehung und Aufrechterhaltung internationaler Konversionsprozesse zu. Allerdings sind derartige Maßnahmen der Konversionsförderung mit einem erheblichen, d. h. generationenübergreifenden Zeitbedarf verbunden, was insbesondere für die Anpassung in Richtung auf zivilorientierte Wertvorstellungen, aber auch für internationale Verflechtungen festzustellen ist.

Zusammenfassend ist festzustellen, daß die Verhandlungen um einen internationalen Konversionsvertrag aus spieltheoretischer Sicht als ein anspruchsvolles Vorhaben anzusehen sind. Bei der Aushandlung der für das Zustandekommen eines internationalen Konversionsvertrages erforderlichern Vertragselemente sind die nationalen Anforderungen der äußeren Sicherheit und das Auftreten positiver Wohlfahrtsimplikationen zu berücksichtigen. In der spieltheoretischen Analyse erfolgt die Untersuchung unter der Annahme rational handelnder Akteure, wobei jeder Nationalstaat als ein Akteur mit dem Ziel der Durchsetzung des nationalen Interesses auftritt. In der Realität treten Nationalstaaten jedoch nicht als einheitliche Akteure in Erscheinung, vielmehr sind heterogene Interessenlagen und Betroffenheiten zu beobachten. Eine nationale Konsensfindung ist somit den Verhandlungen auf internationaler Ebene vorgeschaltet, wobei die internationalen Verhandlungsführer ein mehr oder weniger an nationalen Partikularinteressen orientiertes Mandat vertreten. Die in diesem Zusammenhang auftretenden Konsequenzen für einen internationalen Konversionsvertrag bzw. für das Kernproblem der international koordinierten Abrüstung werden nachfolgend im Rahmen der Neuen Politischen Ökonomie dargestellt, um die Ergebnisse der spieltheoretischen Analyse um einzelstaatliche Interessenkonstellationen zu ergänzen.

Die Neue Politische Ökonomie stellt einen Ansatz dar, mit dessen Hilfe eine Untersuchung des staatlichen Angebots öffentlicher Güter vorgenommen werden kann, wobei explizit auf die involvierten Interessen Bezug genommen wird. Allgemein untersucht die Neue Politische Ökonomie das Zustandekommen von Entscheidungen und Handlungen in Kollektiven. Indem die Denkweise der Wirtschaftstheorie auf die Politik übertragen wird, kann ein tieferes Verständnis kollektiver Entscheidungsprozesse im politischen Bereich erreicht werden.

An der politischen Willensbildung sowie am Zustandekommen und der Durchführung politischer Entscheidungen sind als Akteure Politiker, Verwaltungsbeamte, Wähler sowie Interessengruppen beteiligt. Für diese Akteure sind die spezifischen Ziele und Handlungsmöglichkeiten herausgearbeitet worden, um die wechselseitigen Einflüsse innerhalb des Beziehungsgeflechts der Akteure zu veranschaulichen.

Politiker sind bestrebt, politische Ämter zu bekleiden, weil sie auf diese Weise ihre persönlichen Ziele verwirklichen können. Diese Ziele können Politiker jedoch nur dann realisieren, wenn sie gewählt werden. Somit läßt sich das Angebot politischer Programme als Mittel zur Erreichung der individuellen Einkommens-, Prestige- und Machtziele der Politiker interpretieren.

Hinsichtlich der eigennützig handelnden Politiker ist festzustellen, daß diese zur Realisierung ihrer persönlichen Ziele Informationen über die Präferenzen der Wähler benötigen, um durch die entsprechende Gestaltung von Programmen ihrem Wahlerfolg Vorschub zu leisten. Ferner sind Politiker auf die Wahrnehmung ihrer Programme in der Öffentlichkeit angewiesen. Da die Bewältigung dieser Aufgaben mit Kosten verbunden ist, läßt sich feststellen, daß die finanzielle Ausstattung eines Politikers für dessen Erfolg eine beachtliche Rolle spielt.

Die Aufgabe der Verwaltung besteht neben der Mithilfe bei der Vorbereitung von Gesetzen vor allem in der Umsetzung normativer Vorgaben nach den Anweisungen der Regierung. Die instrumentelle Sichtweise einer ausschließlich auf die Erfüllung ihrer Aufgaben gerichteten Verwaltung ist dahingehend zu modifizieren, daß die Einkommens-, Macht- und Prestigevorstellungen eigennützig handelnder Bürokraten Handlungen implizieren, die auf die Ausweitung der Verwaltungsautonomie zugunsten wachsender Budgets und höherer Verwaltungsstabilität im Sinne verminderter Kontrollmöglichkeiten bzw. erhöhter Autonomie gerichtet sind.

Die wahlberechtigten Bürger treten als Empfänger staatlicher Leistungen und als Auftraggeber mit ihrem Stimmzettel bei politischen Wahlen in Erscheinung. Da die Wähler als individuell rational handelnde Nutzenmaximierer zu betrachten sind, ist zu erwarten, daß sie sich für ein politisches Programm entscheiden, das die größtmögliche Übereinstimmung mit ihren persönlichen Präferenzen aufweist. Die wahlberechtigten Bürger verfügen über unterschiedliche Präferenzen und beurteilen die Kosten- und Nutzenkomponenten politischer Wahlen in unterschiedlicher Weise. Sowohl das Informationsverhalten als auch die Wahlbeteiligung der Bürger sind von der Bewertung dieser Komponenten abhängig. Aus einzelwirtschaftlicher Sicht der Bürger können Unwissenheit und Wahlenthaltung ebenso rationale Verhaltensweisen darstellen wie Informationserwerb und Wahlbeteiligung.

Eine Interessengruppe oder ein Verband ist ein dauerhafter Zusammenschluß von Individuen mit gleichen Interessen zu einer Organisation, die das Ziel der Durchsetzung dieses gemeinsamen Verbandsinteresses auf politischer Ebene verfolgt. Jedoch sind nicht alle Interessen in gleichem Maße organisierbar. Hinsichtlich der Gruppengröße ist festzustellen, daß sich kleinere Gruppen aufgrund der geringeren Organisationskosten eher zu Verbänden zusammenschließen als größere Gruppen. Darüber hinaus sind die verfügbaren Verbandsressourcen für die Durchsetzung eines bestimmten Interesses von Bedeutung. Das Bild der real existierenden und ausdifferenzierten Verbandslandschaft läßt erkennen, daß die politischen Renten hinreichende Anreize zur Bildung von Interessengruppen erzeugen. So sind heute vielfältige gesellschaftliche Bereiche organisiert: Neben zahlreichen Interessengruppen der Wirtschaft sind auch Interessen der Bereiche Kultur, Umwelt, Religion und Freizeit in Verbänden repräsentiert.

Wesentlich für die Darstellung des Einflußpotentials der Interessengruppen ist die Tatsache, daß die Akteure aufgrund ihrer spezifischen Ziele und Probleme miteinander in Tauschbeziehungen treten, sofern sich daraus Vorteile für den jeweiligen Akteur ergeben. Das Zusammenspiel von Interessengruppen und Politikern vollzieht sich in Tauschbeziehungen, wobei von den Akteuren wechselseitig spezifische Güter angeboten werden, die dem Tauschpartner bei der Verfolgung seiner Ziele hilfreich sind.

Im einzelnen können Verbände durch das Angebot von Wählerstimmen, Informationen, Geld und Sachverstand auf die Gestaltung politischer Programme Einfluß nehmen und Politiker bei der Verfolgung des Zieles der Stimmenmaximierung unterstützen. Da die Einflußnahme vor dem Hintergrund der jeweiligen spezifischen Verbandsinteressen zu sehen ist, kann eine Verzerrung der politischen Programme zugunsten konfliktfähiger Verbandsinteressen stattfinden.

Die Tauschbeziehungen zwischen Interessengruppen und Verbänden basieren auf der verbandsseitigen Bereitstellung von Sachverstand, der von Verwaltungen zur Verfolgung ihrer Wachstums- und Stabilitätsziele verwendet werden kann. Im Gegenzug erwarten die Verbände ein Entgegenkommen der Verwaltung, indem sowohl bei der Umsetzung politischer Vorgaben als auch bei der Ausarbeitung von Gesetzesvorlagen die Verbandsinteressen berücksichtigt werden.

Sofern die Einflußnahme von Interessengruppen auf Politik und Verwaltung erfolgreich ist und folglich sowohl die Formulierung politischer Programme als auch die Umsetzung politischer Vorgaben zu Lasten der Allgemeinheit verzerrt werden, so bedarf es zur Absicherung der politischen Renten einer Öffentlichkeitsarbeit, um die wahlberechtigten Bürger von der Gemeinnützigkeit der Verbandsziele zu überzeugen.

Bei der politökonomischen Betrachtung der Konversion ist nun in Betracht zu ziehen, daß sowohl wirtschaftliche als auch militärische, politische und gesellschaftliche Interessen tangiert sind. Da die Akteure, die diese Interessen vertreten, in unterschiedlichem Ausmaß von den Vor- und Nachteilen der Konversion bzw. der Abrüstung betroffen sind, spielen die jeweiligen Möglichkeiten der Akteure zur interessengeleiteten Einflußnahme in den Prozeß der politischen Willensbildung eine erhebliche Rolle für das Zustandekommen eines Konversionsprozesses. Im Mittelpunkt der Betrachtung steht die Untersuchung des Einflußpotentials der rüstungsindustriellen Interessenvertretung innerhalb der aus Politik, Militär und Rüstungsindustrie bestehenden Triade.

Die Rüstungsindustrie ist in einem durch vielfältige Regulierungen gekennzeichneten Marktsegment tätig. Die staatlichen Preis- und Absatzgarantien erzeugen attraktive Anreize für Unternehmen, Kapazitäten für die Produktion von Rüstungsgütern einzurichten. Infolge dieser Privilegien erweist sich das Rüstungsgeschäft als lukrativ: Rüstungsunternehmen können überdurchschnittlich hohe Gewinne vereinnahmen.

Hingegen ist Konversion für Rüstungsunternehmen gleichbedeutend mit einer Verschlechterung der Umsatz- und Gewinnsituation und der Bewältigung sowohl innerbetrieblicher als auch marktorientierter Anpassungen. Folglich ist von gewinnmaximierenden Rüstungsunternehmen zu erwarten, daß diese dem Rückzug aus dem Rüstungsgeschäft einen Widerstand entgegensetzen, um den Verlust von Privilegien und politischen Renten zu verhindern.

Die Einflußnahme der Rüstungsindustrie auf die Politik vollzieht sich vor allem durch Maßnahmen der Lobbytätigkeit (Verbindungsbüros) und durch monetäre

Zuwendungen sowie im Rahmen personeller Verflechtungen. Eine Bündelung der Interessen innerhalb eines wehrtechnischen Verbandes ist aufgrund der hohen Konzentration der Rüstungsindustrie entbehrlich. Insgesamt ist davon auszugehen, daß rüstungspolitische Entscheidungen zugunsten rüstungsindustrieller Interessen verzerrt sind und folglich im Widerspruch zu den rüstungspolitischen Implikationen einer Konversionspolitik stehen.

Die Einflußnahme auf die Verwaltung findet im Rahmen des Rüstungswirtschaftlichen Arbeitskreises statt, in dem die militärische Bedarfsplanung im Rahmen kartellähnlicher Strukturen zwischen dem Militär und der Rüstungsindustrie vorgenommen wird. Somit findet auch auf der Verwaltungsebene eine Verzerrung zugunsten rüstungsindustrieller Interessen und zulasten einer konversionsorientierten Entwicklung statt.

Zur Beeinflussung der Öffentlichkeit erfolgt eine Legitimation der innengeleiteten Rüstungspolitik durch eine wachstumsorientierte Argumentation, in der die gesamtwirtschaftliche Bedeutung der Rüstung durch Multiplikator- und Spinoff-Effekte begründet wird. Indes hat sich in einer kritischen Durchleuchtung dieser Legitimationsansatz nicht als stichhaltig erwiesen. In dieser Sicht ist der wachstumsorientierten Argumentation zur Legitimierung innenorientierter Rüstungsausgaben nicht nur mit Skepsis zu begegnen, vielmehr hat es den Anschein, daß die Legitimation innengeleiteter Rüstung vor dem Hintergrund der Durchsetzung individueller Interessen in politischen, rüstungswirtschaftlichen und militärischen Bereichen zu interpretieren ist.

Sofern die Einflußnahme der Rüstungsindustrie auf die Förderung rüstungsfreundlicher und auf die Ablehnung konversionsförderlicher Zustände gerichtet ist, und dieses für das Militär in gleicher Weise unterstellt werden kann, ist die Rolle der Politik einer näheren Betrachtung zu unterziehen. Diesbezüglich ist festzustellen, daß die Konversion erst langfristig einen Nutzen abwirft und die im Zuge der Konversion auftretenden Kosten von konfliktfähigen Akteursgruppierungen zu tragen sind. Hingegen neigen rational handelnde Politiker dazu, ihre Programme kurzfristig und selektiv zugunsten konfliktfähiger Gruppen zu gestalten. Somit kann innerhalb der Sicherheitspolitik ein Politikversagen konstatiert werden, das in einen konversionspolitischen Reformstau mündet.

Die politökonomische Betrachtung der Konversionsthematik auf der nationalen Ebene hat hervorgebracht, daß die Akteurstriade bestehend aus Politik, Militär und Rüstungsindustrie konvergente Interessen in bezug auf eine rüstungslastige Sicherheitspolitik aufweist. Hingegen sind Konversionsinteressen nicht organisiert bzw. nicht politisch konfliktfähig, so daß die politökonomische Anreizsituation durch Rüstungslobbyismus und Politikversagen dominiert wird. Zur Bewältigung dieser Schieflage besteht ein Handlungsbedarf darin, durch ordnungspolitische Anpassungen der politischen Entscheidungsregeln eine Synchronisation der Zeithorizonte von gesellschaftlichen Problemen und politischen Entscheidungskalkülen herbeizuführen. Des weiteren kann die zwischen Rüstungsindustrie, Militär und Politik bestehende Triade aufgebrochen werden, wenn eine informierte und politisch engagierte Öffentlichkeit in der Lage ist, in einem öffentlich geführten Diskurs einen Druck auf Politiker auszuüben, um den politischen Spielraum für eine selektive Verbandspolitik einzuengen.

Diesen Aspekten kommt auf nationaler Ebene eine zentrale Bedeutung zu, wenn sich die politischen Rationalitäten zugunsten von Konversionsbestrebungen verändern sollen.

In der Gesamtbetrachtung der Ergebnisse der spieltheoretischen und politökonomischen Untersuchung der Konversion ist festzustellen, daß zunächst auf nationaler Ebene deutliche Anpassungen des politischen Anreizsystems vorzunehmen sind, um dem konversionspolitischen Reformstau begegnen zu können. Die erforderlichen Anpassungen stellen eine unabdingbare Voraussetzung für die Herstellung eines nationalen Konsenses zugunsten der Konversion dar, ohne den internationale Konversionsverhandlungen nicht zustande kommen werden. Auf der internationalen Ebene zeigen die spieltheoretischen Ansätze, daß die Entstehung und Durchsetzung von Vereinbarungen zur internationalen Konversion unter der Annahme einzelstaatlich rational handelnder Akteure ohne eine vertragliche Grundlage ausgeschlossen werden kann. Sowohl anhand der spieltheoretischen als auch der politökonomischen Untersuchung lassen sich erhebliche Handlungsbedarfe auf dem Weg zu einem internationalen Konversionsvertrag verdeutlichen, so daß derzeit nur wenig Anlaß für optimistische Erwartungen in bezug auf das Zustandekommen eines internationalen Konversionsvertrages besteht.

Wie sehr die Welt hingegen dem Denken in militärischen Prinzipien verhaftet ist lassen die infolge der gegen Zivilisten gerichteten terroristischen Attacken vom 11. September 2001 in den USA eingeleiteten militärischen Drohgebärden und Aktionen deutlich erkennen. In Ermangelung alternativer Konfliktlösungsmechanismen besteht derzeit wohl auch keine Alternative zur symptomorientierten Bekämpfung von Gewalt. Hingegen ist darauf zu verweisen, daß die Notwendigkeit einer langfristig orientierten, kooperativen sicherheitspolitischen Lösung nicht generell in Frage zu stellen ist. Vielmehr offenbart sich derzeit eine eklatante Divergenz zwischen der Notwendigkeit und der Fähigkeit, eine kooperative Lösung herbeizuführen.

Die Notwendigkeit, zivilorientierte Konfliktlösungsmechanismen zu entwickeln und umzusetzen liegt nicht zuletzt darin begründet, daß die traditionellen militärischen Prinzipien der Abschreckung nicht mehr greifen, um den Schutz eines Landes herzustellen. Das Symptom eines gewaltsam geführten Konfliktes läßt sich eben nur dann bekämpfen, wenn der Aggressor abgeschreckt werden kann. Dieses setzt wiederum voraus, daß der Aggressor bekannt ist und sich abschrecken läßt, was bei Terroristen und insbesondere bei Selbstmord-Attentätern gerade nicht der Fall ist. Somit muß die auf Repression basierende Sicherheitslogik versagen.

Des weiteren ist darauf hinzuweisen, daß infolge der neuartigen Bedrohungsformen die Grenzen zwischen innerer und äußerer Sicherheit zunehmend verschwimmen. Somit sind neue Strukturen zur Herstellung des Landesschutzes erforderlich. In letzter Konsequenz ist die strikte Verfolgung der Abschreckungsstrategie durch militärische Potentiale mit massiven Einschränkungen der freiheitlichen Gesellschaftsstruktur einer Nation verbunden. Damit tritt ein Sachverhalt so deutlich wie nie zuvor zum Vorschein, daß nämlich Sicherheit nicht teilbar ist. Vielmehr kann nur eine als gerecht empfundene Welt zugleich auch sicher sein. Langfristig sind internationale Bedrohungen somit nur dadurch abzubauen, daß die Menschen für das friedliche Zusammenleben motiviert und nicht durch die Androhung militärischer Gewalt eingeschüchtert werden.

Insofern muß eine Konversion, die in den Köpfen der Menschen beginnt, als der Ausgangspunkt für ein friedliches Zusammenleben betrachtet werden. In der Hoffnung, daß sich langfristig, d. h. über Generationen hinweg, diese Sichtweise letztendlich als evolutorisch dominant erweist, ist die Fortentwicklung der nationalen und internationalen Konversionsforschung ungeachtet auftretender sicherheitspolitischer Rückschläge voranzutreiben.

Literatur- und Quellenverzeichnis

Achilles [1993]

Achilles, Olaf; Tegtmeier, Ingrid: Die verhinderte Konversion: Bundeswehr und Rüstungsindustrie auf neuen Wegen – am Beispiel einer Region, Kassel 1993

Albrecht [1989]

Albrecht, Ulrich: Die Dynamik von Auf- und Abrüstung, in: Blätter für deutsche und internationale Politik, 34. Jg. (1989), H. 6, S. 728-730

Albrecht [1990 a]

Albrecht, Ulrich; Hummel, Hartwig: "Macht", in: Politische Vierteljahresschrift, 31. Jg. (1990), Sonderheft 21, S. 90-109

Albrecht [1990 b]

Albrecht, Ulrich: Entwicklung und Stand der Konversionsforschung in der Bundesrepublik Deutschland im internationalen Vergleich, in: Köllner, Lutz; Huck, Burkhardt J. (Hrsg.): Abrüstung und Konversion. Politische Voraussetzungen und wirtschaftliche Folgen in der Bundesrepublik, Frankfurt, New York, 1990, S. 25-38

Althammer [1995]

Althammer, Wilhelm; Buchholz, Wolfgang: Die Bereitstellung eines öffentlichen Gutes aus spieltheoretischer Sicht: Die Grundsachverhalte, in: Peter de Gijsel et al. (Hrsg.): Ökonomie und Gesellschaft, Jahrbuch 12 – Soziale Kooperation, Frankfurt am Main, 1995, S. 92-128

Arbatov [1986]

Arbatov, Alexander A.: Oil as a Factor in Strategic Policy and Action: Past and Present, in: Westing, Arthur H. (Hrsg.): Global Resources and International Conflict. Environmental Factors in Strategic Policy and Action, Stockholm International Peace Research Institute, New York 1986, S. 21-37

Arndt [1988]

Arndt, Dieter: Zwischen Alarmismus und Argumentation: die sicherheitspolitische Öffentlichkeitsarbeit der Bundesregierung zur innenpolitischen Durchsetzung des NATO-Doppelbeschlusses, München 1988

Arnold [1994 a]

Arnold, Hans: Rohbau oder Ruine - Die KSZE in der Sicherheitsarchitektur Europas, in: Blätter für deutsche und internationale Politik, 39. Jg. (1994), H. 2, S. 210-217

Arnold [1994 b]

Arnold, Hans: Partnerschaften im sicherheitspolitischen Vakuum, in: Blätter für deutsche und internationale Politik, 39. Jg. (1994), H. 8, S. 915-919

Axelrod [1987]

Axelrod, Robert: Die Evolution der Kooperation, München 1987

Baaken [1997]

Baaken, Thomas: Tools und Lösungswege zur Konversion, in: Forschungsinstitut der Internationalen Wissenschaftlichen Vereinigung Weltwirtschaft und Weltpolitik, Berichte, Berlin 1997, Band 7, S. 49-66

Bald [1989]

Bald, Detlef; Zimmer, Matthias: Sicherheits- und militärpolitische Anfragen im Bundestag. Indizien für ein gestiegenes Interesse und Kontrollbedürfnis der Öffentlichkeit, in: Zeitschrift für Parlamentsfragen, 20. Jg. (1989), H. 1, S. 94-101

Barth [1990 a]

Barth, Peter: Konventionelle Abrüstung und Sicherheit in Europa, in: Köllner, Lutz; Huck, Burkhardt J. (Hrsg.): Abrüstung und Konversion. Politische Voraussetzungen und wirtschaftliche Folgen in der Bundesrepublik, Frankfurt, New York, 1990, S. 59-116

Barth [1990 b]

Barth, Peter: Die Architektur einer neuen europäischen Friedensordnung, in: Köllner, Lutz; Huck, Burkhardt J. (Hrsg.): Abrüstung und Konversion. Politische Voraussetzungen und wirtschaftliche Folgen in der Bundesrepublik, Frankfurt, New York, 1990, S. 117-149

Bartke [1990]

Bartke, Matthias: Entstehung und Grundprinzipien der kollektiven Sicherheit, in: Dieter S. Lutz (Hrsg.): Gemeinsame Sicherheit - Kollektive Sicherheit - Gemeinsamer Frieden, Bd. 6: Auf dem Weg zu einer Neuen Europäischen Friedensordnung, Baden-Baden 1990/91, S. 115-131

Bastian [1990]

Bastian, Till: Verelendung und Naturzerstörung als Ursachen künftiger Kriege, in: Blätter für deutsche und internationale Politik, 35. Jg. (1990), H. 4, S. 466-475

Beard [1987]

Beard, Robin L.: Rüstungszusammenarbeit in der NATO: Noch immer die große Herausforderung, in: NATO Brief, 35. Jg. (1987), H. 1, S. 12-16

Bebermeyer [1990]

Bebermeyer, Hartmut: Die wirtschaftliche Bedeutung ausländischer Streitkräfte in der Bundesrepublik und Konversionsprobleme bei ihrem Abzug, in: Köllner, Lutz; Huck, Burkhardt J. (Hrsg.): Abrüstung und Konversion. Politische Voraussetzungen und wirtschaftliche Folgen in der Bundesrepublik, Frankfurt, New York, 1990, S. 339-359

Bebermeyer [1992 a]

Bebermeyer, Hartmut: Deutsche Rüstungsindustrie im internationalen Wettbewerb. Vielerlei Hemmnisse trotz beachtlicher Leistung, in: Europäische Sicherheit, 41. Jg. (1992), H. 1, S. 38-47

Bebermeyer [1992 b]

Bebermeyer, Hartmut: Die deutsche Rüstungsindustrie im Anpassungsprozeß. Wirtschaftliche Probleme der Abrüstung, in: Europäische Sicherheit, 41. Jg. (1992), H. 3, S. 171-175

Bebermeyer [1992 c]

Bebermeyer, Hartmut: Wende im deutschen Außenwirtschaftsrecht. Vom Freihandel zur verschärften Ausfuhrkontrolle, in: Europäische Sicherheit, 41. Jg. (1992), H. 11, S. 622-626

Becker [1982]

Becker, Gary Stanley: Der ökonomische Ansatz zur Erklärung des menschlichen Verhaltens, Tübingen 1982

Behrens [1986]

Behrens, Peter: Die ökonomischen Grundlagen des Rechts. Politische Ökonomie als rationale Jurisprudenz, Tübingen 1986

Bentham [1931]

Bentham, Jeremy: Theory of Legislation, New York 1931

Berthold [1993]

Berthold, Norbert: Sozialunion in Europa – Notwendig oder überflüssig?, in: Wirtschaftsdienst, 73. Jg. (1993), H. 8, S. 414-418

BICC [1998]

Bonn International Center for Conversion: Presseerklärung zur Vorstellung des dritten Jahrbuches des BICC, in URL: http://www.bicc.de/general/survey98/s98_rel_g.html, o. S.

BICC [1999]

Bonn International Center for Conversion: Conversion Survey 1999: Global Disarmament, Demilitarization, and Demobilization, Baden-Baden 1999

Biehler [1990]

Biehler, Hermann; Richter, Gerhard; Sträter, Detlev: Regionale Konversionsforschung – Bestandsaufnahme und Handlungsorientierung, in: Köllner, Lutz; Huck, Burkhardt (Hrsg.): Abrüstung und Konversion. Politische Voraussetzungen und wirtschaftliche Folgen in der Bundesrepublik, Frankfurt, New York, 1990, S. 433-490

Bielfeldt [1990]

Bielfeldt, Carola: Mikroökonomische Konversion und makroökonomische Bedingungen, in: Köllner, Lutz; Huck, Burkhardt J. (Hrsg.): Abrüstung und Konversion. Politische Voraussetzungen und wirtschaftliche Folgen in der Bundesrepublik, Frankfurt, New York, 1990, S. 271-288

Biermann [1998]

Biermann, Frank; Petschel-Held, Gerhard; Rohloff, Christoph: Umweltzerstörung als Konfliktursache? Theoretische Konzeptualisierung und empirische Analyse des Zusammenhangs von "Umwelt" und "Sicherheit", in: Zeitschrift für internationale Beziehungen, 5. Jg. (1998), H. 2, S. 273-308

Bischoff [1998]

Bischoff, Manfred: Sicherheitspolitik und Wirtschaft. Verteidigungstechnologie und Verteidigungsindustrie, in: Europäiche Sicherheit, 47. Jg. (1998), H. 3, S. 20-22

Blankart [1991]

Blankart, Charles Beat: Öffentliche Finanzen in der Demokratie: Einführung in die Finanzwissenschaft, München 1991

Blankenburg [1977]

Blankenburg, Erhard: Über die Unwirksamkeit von Gesetzen, in: Archiv für Rechts- und Sozialphilosophie, 63. Jg. (1977), S. 31-57

Bolz [1987]

Bolz, Klaus: Gemeinsame Sicherheit und Ost-West-Wirtschaftsbeziehungen, in: Bahr, Egon; Lutz, Dieter S. (Hrsg.): Gemeinsame Sicherheit. Dimensionen und Disziplinen. Bd. II: Zu rechlichen, ökonomischen, psychologischen und militärischen Aspekten Gemeinsamer Sicherheit, Baden-Baden 1987, S. 129-142

Bombach [1977]

Bombach, Gottfried: Neue Politische Ökonomie, 1. Teil, in: List-Forum, Bd. 9 (1977/78), S. 65-77

Bönisch [1987]

Bönisch, Alfred, Opitz, Petra: Politökonomische Probleme der sozialistischen Friedensforschung, in: Wirtschaftswissenschaft, 35. Jg. (1987), H. 2, S. 272-277

Bönisch [1988]

Bönisch, Alfred: Konversion der Rüstungsproduktion auf zivile Produktion im heutigen Kapitalismus, in: Wirtschaftswissenschaft, 36. Jg. (1988), H. 2, S. 176-190

Boyer [1993]

Boyer, Mark A.: International Cooperation and Public Goods, Baltimore, London 1993

Brakman [1998]

Brakman, Steven; van Marrewijk, Charles: The Economics of International Transfers, Cambridge 1998

Brauch [1990]

Brauch, Hans Günter: Theorien zur Rüstungspolitik im Kontext des Ost-West-Konflikts, in: Politische Vierteljahresschrift, 31. Jg. (1990), Sonderheft 21, S. 240-262

Breitschwerdt [1988]

Breitschwerdt, Markus (Hrsg.): Rüstungskonversion: Facetten einer Strukturfrage, Wiss.-Ed. SPD Baden-Württemberg, Stuttgart 1988

Brenner [1997]

Brenner, Michael: Kritischer Dialog oder konstruktives Engagement, in: Internationale Politik, 9/1997, S. 7-12

Brieskorn [1998]

Brieskorn, Norbert; Wallacher, Johannes (Hrsg.): Homo oeconomicus: Der Mensch der Zukunft? Stuttgart, Berlin, Köln 1998

Brinkmann [1984]

Brinkmann, Heinz-Ulrich: Public Interest Groups im politischen System der USA. Organisierbarkeit und Einflußtechniken, Opladen 1984

Brock [1990]

Brock, Lothar: "Frieden". Überlegungen zur Theoriebildung, in: Politische Vierteljahresschrift, 31. Jg. (1990), Sonderheft 21, S. 71-89

Brömmelhörster [1993]

Brömmelhörster, Jörn: Konversion - Hoffnung auf die Friedensdividende?, in: WiSt, 22. Jg. (1993), H. 4, S. 185-187

Brömmelhörster [1994]

Brömmelhörster, Jörn: Ökonomie der Konversion, Frankfurt, New York 1994

Brooks [1991]

Brooks, Linton F.: Der START-Vertrag als Verringerung der Gefahr eines Krieges, in: NATO Brief, 39. Jg. (1991), H. 5, S. 7-10

Brunn [1995]

Brunn, Anke: Konversion - Eine politische Querschnittsaufgabe, in: Hauswedell, Corinna; Klemmer, Paul; Wulf, Herbert (Hrsg.): Konversion - Herausforderung für Wissenschaft und Forschung. Dokumentation der RWI/BICC-Konferenz am 16. März 1995 in Bonn (report 7), Bonn 1995, S. 10-13

Brzoska [1997]

Brzoska, Michael: Europäische Rüstungsindustrie: Arbeitsplatzabbau und Konversionserfahrung, in: Gewerkschaftliche Monatshefte, 48. Jg. (1997), H. 11, S. 643-649

Buchanan [1984]

Buchanan, James M.: Die Grenzen der Freiheit: zwischen Anarchie und Leviathan, Tübingen 1984

Bundesminister der Verteidigung [1992]

Bundesminister der Verteidigung: Verteidigungspolitische Richtlinien, Bonn, 26.11.1992, S. 11

Busse [2000]

Busse, Nikolas: Der klassische Krieg stirbt aus, in: FAZ v. 27.12.2000, S. 3

Busse von Colbe [1986]

Busse von Colbe, Walther; Hammann, Peter; Laßmann, Gert: Betriebswirtschaftstheorie, Bd. 3, Investitionstheorie, 2., rev. u. erw. Aufl., Berlin, Heidelberg, New York, Tokyo 1986

Butterwegge [1995]

Butterwegge, Christoph: Rüstungskonversion als regionalpolitische Strategie. Stand und Perspektiven der Konversionsdiskussion, in: WSI Mitteilungen, 48. Jg. (1995), H. 1, S. 32-39

Cattepoel [1980]

Cattepoel, Jan: Ermessen und Beurteilungsspielräume, in: Verwaltungsarchiv, 71. Bd. (1980), S. 140-160

Chen [1999]

Chen, Baizhu; Feng, Yi: Economic Development and the Transition to Democracy a Formal Model, in: Social Choice Welfare, Bd. 16 (1999), S. 1-16

Claassen [1988]

Claassen, Emil-Maria: Ökonomische Aspekte gesellschaftlicher Probleme, in: Vahlens Kompendium für Wirtschaftstheorie und Wirtschaftspolitik, Bd. 2, 3. Aufl., München 1988

Clark [1988]

Clark, Ian: Waging War. A Philosophical Introduction, Oxford 1988

Claussen [1991]

Claussen, Detlev: Im Spiegelkabinett der Feindbilder, in: Blätter für deutsche und internationale Politik, 36. Jg. (1991), H. 3, S. 339-345

Clement [1992]

Clement, Rolf: "Friedensdividenden" müssen klar definiert werden, in: Europäische Sicherheit, 41. Jg. (1992), H. 12, S. 639

Cremer [1994]

Cremer, Ulrich: Sanktionshilfe - Ein Konzept für wirksamere nicht-militärische Einmischung, in: Blätter für deutsche und internationale Politik, 39. Jg. (1994), H. 2, S. 142-146

Cusack [1983]

Cusack, Thomas R.: Die Lasten der Verteidigung - Eine vergleichende Untersuchung, in: Politische Vierteljahresschrift, 24. Jg. (1983), Sonderheft 14, S. 81-93

Czempiel [1991]

Czempiel, Ernst-Otto: Militär- und Sicherheitspolitik nach dem Ende des Ost-West-Konflikts, in: Gewerkschaftliche Monatshefte, 42. Jg. (1991), H. 10, S. 610-621

Davis [1993]

Davis, Morton D.: Spieltheorie für Nichtmathematiker, 2., überarb. Aufl., München 1993

Davis [1996]

Davis, Paul K.; Huber, Reiner K.: Lastenteilung und Streitkräfteumfang der Atlantischen Allianz, in: Europäische Sicherheit, 45. Jg. (1996), H. 11, S. 38-41

Debiel [1992]

Debiel, Tobias; Zander, Ingo: Die Friedensdividende der 90er Jahre: Chancen und Grenzen der Umwidmung von Militärausgaben zugunsten ziviler Zwecke, unter Mitwirkung von Herbert Wulf, Stiftung Entwicklung und Frieden (Hrsg.), Bonn 1992

Debiel [1993]

Debiel, Tobias; Zander, Ingo: Gut gerüstet für den Frieden? Zu den Chancen einer weltweiten Friedensdividende, in: Blätter für deutsche und internationale Politik, 38. Jg. (1993), H. 4, S. 434-444

Deger [1990]

Deger, Saadet; Sen, Somnath: Military Expenditure - The Political Economy of International Security, Stockholm International Peace Research Institute, Oxford, New York, Toronto et al. 1990

DeGrasse [1983]

DeGrasse, Robert W., Jr.: Military Expansion, Economic Decline: the Impact of Military Spending on U.S. Economic Performance, Armonk, N.Y. 1983

Derlin [1984]

Derlin, Hans-Ulrich: Implementationsprobleme: Bürokratische Ineffizienz oder politische Programmfehler? in: Verwaltungsarchiv, 75. Jg. (1984), S. 256-271

Dettke [1998]

Dettke, Dieter: Militärpolitik/Sicherheitspolitik, in: Woyke, Wichard (Hrsg.): Handwörterbuch Internationale Politik, 7., aktual. Aufl., Bonn 1998, S. 271-279

Dixit [1997]

Dixit, Avinash K.; Nalebuff, Barry J.: Spieltheorie für Einsteiger: Strategisches Know-how für Gewinner, Stuttgart 1997

Dobrosielski [1989]

Dobrosielski, Marian: Waging War or Waging Peace? in: Der Staat. Zeitschrift für Staatslehre, öffentliches Recht und Verfassungsgeschichte, 28. Jg. (1989), S. 414-418

Downs [1957]

Downs, Anthony: An Economic Theory of Democracy, New York 1957

Doxey [1987]

Doxey, Margaret P.: International Sanctions in Contemporary Perspective, Basingstoke, Hampshire 1987

Eaton [1999]

Eaton, Jonathan; Engers, Maxim: Sanctions: Some Simple Analytics, in: The American Review, Bd. 89 (1999), H. 2, S. 409-414

Eberwein [1983]

Eberwein, Wolf-Dieter; Reuß, Folker: Zur Gewalt verdammt? Militärische Konfrontationen, Machtstatus, Mobilität, in: Politische Vierteljahresschrift, 24. Jg. (1983), Sonderheft 14, S. 163-182

Eberwein [1990]

Eberwein, Wolf-Dieter: Weltmodelle und globale Entwicklungstrends - Computersimulation bei der Erforschung internationaler Beziehungen, in: Politische Vierteljahresschrift, 31. Jg. (1990), Sonderheft 21, S. 198-214

Eger [1998]

Eger, Thomas: Die Bedeutung des Reputationsmechanismus für die Koordination wirtschaftlicher Handlungen, in: Wegner, Gerhard; Wieland, Josef (Hrsg.): Formelle und informelle Institutionen: Genese, Interaktion und Wandel, Marburg, 1998, S. 309-326

Ehrlich [1973]

Ehrlich, Isaac: Participation in Illegitimate Activities: A Theoretical and Empirical Investigation, in: Journal of Political Economy, 81. Jg (1973), S. 521-565

Einhorn [1990]

Einhorn, Hans: Abrüstung als ökonomische Aufgabe. Erkenntnisse - dargestellt am Beispiel der ehemaligen DDR, in: Beiträge zur Konfliktforschung, 20. Jg. (1990), H. 1, S. 59-79

Epping [1992]

Epping, Volker: Der Kriegsbegriff des Grundgesetzes, in: Der Staat. Zeitschrift für Staatslehre, öffentliches Recht und Verfassungsgeschichte, 31. Jg. (1992), S. 39-58

Falkenmark [1986]

Falkenmark, Malin: Fresh Waters as a Factor in Strategic Policy and Action, in: Westing, Arthur H. (Hrsg.): Global Resources and International Conflict. Environmental Factors in Strategic Policy and Action, Stockholm International Peace Research Institute, New York 1986, S. 85-113

Farmer [2000]

Farmer, Richard D.: Costs of Economic Sanctions to the Sender, in: The World Economy: The Leading Journal of International Economic Relations, Bd. 23 (2000), H. 1, S. 93-117

Faupel [1991]

Faupel, Klaus: Ein analytischer Begriff der Entspannung: Große Politik, Machtpolitik und das Ende des Ost-West-Konflikts, in: Zeitschrift für Politik, 38. Jg. (1991), H. 2, S. 140-165

Feser [1996]

Feser, Hans-Dieter: Konversion: Beschaftigungs- und strukturpolitische Aspekte, in: Feser, Hans-Dieter (Hrsg.): Konversion – Aufstieg oder Niedergang von Regionen?, Regensburg 1996, S. 1-14

Fichtmüller [1993]

Fichtmüller, Carl Peter: Die deutsche Luft- und Raumfahrtindustrie, in: Europäische Sicherheit, 42. Jg. (1993), H. 5, S. 254-256

Field [1985]

Field, Brian: Wirtschaft und Verteidigungsausgaben: Die Aussichten, in: NATO Brief, 33. Jg. (1985), H. 5, S. 26-31

Field [1988]

Field, Brian: Wirtschaftstheorie, Lastenteilung und das NATO-Bündnis, in: NATO Brief, 36. Jg. (1988), H. 6, S. 13-17

Fischer [1994]

Fischer, Joschka: Les Certitudes Allemandes – Grundkonstanten bundesdeutscher Außenpolitik, in: Blätter für deutsche und internationale Politik, 39. Jg. (1994), H. 9, S. 1082-1090

Francke [1994]

Francke, Klaus: Die Senkung der Verteidigungsausgaben und ihre sozialen und wirtschaftlichen Folgen, in: NATO Brief, 42. Jg. (1994), H. 4, S. 13-16

Frank [1998]

Frank, Hans: Die sicherheitspolitischen Rahmenbedingungen und die Weiterentwicklung der Bundeswehr, in: Europäische Sicherheit, 47. Jg. (1998), H. 8, S. 14-16

Franke [1989]

Franke, Siegfried F.: Opportunismus als Form politischer Rationalität der öffentlichen Verwaltung, in: Jahrbuch für Neue Politische Ökonomie, 8. Jg. (1989), S. 158-171

Frey [1974]

Frey, Bruno S.: Subventionierung der Abrüstung: Ein unorthodoxer Vorschlag zur Friedensforschung, in: Annuaire Suisse de Science Politique, Vol. 14 (1974), S. 57-68

Fritz-Aßmus [1995]

Fritz-Aßmus, Dieter; Zimmermann, Klaus W.: Verteidigungsausgaben und Allianzenverhalten. Die Nachfrage nach äußerer Sicherheit in der BRD, in: Jahrbuch für Nationalökonomik und Statistik, Band 214 (1995), H. 1, S. 86-98

Frodl [1995]

Frodl, Andreas: Ökonomische Aspekte der Demilitarisierung in Deutschland, in: Zeitschrift für Sozialökonomie, 32. Jg. (1995), 105. Folge, H. 6, S. 3-13

Gaertner [1992]

Gaertner, Wulf: Verhandlungsmodelle der kooperativen Spieltheorie und Verteilungsgerechtigkeit, in: Böckle, F. et al.: Aktuelle Probleme der Wirtschaftsethik, Berlin 1992, S. 109-120

Galvin [1988]

Galvin, John R.: Kooperation in der Rüstungsproduktion: Ein Kernelement der Abschreckung, in: NATO Brief, 36. Jg. (1988), H. 5, S. 19-23

Gansler [1984]

Gansler, Jacques S.: Defense: A "Demonstration Case" for Industrial Strategy, Challenge, o. Jg. (1984), January-February 1984, S. 58-61

Gantzel [1990]

Gantzel, Klaus Jürgen, Siegelbert, Jens: Krieg und Entwicklung. Überlegungen zur Theoretisierung von Kriegsursachen unter besonderer Berücksichtigung der Zeit seit 1945, in: Politische Vierteljahresschrift, 31. Jg. (1990), Sonderheft 21, S. 219-239

Garoupa [2000]

Garoupa, Nuno R.; Gata, Joao E.: A Theory of International Conflict Management and Sanctioning. Department d'Economica I Empresa. Working Paper, Bacelona 2000. Elektronische Ausgabe http://ww.econ.upf.es/deehome/what/wpapers/postscripts/481.dpf

Garret [1997]

Garret, John R.: Policies for Peace: An Analysis of the Causes of Military Expenditures and the Means to Disarmament, in: Brauer, Jurgen; Gissy, William G. (Hrsg.): Economics of Conflict and Peace, Aldershot, Brookfield et al. 1997, S. 335-375

Geitmann [1995]

Geitmann, Roland: Geld und Rüstung - Vom Zusammenhang zwischen Geldsystem, Wirtschaftskrisen und Rüstung, in: Zeitschrift für Sozialökonomie, 32. Jg. (1995), 105. Folge, H. 6, S. 20-25

Gerber [1990]

Gerber, Johannes: Betriebswirtschaftliche Aspekte der Konversion der Streitkräfte in Mitteleuropa und Auswirkungen auf die Rüstungsproduktion, in: Köllner, Lutz; Huck, Burkhardt J. (Hrsg.): Abrüstung und Konversion. Politische Voraussetzungen und wirtschaftliche Folgen in der Bundesrepublik, Frankfurt, New York, 1990, S. 585-607

Gerster [1992]

Gerster, Florian: Konversion als Aufgabe für Politik und Wirtschaft, in: WiSt, 21. Jg. (1992), H. 11, S. 546-551

Gießmann [1992]

Gießmann, Hans-Joachim: Konversion in Deutschland - Probleme und Perspektiven. Eine Einführung, in: Hans-Joachim Gießmann (Hrsg.): Konversion im vereinten Deutschland: Ein Land - zwei Perspektiven?, Baden-Baden 1992 (Militär, Rüstung, Sicherheit; Bd. 73), S. 11-31

Gläser [1994]

Gläser, Heinz: Rüsten mit neuen Strukturen und weniger Geld, in: Europäische Sicherheit, 43. Jg. (1994), H. 2, S. 56

Glismann [1992]

Glismann, Hans H.; Horn, Ernst Jürgen: Rüstung und Wohlfahrt – Theoretische und strukturelle Besonderheiten des Rüstungsmarktes, Kieler Arbeitspapiere Nr. 517, Institut für Weltwirtschaft an der Universität Kiel, Kiel 1992

Glismann [1995]

Glismann, Hans H.; Horn, Ernst-Jürgen; Thimann, Christian: Die deutsche Rüstungsindustrie im abrüstungsbedingten Strukturwandel - Der Lebenszyklus eines Marktsegments -, in: Zeitschrift für Wirtschaftspolitik, 44. Jg. (1995), H. 2, S. 135-156

Grohmann [1973]

Grohmann, Gisela: Strafverfolgung und Strafvollzug. Eine ökonomische Analyse, Göttingen 1973

Groser [1989]

Groser, Manfred: Die Logik organisierter Interessen, in: Jahrbuch für Neue Politische Ökonomie, Bd. 8 (1989), S. 259-269

Großekettler [1991]

Großekettler, Heinz: Die Versorgung mit Kollektivgütern als ordnungspolitisches Problem, in: ORDO. Jahrbuch für die Ordnung von Wirtschaft und Gesellschaft, Band 42 (1991), S. 69-89

Grünärml [1998]

Grünärml, Frohmund: Vertrauen und Glaubwürdigkeit – aus der Sicht des Ökonomen, in: List-Forum für Wirtschafts- und Finanzpolitik, 24. Jg. (1998), H. 3, S. 279-289

Grundmann [1997]

Grundmann, Martin; Matthies, Margitta; Potthoff, Klaus: Rüstungskultur als Hemmfaktor für Konversion, in: Forschungsinstitut der Internationalen Wissenschaftlichen Vereinigung Weltwirtschaft und Weltpolitik, Berichte, Band 7 (1997), August 1997, S. 17-30

Guddat [1997]

Guddat, Martin:Perspektiven künftiger Rüstungskooperationen, in: Europäische Sicherheit, 46. Jg. (1997), H. 3, S. 16-18

Guddat [1998]

Guddat, Martin: Rüstungskooperation in Europa. Eine neue Dimension, in: Europäische Sicherheit, 47. Jg. (1998), H. 6, S. 14-18

Gusy [1990]

Gusy, Christoph: Verwaltung durch Verhandlung und Vermittlung, in: Zeitschrift für Umweltpolitik und Umweltrecht, 13. Jg. (1990), Nr. 4, S. 353-363

Güth [1995 a]

Güth, Werner; Kliemt, Hartmut: Elementare spieltheoretische Modelle sozialer Kooperation, in: Peter de Gijsel et al. (Hrsg.): Ökonomie und Gesellschaft, Jahrbuch 12 – Soziale Kooperation, Frankfurt am Main, 1995, S. 13-62

Güth [1995 b]

Güth, Werner: An Evolutionary Approach to Explaining Cooperative Behavior by Reciprocal Incentives, in: International Journal of Game Theory, Vol. 24 (1995), S. 323-344

Häckel [1998]

Häckel, Erwin: Zehn Thesen zur nuklearen Abrüstung, in: Internationale Politik, 53. Jg. (1998), J. 1, S. 58-60

Hahn [1995]

Hahn, Oswald: Gestaltungsmöglichkeiten bei Truppenreduzierungen, in: Europäische Sicherheit, 44. Jg. (1995), H. 8, S. 42-43

Hallerbach [1992]

Hallerbach, Rolf: Rüstungsindustrie auf schwierigem Schrumpfkurs. EWG-Artikel 223: Zankapfel der Europäer, in: Europäische Sicherheit, 41. Jg. (1992), H. 11, S. 627-628

Hänsel [1990]

Hänsel, Werner: Möglichkeiten und Methoden der Rüstungskonversion: Die Konversionspraxis in der DDR, in: Köllner, Lutz; Huck, Burkhardt J. (Hrsg.): Abrüstung und Konversion. Politische Voraussetzungen und wirtschaftliche Folgen in der Bundesrepublik, Frankfurt, New York, 1990, S. 677-694

Hansmeyer [1972]

Hansmeyer, Karl-Heinrich: Nicht-marktwirtschaftliche Allokationsmechanismen und die Rolle politischer und wirtschaftlicher Macht, in: Schneider, Hans K.; Watrin, Christian (Hrsg.): Macht und ökonomisches Gesetz, 2. Halbband, Berlin 1972, S. 1287-1318.

Hartmann [1997]

Hartmann, Rüdiger: Erneuerung des KSE-Vertrags, in: Internationale Politik, 9/1997, S. 55-60

Hartwig [1997]

Hartwig, Karl-Heinz: Wirtschaftsverbände und Soziale Marktwirtschaft, in: ORDO, Bd. 48 (1997), S. 654-675

Hengsbach [1998]

Hengsbach, Friedhelm S. J.: Marktkonkurrenz auf der Grundlage gesellschaftlicher Kooperation, in: Norbert Brieskorn, Johannes Wallacher (Hrsg.): Homo oeconomicus: Der Mensch der Zukunft? Stuttgart, Berlin, Köln 1998, S. 47-76

Henke [1991]

Henke, Sergej: Armee in Abwicklung - Die veränderte Situation der sowjetischen Truppen in Deutschland, in: Blätter für deutsche und internationale Politik, 36. Jg. (1991), H. 4, S. 456-462

Henning-Bekka [1990]

Henning-Bekka, Eva Maria: Regionale Aspekte von Rüstungsausgaben in finanzpolitischer und wirtschaftspolitischer Sicht, in: Köllner, Lutz; Huck, Burkhardt J. (Hrsg.): Abrüstung und Konversion. Politische Voraussetzungen und wirtschaftliche Folgen in der Bundesrepublik, Frankfurt, New York, 1990, S. 413-431

Hildebrandt [1990]

Hildebrandt, Eckart: Personelle Bedingungen betrieblicher Konversion, in: Köllner, Lutz; Huck, Burkhardt J. (Hrsg.): Abrüstung und Konversion. Politische Voraussetzungen und wirtschaftliche Folgen in der Bundesrepublik, Frankfurt, New York, 1990, S. 555-584

Hofmann [1996]

Hofmann, Hans W.: Quo vadis Bundeswehr? Aus der Sicht eines Steuerzahlers, in: Europäische Sicherheit, 45. Jg. (1996), H. 12, S. 24-27

Hogrebe [1993]

Hogrebe, Volker: Die Bedeutung des Marineschiffbaus für die deutschen Küstenländer, in: Europäische Sicherheit, 42. Jg. (1993), H. 10, S. 506-512

Holler [2000]

Holler, Manfred J.; Illing, Gerhard: Einfürung in die Spieltheorie, 4., vollst. überarb. und erw. Aufl., Berlin et al. 2000

Hondrich [1997]

Hondrich, Karl Otto: Risiken des Krieges - Chancen des Friedens, in: Zeitschrift für Politik, 44. Jg. (1997), H. 3, S. 304-309

Hubbert [1998]

Hubbert, Michael H.: Kostenrechnung in der Bundeswehr, in: Europäische Sicherheit, 47. Jg. (1998), H. 4, S. 33-35

Huber [1998]

Huber, Reiner K.: Umfangsreduzierungen der Bundeswehr zum Abbau des Investitionsdefizits. Konsequenzen für die Wehrstruktur am Beispiel des Heeres, in: Europäische Sicherheit, 47. Jg. (1998), H 10, S. 43-47

Huck [1990]

Huck, Burkhardt J.: Bundeswehrplanung zwischen Umrüstung und Abrüstung, in: Köllner, Lutz; Huck, Burkhardt J. (Hrsg.): Abrüstung und Konversion. Politische Voraussetzungen und wirtschaftliche Folgen in der Bundesrepublik, Frankfurt, New York, 1990, S. 39-58

Huffschmid [1986]

Huffschmid, Jörg; Voss, Werner; Zdrowomyslaw, Norbert: Neue Rüstung – Neue Armut. Aufrüstungspläne und Rüstungsindustrie in der Bundesrepublik Deutschland bis zum Jahr 2000, Köln 1986

Huffschmid [1991 a]

Huffschmid, Jörg: Und wer zahlt die Spesen? Kosten und weltwirtschaftliche Folgen des Golfkrieges, in: Blätter für deutsche und internationale Politik, 36. Jg. (1991), H. 3, S. 352-364

Huffschmid [1991 b]

Huffschmid, Jörg: Konzentration oder Konversion? - Abrüstung und die Reaktion deutscher Rüstungsunternehmen -, in: WSI-Mitteilungen, 44. Jg. (1991), H. 10, S. 638-648

Huffschmid [1995]

Huffschmid, Jörg: Konversionshindernisse und Optionen zu ihrer Überwindung, in: Hauswedell, Corinna; Klemmer, Paul (Hrsg.): Konversion - Herausforderung für Wissenschaft und Forschung (Konferenzdokumentation), BICC-Report 7, Bonn 1995, S. 102-108

Hveem [1986]

Hveem, Helge: Minerals as a Factor in Strategic Policy and Action, in: Westing, Arthur H. (Hrsg.): Global Resources and International Conflict. Environmental Factors in Strategic Policy and Action, Stockholm International Peace Research Institute, New York 1986, S. 55-84

Inacker [1994]

Inacker, Michael J.: Die Krise der deutschen Rüstungsindustrie, in: europäische Sicherheit, 43. Jg. (1994), H. 4, S. 194-196

Jarchow [1993]

Jarchow, Hans-Joachim; Rühmann, Peter: Monetäre Außenwirtschaft - 1. Monetäre Außenwirtschaftstheorie, 3., neubearb. und erw. Aufl., Göttingen 1993

Jörg [1996]

Jörg, Barbara: Konversion in Rheinland-Pfalz - Chance oder Krise, in: Feser, Hans-Dieter (Hrsg.): Konversion - Aufstieg oder Niedergang von Regionen?, Regensburg 1996, S. 59-74

Judin [1990]

Judin, Iwan: Konversion der Rüstungsproduktion und Streitkräftereduzierung aus ökonomischer Sicht, in: Initial, o. Jg. (1990), H. 1, S. 73-77

Kahl [1998]

Kahl, Martin: Militärstrategie, in: Woyke, Wichard (Hrsg.): Handwörterbuch Internationale Politik, 7., aktual. Aufl., Bonn 1998, S. 263-270

Kalmbach [1991]

Kalmbach, Peter: Unzeitgemäße Betrachtungen: Adam Smith und die Unterscheidung zwischen produktiver und unproduktiver Arbeit, in: Adam Smith Beitrag zur Gesellschaftswissenschaft, hrsg. v. Schmid-Schönbein, Thomas et al.: Ökonomie und Gesellschaft, Jahrbuch 9, Frankfurt/Main, New York 1991, S. 138-167

Kamiya [1998]

Kamiya, Matilde; Wils, Annababette: The Puzzle of Conflict Dynamics, in: International Political Science Review, Vol. 19 (1998), No. 4, S. 407-424

Kammler [1983]

Kammler, Hans: Ordnungsspezifische Probleme der westlichen Sicherheitspolitik, in: Zeitschrift für Politik, 30. Jg. (1983), H. 4, S. 349-365

Kammler [1989]

Kammler, Hans: Ökonomische Probleme der Sicherheitspolitik: Von der Forschung vernachlässigt?, in: Zeitschrift für Politik, 36. Jg. (1989), H. 3, S. 286-295

Kappus [1990]

Kappus, Wolfgang: Konversion und Investitionsneigung, in: Köllner, Lutz; Huck, Burkhardt J. (Hrsg.): Abrüstung und Konversion. Politische Voraussetzungen und wirtschaftliche Folgen in der Bundesrepublik, Frankfurt, New York, 1990, S. 361-393

Kapstein [1992]

Kapstein, Ethan Barnaby: The Political Economy of National Security. A Global Perspective, Columbia 1992

Kelle [1997]

Kelle, Karl-Heinz: Rüstungszusammenarbeit im Marineschiffbau, in: Europäische Sicherheit, 46. Jg. (1997), H. 7, S. 11-14

Kersting [1997]

Kersting, Wolfgang: Philosophische Friedenstheorie und globale Rechts- und Friedensordnung, in: Zeitschrift für Politik, 44. Jg. (1997), H. 3, S. 278-303

Kindermann [1997]

Kindermann, Gottfried-Karl: Außenpolitik im Widerstreit, in: Internationale Politik, 7/1997, S. 1-6

Kirchgässner [1995]

Kirchgässner, Gebhard; Mohr, Ernst: Trade Restrictions as Viable Means of Enforcing Compliance with International Environmental Law: An Economic Assessment. University of St. Gallen: Department of Economics. Discussion Paper 9509, St. Gallen 1995

Kirsch [1997]

Kirsch, Guy: Neue Politische Ökonomie, 4., überarb. und erw. Aufl., Düsseldorf 1997

Kirschin [1997]

Kirschin, Jurin: Die Gewährleistung militärischer Sicherheit in einer demokratischen Gesellschaft, in: NATO Brief, 45. Jg. (1997), H. 1, S. 22-25

Kiy [1990]

Kiy, Manfred; Löbbe, Klaus: Verteidigungsausgaben der Bundesrepublik und volkswirtschaftliche Auswirkungen verminderter Rüstungsausgaben, in: RWI-Mitteilungen, 41. Jg. (1990), S. 331-361

Klemmer [1995]

Klemmer, Paul: Konversion – Dimension eines komplexen Forschungsfeldes, in: Hauswedell, Corinna; Klemmer, Paul; Wulf, Herbert (Hrsg.): Konversion – Herausforderung für Wissenschaft und Forschung. Dokumentation der RWI/BICC-Konferenz am 16. März 1995 in Bonn (report 7), Bonn 1995, S. 14-18

Klemmer [1996]

Klemmer, Paul: Ordnungspolitische Aspekte des Nachhaltigkeitsanliegens, Zeitschrift für angewandte Umweltforschung, 9. Jg. (1996), H. 1, S. 14-19

Klemmer [1998]

Klemmer, Paul: Mit mehr Markt zur Nachhaltigkeit. Die Rolle der Marktwirtschaft im Drei-Säulen-Konzept, in: Ökologisches Wirtschaften, 13. Jg. (1998), H. 6, S. 16-17

Klemmer [1999 a]

Klemmer, Paul: Zur ökologischen Steuerreform – eine kritische Zwischenbilanz, in: Klaus-Dirk Henke (Hrsg.): Öffentliche Finanzen zwischen Wachstum und Verteilung, Fachkonferenz anläßlich des 65. Geburtstags von Horst Zimmermann, Baden-Baden 1999, S. 131-147

Klemmer [1999 b]

Klemmer, Paul: Umweltmanagementregeln – Utopien einer Nachhaltigkeitspolitik, in: Ökonomie und Ökologie, Festschrift für Joachim Klaus zum 65. Geburtstag, hrsg. V. Maußner, Alfred; Binder, Klaus Georg, Berlin 1999, S. 433-453

Köllner [1990 a]

Köllner, Lutz: Konversion in hochentwickelten Altindustriestaaten, in: Köllner, Lutz; Huck, Burkhardt J. (Hrsg.): Abrüstung und Konversion. Politische Voraussetzungen und wirtschaftliche Folgen in der Bundesrepublik, Frankfurt, New York, 1990, S. 151-191

Köllner [1990 b]

Köllner, Lutz: Formen fiskalischer Konversion, in: Köllner, Lutz; Huck, Burkhardt J. (Hrsg.): Abrüstung und Konversion. Politische Voraussetzungen und wirtschaftliche Folgen in der Bundesrepublik, Frankfurt, New York, 1990, S. 193-210

Köllner [1990 c]

Köllner, Lutz: Budgetbewilligung, Politikertausch, optimales Budget und Militärausgaben - eine wirtschafts- und wohlfahrtsanalytische Skizze, in: Köllner, Lutz; Huck, Burkhardt J. (Hrsg.): Abrüstung und Konversion. Politische Voraussetzungen und wirtschaftliche Folgen in der Bundesrepublik, Frankfurt, New York, 1990, S. 395-411

Krause [1992]

Krause, Keith: Arms and the Sate: Ptterns of Mlitary Poduction and Tade, New York 1992

Krause-Brewer [1989]

Krause-Brewer, Fides: Dollarstrom in deutsche Kassen. Aufträge und Arbeitsplätze durch amerikanische Truppen, in: Europäische Wehrkunde, 38. Jg. (1989), H. 10, S. 601-604

Krause-Brewer [1991]

Krause-Brewer, Fides: "Friedensdividende": Wieviel und für wen?, in: Europäische Sicherheit, 6/1991, S. 346-348

Krupp [1999]

Krupp, Hans-Jürgen: Die Bedeutung der Wirtschaftswissenschaften in der Politikberatung, in: Wirtschaftsdienst, 84 Jg. (1999), H. 3, S. 139-143

Kunz [1976]

Kunz, Harald J.: Die Ökonomik individueller und organisierter Kriminalität, Köln, Berlin, Bonn, München 1976

Kupchan [1996]

Kupchan, Charles A.: Den Westen erneuern. Plädoyer für eine transatlantische Union, in: Blätter für deutsche und internationale Politik, 41. Jg. (1996), H. 7, S. 793-803

Kurth [1992]

Kurth, James: The Common Defense and the World Market, in: Vernon, Raymond; Kapstein, Ethan B. (Hrsg.): Defense and Dependence, Washington 1992, S. 207-228

Kurz [1991]

Kurz, Heinz D.: Adam Smith über Krieg und Frieden, in: Adam Smith Beitrag zur Gesellschaftswissenschaft, hrsg. v. Schmid-Schönbein, Thomas et al.: Ökonomie und Gesellschaft, Jahrbuch 9, Frankfurt/Main, New York 1991, S., S. 101-137

Lahno [1995]

Lahno, Bernd: Sukzessiver Austausch: Vereinbarung und Vertrag, in: Peter de Gijsel et al. (Hrsg.): Ökonomie und Gesellschaft, Jahrbuch 12 – Soziale Kooperation, Frankfurt am Main, 1995, S. 63-91

Legault [1973]

Legault, Albert, Lindsey, George: Dynamik des nuklearen Gleichgewichts, Frankfurt am Main 1973

Lehmbruch [1987]

Lehmbruch, Gerhard: Administrative Interessenvermittlung, in: Windhoff-Héritier, Adrienne (Hrsg.): Verwaltung und ihre Umwelt, Festschrift für Thomas Ellwein zum 60. Geburtstag, Opladen 1987, S. 11-43

Lemke [1996]

Lemke, Hans-Dieter: Kernaufgabe Landesverteidigung im Spannungsfeld von politischen Chancen und militärischen Risiken, in: Heyrich, Wolfgang et al. (Hrsg.): Die Bundeswehr am Beginn einer neuen Epoche: Anforderungen an die Streitkräfte und ihre rüstungsindustrielle Basis, Baden-Baden 1996, S. 77-92

Leroy [1986]

Leroy, Marcel: Human Population as a Factor in Strategic Policy and Action, in: Westing, Arthur H. (Hrsg.): Global Resources and International Conflict. Environmental Factors in Strategic Policy and Action, Stockholm International Peace Research Institute, New York 1986, S. 159-182

Liefmann [1970]

Liefmann-Keil, Elisabeth: Intertemporale Spillovereffekte und öffentlicher Haushalt, in: Heinz Haller et al. (Hrsg.): Theorie und Praxis des finanzpolitischen Interventionismus, Tübingen 1970, S. 483-510

Link [1997]

Link, Werner: Zur internationalen Neuordnung – Merkmale und Perspektiven, in: Zeitschrift für Politik, 44. Jg. (1997), H. 3, S. 258-277

Link [1999]

Link, Werner: Die NATO im Geflecht internationaler Organisationen, in: Aus Politik und Zeitgeschichte. Beilage zur Wochenzeitung Das Parlament, 49. Jg. (1999), Band 11, S. 9-18

Lock [1990]

Lock, Peter: Zur Zukunft der "Nationalparks für militärische Hochtechnologie" in Westeuropa oder Kann Europa abrüsten?, in: Köllner, Lutz; Huck, Burkhardt J. (Hrsg.): Abrüstung und Konversion. Politische Voraussetzungen und wirtschaftliche Folgen in der Bundesrepublik, Frankfurt, New York, 1990, S. 609-646

Lübkemeier [1998 a]

Lübkemeier, Eckhard: Nukleare Rüstung und Rüstungskontrolle, in: Woyke, Wichard (Hrsg.): Handwörterbuch Internationale Politik, 7., aktual. Aufl., Bonn 1998, S. 317-325

Lübkemeier [1998 b]

Lübkemeier, Eckhard: OSZE (Organisation für Sicherheit und Zusammenarbeit in Europa), in: Woyke, Wichard (Hrsg.): Handwörterbuch Internationale Politik, 7., aktual. Aufl., Bonn 1998, S. 333-341

Lutz [1993]

Lutz, Dieter S.: Friedensgebot und Kampfauftrag?, in: Gewerkschaftliche Monatshefte, 44. Jg. (1993), H. 2, S. 108-120

Lutz [1997]

Lutz, Dieter S.: Zum äußeren und inneren Frieden. Kann die heutige Demokratie den Gefahren der Zukunft standhalten?, in: Aus Politik und Zeitgeschichte. Beilage zur Wochenzeitung Das Parlament, 47. Jg. (1997), Band 29, S. 3-11

Mäler [1990]

Mäler, Karl-Göran: International Environmental Problems, in: Oxford Review of Economic Policy, 6. Jg. (1990), H. 1, S. 80-108

Maneval [1990 a]

Maneval, Helmut: Die Belastbarkeit der Volkswirtschaft mit Verteidigungsaufgaben, in: Strategie-Handbuch, hrsg. für das Deutsche Strategie-Forum von Gerhard Fels et al., Herford, Bonn 1990, S. 241-270

Maneval [1990 b]

Maneval, Helmut: Theoretische und empirische Grundlagen der volkswirtschaftlichen Untersuchung von Rüstungskonversion, in: Köllner, Lutz; Huck, Burkhardt J. (Hrsg.): Abrüstung und Konversion. Politische Voraussetzungen und wirtschaftliche Folgen in der Bundesrepublik, Frankfurt, New York, 1990, S. 211-233

Markmann [1991]

Markmann, Heinz: Die Rolle der Verbände in der EG, in: Wildenmann, Rudolf: Staatswerdung Europas?: Optionen für eine Europäische Union, 1. Aufl., Baden-Baden 1991, S. 269-283

Martin [1993]

Martin, Lisa L.: Credibility, Costs, and Institutions – Cooperation on Economic Sanctions, in: World Politics, 45. Bd. (1993), S. 406-432

Martin [1994]

Martin, Mathias; Schäfer, Paul: Die Bundeswehr als Instrument deutscher Machtprojektion, in: Blätter für deutsche und internationale Politik, 39. Jg. (1994), H. 1, S. 44-55

Mauer [2000]

Mauer, Victor: Eine Sicherheits- und Verteidigungspolitik für Europa, in: Bundeszentrale für Politische Bildung (Hrsg.): Aus Politik und Zeitgeschichte, Beilage zur Wochenzeitung Das Parlament, B 47/2000, 17.11.2000, S. 22-30

Mayer [1992]

Mayer, Frederick W.: Managing Domestic Differences in International Negotiations: The Strategic Use of Internal Side-Payments, in: International Organization, Bd. 46 (1992), H. 4, S. 793-819

McGinnis [1986]

McGinnis, Michael D.: Issue Linkage and the Evolution of International Cooperation, in: Journal of Conflict Resolutions, Bd. 30 (1986), H. 1, S. 141-170

McKenzie [1984]

McKenzie, Richard B.; Tullock, Gordon: Homo Oeconomicus: Ökonomische Dimension des Alltags, Frankfurt am Main, New York 1984

Meinhold [1964]

Meinhold, Helmut: Strukturwandlungen als Problem der Wirtschaftspolitik, in: Schriften des Vereins für Socialpolitik, N.F., 30. Jg. (1964), H. 2, S. 1066-1089

Mendel [1994]

Mendel, Franz: Was tun mit der Friedensdividende?, in: Europäische Sicherheit, 43. Jg. (1994), H. 8, S. 379

Mendez [1997]

Mendez, Ruben P.: War and Peace from a Perspective of International Public Economies, in: Brauer, Jurgen; Gissy, William G. (Hrsg.): Economics of Conflict and Peace, Aldershot, Brookfield et al. 1997, S. 307-336

Menk [1993]

Menk, Thomas Michael: Frieden durch Weltlegalität, in: Der Staat. Zeitschrift für Staatslehre, öffentliches Recht und Verfassungsgeschichte, 32. Jg. (1993), S. 401-429

Mey [1993]

Mey, Holger H.: Die Zukunft der deutschen Verteidigungsindustrie, in: Europäische Sicherheit, 42. Jg. (1993), H. 2, S. 97-102

Meyers [1990]

Meyers, Reinhard: Metatheoretische und methodologische Betrachtungen zur Theorie der internationalen Beziehungen, in: Politische Vierteljahresschrift, 31. Jg. (1990), Sonderheft 21, S. 48-69

Moravcsik [1992]

Moravcsik, Andrew: Arms and Autarky in Modern European History, in: Vernon, Raymond; Kapstein, Ethan B. (Hrsg.): Defense and Dependence, Washington 1992, S. 23-45

Morgenthau [1967]

Morgenthau, Hans: Politics among Nations, New York, 4. Aufl. 1967

Müller [1990]

Müller, Harald; Risse-Kappen, Thomas: Internationale Umwelt, gesellschaftliches Umfeld und außenpolitischer Prozeß in liberaldemokratischen Industrienationen, in: Politische Vierteljahresschrift, 31. Jg. (1990), Sonderheft 21, S. 375-400

Myrdal [1976]

Myrdal, Alva: The Game of Disarmament, New York 1976

Nash [1950]

Nash, John F.,: The Bargaining Problem, in: Econometrica, Vol. 18 (1950), Nr. 2, S. 155-162

Neu [1971]

Neu, Axel: Ökonomische Probleme des Strafvollzugs in der Bundesrepublik Deutschland, Kieler Studien, Bd. 118, Tübingen 1971

Neumann [1982]

Neumann, Manfred: Theoretische Volkswirtschaftslehre II. Produktion, Nachfrage und Allokation, München 1982

Nitz [1987]

Nitz, Jürgen: Ökonomische Zusammenarbeit zwischen Ost und West unter besonderer Berücksichtigung der Wirtschaftsbeziehungen zwischen beiden deutschen Staaten – Bestimmungsfaktoren, Tendenzen und Probleme, in: Bahr, Egon; Lutz, Dieter S. (Hrsg.): Gemeinsame Sicherheit. Dimensionen und Disziplinen. Bd. II: Zu rechlichen, ökonomischen, psychologischen und militärischen Aspekten Gemeinsamer Sicherheit, Baden-Baden 1987, S. 169-185

Nötzold [1987]

Nötzold, Jürgen: Verbindungen und Abhängigkeiten zwischen wirtschaftlichen und politischen Beziehungen, in: Bahr, Egon; Lutz, Dieter S. (Hrsg.): Gemeinsame Sicherheit. Dimensionen und Disziplinen. Bd. II: Zu rechlichen, ökonomischen, psychologischen und militärischen Aspekten Gemeinsamer Sicherheit, Baden-Baden 1987, S. 111-127

Nutzinger [1991]

Nutzinger, Hans G.: Das System der natürlichen Freiheit bei Adam Smith und seine ethischen Grundlagen, in: Adam Smith Beitrag zur Gesellschaftswissenschaft, hrsg. V. Schmid-Schönbein, Thomas et al.: Ökonomie und Gesellschaft, Jahrbuch 9, Frankfurt/Main, New York 1991, S. 79-100

O. V. [1991]

O. V.: Wir wollen den zivilen Sektor stärken. Gespräch mit Betriebsräten der Deutschen Airbus über verweigerte Überstunden für den Golf-Krieg und über Rüstungskonversion, in: Gewerkschaftliche Monatshefte, 42. Jg. (1991), H. 3, S. 209-214

O. V. [1999 a]

O. V.: Informationsverhalten: Persönliche Erfahrung zählt, in: iwd, 25.Jg. (1999), Nr. 38, S. 8

O. V. [1999 b]

O. V.: Das Dilemma der Lobbyisten, in: WZB-Mitteilungen, 83 Jg. (1999), H. 3, S. 37-39

O. V. [1999 c]

O. V.: Deutsche Industrie warnt vor Abhängigkeit von den USA – BDI: Rüstungsinvestitionen dürfen nicht gekürzt werden, in: Handelsblatt v. 23./24.07.1999, S. 4

O. V. [2000]

O. V.: Clinton und Putin Streiten über die Abrüstung, Handelsblatt v. 05.06.2000, S. 3

O. V. [2001 a]

O. V.: Zahl der bewaffneten Konflikte gesunken, in: Westdeutsche Allgemeine Zeitung, 29.06.2001, o. S.

O. V. [2001 b]

O. V.: Sorge vor neuem Wettrüsten wächst, in: Handelsblatt v. 05.02.2001, S. 2

Olson [1968]

Olson, Mancur Jr.: Die Logik des kollektiven Handelns, Tübingen 1968

Opitz [1992]

Opitz, Petra: Disarmament Economy – A New Industrial Activity?, Paper Prepared for the International Conference "Conversion – Opportunities for Development and Environment", 24-27. Febr. 1992, Dortmund

Palme [1982]

Palme, Olof et al.: Military Spending: The Economic and Social Consequences, in: Challenge, o. Jg. (1982), September-October 1982, S. 4-21

Persson [1998]

Persson, Torsten: Economic Policy and Special Interest Politics, in: The Economic Journal, 108 (March 1998), S. 310-327

Perthes [1995]

Perthes, Volker: Frieden oder neue Konfliktanordnung? Bestandsaufnahme Naher Osten, in: Blätter für deutsche und internationale Politik, 40. Jg. (1995), H. 3, S. 308-319

Peter [1983]

Peter, Fritz W.: Werden die Chancen für Abrüstung vertan?, in: Zeitschrift für Politik, 30. Jg. (1983), H. 3, S. 253-270

Peterson [1986]

Peterson, Susan B.; Teal, John M.: Ocean Fisheries as a Factor in Strategic Policy and Action, in: Westing, Arthur H. (Hrsg.): Global Resources and International Conflict. Environmental Factors in Strategic Policy and Action, Stockholm International Peace Research Institute, New York 1986, S. 114-142

Petri [1990]

Petri, Eberhard: Betriebliche Prolbeme der Rüstungskonversion, in: Köllner, Lutz; Huck, Burkhardt J. (Hrsg.): Abrüstung und Konversion. Politische Voraussetzungen und wirtschaftliche Folgen in der Bundesrepublik, Frankfurt, New York, 1990, S. 511-553

Pfeiffer [1997]

Pfeiffer, Ingo: Herausforderungen an die Konversion, in: Europäische Sicherheit, 46. Jg. (1997), H. 11, S. 36-38

Pfetsch [1996]

Pfetsch, Frank R. (Hrsg): Globales Konfliktpanorama 1990 – 1995, Heidelberger Studien zur internationalen Politik, Band 1, Münster 1996

Pfetsch [1998]

Pfetsch, Frank R.: Globale Konfliktformationen, in: Internationale Politik, 53. Jg. (1998), H. 3, S. 1-8

Piazolo [1998]

Piazolo, Daniel: Überwindung des Protektionismus. Handelsliberalisierung als Motor für Entwicklung, in: Internationale Politik, 53. Jg. (1998), H. 1, S. 51-57

Pietsch [1994]

Pietsch, Dietmar: Beschäftigungsfaktor Waffenexport. Positionen und Daten zur Rüstungsausfuhr, in: Blätter für deutsche und internationale Politik, 39. Jg. (1994), H. 8, S. 964-981

Polachek [1980]

Polachek, Solomon William: Confict and Trade, in: Journal of Conflict Resolution, Vol. 24 (1980), No. 1, S. 55-78

Pollach [1991]

Pollach, Günter: Zwischen NATO, WEU und KSZE - Die Neugestaltung gesamteuropäischer Sicherheit, in: Blätter für deutsche und internationale Politik, 36. Jg. (1991), H. 7, S. 832-843

Potters [1996]

Potters, Jan; Sloof, Randolph: Interest Groups: A Survey of Empirical Models that Try to Assess their Influence, in: European Journal of Political Economy, Vol. 12 (1996), S. 403-442

Pradetto [2000]

Pradetto, August: Nationalstaat und transnationale Organisationen in der europäischen Sicherheitsstruktur, in: Bundeszentrale für Politische Bildung (Hrsg.): Aus Politik und Zeitgeschichte, Beilage zur Wochenzeitung Das Parlament, B 47/2000, 17.11.2000, S. 13-21

Priddat [1999]

Priddat, Birger P.: Ökonomik, Politik, Beratung - Einige Fragen, in: Wirtschaftsdienst, 84 Jg. (1999), H. 3, S. 151-154

Prins [1997]

Prins, Gwyn: Die sicherheitspolitischen Herausforderungen des 21. Jahrhunderts, in: NATO Brief, 45. Jg. (1997), H. 1, S. 27-30

Prisching [1986]

Prisching, Manfred: Politische Ökonomie der Rüstung. Eine Übersicht über einige wirtschaftspolitische Probleme der militärischen Aufrüstung, in: Wirtschaft und Gesellschaft, 12, Jg. (1986), H. 4, S. 525-555

Pugh [1994]

Pugh, Michael: Das Proliferationsproblem: Plädoyer für einen integrierten Ansatz, in: NATO Brief, 42. Jg. (1994), H. 1, S. 24-27

Ramb [1991]

Ramb, Bernd-Thomas: Gleichgewicht, in: Arthur Woll (Hrsg.): Wirtschaftslexikon, 5., unveränd. Aufl., München, Wien 1991, S. 282-284

Range [1994]

Range, Clemens: Konversion. Strukturkrise statt Friedensdividende?, in: Europäische Sicherheit, 43. Jg. (1994), H. 9, S. 453-454

Reichelstein [1989]

Reichelstein, Hans-Egon: Ausgaben für die Verteidigung: Lasten und Vorteile für die deutsche Wirtschaft, in: Europäische Wehrkunde, 38. Jg. (1989), H. 4, S. 254-258

Riggs [1998]

Riggs, Fred W.: The Modernity of Ethnic Identity and Conflict, in: International Political Science Review, Vol. 19 (1998), No. 3, S. 269-288

Rodejohann [1985]

Rodejohann, Jo: Nicht nur ein Job. Arbeitsplatzrisiken in der bundesdeutschen Rüstungsindustrie, in: Rüstung und soziale Sicherheit, Vierteljahresschrift für Erziehung, Politik und Wissenschaft, hrsg. Von der Hessischen Stiftung Friedens- und Konfliktforschung (HSFK), Suhrkamp 1985, S. 131-165

Rohde [1996]

Rohde, Joachim: Elemente einer deutschen Rüstungsindustrie: Zwischen nationaler Handlungs- und internationaler Kooperationsnotwendigkeit, in: Heyrich, Wolfgang et al. (Hrsg.): Die Bundeswehr am Beginn einer neuen Epoche: Anforderungen an die Streitkräfte und ihre rüstungsindustrielle Basis, Baden-Baden 1996, S. 159-188

Roth [1996]

Roth, Rudolf: Auswirkungen zurückgehender Bundeswehraufträge auf die Nutzfahrzeugindustrie, in: Heyrich, Wolfgang et al. (Hrsg.): Die Bundeswehr am Beginn einer neuen Epoche: Anforderungen an die Streitkräfte und ihre rüstungsindustrielle Basis, Baden-Baden 1996, S. 253-256

Rühl [1999]

Rühl, Lothar: Ein halbes Jahrhundert Nordatlantische Allianz, in: Aus Politik und Zeitgeschichte. Beilage zur Wochenzeitung Das Parlament, 49. Jg. (1999), Band 11, S. 3-8

Rühle [1997]

Rühle, Joachim; Höppner, Eberhard: Gefahr durch ethnische Konflikte, in: Europäische Sicherheit, 46. Jg. (1997), H. 1, S. 18-22

Sager [1998]

Sager, Wilhelm: Wasser: Konfliktstoff der Zukunft, in: Europäische Sicherheit, 47. Jg. (1998), H. 12, S. 52-55

Schäfer [1987]

Schäfer, Ingeborg E.: Bürokratie und Autonomie, in: Windhoff-Héritier, Adrienne (Hrsg.): Verwaltung und ihre Umwelt: Festschrift für Thomas Ellwein zum 60. Geburtstag, Opladen 1987, S. 44-65

Schatz [1999]

Schatz, Klaus-Werner: Erfolge und Fehlschläge bei der Politikberatung, in: Wirtschaftsdienst, 84 Jg. (1999), H. 3, S. 146-150

Schenk [1995]

Schenk, Stefan; Weise, Peter: Zur Evolution von Kooperation, in: Peter de Gijsel et al. (Hrsg.): Ökonomie und Gesellschaft, Jahrbuch 12 – Soziale Kooperation, Frankfurt am Main, 1995, S. 129-167

Schilling [1997 a]

Schilling, Walter: Die Revolution in der Kriegsführung, in: Liberal, 39. Jg. (1997), H. 1, S. 57-61

Schilling [1997 b]

Schilling, Walter: Die Zukunft der deutschen Streitkräfte, in: Aus Politik und Zeitgeschichte, Beilage zur Wochenzeitung Das Parlament, 47. Jg. (1997), Bd. 2, S. 12-18

Schloenbach [1995 a]

Schloenbach, Knut: Bedeutung der nationalen Rüstungswirtschaft, in: Europäische Sicherheit, 44. Jg. (1995), H. 6, S. 14-19

Schloenbach [1995 b]

Schloenbach, Kurt: Die Bedeutung einer nationalen Rüstungswirtschaft für die Bedarfsdeckung der Streitkräfte, in: Hetzke, Ekkehard (Hrsg.): Rüstung in Sicherheitspolitik und Wirtschaft, Bd. 12 (1995), S. 77-92

Schmidt [1970]

Schmidt, Kurt: Kollektivbedürfnisse und Staatstätigkeit, in: Haller, Heinz et al. (Hrsg.): Theorie und Praxis des finanzpolitischen Interventionismus, Tübingen 1970, S. 3-27

Schmitt [1987]

Schmitt, Rüdiger: Was bewegt die Friedensbewegung? Zum sicherheitspolitischen Protest der 80er Jahre, in: Zeitschrift für Parlamentsfragen, 18. Jg. (1987), H. 1, S. 110-136

Schoch [1996]

Schoch, Bruno: Die Ambivalenz der Normalisierung, in: Blätter für deutsche und internationale Politik, 41. Jg. (1996), H. 7, S. 804-813

Scholz [1996]

Scholz, Joachim E.: Die Debatte über den Erhalt der rüstungsindustriellen Basis: Das Beispiel der USA, in: Heyrich, Wolfgang et al. (Hrsg.): Die Bundeswehr am Beginn einer neuen Epoche: Anforderungen an die Streitkräfte und ihre rüstungsindustrielle Basis, Baden-Baden 1996, S. 189-212

Schrempp [1995]

Schrempp, Jürgen: Industrielle und technologische Voraussetzungen einer gemeinsamen Außen- und Sicherheitspolitik, in: Europäische Sicherheit, 44. Jg. (1995), H. 4, S. 16-18

Schulz [1972]

Schulz, Hans-Rudolf: Sicherheit als Bestandteil der Wohlfahrt: Eine ökonomische Betrachtung über gesellschaftliche Kosten der Kriminalität, in: Schweizer Zeitschrift für Volkswirtschaft und Statistik, Nr. 108 (1972), S. 377-403

Schüßler [1990]

Schüßler, Rudolf: Kooperation unter Egoisten: vier Dilemmata, München 1990

Sebaldt [1996]

Sebaldt, Martin: Interessengruppen und ihre bundespolitische Präsenz in Deutschland: Verbandsarbeit vor Ort, in: Zeitschrift für Parlamentsfragen (Zparl), 27. Jg. (1996), H. 4, S. 658-696

Seifert-Vogt [1990]

Seifert—Vogt, Hans Günther: Spieltheorie und Wirtschaftswissenschaft, hrsg. V. Schmid-Schönbein, Thomas et al.: Ökonoie umd Gesellschaft, Jahrbuch 8 – Individuelles Verhalten und kollektive Phänomene, Frankfurt am Main, New York, 1990, S. 215-280

Seiler [1990]

Seiler, Achim: Die Bedeutung neuer Technologien bei Konversion, in: Köllner, Lutz; Huck, Burkhardt J. (Hrsg.): Abrüstung und Konversion. Politische Voraussetzungen und wirtschaftliche Folgen in der Bundesrepublik, Frankfurt, New York, 1990, S. 647-676

SIPRI [2000]

SIPRI-Yearbook 2000 – Armaments, Disarmament and International Security, New York 2000

SIPRI [2001]

SIPRI Yearbook 2001 – Military Expenditure and Arms Production, Press Release, in URL: http://editors.sipri.se/pubs/yb01/ch4.html vom 13.06.2001

Solana [1999]

Solana, Javier: Der Washingtoner NATO-Gipfel: Ein kühner Schritt ins 21. Jahrhundert, in: NATO Brief, 47. Jg. (1999), H. 1, S. 3-6

Solem [1986]

Solem, Erik; Scanlan, Antony F. G.: Oil and Natural Gas as Factors in Strategic Policy and Action: A Long-term View, in: Westing, Arthur H. (Hrsg.): Global Resources and International Conflict. Environmental Factors in Strategic Policy and Action, Stockholm International Peace Research Institute, New York 1986, S. 38-54

Söllner [1998]

Söllner, Fritz: Geht Homo oeconomicus zur Wahl?, in: WiSt, 27. Jg. (1998), H. 1, S. 14-19

Sommer [1990 a]

Sommer, Dirk: Weniger Waffen, Soldaten und Geld = weniger Rüstung, in: Europäische Wehrkunde/WWR, 39. Jg. (1990), H. 2, S. 110-114

Sommer [1990 b]

Sommer, Dirk: Abrüsten durch Einbetonieren von kompletten Waffensystemen. Staatsbegräbnis für Kampfpanzer?, in: Europäische Wehrkunde/WWK, 39. Jg. (1990), H. 11, S. 665-667

Sommermann [1993]

Sommermann, Karl-Peter: Die Diskussion über die Normierung von Staatszielen, in: Der Staat. Zeitschrift für Staatslehre, öffentliches Recht und Verfassungsgeschichte, 32. Jg. (1993), S. 430-447

Spieker [1997]

Spieker, Manfred: Von der nuklearen Abschreckung zur humanitären Intervention. Zur Aktualität der bellum-iustum-Lehre, in: ZfP, 44. Jg. (1997), H. 3, S. 310-323

Stigler [1970]

Stigler, George J.: The Optimum Enforcement of Law, in: Journal of Political Economy, Bd. 78 (1970), S. 526-536

Streb [1998]

Streb, Jochen; Streb, Sabine: Optimale Beschaffungsverträge bei asymmetrischer Informationsverteilung, in: Zeitschrift für Wirtschafts- und Sozialwissenschaften, Jg. 118 (1998), H. 2, S. 275-294

Strutynski [1995]

Strutynski, Peter: Konversion Fehlanzeige, in: Blätter für deutsche und internationale Politik, 40. Jg. (1995), H. 3, S. 269-273

Thuy [1994]

Thuy, Peter: Strukturwandel, Qualifikation und Beschäftigung: eine ökonomische Analyse unter besonderer Berücksichtigung des tertiären Sektors, Bern, Stuttgart, Wien 1994

Tiedemann [1994]

Tiedemann, Rüdiger: Aufstieg oder Niedergang von Interessenverbänden? Rentseeking und europäische Integration, Baden-Baden 1994

Uchiyama [1985]

Uchiyama, Takao: Verbandsbeteiligung an der politischen Gestaltung: Ein institutionell-theoretischer Ansatz, in: List-Forum, Bd. 13 (1985/86), S. 401-409.

Umbach [1998]

Umbach, Frank: Aufrüstung in Ostasien. Sicherheitspolitik im Zeitalter der Globalisierung, in: Internationale Politik, 53. Jg. (1998), H. 5, S. 31-36

Vogel [1987]

Vogel, Heinrich: Sicherheit durch ökonomische Kooperation? Probleme des Technologietransfers, in: Bahr, Egon; Lutz, Dieter S. (Hrsg.): Gemeinsame Sicherheit. Dimensionen und Disziplinen. Bd. II: Zu rechlichen, ökonomischen, psychologischen und militärischen Aspekten Gemeinsamer Sicherheit, Baden-Baden 1987, S. 143-150

Vogler [1990]

Vogler, Helmut: International vergleichende Aspekte von Abrüstung und Entwicklung - unter Berücksichtigung des Welthandels- und Weltwährungssystems und der Rüstung der Dritten Welt, in: Köllner, Lutz; Huck, Burkhardt J. (Hrsg.): Abrüstung und Konversion. Politische Voraussetzungen und wirtschaftliche Folgen in der Bundesrepublik, Frankfurt, New York, 1990, S. 235-270

Vogt [1993]

Vogt, Roland: Zivile Weltordnung oder militärischer Interventionismus, in: Blätter für deutsche und internationale Politik, 38. Jg. (1993), H. 8, S. 960-971

Voß [1993]

Voß, Werner: Hilfen aus Brüssel - Die Europäischen Gemeinschaften und Rüstungskonversion -, in: WSI-Mitteilungen, 46. Jg. (1993), H. 7, S. 436-448

Wallensteen [1986]

Wallensteen, Peter: Food Crops as a Factor in Strategic Policy and Action, in: Westing, Arthur H. (Hrsg.): Global Resources and International Conflict. Environmental Factors in Strategic Policy and Action, Stockholm International Peace Research Institute, New York 1986, S. 143-158

Weber [1990]

Weber, Wolf-Dieter: Wirtschaftliche Vorsorge für den Verteidigungsfall, in: Strategie-Handbuch, hrsg. v. Fels, Gerhard et al., Herford, Bonn 1990, S. 325-353

Weede [1983]

Weede, Erich: Internationaler Konflikt, Militärdienst, Humankapital und Wirtschaftswachstum: Eine international vergleichende Studie, in: Politische Vierteljahresschrift, 24. Jg. (1983), Sonderheft 14, S. 66-80

Weede [2001]

Weede, Erich: Voraussetzungen für internationale Sicherheit: Empirische Erkenntnisse der Kriegsursachenforschung – Wie man Frieden ohne Waffen schaffen kann, in: Handelsblatt vom 18.04.2001, S. 6

Weichhardt [1995]

Weichhardt, Reiner: Die Umstellung der Rüstungsindustrie auf die zivile Produktion: Erfahrungen in Ostdeutschland als Beispiel für praktische Lösungen, in: NATO Brief, 42./43. Jg. (1994/95), H. 6 (94)-H.1 (95), S. 22-25

von Weizsäcker [1997]

Weizsäcker, Carl Christian von: Der Freihandel als Friedensstifter, in: FAZ vom 15.11.1997, Nr. 266, S. 15

von Weizsäcker [1999]

Weizsäcker, Carl Christian von: Wissenschaftliche Beratung der Wirtschaftspolitik, in: Wirtschaftsdienst, 84 Jg. (1999), H. 3, S. 143-146

Welfens [1989]

Welfens, Paul J. J.: The Economics of Military and Peacekeeping: An Emerging Field, in: Jahrbuch für Sozialwissenschaft, 40. Jg. (1989), S. 358-385

Welfens [1993]

Welfens, Paul J. J.: Krieg und Frieden, in: Ramb, Bernd-Thomas (Hrsg.): Ökonomische Verhaltenstheorie, München 1993, S. 247-279

Wellershoff [1999]

Wellershoff, Dieter: Mit Sicherheit - Neue Sicherheitspolitik zwischen gestern und morgen, Bonn 1999

Wellmann [1990]

Wellmann, Christian: Die Beschäftigungswirkungen militärischer Sicherheitspolitik. Ein zentraler Gegenstand konversionsorientierter Forschung, in: Köllner, Lutz; Huck, Burkhardt J. (Hrsg.): Abrüstung und Konversion. Politische Voraussetzungen und wirtschaftliche Folgen in der Bundesrepublik, Frankfurt, New York, 1990, S. 313-338

Wellmann [1991]

Wellmann, Christian: Konversion im Aufwind? Zu Stand und Perspektiven abrüstungsökonomischer Forschung, in: Karl, Wilfried; Nielebock, Thomas (Hrsg.): Die Zukunft des Militärs in Industriegesellschaften, Baden-Baden 1991, S. 197-208

Westing [1986 a]

Westing, Arthur H.: Environmental Factors in Strategic Policy and Action: An Overview, in: Westing, Arthur H. (Hrsg.): Global Resources and International Conflict. Environmental Factors in Strategic Policy and Action, Stockholm International Peace Research Institute, New York 1986, S. 3-20

Westing [1986 b]

Westing, Arthur H.: An Expanded Concept of International Security, in: Westing, Arthur H. (Hrsg.): Global Resources and International Conflict. Environmental Factors in Strategic Policy and Action, Stockholm International Peace Research Institute, New York 1986, S. 183-200

Wette [1994]

Wette, Wolfram: Rückkehr zu "Normalität" und Weltmachtdenken. Die Renaissance des Militärischen im neuen Deutschland, in: Blätter für deutsche und internationale Politik, 39. Jg. (1994), H. 8, S. 981-990

Wieland [1998]

Wieland, Josef: Kooperationsökonomie – Die Ökonomie der Diversifität, Abhängigkeit und Atmosphäre, in: Wegner, Gerhard; Wieland, Josef (Hrsg.): Formelle und informelle Institutionen: Genese, Interaktion und Wandel, Marburg, 1998, S. 9-33

Wilke [1986]

Wilke, Peter; Wulf, Herbert: Rüstungsproduktion in der Bundesrepublik. Industrielle Überkapazitäten und staatliche Finanzierungsengpässe, in: Aus Politik und Zeitgeschichte, Beilage zur Wochenzeitung Das Parlament, 36. Jg, (1986), H. 2, S. 26-39

Wilke [1987]

Wilke, Peter; Ökonomische Aspekte Gemeinsamer Sicherheit. Anmerkungen zum Stand der Debatte, in: Bahr, Egon; Lutz, Dieter S. (Hrsg.): Gemeinsame Sicherheit. Dimensionen und Disziplinen. Bd. II: Zu rechlichen, ökonomischen, psychologischen und militärischen Aspekten Gemeinsamer Sicherheit, Baden-Baden 1987, S. 151-168

Wilke [1990]

Wilke, Peter: Rüstungskonversion - Wirtschaftspolitische Konzeptionen und Instrumente, in: Köllner, Lutz; Huck, Burkhardt J. (Hrsg.): Abrüstung und Konversion. Politische Voraussetzungen und wirtschaftliche Folgen in der Bundesrepublik, Frankfurt, New York, 1990, S. 289-312

Wittmann [1976]

Wittmann, Walter: Verbände in der politischen Willensbildung, in: Blümle, Ernst-Bernd; Wittmann, Walter (Hrsg.): Verbände, Stuttgart, New York 1976, S. 2-5.

Wittmann [1993]

Wittmann, Fritz: Die Zukunft der deutschen Luft- und Raumfahrtindustrie, in: Europäische Sicherheit, 42. Jg. (1993), H. 7, S. 368-372

Wöckener [1996]

Wöckener, Holger: Politischer Willensbildungsprozeß und Verteidigungsanstrengungen in der Bundesrepublik Deutschland, Berlin 1996

Woll [1991]

Woll, Arthur (Hrsg.): Wirtschaftslexikon, 5., unveränd. Aufl., München, Wien 1991

Woyke [1998 a]

Woyke, Wichard: Internationale Sicherheit, in: Woyke, Wichard (Hrsg.): Handwörterbuch Internationale Politik, 7., aktual. Aufl., Bonn 1998, S. 177-183

Woyke [1998 b]

Woyke, Wichard: Internationale Organisationen, in: Woyke, Wichard (Hrsg.): Handwörterbuch Internationale Politik, 7., aktual. Aufl., Bonn 1998, S. 170-176

Wulf [1987]

Wulf, Herbert: Kann Wirtschaftskooperation zur Schaffung Gemeinsamer Sicherheit beitragen? Einführung, in: Bahr, Egon; Lutz, Dieter S. (Hrsg.): Gemeinsame Sicherheit. Dimensionen und Disziplinen. Bd. II: Zu rechlichen, ökonomischen, psychologischen und militärischen Aspekten Gemeinsamer Sicherheit, Baden-Baden 1987, S. 107-110

Wulf [1997]

Wulf, Herbert: Konversion - die globale Dimension, in: Rissener Jahrbuch, Band 1996/1997, Hamburg 1997, S. 203-210

Zellner [1991 a]

Zellner, Wolfgang: Der Vertrag über Konventionelle Streitkräfte in Europa, in: Blätter für deutsche und internationale Politik, 36. Jg. (1991), H. 1, S. 70-77

Zellner [1991 b]

Zellner, Wolfgang: Abrüstung: Schon wieder passé?, in: Blätter für deutsche und internationale Politik, 36. Jg. (1991), H. 8, S. 903-906

Zellner [1993]

Zellner, Wolfgang: Zwischen Kooperation und neuen Kriegsführungsoptionen. Acht Thesen zur Zukunft von Rüstungskontrolle und Abrüstung, in: Blätter für deutsche und internationale Politik, 38. Jg. (1993), H. 4, S. 425-434

Zukunft [1993]

Zukunft, Detlef: Kürzungsmöglichkeiten im Bereich der Verteidigungsausgaben und ihre Durchsetzbarkeit aus dem Blickwinkel der Neuen Politischen Ökonomie, AusgewählteVolkswirtschaftliche Diplomarbeiten des Fachbereichs Wirtschaftswissenschaft der Universität-Gesamthochschule-Duisburg, Nr. 11, Duisburg 1993